财务会计方法与应用研究

孙希双　王彦玲　梁　涛　著
顾丽丽　王胜　副主编

北京燕山出版社
BEIJING YANSHAN PRESS

图书在版编目（CIP）数据

财务会计方法与应用研究 / 孙希双，王彦玲，梁涛
著. -- 北京 ：北京燕山出版社，2021.12
ISBN 978-7-5402-6285-3

Ⅰ. ①财… Ⅱ. ①孙… ②王… ③梁… Ⅲ. ①财务会
计一研究 Ⅳ. ①F234.4

中国版本图书馆 CIP 数据核字(2021)第 242474 号

财务会计方法与应用研究

著　　者	孙希双　王彦玲　梁　涛	
责任编辑	李　涛	
封面设计	刊　易	
出版发行	北京燕山出版社	
地　　址	北京市丰台区东铁匠营苇子坑 138 号	
电　　话	010-65240430	
邮　　编	100079	
印　　刷	济南新广达图文快印有限公司	
经　　销	新华书店	
开　　本	185mm×260mm　16 开	
字　　数	400 千字	
印　　张	23.25	
版　　次	2021 年 12 月第 1 版	
印　　次	2021 年 12 月第 1 次印刷	
定　　价	85.00 元	

前　言

改革开放已经走过了数十载的路程，中国的经济发展也在这条快车道上驰骋多年。借助于改革开放的春风，中国企业蓬勃发展，已经积累了丰富的技术、资源、企业人才，并培育了广阔的海内外市场，为拉动国民经济增长做出了巨大贡献。这段光辉的历史为企业现在和未来的发展奠定了坚实的现实基础，也让企业在走出国门、冲向世界的道路上充满竞争与挑战。

与此同时，在良好发展态势下，我们必须清醒地认识到，目前企业在进一步发展的过程中也遇到了不少问题：一方面，始于 2008 年的全球金融危机仍在发酵，全球经济尚未恢复元气，中国经济也被殃及；另一方面，中国经济本身也遭遇多重挑战，经济增长缓慢。同时，权贵资本主义等改革顽疾依然存在。再者，企业自身也面临着发展瓶颈。借助廉价劳动力、制度成本骤然降低、人才素质有质的提高等后发优势，中国经济获得高竞争力。

当前阶段，许多企业在发展壮大的过程中仍旧保持着最原始的管理方式和组织结构，没有逐步形成和社会发展能力相适应的管理模式，尤其是在人才的培养和储备方面，缺乏高素质专业人才的支持。此外，许多企业管理者对于资金较为重视，不遗余力地保证资金的安全。正是这种思想，使得企业的财务会计管理能力严重弱化。这种弱化的财务会计管理能力给企业的发展带来了诸多问题，严重影响了企业的发展壮大，还导致企业在市场竞争中长期处于劣势地位。所以，解决好企业的管理问题是提高企业市场竞争力最重要的途径。财务会计管理工作作为企业管理工作的一个重要组成部分，在现代企业管理中有着举足轻重的地位，其对企业的影响绝对不可低估。

企业财务会计管理是通过对企业已经完成的资金运动下全面系统地核算与监督，为外部与企业有经济利害关系的投资人、债权人和政府有关部门提供企业的财务状况与盈利能力等经济信息为主要目标而进行的经济管理活动。企业的财务会计管理主要集中在日常运营、投资、筹资和利润分配等方面，通过对资产的有效管理，使其能够更好地为企业服务，在最短的时间内为企业带来最大的效益，同时还能很好地控制风险的产生。可以说，财务会计是现代企业的一项重要的基础性工作，通过一系列会计程序，提供决策有用的信息，并积极参与经营管理决策提高企业经济效益，服务于市场经济的健康有序发展。基于此，本书就财务会计方法与应用展开深入探究。

　　本书由孙希双、王彦玲、梁涛、顾丽丽、王胜撰写。由于时间仓促，加之水平有限，难免存在纰漏之处，恳请读者提出宝贵意见。

目　录

上篇　财政与税收

中篇　财务会计管理

下篇 医院经济与财务管理

上篇　财政与税收

第一章　财政与财政政策

第一节　财政的由来与发展

人类的财政活动、财政思想、财政观点甚至财政理论古已有之，中外概莫能外。古代中国和西方的某些国家和地区（如希腊的雅典）都有过较为丰富的财政思想。但是，现代的财政理论、财政制度、财政体系及其运作模式则直接源于西欧，是随着资本和市场在西欧的萌芽、产生、存在和发展而逐步形成和发展起来的。财政是一种涉及社会生活各个方面的复杂的经济活动，要正确认识并把握它的本质和规律，必须从其最基本的历史联系出发，考察财政的产生与发展。

一、财政的由来

财政一词中的"财"，通常被定义为钱和物资的总称，在现代经济社会里，可以用货币资金来总括。然而，"政"则是"管理众人之事"，是政府运用"财"并通过"政策"和"方法"来实现"政事"的一种管理活动。因此，"政"是有管理、有目的的经济活动。所谓有管理，即对其活动有法律规范，并符合管理的一般原则。所谓有目的，即全面安排国计民生，实现国家的对内、对外职能，特别是经济职能，以达到其政治、经济目的。从这种意义上说，"财政"就是政府管理众人之"财"，并通过对"财"的分配和运用来实现众人之事。不过，"财"是货币资金，但又不仅仅限于货币资金，人力、物力均包括其中。而政府则是国家权力机关的执行机关即国家行政机关。因此，又可以更进一步地说，财政是以国家为主体，通过货币资金调动人力、物力，以实现国家职能的各项经济活动。

"财政"一词在公元13至15世纪出自于拉丁语中的"Finis"，有"结算支付期限"之意，后来又转化成"支款"和"裁判上确定的款项支付或罚金之支付"的意思，"财政"在16世纪转成法文后，才开始有了"公共收入"的意思；在17世纪，则通用以指"国家的理财"；在19世纪，则是指一切"公共团体之理财"；到了20世纪初，该词的最新用法是指"国家及其他公共团体之经济"，也就是现在的"公共财政"或"公共财政学", 即英文中的"Public Finance"。

从人类社会发展过程来看, 财政是一种政府的经济活动。对财政的产生与发展, 可以从两个角度进行研究与分析。

首先, 财政是一个经济范畴。研究财政活动也是把财政作为一种经济活动来进行研究的。马克思曾经深入地分析和研究了科学的社会再生产理论, 认为社会的经济活动表现为由生产、分配、交换和消费四个环节所组成的连续不断、周而复始运动的社会再生产过程, 并阐述了社会再生产四个环节之间的内在联系和社会再生产实现的条件和形式。我们知道, 社会的经济活动表现为完整的社会再生产过程。财政之所以是一个经济范畴, 主要是由于财政本身是一个分配范畴, 而分配又是社会再生产的四个环节之一, 是社会再生产不可缺少的一个重要环节。从这个意义上说, 作为分配活动的财政是一个经济范畴。

其次, 财政是一个历史范畴。从人类社会发展历史来看, 国家不是从来就有的, 国家是人类社会发展到一定阶段的产物。因此, 以国家为主体凭借社会政治权力参与社会产品分配的财政也不是从来就有的, 财政分配活动也是人类社会发展到一定阶段的产物。

在人类社会发展的早期, 在原始社会中, 由于生产力水平十分低下, 社会生产活动非常简单。劳动资料直接取自大自然, 如简单加工成的木棒和便于投掷的石块等; 劳动对象也直接取自大自然, 当时最基本的生产活动是狩猎。由于生产力水平十分低下, 劳动工具非常简单, 人们要想在恶劣的条件下生存与发展, 必须依靠群体的力量。以血缘关系组成的氏族部落就是维系这种群体劳动的社会组织形式。同样, 由于生产力水平低下, 人们能够取得的劳动成果即社会产品非常有限。为维系社会再生产的顺利进行, 特别是维系劳动力再生产的延续, 对有限的劳动成果必须平均分配。这种劳动资料归氏族社会共有、社会产品在氏族范围内平均分配的现象, 可以称为原始共产主义。在这种社会中, 没有剩余产品, 没有阶级, 没有国家, 也没有财政。

随着人类社会的发展特别是生产力的发展, 社会经济活动出现了很大的变化。冶铁技术的出现使劳动工具得到了极大的改善, 劳动工具的改善又使得获取的社会产品逐步增加, 除了满足社会成员最低限度的需求之外, 出现了剩余产品。生产工具的改善也使得原本需要很多社会成员共同参加的社会生产活动通过少数或个别成员的劳动就可以实现。劳动工具逐步由氏族共有转化为个别社会成员所有。社会分工的出现促进了以交换为目的的经济活动的产生和发展。在所有这些因素的共同作用下, 特别是剩余产品的出现, 逐步产生了私有制。私有制的产生使得人类社会出现了阶级的分化, 形成了占有生产资料和剩余产品的阶级和不占有生产资料和剩余产品的阶级, 最早出现的是奴隶阶级和奴隶主阶级。

阶级产生之后，占统治地位的阶级为维护自身既得利益，镇压敌对阶级的反抗，需要建立一种专政的统治工具，国家也就随之出现，即当公共权力产生并开始按地域划分国民时，国家便应运而生。国家产生后，必然需要建立包括军队、警察、监狱和国家政权机构在内的一系列国家机器。国家机器的存在是国家生存必不可少的。国家机器的出现使得一部分社会成员离开了直接的社会生产活动而在国家机器中工作。这就在社会产品分配领域中出现了一个矛盾：一方面，国家机器的正常运转需要消耗社会产品；另一方面，按照社会产品一般分配原理，国家机器又丧失了参与社会产品分配的身份和依据。为此，在社会一般产品分配的过程之外，出现了凭借国家政治权力参与社会产品分配的财政。国家通过财政占有社会产品的最古老的形式就是捐税。

二、财政的概念与构成要素

（一）财政的概念

财政是一种政府的经济活动，也是一种特殊的分配。财政分配的主体是国家，参与分配的依据是社会的政治权力，分配的对象是社会剩余产品，分配的目的是提供公共产品满足社会公共需要并使政府经济领域的经济活动与市场经济领域的经济活动相协调，保持整个社会再生产过程的协调运行。基于这样的认识，可以说，财政是以国家为主体，凭借政治权力，为满足社会公共需要而参与社会产品分配所形成的政府经济活动，并通过政府经济活动使社会再生产过程相对均衡与协调，实现社会资源优化配置、收入公平分配以及国民经济稳定与发展的内在职能。在这一基本概念中，"以国家为主体"说明的是财政分配的主体，"凭借政治权力"说明的是财政分配的依据，"为满足社会公共需要"说明的是财政分配的最终目的，而"实现社会资源优化配置、收入公平分配以及国民经济稳定与发展"则说明的是财政的职能。

（二）财政的构成要素

1. 财政主体

就现代财政分配的主体来看，"国家财政论"与"公共财政论"的学者们并无多大分歧，一致认同国家或政府在财政收支活动中负有特殊重要地位，国家或政府就是财政分配的主体，其他社会组织、经济组织、文化组织、企业、事业单位所进行的分配活动不属于财政分配活动，只有以国家为主体的分配活动才是财政分配活动。这里所讲的分配，既包括生产要素的分配，通常指资源配置；也包括生产成果的分配，即对单位和个人的收入分配的安排和调整。

2. 财政客体

财政客体即财政分配的对象，是国民生产总值（GNP），主要是指国民收入的一部分。在社会商品总价值量中，财政分配的主要对象是C+V+M，也就是一定时期一国新创造的价值量。其中，"M"是剩余价值，是财政分配资金的最主要来源。"C"被马克思称为补偿基金的部分，即生产资料消耗的部分，1985年国家取消集中企业折旧基金以后，其基本上不再构成财政收入的来源。

3. 财政目的

财政目的即国家或政府为什么要进行财政分配。"国家财政论"者认为，是保证社会公共需要。目前，保证社会公共需要的范围主要是三方面：一是公共权力方面，即国家行政管理机构的费用、国防、外交、公检法等的支出需要；二是公共事业福利方面，即普及教育、公共卫生、基础科学、环境保护、社会保障、扶贫救济等的支出需要；三是公共基础设施方面，包括各种国有铁路、高速公路、机场、海港、码头，江河湖海治理，各种水利设施和防灾减灾设施等的支出需要。

第二节　财政的职能与特征

一、财政的职能

（一）决策职能

决策，简单来说，就是在一定的环境或者状态中，对未来活动方案的选择。组织者的决策是否正确直接关系到活动能否成功。财政运作的效果对经济能否稳定运行有着重要的作用，我们应该充分认识到这一点，进行科学的财政决策，保证财政运行的稳定和健康。想要做好财政工作，除了要掌握专业的财务以及管理知识外，还要对我国的财政法律政策有一个全面深刻的理解，这是做好财务工作的两个基本特点。可以说，财政工作是一项涉及多学科知识的综合性工作，需要我们付出大量的时间和精力才能逐步摸索到其中的规律。

（二）计划职能

财政决策所要解决的问题是如何在复杂的社会和经济环境中完成计划的财政目标。财政决策的科学与否对财政目标的实现具有不可或缺的作用，但是我们也不能忽略财政方案和计划在财政目标实现过程中的作用。财政方案是财政目标实现的具体计划，财政活动通常都是按照制定的财政方案进行的。也就是说，财政方案直接与财政活动的实施相关，它对财政目标实现的重要作用不言而喻。因此，在确定了财政活动的具体方案之后，就要根据具体情况来编制财政实施计划，这也是之后工作的中心。从内容上来说，财政计划主要包括资金的使用、资金的分配方式以及分配数额等。

（三）组织职能

财政组织职能是财政组织的基本职能，也是其存在的意义所在。从本质上说，财政管理就是在已有的条件下通过合理的组织与计划实现既定财务目标的过程。虽然随着财务活动的日渐复杂，计划、决策等多种职能逐渐演变出来，但财政组织最基本、最原始的职能依然是其组织职能，这是由财政管理的性质及财政组织存在的意义共同决定的。

（四）控制职能

财政组织的控制职能也是其基本职能之一，在财务计划的实施过程中，由于各种不可控因素的出现，财政计划可能在实施过程中偏离预期的轨道。对于这种现象，如果我们不及时进行调整和控制，财政目标的实现就会受到影响。从广义上说，财政组织的控制职能可以从三个方面来进行，即事前控制、事中控制及事后控制。在财政计划组织实施的过程中，狭义的控制特指事中控制。由于主客观两方面的原因，财政活动的实际进展与计划要求可能会发生差异。对于这种差异，如果不加以控制，财政计划的最终完成就不能得到保证。这里我们是从狭义的角度出发对财政控制进行描述的，从这一层面来说，财政控制就是在财政计划实施的过程中对各种突发状况和风险因素进行排除和调整的财政活动。在财政控制的过程中，我们要根据具体的情况，采取灵活的手段和措施控制相关状况，保证财政计划的顺利实施。

（五）分析

财政分析是事后的财政控制。财政分析的基本目的，是为了说明财政活动的实际结果与财政计划或历史实绩等之间的差异及其产生原因，从而为编制下期财政计划和以后的财政管理提供一定的参考依据。财政分析的基本手段是比较分析和比率分析。通过比较分析，能发现差异——有利的或不利的；通过比率分析，则能进一步发现差异产生的原因主要在于哪些方面。当然，要想知道各种具体因素对财政活动实际结果的影响程度，则需运用因素分析等具体方法。

二、财政的基本特征

财政的基本特征表现在以下几个方面：

1. 财政是国家的经济活动

财政学研究财政首先是将财政作为经济范畴加以研究的。通过财政的产生与发展可以看出，社会生产活动所创造的社会产品必然分解为两个部分。一部分社会产品以按生产要素分配的形式分配给生产要素的提供者，通过生产要素提供者的交换与消费活动形成社会再生产过程。这种经济活动是市场经济领域的经济活动，其主体是生产要素的拥有者与投入者，其目的是提供私人产品满足整个社会的私人个别需求。另一部分社会产品则以政治权力参与分配的形式分配给国家，通过政府的交换与消费活动参与整个社会的再生产过程。这种经济活动是政府经济领域的经济活动，其主体是国家，其目的是提供公共产品满足整个社会的公共需要。这种以国家为主体的政府经济活动就是财政。

很明显，市场经济领域的经济活动和政府经济领域的经济活动是两种完全不同的经济活动。它们的主体不同，目的不同，运行规则也不相同。从主体来看，市场经济活动的主体是生产要素的拥有者和投入者，即现实经济生活中的企业和居民，而政府经济活动的主体则是政府。因此，作为一个完整的社会再生产活动，政府、企业和居民共同构成了社会经济活动的主体。从目的来看，市场经济活动的目的是提供私人产品满足社会的私人个别需求，而政府经济活动的目的则是提供公共产品满足社会的公共需求。作为一个完整的社会再生产活动，只有私人个别需求和社会公共需求同时得到满足，社会再生产才能够顺利进行。从运行规则看，市场经济活动具有竞争性和排他性的特征，而政府经济活动则具有非竞争性和非排他性的特征，从而形成了不同的规则。

2. 财政具有阶级性与公共性

从阶级性来看，财政是政府的经济活动，其主体是国家。而国家是统治阶级镇压被统治阶级的工具，政府则是执行和实现统治阶级意志的权力机构。财政作为政府的经济活动，必然要符合统治阶级的最高权益，政府必然要通过财政分配活动使统治阶级的最高利益最终得以实现。从这个意义上说，任何国家财政都具有阶级性，这是不容回避的。

从公共性来看，政府经济活动的阶级性并不能排斥政府经济活动的公共性。财政分配是公共性与阶级性的有机结合。国家政权的存在本身就是以执行某种社会职能为基础的，这种社会职能本身就具有公共性。例如，国家的存在需要国防，需要军队保卫国家的安全，这种国家的安全和家族的安全、村落的安全完全不同。我们将为保卫家族或村落的安全所雇用的人称为保安，而将维护国家安全的人称为军队。国防保卫着每一名社会成员和整个国家的安全，本身就具有公共性。又如，国家的生存与发展需要良好的社会秩序，从而使社会成员都能够在这种良好秩序中生存。这就必然需要一种凌驾于社会各种权力之上的公共权力，通过公共权力约束其他权力拥有者的社会行为，使其在社会秩序范围内行事。这种社会秩序是政府经济活动提供的，也具有明显的公共性。

从人类社会发展的进程来看，越来越多的产品逐步由市场经济领域提供转为由政府经济领域提供，这应当是一种趋势。公共产品的提供是社会的必然，而不论这种公共产品数量的多少和范围的大小，而公共产品的提供又必然要求有财政活动，财政的公共性也就是必然的了。

3. 财政具有强制性与无偿性

强制性是财政的重要特征，这源于财政参与分配的依据是国家的政治权力。前已指出，社会产品的提供必然通过市场经济领域和政府经济领域共同完成。市场经济领域的分配是社会产品的一般分配，分配的依据是生产要素的投入。生产要素的拥有者将自身拥有的生产要素投入到生产过程中，进而凭借这种投入参与社会产品的分配。很明显，生产要素的拥有者对其所拥有的生产要素具有所有权，而所有权是市场经济领域中的重要权能。政府经济领域的分配是一种再分配，分配的依据是政治权力而非生产要素的投入。政治权力是一种强制性的权力，它必然凌驾于所有权之上。如果没有政治权力的强制性，任何物的所有者都不会将自己拥有的社会产品交由政府支配。

无偿性是财政的又一个重要特征，它与强制性是相辅相成的。国家凭借政治权力征税以后，相应的社会产品所有权即转为国家所有，国家不必为此付出任何代价，也不必直接偿还。这便是财政的无偿性，是价值的单方面的转移和索取。事实上，正是由于财政具有无偿性特征，才需要强制性，强制性是无偿性的保证，没有强制性也就没有无偿性的存在。社会产品的所有者将自身拥有的社会产品的一部分以税收形式交付给政府以后，其所有权即转为政府所有，政府并不直接偿还。财政无偿性的存在还源于公共产品本身提供的无偿性。由于公共产品具有不可分割的特点，人们享受公共产品的利益并不为其支付费用，因而公共产品提供的代价不可能通过有偿收费的方式弥补，这就要求提供公共产品要有稳定无偿的收入来源。社会成员缴纳税收时是无偿的，国家并没有直接偿还的义务，但纳税后当社会成员享受公共产品的利益时，也不需要为此付出代价。

4. 财政具有平衡性

平衡性是财政的一个十分重要的特征。财政的平衡就是要在社会经济运行中合理安排财政收入与财政支出在量上的对比关系，使财政收入与财政支出之间保持相对的均衡。为满足财政支出的需要，财政收入应在一定的经济发展水平和一定的税收制度下做到应收尽收和收入的最大化。而财政支出则应考虑现时条件下财政收入的制约，不能脱离供给的可能为社会提供公共产品。这里，我们不仅必须考虑政府经济领域的财政收入与财政支出的平衡性，还必须与市场经济领域的运行相结合来考虑市场经济领域和政府经济领域整体上的平衡性。在一定时期内受多种因素的制约，社会产品总会有一个数量的限制，即一定量的社会产品如果政府经济领域配置过多，则市场经济领域的配置就会减少。既然政府经济领域与市场经济领域共同构成了社会完整的经济活动，就必须使两者相对均衡，并通过政府经济领域经济活动的安排使整个社会再生产保持相对的均衡。

第三节　财政政策

一、财政政策概述

在市场经济条件下，政府对国民经济的宏观调控通常要借助一系列经济政策来实现，其中最常用的是财政政策和货币政策。财政政策由税收政策、财政支出政策（包括政府购买、公共工程投资、补贴和转移交付等）、预算政策（赤字或盈余）等具体政策组成。

（一）财政政策的定义和性质

财政政策是指以特定的财政理论为依据，运用各种财政工具为达到一定的财政目标而采取的财政措施的总和。简言之，财政政策是体系化了的财政措施。它是国家（或政府）以特定的财政理论为依据，运用各种财政手段以达到一定财政目标的经济政策，是国家经济政策的重要组成部分，其制定和实施的过程也是国家实施财政宏观调控的过程。

1. 财政政策是政府有意识活动的产物，属于上层建筑范畴

财政政策是依据一定的反映客观的分配关系及其运动规律的财政理论而制定的，因此它是主观见之于客观的东西。财政政策作为规范人们经济行为的准则之一，对客观世界的经济运行具有指导和控制作用，带有主观性。但这种主观指导是根据客观经济的实际制定的，是客观经济规律的反映，有其客观性。人们在财政实践活动中形成了各种各样的财政理论，这些理论凝聚着人们对财政实践的认识成果。但这些认识成果不能直接规范人们的行为，一般要通过财政政策这一中介来完成。财政政策是基于经济发展规律和财政状况的认识制定的，政策制定的基础是客观的，但制定出来的政策正确与否，要取决于政府的主观认识程度。

2. 国家可以利用财政政策达到其预定目标

不论是资本主义国家还是社会主义国家，财政政策总是为国家实现其预定目标服务的。这些目标如矫正"市场缺陷"、消除经济周期波动，使资源在促进充分就业、价格稳定和满意的经济增长率等方面得到最充分的利用。财政政策就是为经济运行最大限度

地接近这些发展目标提供手段和措施。

3. 财政政策是政府干预经济运行的主要调控手段

财政政策主要通过税收、支出、国债和预算等工具以利益机制和强制力来影响经济活动。税收、支出、国债、预算等工具都要通过财政收支活动来得到充分运用，财政收支活动也总是在特定的财政政策指导下运用税收、支出、国债、预算等工具来进行的。

（二）财政政策的选择

1. 积极财政政策

积极的财政政策，是指当一国出现内在需求不足，投资、出口缺乏活力，经济陷入疲软状态时所采取的刺激经济恢复与增长的财政政策，比如我国在亚洲金融危机的影响下，连续多年采取积极的财政政策来刺激经济活力，保证经济的稳定发展。积极的财政政策除了要遵循客观经济规律之外，也不能忽视政策的影响，科学的积极财政政策必须是在现有制度和政策条件下可行的经济手段。可以说，积极的财政政策是一种有条件的政策选择。

积极的财政政策必须建立在扩大内需以保持经济适度增长的需要之上，如果国内市场需求旺盛，经济快速稳定发展，政府没有必要采取积极的财政政策刺激内需，否则会因为经济发展过快而造成各种负面效应。此外，国家实施积极的财政政策必须合理控制调控的规模，用于刺激市场需求、增加消费的财政支出，要在政府的合理承受范围之内，不能盲目追求大投入，否则会出现政府因赤字过大，经济调控能力减弱的现象。一般来说，政府采取积极财政政策大多会配合相应的货币政策、税收政策及法律行政政策等综合实施，目的是保证财政政策的效果最大化。

2. 稳健财政政策

稳健的财政政策是财政政策的重要类型之一，它与积极的财政政策相对，是在经济稳定发展的基础上，一种以追求经济稳定、持续增长为目的的财政政策。政府的财政收支在总量上是一定的，收入和支出也基本平衡，但在结构上却是要坚持"有松有紧，有保有控"的基本原则。

实施稳健的财政政策的目的不再是刺激经济增长，稳健型的财政政策大多以调整产业结构、提升经济发展质量为目的。实施稳健的财政政策通常与货币政策相配合，目的是预防经济快速发展带来的各种不良影响，以及金融风险，比如增加社会福利开支，提升人民群众的生活质量和幸福感。实行稳健的财政政策，要着眼长远，不以当前经济的一时发展为目的，把握好"控制赤字、调整结构、推进改革、增收节支"的十六字真言。

（三）财政政策的工具

1. 政府支出

政府支出是国家各个层级政府支出的综合，它是由不同的支出项目构成的，按照支出方式的不同可以分为政府购买支出以及政府转移支出两种。政府购买支出是指政府为获得商品和劳务所形成的支出，比如政府购买军需物资、行政机关办公用品、公务员工资支出以及政府公共项目建设支出等都属于政府的财政支出行为。由于政府支出数额巨大，会在市场上形成强劲的购买力，因此政府支出是市场需求的重要组成部分，政府的宏观调控也是通过这部分可以自主调节的市场需求实现的。政府转移支出是指政府在社会福利、社会保险、贫困救济及社会补助等方面所投入的支出，这部分支出不会形成市场购买力，也不属于国民收入的组成部分，它的主要作用是调节国民支出的分配，为保障和提高社会成员的生活水平提供物质基础。

2. 政府收入

税收是政府收入的主要构成部分，这也是国家按照我国法律的规定，从全体社会成员和社会组织中无偿取得收入的一种方式。政府收入与政府支出具有同样乘数效应，通俗地说就是税收的调整会对经济的发展形成影响，并且会被成倍数放大。当政府的收入小于政府支出时就会形成财政赤字，一般政府会通过发行国债来弥补这部分赤字，这部分国债收入又成为政府收入的一部分。国债是政府向民众的借款，民众可以通过购买国债获取一定的利息。它并不像税收一样具有强制性，它是民众自愿认购的一种金融债券。财政赤字的出现并不意味着政府在"乱花钱"，恰恰相反，合理的财政赤字说明政府对财政收入的利用程度高。财政赤字必须控制在一个合理的水平，否则政府会因为赤字过高而造成一系列的信用问题。

二、财政政策的传导机制和效应

（一）财政政策的传导机制

从制定主体财政政策，到通过各种政策工具实施财政政策，再到最终实现财政政策的目标，需要一个过程。财政政策的传导机制，就是指从财政政策工具运用到财政政策目标实现之间的传导媒介作用机制，这一机制贯穿在财政政策工具变量到财政政策目标变量转变的全过程中。财政政策的传导媒介包括货币供应、收入分配和价格。

1. 货币供应

财政政策最核心的传导媒介是社会的货币供应。所有财政政策工具作用的发挥，都要通过影响财政收支差额，进而影响社会中货币流通量加以实现。无论是总需求大于总供给，还是总需求小于总供给，都与流通中货币量有关。而财政收支差额无论是结余还是赤字，也都会影响流通中货币量，进而影响社会总需求。财政赤字无论采用何种弥补方式，都会具有扩张货币供应量的作用，从而取得扩大社会总需求的效应；而财政结余则通过货币供应量的紧缩，取得压缩社会总需求的效应。可以说，任何财政政策工具的运用都必须通过货币供应这一传导媒介发生作用。从宏观角度看，不通过货币供应产生作用的财政政策是不存在的。

2. 收入分配

收入分配也是财政政策的传导媒介之一。增税或减税的变化特别是政府转移支出的变化，必然改变社会成员的实际收入水平，即使整个社会货币流通量不变，也会改变社会成员的货币收入额和实际购买力。这方面很明显的例证是，政府完全可以通过增税使一部分社会成员的实际货币收入下降或通过财政补贴使一部分社会成员的收入增加。社会成员货币收入的上升与下降可以改变其消费欲望和消费心理，使其增加消费而减少储蓄或者增加储蓄而减少消费。这将从另一个角度影响社会总需求，进而影响财政政策目标的实现。

3. 价格

价格同样也是财政政策的重要传导媒介之一。价格与供求之间存在着函数关系，我们可以通过财政政策工具调节价格，进而通过价格影响社会总供给和总需求。如果价格体系不合理，价格形成机制不完善，价格便不能如实反映供给与需求的状况，这一重要的传导媒介就会被阻断。目前，我国正处在向市场经济转轨的过程中，市场价格形成机制还很不完善，为数众多的政府垄断行业存在着明显不合理的垄断价格，这对财政政策目标的实现形成了明显的阻碍。

以货币供应为核心、以收入分配和价格为辅助的财政政策传导媒介越是畅通，财政政策实施后见效越快；反之，这三大传导媒介如果发生了阻滞，财政政策实施后见效越慢，其效果也越会大打折扣。应当特别指出的是，财政政策的主体是政府，是由政府制定和推行的，财政政策的传导机制具有明显的政府行为的特点。从这一点上说，财政政策的传导机制具有直接性和政府性，这与货币政策的传导机制明显不同。

（二）财政政策的效应

财政政策的效应是指政府为了实现一定的政策目标，一旦操作运用一定的政策工具，即财政政策措施一经付诸实践，必将对社会经济活动产生作用，同时社会经济各方面对此也将作出相应反应。财政政策的效应包括两方面的含义：一是财政政策对社会经济活动产生的有效作用；二是在财政政策的有效作用下社会经济作出的反应。财政政策在其作用过程中产生的效应主要表现在以下几个方面：

1. "内在稳定器"效应

所谓"内在稳定器"，是指这样一种宏观经济的内在调节机制：它能在宏观经济不稳定的情况下自动发挥作用，使宏观经济趋向稳定。财政政策工具的这种内在的、自动产生的稳定效果可以随着社会经济的发展，自行发挥调节作用而不需要政府专门采取干预行动。财政政策的"内在稳定器"效应主要表现在累进的所得税制、公共支出尤其是社会福利支出和农产品价格维持制度三个方面。

2. 乘数效应

财政政策的乘数效应包括三方面的内容：第一，投资或公共支出乘数效应。它是指投资或政府公共支出变动引起的社会总需求变动对国民收入增加或减少的影响程度。一个部门或企业的投资会转化为其他部门的收入，这个部门把得到的收入在扣除储蓄后用于消费或投资，又会转化为另一部门的收入。如此循环下去，就会导致国民收入以投资的倍数递增。以上道理同样适用于投资的减少。投资的减少将导致国民收入以投资的倍数递减。公共支出乘数的作用原理与投资乘数相同。第二，税收乘数效应。它是指税收的增加或减少引起国民收入倍增地减少或增加的程度。由于增加了税收，消费和投资需求就会下降，一个部门收入的下降又会引起另一个部门收入的下降，如此循环下去，国民收入就会以税收增加的倍数下降，这时税收乘数为负值。相反，由于减少了税收，使私人消费和投资增加，从而通过乘数使国民收入增加很多，这时税收乘数为正值。一般来说，税收乘数小于投资乘数和政府公共支出乘数。第三，预算平衡乘数效应。它指的是这样一种情况：当政府支出的扩大与税收的增加相等时，国民收入的扩大量正好等于政府支出的扩大量或税收的增加量；当政府支出的减少与税收的减少相等时，国民收入的缩小量正好等于政府支出的减少量或税收的减少量。乘数效应包括正反两个方面：当政府投资或公共支出扩大、税收减少时，对国民收入有加倍扩大的作用，从而产生宏观经济的扩张效应；当政府投资或公共支出削减、税收增加时，对国民收入有加倍收缩的作用，从而产生宏观经济的紧缩效应。

3. 奖抑效应

奖抑效应主要是指政府通过财政补贴、各种奖惩措施、优惠政策对国民经济的某些地区、部门、行业、产品及某种经济行为予以鼓励、扶持或者限制、惩罚而产生的有效影响。

4. 货币效应

一方面，财政政策的货币效应表现为政府投资、公共支出、财政补贴等本身形成的一部分社会货币购买力，从而对货币流通形成直接影响，产生货币效应；另一方面，财政政策的货币效应主要体现在国债上，国债政策的货币效应又取决于国债认购的对象和资金来源。如果中央银行用纸币购买国债，这无异于增加纸币发行，从而产生通货膨胀效应；如果商业银行购买国债，且可以用国债作为准备金而增加贷款，那么，也会导致货币发行增加，从而使流通中的货币增加。

三、财政政策与货币政策的配合

（一）财政政策与货币政策相互配合的必要性

财政政策与货币政策是国家宏观调控、实现经济稳定发展的两大政策体系。财政政策与货币政策既联系密切，又相互区别。一方面，二者经济调节的目标相同，而且，财政政策需要通过由货币政策直接调控的货币供应量这一传导媒体才能最终发挥作用。财政政策与货币政策的共性为二者的配合打下了基础。另一方面，财政政策与货币政策分别有着特定的调节领域和作用机制，基本功能也各有侧重，它们对社会供求平衡的作用点及调节力度存在着差别。财政政策与货币政策不可相互替代，必须协调配合，才能实现调控效益的最大化。财政政策与货币政策的共性说明了它们可以配合，而二者的特性和区别则说明了它们必须配合，财政政策与货币政策的区别主要表现为以下几点：

1. 政策目标的侧重点不同

财政政策与货币政策都对总量和结构进行调节，但财政政策通过向谁征税和给谁资金等分配手段，实施鼓励和限制的措施，通过分配活动达到社会资源配置和经济结构调整的目标，有结构调节特征；在于利用信用体系对利率和货币供应进行调控，影响借贷主体的融资成本，并不直接作用于社会资源的配置，货币政策的重点是调节社会需求总量，具有总量调节特征。

2. 政策调节范围不同

财政政策和货币政策都是以调节社会总需求为基点来实现社会总供求平衡的政策，但二者的调节范围却不尽相同。这具体表现为：财政政策主要在分配领域实施调节，而货币政策对社会总需求的影响则主要是通过影响流通中的货币量来实现的，其调节行为主要发生在流通领域。正是这种调节范围的不同，使得不论是财政政策还是货币政策，对社会总供求的调节都有局限性。

3. 传导机制不同

财政的分配活动总是和政府直接联系在一起的，任何财政政策工具的运用和财政政策的实施都是政府直接作用的结果，因此，财政政策更具有政府直接性、行政性和强制性传导机制的特点；而货币政策是一种间接的政策，无论是利率的升降还是贴现率的变化，都需要通过引导企业或居民改变自身的经济行为才能取得调节效果，对企业和居民来说并不具有直接的强制力，货币政策较多地表现了传导机制的间接性、主导性和灵活性。例如，在通货紧缩的情况下，银行可以降低存款利率以吸引居民增加消费减少储蓄，但居民是否接受这种降息的刺激，银行并不具有强制力。如果居民不接受这种间接的刺激，仍然将钱大量存入银行，则货币政策的效用就会降低。

4. 政策时滞性不同

在一般情况下，财政政策与货币政策都存在着政策的时滞。这种时滞一般可以分为认识时滞、行政时滞、决策时滞、执行时滞和效果时滞。其中，认识时滞、行政时滞和决策时滞称为内部时滞，执行时滞和效果时滞称为外部时滞。财政政策需要改变现行的政策与制度，这种改变很多需要立法机构的审批，因而内部时滞较长。但由于财政政策直接影响消费总量和投资总量，从而直接影响社会的有效需求，因而外部时滞较短。而货币政策直接由中央银行决策，通过利率、法定存款准备金率等政策工具的运用引导经济活动的改变，对社会总需求的影响是间接的。因此，货币政策与财政政策相比，内部时滞较短而外部时滞较长。

（二）财政政策与货币政策的配合模式

（1）松的财政政策和松的货币政策，即"双松"政策。当社会总需求严重不足，生产资源大量闲置，解决失业和刺激经济增长成为宏观调控的首要目标时，适宜采取以财政政策为主"双松"的财政政策与货币政策配合模式。财政政策可扩大支出或降低税率，扩大有效需求，以刺激经济增长，但这可能会产生"挤出效应"，这时若中央银行采取扩张性的货币政策增加货币供应量，降低市场利率，则会更有效地实现调节目标。

（2）紧的财政政策和紧的货币政策，即"双紧"政策。当社会总需求极度膨胀，社会总供给严重不足和物价大幅度攀升，抑制通货膨胀成为首要调控目标时，适宜采取"双紧"（或适度从紧）的财政政策与货币政策配合模式。财政部门通过削减政府支出、提高税率等方式压缩社会有效需求；同时，中央银行采取紧的货币政策，减少货币供应量，调高利率，抑制投资和消费支出。二者相互配合使用，可对经济产生有力的紧缩作用。

（3）紧的财政政策和松的货币政策。当政府开支过大，物价基本稳定，经济结构合理，但企业投资并不十分旺盛，经济也非过度繁荣，促使经济较快增长成为经济运行的主要目标时，适宜采取"紧财政、松货币"的政策配合模式。

（4）松的财政政策和紧的货币政策。当社会运行表现为通货膨胀与经济停滞并存，产业结构和产品结构失衡，治理"滞胀"、刺激经济增长成为政府调节经济的首要目标时，适宜采取松的财政政策和紧的货币政策配合模式。紧的货币政策有助于抑制通货膨胀，但为了不造成经济的进一步衰退，有必要实施减税和增加财政支出等扩张性财政政策加以配合，同时还应注意发挥财政政策的结构调节功能，优化产业结构和产品结构，促进经济增长，缓解"滞胀"。

以上是财政政策与货币政策配合使用的一般模式。除紧缩与扩张这两种情况外，财政政策、货币政策还可呈中性状态。中性的财政政策是指财政收支量入为出、自求平衡的政策。中性的货币政策是指保持货币供应量合理、稳定地增长，维持物价稳定的政策。若将中性货币政策与中性财政政策分别与上述松紧状况搭配，又可产生多种不同配合。

当前，我国正步入经济发展的新阶段。为保持宏观经济平稳健康发展，就需要摆正财政和货币政策在宏观调控中的地位，这就对政府决策部门提出了很高的要求。只有在把握社会经济运行的客观规律、充分而又准确地掌握经济信息的前提条件下，确定适当的宏观调控目标，选择适当的财政政策与货币政策搭配类型及实施方案，才能有效地发挥财政政策与货币政策的作用，实现政府的经济政策目标，才能根据经济形势的需求致力于目标的实现，形成政策合力，更好地促进经济发展。

第二章　财政支出与收入

第一节　财政支出

一、财政支出的概念

财政支出（fiscal expenditure）也称公共支出，与财政收入相对应，是指在市场经济条件下，政府为提供公共产品和服务，满足社会共同需要而进行的财政资金的支付。财政支出是国家将通过各种形式筹集上来的财政收入进行分配和使用的过程，它是整个财务分配活动的第二阶段。财政支出与财政收入一起构成财政分配的完整体系，财政支出是财政收入的归宿，它反映了政府政策的选择，体现了政府活动的方向和范围。所以，它是财政分配活动的重要环节。

二、财政支出的分类

将财政支出的内容进行合理的归纳，以便准确反映和科学分析支出活动的性质、结构、规模以及支出的效益和产生的时间。分类方法有以下五种：

（一）按经济性质分类

按财政支出的经济性质，即按照财政支出是否能直接得到等价的补偿进行分类，可以把财政支出分为购买性支出和转移性支出。购买性支出又称消耗性支出，是指政府购买商品和劳务，包括购买进行日常政务活动所需要的或者进行政府投资所需要的各种物品和劳务的支出，即由社会消费性支出和财政投资支出组成。它是政府的市场性再分配活动，对社会生产和就业的直接影响较大，执行资源配置的能力较强。转移性支出是指政府按照一定方式，将一部分财政资金无偿地、单方面地转移给居民和其他受益者，主要由社会保障支出和财政补贴组成。它是政府的非市场性再分配活动，对收入分配的直接影响较大，执行收入分配的职能较强。

（二）按最终用途分类

按财政支出的最终用途分类，可将其分为补偿性支出、积累性支出与消费性支出。补偿性支出主要是对在生产过程中固定资产的耗费部分进行弥补的支出，如挖潜改造资金。积累性支出是指最终用于社会扩大再生产和增加社会储备的支出，如基本建设支出、工业交通部门基金支出等，这部分支出是社会扩大再生产的保证。消费性支出是指用于社会和个人消费方面的支出，包括国防、行政、科教文卫、抚恤和社会福利救济等，这部分支出对提高整个社会的物质文化生活水平起着重大的作用。

（三）按政府职能分类

以政府职能为标准对财政支出进行分类，实际上就是按照政府执行其职能的物质需要分类。我国财政支出按照政府职能进行分类，分为五大类：

1. 经济建设费

此部分包括基本建设支出、科技三项费用支出、地质勘探支出、国家物资储备支出、工业交通部门基金支出等。

2. 社会文教费

此部分包括用于文化、教育、科学、卫生、体育、通信、广播、电影、电视、出版、文物、计划生育等方面的经费、研究费和补助费等。

3. 国防费

此部分包括各种武器和军事装备支出、军事人员给养支出、有关军事科研支出、民兵建设事业费支出，用于实行兵役制的公安、边防、武装警察部队和消防队伍的各种经费、防空经费等。

4. 行政管理费

此部分包括公检法支出、驻外机构的各种经费、业务费、干部培训费等。

5. 其他支出

此部分包括债务支出、政策性补贴支出等。

（四）按产生效益的时间分类

按财政支出产生效益的时间分类，可将其分为经常性支出和资本性支出。经常性支出是维持公共部门正常运转或保障人们基本生活所必需的支出，主要包括人员经费、公用经费和社会保障支出。特点是它的消耗会使社会直接受益或当期受益，直接构成了当期公共物品的成本。按照公平原则中当期公共物品受益与当期公共物品成本相对应的原则，经常性支出的弥补方式是税收。资本性支出是用于购买或生产使用年限在一年以上的耐用品所需的支出，它们耗费的结果将形成一年以上长期使用的固定资产。资本性支出的补偿方式有两种：一是税收，二是国债。

（五）按管理权限分类

按财政支出的管理权限分类，可将财政支出分为中央财政支出和地方财政支出。所谓中央财政支出，是指按照分税制的规定，由中央预算安排使用和管理，实现中央政府职能的各项支出。中央财政支出主要承担国家安全、外交和中央国家机关运转所需要的费用，调整产业结构、协调地区经济发展的支出，以及由中央直接管理的事业发展支出。

所谓地方财政支出，是指按照分税制的规定，由地方各级预算安排使用和管理，实现地方政府职能的各项支出。

这种分类法是正确处理中央政府与地方各级政府间财政关系的前提，为制定和完善财政管理体制提供基础条件。

三、财政支出规模

（一）财政支出规模及其衡量指标

1. 含义

所谓财政支出规模，是指政府在一定时期内安排财政支出的数量。财政支出规模通常表现为财政支出的总量，可以是支出数额的绝对量，也可以是财政支出占国民收入的相对量。

2. 衡量指标

衡量财政支出的规模有两类指标：绝对规模指标和相对规模指标。在实践中，常用相对规模指标来量财政支出规模。我国通常用两种方法来衡量。

（1）当年财政支出占当年国内生产总值的比重。

（2）当年中央财政支出占全国财政支出的比重。

财政支出占国内生产总值的比重反映政府干预经济的程度；中央财政支出占全国财政支出的比重反映中央政府对地方政府的控制程度。根据各国财政支出的实践，财政支出从长期看呈现不断增长的趋势。

（二）影响财政支出规模的因素

1. 宏观因素

（1）经济性因素。经济性因素主要是指经济发展的水平、经济体制的选择和政府的经济干预等因素。经济发展水平是财政支出的财力保证，经济发展水平制约着财政支出的规模。经济体制的选择也会影响财政支出的规模，一般而言，实行计划经济体制的国家的职能和财政介入的范围都比较宽泛，故财政支出的规模都较大。反之，实行市场经济体制的国家更加依赖市场机制的运行，财政支出的规模相对较小。而政府通过经济干预影响财政支出的规模，主要体现在对总需求的影响上。在总需求不足时，政府要推行扩张性的财政政策以刺激需求，此时财政支出规模会扩张；在总需求过剩时，政府要推行紧缩性的财政政策以抑制需求，此时财政支出规模会收缩。

（2）政治性因素。政治性因素对财政支出规模的影响主要有三方面：政局的稳定、政体结构的行政效率、政府的干预政策。政局是否稳定，对一国的国防支出、国家安全支出、治安经费和社会管理费用等的影响很大，进而影响政府的财政支出规模。若一国的行政机构效率低下，经费开支就必然增多，故政体结构的行政效率必然影响财政支出规模。而政府的干预政策决定了政府活动的范围和方向，进而决定了财政支出的范围和规模。在计划经济体制国家，政府干预的范围较大，财政支出占相关经济总量的比重会相对高些；反之，在市场经济体制国家，这一比重会低些。但是，随着经济规模的不断扩大，政府介入经济进行宏观调控的成本会越来越高，各国财政支出的绝对规模必然会相应扩大。

（3）社会性因素。人口、就业、教育、医疗卫生、社会救济、社会保障等社会因素都会影响财政支出的规模。人口的增加会直接导致财政支出规模的膨胀。人口的增加要求就业机会的增加，因而政府对教育、文化、卫生、体育等各项的支出亦会随之增加，行政管理和社会管理方面的费用也会相应提高，财政支出规模也会随之扩大。

2. 微观因素

福利经济学通过效用最大化方法，将市场有效供给运用到政府公共品供给中，通过影响财政支出增长的变量，如公共物品的需求、成本和价格、质量、生产组织形式等，分析研究财政支出规模。从微观管理入手，通过影响这些变量，进而达到提高财政支出效益、控制财政支出规模的目的。

四、财政支出结构

（一）财政支出结构的含义

财政支出结构是指财政支出总额中各类支出的组合以及各类支出在支出总额中所占的比重，也称财政支出构成。研究财政支出结构的目的在于揭示各类财政支出的相对重要性，探索各类支出的内在联系及规律性，以便合理安排财政支出，形成财政支出的最优结构。从社会资源的配置角度讲，财政支出结构直接关系到政府动员社会资源的程度，一国财政支出结构的现状及其变化，表明了该国政府正在履行的重点职能及变化趋势。财政支出结构既与一国经济体制和相应的政府职能有关，又受经济发展阶段的制约，而合理的财政支出结构最终还要取决于经济发展阶段。

（二）财政支出结与政府职能的关系

从某种程度上说，财政支出是政府活动的资金来源，也是政府活动的直接成本。因此，政府职能的大小及其侧重点，决定了财政支出结构。在经济学中，关于政府的职能特别是政府在经济发展中的作用，一直存在着两种观点，即财政支出结构市场主导型观点和财政支出结构政府主导型观点。

1. 财政支出结构市场主导型观点

该观点源于新古典学派，强调自由运作的市场力量在经济发展中的作用，认为市场机制本身能够运作得很好，只是在一个十分有限的范围和程度上才会出现失灵。因此，只有着眼于促进市场机制运作效率的政府活动才是适当的。与此相适应，政府干预应局限于一个狭窄的范围内，即除了提供诸如国防、法律这类基本的公共服务之外，政府的经济事务应仅限于诸如环境保护、基础教育等这些具有明显外部性的领域。如果按照此观点，那么不但财政支出规模不可能很大，而且财政支出结构无疑偏重于行政管理、法律秩序、防卫等维持国家机器正常运转方面的支出。

2. 财政支出结构政府主导型观点

该观点源于凯恩斯学派，强调政府要干预经济，特别是要通过财政政策实现充分就业和经济增长目标，认为如果没有政府的强有力干预，就很难实现资源的配置优化、产业的顺利成长和经济的稳定增长。在经济发展初期，如果没有政府的强有力干预，就不可能实现快速地资本积累、有效地资源配置、及时地技术追赶，而这三大要素正是现代经济增长的必要条件。与此相适应，政府职能不但体现在为民间部门的迅速扩张提供良好的经济环境、提供充足有效的经济基础设施上，而且还要直接参与战略性产业的投资活动。如果按照此观点，那么财政支出规模可能比较大，或者即使受经济发展水平的制约，财政支出规模不是很大，但支出结构会偏重于集中资源和经济事务方面的支出。

现今，不论是新古典学派还是凯恩斯学派的经济学家，都在不断地修正自己的观点。如今，几乎没有哪个经济学家主张纯粹的自由经济或纯粹的政府干预。人们都清楚地认识到，市场机制有缺陷，政府干预也会失效；政府应对国民经济进行干预，但是干预的力度和方式有所不同。

（三）我国财政支出结构的变化

鉴于财政支出结构与政府职能存在着紧密的对应关系，我们把政府职能简化为两大类，即经济管理职能和社会管理职能，相应地，财政支出也就形成了经济管理支出和社会管理支出。

中华人民共和国成立以来，经济管理体制和政府职能在 20 世纪 70 年代末发生了根本性变革。在计划经济时期，国家注重经济职能的实现，政府调动几乎全部资源，直接从事各种生产活动，推崇生产性财政，财政支出大量用于经济建设。在社会主义市场经济体制下，市场在资源的配置上起基础性作用，政府正在逐步减少资源配置的份额，退出一些适合民间部门从事的生产活动领域，财政用于经济建设方面的支出比例已大大降低。伴随着政府职能的这种转变，财政支出结构发生了很大变化：经济建设支出占财政支出总额的比重逐步降低，而社会管理支出比重则大幅提高。

经济建设支出比重下降主要有两方面的原因。一是流动资金支出下降。从 1983 年 7 月开始，除了核工业部、航空航天工业部部属的少数国有企业外，其他国有企业的流动资金供应由拨款改为银行贷款，从而使流动资金支出占总财政支出的比重大幅下降。二是基本建设支出下降。在经济体制改革过程中，投资主体的多元化及投资主体的资金来源多元化，使基本建设支出的比重迅速下降。而在政府的经济管理职能减弱的同时，社会管理职能得到加强，社会管理支出的比重必然提高。

五、财政支出效益

（一）如何理解财政支出效益

1. 含义

所谓效益，从经济学的一般意义上讲，是指人们在有目的的实践活动中"所费"和"所得"的对比关系。所费，就是活劳动和物化劳动的消耗和占用；所得，就是有目的的实践活动所取得的有用成果。所谓提高经济效益，就是"少花钱、多办事、办好事"。财政支出效益研究的是财政支出规模多大、怎样的支出结构才能使经济和社会发展最快的问题。财政支出的规模应当适当，结构应当合理，其根本目标就是提高财政支出效益。因此，财政支出效益主要从两个角度考察。①财政支出总量效益，即财政支出在总量上应该多大才合适，如何确定适度的财政支出规模，以促进经济更快发展。这要分析财政支出占 GDP 的比重。②财政支出结构效益，即财政支出项目间的组合效益。财政支出各项目不同的使用比例，会带来不同的效益。

2. 财政支出效益与微观经济主体支出效益的比较

财政支出效益和微观经济主体支出效益存在重大差别。

首先，两者计算所费和所得的范围不同。微观经济主体只计算发生在自身范围内的直接的和有形的所费和所得；而政府除了要计算直接的和有形的所费和所得之外，还要计算长期的、间接的和无形的所费和所得。

其次，两者择优的标准不同。微观经济主体追求的是利润最大化，所选方案要能够带来尽可能大的经济效益；而政府追求的是整个社会的最大效益，不仅要考虑经济效益，还要考虑社会效益，不回避可能的、必要的局部亏损。

最后，两者效益的表现形式不同。微观经济主体支出效益的表现形式单一，即只需采用货币计算的价值形式；而政府财政支出效益的表现形式具有多样化特征，除价值形式以外，还可以通过其他如政治的、社会的、文化的等多种形式表现出来。所以，政府在提高财政支出效益的过程中面临的问题更为复杂。

（二）财政支出效益的评价方法

财政支出项目多种多样，针对不同类别的财政支出项目，就有不同的财政支出效益的评价方法。

1. 成本-效益分析法

所谓成本-效益分析法，是指针对政府确定的项目目标，提出若干建设方案，详列各种方案的所有预期成本和预期效益，并把它们转换成货币单位，通过比较分析，确定该项目或方案是否可行。采用成本-效益分析法的财政支出项目，如生产性投资之类，成本易于衡量，其效益是经济的、有形的，可以用货币计量。成本-效益分析法最早产生于美国的《1936 年防洪法案》，如今，这种方法已经得到了广泛的应用。

2. 最低费用选择法

所谓最低费用选择法，是指只计算每项备选项目的有形成本，并以成本最低为择优的标准。采用最低费用选择法的财政支出，如行政管理、国防等方面的支出，其成本易于计算，但效益难以衡量，而且通过此类支出所提供的商品或服务，不可能以任何形式进入市场交换。运用这种方法确定最优支出方案，技术上不难做到，难点在于备选方案的确定，因为所有备选方案应能无差别地实现同一个既定目标，据此再选择费用最低的方案，但要做到这一点是很困难的。

3. 公共定价法

公共定价是指政府相关管理部门通过一定程序和规则制定提供的公共产品的价格和收费标准。采用公共定价法的财政支出项目，成本易于衡量，效益难以计算，但通过这类支出所提供的商品或服务，可以部分或全部地进入市场交易。从定价政策看，公共定价实际上包括两方面：一是纯公共定价，即政府直接制定自然垄断行业（如能源、通信、交通等公用事业和煤、石油、原子能、钢铁等基本品行业）的价格；二是管制定价或价格管制，即政府规定竞争性管制行业（如金融、农业、教育和医药等行业）的价格。政府通过公共定价法，能够提高整个社会资源的配置效率，使这些产品和服务得到最有效使用，从而提高财政支出的效益。

第二节　财政收入

一、财政收入的概念

所谓财政收入，是指政府为履行其职能、实施公共政策、提供公共物品与服务需要而筹集的一切资金的总和。财政收入表现为政府部门在一定时期内（一般为一个财政年度）所取得的货币收入。财政收入是衡量一国政府财力的重要指标，政府在社会经济活动中提供公共物品和服务的范围和数量，在很大程度上取决于财政收入的充裕状况。

二、财政收入的分类

财政收入的分类有多种，结合我国的实际情况和财政收入分类的理论和实践价值，主要有以下三种分类方法。

（一）按财政收入的形式分类

按财政收入的形式不同，财政收入可分为税收收入和非税收收入两类。税收收入是财政收入中的主体收入。其他财政收入可以进一步划分为国有资产权益收益、债务收入、规费、罚没收入等形式。按财政收入形式的不同所进行的分类是财政收入分类的主要方法之一，是最基本的分类。

（二）按财政收入管理权的归属分类

按财政收入管理权的归属不同，财政收可分为中央财政收入和地方财政收入。中央财政收入是指按照国家预算法规和预算管理体制的规定，由中央政府集中筹集和支配使用的财政资金。中央财政收入在财政总收入中占据主要地位。地方财政收入是指按照国家预算法规和预算管理体制的规定，由地方政府集中筹集和支配使用的财政资金。地方财政收入在财政总收入中占据基础地位。这种分类，有助于正确处理财政分配中集权与分权的关系。

（三）按财政收入的来源分类

按财政收入的来源不同，有以下三种分类：

1. 从经济部门的角度分类

财政收入分为来自工业、农业、商业、交通运输业、建筑业及其他经济部门的收入。

2. 从所有制的角度分类

财政收入分为国有经济的收入和非国有经济的收入。其中，国有经济提供的收入在我国一直占据重要地位。

3. 从价值角度分类

财政收入分为来自生产资料耗费的补偿价值（C）的收入、来自劳动力再生产价值（V）的收入、来自剩余产品价值（M）的收入。

三、财政收入规模

财政收入规模与财政支出规模密切相关，在变化趋势上具有明显的一致性，但二者所说明的问题却不相同。如果说财政支出是直接说明政府活动规模的，那么财政收入则主要反映企业和居民家庭对政府活动经费的负担水平。

（一）财政收入规模的含义与衡量指标

财政收入规模是指一国政府在一个财政年度内所拥有的财政收入总水平。财政收入规模的大小可以从静态和动态两个角度来进行分析，并分别采用两个不同的指标来描述：一是可以从静态的角度用年度财政收入的总量（年财政收入额）来描述，这是一个绝对数指标；二是可以从动态的角度用财政收入占国民生产总值的比重［（一定时期内财政收入总额÷同期国民生产总值）×100%］来描述，这是一个相对数指标。

绝对数指标表现了一国政府在一定时期内的具体财力有多大，因而这一指标适用于财政收入计划指标的确定、完成情况的考核及财政收入规模变化的纵向比较；相对数指标则主要反映一国政府参与国民生产总值分配的程度（财政的集中程度）有多高，因而具有重要的分析意义，其分子根据反映对象和分析目的的不同可以运用不同口径的指标，如中央政府财政收入、各级政府财政总收入，同样分母也可以用不同口径的指标，如国民生产总值、国民收入等。

（二）影响财政收入规模的因素

从历史上看，保证财政收入持续、稳定、适度地增长，始终是世界各国政府的主要财政目标，而在财政赤字笼罩世界的现代社会，谋求财政收入增长更为各国政府所重视。但是，财政收入规模多大，财政收入增长速度多快，不是或不仅仅是以政府的意愿为转移的，它要受到各种政治经济等因素的制约和影响，这些因素包括经济发展水平、生产技术水平、价格及收入分配体制等，其中最主要的是经济发展水平和生产技术水平。

1. 经济发展水平和生产技术水平对财政收入规模的影响

经济发展水平反映一个国家的社会产品的丰富程度和经济效益的高低。一般而言，经济发展水平高，社会产品丰富，国民生产总值就多，则该国的财政收入总额较大，占国民生产总值的比重也较高。当然，一个国家的财政收入规模还受其他各种主客观因素的影响，但有一点是可以肯定的，就是经济发展水平对财政收入的影响表现为基础性的制约，二者之间存在源与流、根与叶的关系，源远则流长，根深则叶茂。

从世界各国的现实状况考察，发达国家的财政收入规模大多高于发展中国家，而在发展中国家中，中等收入国家的财政收入规模又大多高于低收入国家，绝对额是如此，相对数亦是如此。这可以证明财政的一个基本原理：经济决定财政，经济不发达则财源不丰裕。

经济发展水平对财政收入规模的制约关系，可以运用回归分析方法做定量分析。回归分析是考察经济活动中两组或多组经济数据之间存在的相关关系的数学方法，其核心是找出数据之间的相关关系的具体形式，得出历史数据，借以总结经验，预测未来。

假设 Y 代表财政收入，X 代表国民生产总值，则有以下公式：

$$Y=\alpha+\beta X$$

式中，α和β为待定系数。

这里需要说明的是，尽管回归分析是一种科学的定量分析方法，但其应用也是有条件的。当有关经济变量受各种非正常因素影响较大时，应用回归分析就不一定能得出正确的结论。为了解决此类问题，在进行回归分析之前往往需要作一些数据处理，通常在数据中剔除非正常的和不可比的因素。

由于一定的经济发展水平总是与一定的生产技术水平相适应，较高的经济发展水平往往是以较高的生产技术水平为支撑的，生产技术水平内含于经济发展水平之中，因此，生产技术水平也是影响财政收入规模的重要因素。对生产技术水平制约财政收入规模的分析，事实上是对经济发展水平制约财政收入规模研究的深化。

简单地说，生产技术水平是指生产中采用先进技术的程度，又可称为技术进步。技术进步对财政收入规模的制约可从两个方面来分析：一是技术进步往往以生产速度加快、生产质量提高为结果。技术进步速度较快，GDP 的增长也较快，财政收入的增长就有了充分的财源。二是技术进步必然带来物耗比例降低，经济效益提高，产品附加值所占的比例扩大。由于财政收入主要来自产品附加值，所以技术进步对财政收入的影响更为直接和明显。

2. 分配政策和分配体制对财政收入规模的影响

制约财政收入规模的另一个重要因素是政府的分配政策和分配体制。经济决定财政，财政收入规模的大小归根结底受生产发展水平的制约，这是财政学的一个基本观点。经济发展水平是分配的客观条件，而在客观条件既定的情况下，还存在通过分配进行调节的可能性。因此，在不同的国家（即使经济发展水平是相同的）和一个国家的不同时期，财政收入规模也是不同的。

GDP 分配格局变化是国民经济运行中各种因素综合作用的结果。首先，它是经济体制转轨的必然结果。分配体制和分配模式是由经济体制决定的，过去在计划经济体制下的统收统支体制，显然是和市场经济体制不相称的，经济体制转换带来分配体制的转换是必然的。实际上，我国经济体制改革是以分配体制改革为突破口的。实践证明，分配体制改革促进了经济体制改革，促进了经济的快速增长。其次，GDP 分配向个人倾斜，财政收入比重下降，与分配制度不健全及分配秩序混乱有直接的关系。我国政府的分配制度和分配政策是明确的，即：以按劳分配为主，多种分配形式并存；效率优先，兼顾公平；保护合法收入，取缔非法收入，调节过高收入。但在改革过程中，对这个政策的贯彻并不是十分有力。居民的收入可以分成两个部分：第一部分，制度内收入或称正常收入，主要是工资、奖金、经营收入和财产收入；第二部分，制度外收入或称非正常收入，即所谓灰色收入或黑色收入，这部分收入的特征是透明度差，其收入的来源渠道、所采用的收入形式、在个人收入中所占比重大小等并不明确，这使得这些收入带有很大的隐蔽性，而制度外收入的急剧增长，又是造成居民收入差距急剧扩大并形成收入分配不公的重要原因。

由以上分析可以看出，在经济体制改革中调整分配政策和分配体制是必要的，但必须有缜密的整体设计，并要考虑国家财政的承受能力。因此，在提高经济效益的基础上，整顿分配秩序，调整分配格局，适当提高财政收入占国民收入的比重，是不断深化经济体制改革的重要课题。

3. 价格对财政收入规模的影响

财政收入是一定量的货币收入，它是在一定的价格体系下形成的，并且是在一定时点按现价计算的。因此，由于价格变动引起的 GDP 分配必然影响财政收入的增减。

价格变动对财政收入的影响，首先表现在价格总水平升降的影响上。在市场经济条件下，价格总水平一般呈上升趋势，一定范围内的上涨是正常现象，持续地、大幅度地上涨就是通货膨胀；反之，价格持续地下降就会形成通货紧缩。当财政收入随着价格水平的上升而同比例地增长时，财政收入就会表现为"虚增"，即财政收入名义增长，而实际并无增长。在实际经济生活中，价格分配对财政收入的影响可能出现各种不同的情况。物价上升对财政收入影响的几种不同情况为：①当财政收入增长率高于物价上涨率时，名义财政收入增长，实际财政收入也增长；②当物价上涨率高于财政收入增长率时，名义财政收入为正增长，而实际财政收入为负增长；③当财政收入增长率与物价上涨率大体一致时，只有名义财政收入增长，而实际财政收入不增不减。

在实际经济生活中，价格分配对财政收入增减的影响主要取决于两个因素：一是引发物价总水平变动的原因；二是现行的财政收入制度。

一般来说，连年的财政赤字通常是通货膨胀的重要原因。当为了弥补财政赤字而造成流通中过多的货币投放时，财政就会通过财政赤字从 GDP 再分配中分得更大的份额；在 GDP 因物价上升形成名义增长而无实际增长的情况下，财政收入的增长就是通过价格再分配体制实现的。因此，财政收入的增量通常可分为两部分：一部分是 GDP 正常增量的分配所得；另一部分是价格再分配所得。后者即为通常所说的"通货膨胀税"。

决定价格分配对财政收入影响的另一个因素是现行财政收入制度。如果一个国家实行的是以累进所得税为主体的税制，纳税人适用的税率会随着名义收入增长而提高，即出现所谓"档次爬升"效应，从而使财政在价格再分配中所得的份额有所增加。如果实行的是以比例税率为主的流转税为主体的税制，这就意味着税收收入的增长率等同于物价上涨率，财政收入只有名义增长，而不会有实际增长。如果实行的是定额税率为主体的税制，在这种税制下，税收收入的增长总要低于物价上涨率，所以财政收入即使有名义增长，而实际必然是下降的。

另外，价格变动的情况不同，造成价格变动的原因不同，对财政收入规模的影响也不相同。在一定的财政收入制度下，当商品的比价关系向有利于高税商品（或行业）变动时，即高税商品价格涨幅大于低税商品价格涨幅时，财政收入会有更快的增长，即财政收入的规模将会变大；反之，当商品的比价关系向有利于低税商品（或行业）变动时，即低税商品价格涨幅大于高税商品价格涨幅时，财政收入的规模将会变小。

在市场经济条件下，市场价格总是随市场供求关系而上下浮动，并主要是在买卖双方之间发生再分配，而价格的上下浮动一定会进一步影响到财政收入的增减。既然价格是影响财政收入状况的重要因素，那么，国家在有计划地进行价格体制改革和价格宏观调控的过程中，就必须考虑到财政的承受能力。这也就是说，财政的状况也会反过来影响价格体制改革，并成为影响价格体制改革的重要因素。

第三章　财政收支安全隐患与对策

第一节　财政收支安全隐患

一、财政收入分配存在的安全隐患

（一）收入结构与分配问题

1. 重资本轻劳动的现状拉大了社会贫富差距

我国在转型经济体制中，虽然按劳分配依然被强调为主体地位，但相应的体制设计还很不完善。劳动报酬占 GDP 比重偏低乃至连年下降。首先，不能充分体现劳动者的价值，不利于其生活水平逐步提高；其次，还会进一步拉大社会贫富差距，影响社会和谐与稳定；最后，广大劳动者难以充分享受改革与发展的成果，同时也未能充分彰显社会公平。农村劳动力在向城市转移的过程中，农民身份在就业收入分配以及公共品分享方面，仍然受到一定程度的歧视。特别是劳动集体谈判的权利没有得到应有的重视，使得劳动要素在参与分配过程中始终处于弱势地位。同时，由于资本凭借对劳动的支配权在分配过程中占据有利地位，资本报酬率远远高于劳动报酬率，资本压低劳动收益的必然结果只能是消费率不断下滑。而消费的低迷使得我国经济长期受到内需不足的困扰。

2. 贫富两极分化制约了我国的内需扩大

随着农村剩余劳动力的大量转移，越来越多的农村老人缺乏基本生活保障。由于社会保障制度还不完善，社会保障金的缺乏，失业人口、老弱病残等弱群体缺乏收入来源，从而导致城市贫困人口急剧上升，农村"因病返贫"现象日趋严重，进一步拉大了收入差距。贫富分化日益加剧的负面影响已严重压制了内需，从而抑制了国内市场发展。以往我国采用出口导向型经济发展模式，利用西方发达国家的外需来弥补国内需求不足，我国庞大的产能才得以维持运转。随着海外债务危机的爆发，我国产品的海外需求急剧萎缩，内需增长慢，无法弥补外需萎缩导致的需求短缺，这就使得我国国有企业产能过剩的矛盾日益凸显。

3. 垄断行业的员工高薪强化了人们不公平感

这里的原因不在于垄断行业的员工的生产效率有多高，而是垄断行业凭借特殊地位和定价权，获得高额垄断利润，造成了行业的收入差距不断扩大。企业高管和一般员工的收入也相差悬殊的原因，在于收入形成机制混乱，多种薪酬制度并存，管理层为自己制定不合理的超高非工资性收入，却很少受到约束和监督。一些部门存在通过行政性垄断取得更多收入的偏好，只进行了利于部门收入的增长，对垄断行为听之任之，进而加以保护。尤其是供电、供水、供气和电信等行业长期处于独家垄断地位，造成了不同行业职工收入的长期性差异。

可见，非劳动因素、机会不平等导致的过大收入差距，很容易强化人们的不公平感，挫伤人们的工作积极性、主动性，降低经营运行效率。更为严重的是，由于贫困阶层的不满和反感情绪的剧增，"仇不公"心理必然发酵成"仇官""仇富"心理，这将成为创建和谐社会和全面建成小康社会的不稳定因素。

（二）地税部门征收管理存在的主要问题

近年来，由于税收超收任务压力过大，有些地方税务部门采取预征下年度税款、动用财政资金纳税、向银行贷款，以及向内部职工集资等方式增加税收，扰乱了税收征管秩序；也有些尚有税收潜力的地方，少征欠征税收。另外，漏征漏管、混征混管，执行纳税申报制度不严，违规办理税收缓缴、免缴手续等问题仍普遍存在。除此以外，还存在如下问题：

1. 资源税收体系不够完善

一是资源税征税对象不明。资源税征税对象的确定，是以矿山为标准，并不区分矿山的富贫状况，这就使得部分企业采取采易弃难、采富弃贫、采大弃小的方式加大矿产资源的开采率，尽最大可能增加资源税的实现数量，急功近利。这一行为直接导致了资源的开发和利用效益降低，助长了破坏和浪费国家资源的行为。二是资源税性质定位不准。我国的资源税以企业因开采条件不同而形成的级差收入为调节对象，属于对级差地租的征收，客观上虽然具有保护资源的作用，但制定法律的初衷没有过多考虑绿色环保，在一定程度上影响了该税作用的发挥，不能从根本上遏制资源的浪费。三是资源税征税范围过窄。由于目前资源税的征税范围仅限于矿产和盐，而更多的资源如水、地热、滩涂、森林等没有征税，使得企业对这些资源进行无序乃至疯狂开采。这不仅违背了税收公平原则，也造成了应税与非税资源产品生产企业经济利益的不公平。四是资源税税负明显偏低。资源税采用定额幅度税率，只反映了劣等资源和优等资源的级差收益，不能根据资源市场化进行调整，与市场机制要求相背离。同时，我国资源税的单位税额多年来没有怎么调整，使得税负明显偏低，难以发挥税收的保护和调节作用。五是资源税计税不尽合理。目前的资源税根据销售量或生产量计税，不能随资源的价格变化。在资源价格持续上涨的今天，不能有效调节企业利润，进而发挥税收"内在稳定器"的作用，这不仅使国家经济利益受损，而且促使个别企业通过对资源产品疯狂涨价来攫取更多利益。

2. 有的地税部门随意免税行为

国家三令五申要求省级以下取消自定的税收优惠政策，以保证国家税收政策的统一性和严肃性。但有的地方对企业的扶持逐步由原来的税收返还转为财政扶持，纷纷出台按企业实际入库税收收入地方留成部分的固定比例进行财政返还的政策。有的在企业改制方面，对兼并、被兼并、破产重组企业等违规制定优惠税前弥补亏损及实行税收减、免、缓政策。有的在加快国有企业发展方面，对重点技改项目和现代企业制度试点的股份制企业，违规制定减、免、缓政策。有的在鼓励外商投资、促进开发区建设方面，在发展个体、民营经济和解决下岗职工再就业方面，违规制定税收优惠政策。这种做法不仅是一种变相的越权减免税行为，而且不少税收难以作为可用收入安排使用，加之对返还的税款未在国有资产管理部门核算，这就造成了国有资产的严重流失。

3. 部分税种的征管不到位

增值税方面：《中华人民共和国增值税暂行条例》规定，凡从事建筑、安装、修缮、装饰及其他工程作业的行为，都要按照建筑业项目征收增值税。但从目前征收的税款看，由于装饰业分散、规模小、结算方式复杂等，征管准度大，对装饰业征收的税款屈指可数。

房产税方面：眼下个人出租房屋的管理比较松散，只要甲乙双方达成协议，签订合同，就能够获取收入，带有很大的隐蔽性，其流失难以控制。

隐形收入方面：主要是纳税人不进行工商、税务登记，无证经营，偷逃税款，用不申报或不实申报、匿报收入等方式进行偷税。

（三）财政专项资金管理存在的主要问题

财政专项资金的分配和使用，一直是社会各方面比较关注的问题。如何保证财政专项资金的安全，是政府部门必须加强管理和不断探索的重要课题。

1. 对专项资金的管理财务控制意识薄弱

据调查，许多单位财务人员在专项资金的管理中只承担了会计核算与资金支付等简单服务性工作，对专项资金的概念不明晰，对具体业务与决策了解不够，财会人员对各财务活动的事前、事中的辅助控制不到位，这就造成了资金管理的真空效应。

2. 专资金的预算基础组织工作不到位

近年来，地方财政预算编制普遍推行部门与细化预算的编制方法，实行的是人员经费按标准、公用经费按定额、专项经费按实际的分配模式。这就使得财政专项资金预算编制存在较大的主观随意性。同时，对申请的专项资金缺乏细致调研，以致一些单位专项资金形成沉淀，而一些单位专项资金又供给不足，从而影响事业发展和政府职能的实现。

3. 专项资金管理没有真正实行专款专用

据调查，有的单位对专项资金不实行单独核算，项目经费与经常性经费混合使用，用款单位领导、财务管理人员专款专用意识模糊，因而挤占、挪用专项资金现象很普遍。被挤占、挪用的专项资金多用于弥补经费不足、发放福利和补贴等公共及福利性开支，专项结余无法正确体现。

4. 财政部门对专项金的监管缺乏力度

据调查，一些用款单位为了不上缴专款结余，年终突击采购、花钱，或将尚未开工的项目专项支出提前拨付等。财政部门虽然对金额较大的专项资金实行跟踪，但大多是将款项拨下后，具体余款有多少，是怎么花的都不太清楚。按制度规定，行政事业单位的专项支出应定期向财政部门报送专项支出情况表和文字报告，但实际上各单位上报专项资金用款说明却不多，财政部门也缺乏应有的监管。

（四）税务机关税收征纳问题主要原因

随着我国经发展和社会进步，经过征纳双方的共同努力，税收征纳关系已得到明显改善，税务机关执法行为日趋规范，服务质量和效率明显提升，纳税人依法纳税的自觉性逐步提高，征纳双方的矛盾明显减少，纳税人对税务机关的满意度稳步上升，税收征纳环境得到进一步改善，税收征纳关系正在趋向和谐。但与和谐社会的总体要求相比，征纳双方仍然存在一些不容忽视的矛盾和问题，不和谐因素还不同程度的存在。

1. 税制的设计存在缺陷

目前，我国的个人所得税税制采用的是分类所得税制。这种征税方法的不利影响是纳税人可以通过分解收入、多次扣除的方法来逃避个人所得税。同时也加大了税收征管的难度，因为税务部门每年都需要消耗大量精力去认定个人各项应税所得的类型。税制设计本身的不严密，会造成偷税、逃税、漏税现象，从而导致地方经济发展、财源规模不断壮大，而公共财政收入却未能同步增长的非正常局面。

2. 征收管理机制有些失控

一是征纳双方信息不对称。有些纳税人上报的财务会计报表与纳税申报表所反映的税源状况不真实，假账现象、少报和隐匿收入时有发生。由于税务机关难以准确掌握税源信息，很多税源在生产、销售等诸多环节中被转移或隐匿，从而造成税收一定程度上流失。二是税收执法不严。虽然近几年在打击税收犯罪方面取得了很大的成绩，但目前在税务机关内部仍有责权不清、以权谋私、执法随意的现象。三是代扣代缴制度难落实。

据统计，目前将近70%的个人所得税来自支付单位的代扣代缴。但由于规模较小的、新成立的私营企业普遍不愿意履行代扣代缴的义务，一些公司为了实现职工福利又不愿意认真地履行代扣代缴的义务，以致税款代扣代缴制度落实困难重重。四是税务机关业务考核指标导向偏差。近些年，一些地方政府为完成创收任务，将创收指标分解后分配给基层税务机关，年终考核也以创收完成多少为主要依据。这就造成税收执法人员片面地追求创收，税源好的地方怕计划递增，完成计划后搞藏富于企业，有税不收。税源差的地方为保计划，寅吃卯粮，借税入库。照章纳税、依率计征只能是纸上谈兵，坐而论道。

（五）财政专项资金管理问题主要原因

有些财会人员对内控的重视程度不高，财政资金安全管理意识淡薄，内部执行力度不大。具体在工作中表现为不按时进行对账，部分单位未按要求建立货币、固定资产台账与资金日记账，内控制度不健全。

1. 财政专项资金制度设计不完善

在财政资金改革过程中，新旧制度规定不一，这就使得财政部门在账户管理与资金拨付时处于矛盾状态。国库机构没有合理设置，资金管理链条过短，不能很好保障资金的安全运行。国库在进行支付改革时，有些操作不规范，改革范围不太全面，这就给财政资金带来了一定的安全隐患。资金开设账户过多，分散管理现象严重，新增账户也没有很好地履行规定程序，在设置财政资金账户名称时不规范处理，有的利用财政部门内部机构命名专户名称，当专户人员发生变动时，又不能及时交接相关信息。有些机构缺少财政资金核算和定期对账制度。单位出纳会计不分，降低了预算单位执行管理核算的地位，加大了资金运行风险

2. 财政专项资金安全管理不严格

虽然上级与本单位制定了各类财政资金管理办法和制度，但个别部门、经办人员制度意识薄弱，缺乏责任心，未吃透项目资金管理政策，凭经验办事。由于缺乏必要的控制程序或检查监督，部分内控人员相关业务素质不够，经常误解内控程序或措施。特别是在执行项目公告公示制、验收制度等方面的不严格，造成在财政专项资金管理过程中不执行预算、擅自改变资金用途、挤占挪用和虚列支出等违规违纪现象。

3. 财政专项资金管理监督不到位

这主要是财政专项资金接受财政、审计、纪检等部门的监管在实际工作中表现为多头监管，责权划分不明晰，责任落实不到位的现象。财政专资金透明度不高，缺乏完善的举报系统，社会公众舆论未能发挥应有的监管作用。还有事前、事中监管缺乏，主要表现为对项目立项、招投标、监理、合同、质量、验收、结算、公示等环节的监管淡化。

二、财政支出存在的安全隐患

　　财政支出是国家把筹集到的财政资金，按照一定的方式和渠道，有计划地用于社会生产与生活的各个方面的分配活动。它是财政分配活动的第二阶段，也是政府履行其职能、满足社会公共需要的财力保证。财政支出通常也被称作政府支出或公共支出。所谓财政支出规模，是指在一定时期内（预算年度）政府通过财政渠道安排和使用财政资金的绝对数量及相对比率，即财政支出的绝对量和相对量。它反映了政府参与分配的状况，体现了政府的职能和活动范围，是研究和确定财政分配规模的重要指标。当前，我国财政支出安全隐患主要表现在如下几个方面：

　　（一）财政支出结构不合理

　　财政支出是各级政府在财政年度内的支出总和，财政支出结构是指财政支出总额中各类支出的组合和各类支出在支出总额中所占的比重，也称为"财政支出构成"。简单地说，财政支出结构是各类财政支出占总支出的比重。财政支出的结构与社会经济的发展水平密切相关，随着国家经济的发展，财政结构产生了巨大的变化，其中经济建设、国防建设支出等比重下降，社会科教以及行政管理费等支出比重上升。在这个过程中，国家对经济建设的调控能力下降，相应应对经济风险的能力也下降。另外，农业的财政支出下降也不利于我国农业的现代化发展。我国是一个农业大国，农民比例依然很高，农业发展的停滞迟缓对国家的发展是极为不利的。政府的行政管理费用逐年走高更是一种财政支付的巨大浪费，是一个亟待解决的问题。财政支出结构优化是指在财政支出总规模占国民生产总值比重合理的前提下，在一定时期内财政支出内部各构成要素符合社会共同需要且各构成要素占财政支出总量的比例相对协调、合理的状态。财政支出结构直接关系到政府调动社会资源的程度，财政支出结构对市场经济运行的影响甚至可能超出财政支出规模的影响。国家财政支出结构的现状及其变化，表明了我国政府正在履行的重点职能及变化趋势。

　　（二）财政支出管理粗放

　　目前，我国财政支出管理方法仍然处于一个粗放的状态，主要表现在，一是沿用基数法的预算本身缺乏科学性。因为安排支出时采用基数加增长的办法，这种计算方法本身就以承认原有的支出格局为前提，所以各项支出往往只能增加不能减少，无法使已经变化的支出格局及时得到调整，增强了财政的支出刚性。在这种情况下，财政支出处于一个逐年增长的状态。在财政收入增长有限的情况下，财政支出效率明显下降，财政压力也是越来越大。而目前来看，在当前的体制转轨中，一些单位已经在一定程度上能够完成自给自足，实现效益创收。在这种情况下，继续沿用基数法，无疑将加重财政负担，无法使财政支出真正发挥应有的效果。二是资金投资效益差。在一些重大工程的招投标中，许多项目并没有认真按照"公开、公正、公平"原则进行，地方保护、行业保护政策大行其道，屡禁不止。管理混乱使工程质量低，留下了不少隐患，相当数量的工程在质量上无法达到要求，往往在短时间内就出现问题，不得不追加资金进行修补，国家有限的财政支出在这种重复支出中产生大量的浪费。这种情况直接导致有的项目不能按期完成，有的已建成项目运营效果差，损害了国家经济建设，降低了财政支出的效益。三是一些部门预留预算资金的问题比较突出。由于缺乏财政强有力的控制和监督，一方面预留预算资金在具体使用过程中，往往存在着浪费、挪用、乱支等不良现象，资金使用效益不高；另一方面，一些工程项目的支出由少数人决策，缺乏透明度，容易滋生犯罪行为。四是虚报或挪用资金。如扶贫救灾款中既有虚报现象，又有挪用行为。重点工程对维护国家经济安全至关重要，但此类工程中也存在资金被一些地区非法挪用的现象。还有一些部门将事业费挪用为福利费，甚至私分。虽然个别官员挪用财政资金的行为并不是普遍现象，但却不能因此低估对国家财政安全的危害。

（三）预算治理体制不够完善

预算是对未来一定时期内收支安排的预测、计划。在财政方面，财政预算则是指政府在一个财政年度内制订经过法定程序审批的基本财政收支计划。它一方面是政府实施其政策目标的重要工具，另一方面又反映政府活动的范围和方向。按照国际惯例，依法定程序审批后的预算具有强大的约束力和高度的法律效力，任何部门不得随意变更。在我国要加强财政管理，就必须强化预算的权威性。只有加强预算的规范性，才能从体制上改变预算权威不够、形同虚设的现象。从近些年的运行情况来看，我国预算治理体制改革是比较成功的，但由于现行治理体制、经济发展水平、预算法制化以及现行利益分配格局等因素的影响，预算治理体制改革尚存在许多不足之处。其主要表现在一是预算科目划分不科学。目前，我国现行的预算科目体系的划分在经济与功能分类方法上存在相互交叉。这方面可能存在科目划分不够细致，少划漏划，经济发展和社会保障体制建设不健全；而在另一方面，重复的划分又会导致财政支出的浪费，不但会降低财政支出的效率，而且容易滋生犯罪行为。二是预算的审、编时间不合理。从审议时间上来看，每年一次的区人大会期一般时间较短，而会议期间的审议预算时间则更短。在这么短的时间内，区人大难以深入地对政府预算进行细致、认真的审议修改。而且在全国财政汇编的压力下，层层公共财政预算的时间往往会更为压缩，甚至出现代编预算的盛行之风。没有充足的时间对预算项目进行周密的论证则将直接影响预算的实际效力。

第二节　财政收支安全对策

一、维护财政收入分配安全格局的有效对策

根据以上对财政收入结构与分配、地税部门征收管理和财政专项资金管理等方面存在的主要问题原因的分析，维护财政收入分配安全格局的政府对策创新，经调查讨论，课题组认为主要应该从如下方面着手：

（一）加大财政调整收入分配格局的引导力度

当前，完善收入分配并不是简单地调整收入分配差距，而是要"加紧建设对保障社会公平正义具有重大作用的制度，逐步建立以权利公平、机会公平、规则公平为主要内容的社会保障体系，努力营造公平的社会环境，保证人民平等参与、平等发展权利"。

1. 理顺公共财政收入的分配关系

目前，国家与国有企业间分配关系长期向企业倾斜，同时，行政事业国有资产有偿使用收入流失比较严重。因此，必须完善国资经营制度，理顺国家与国有企业之间的分配关系。

（1）理顺国家与国有企业间分配关系。目前，国资经营预算基本上仅限中央和省级层面，且试行范围较窄，文化教育、劳改劳教、农林水利等部门管理企业均未纳入试行范围。要建立国资经营预算制度，并逐步向金融类及部门所属国有企业扩展，最终将所有符合条件的企业全部纳入国资经营预算实施范围。

国资经营预算支出应逐步加大资本性支出的投入，加大对国有企业科技创新、技术进步、节能减排、兼并重组与实施"走出去"战略的支持力度，推动国有资本向关系国家安全与国民经济命脉的重要行业与关键领域集中。企业上交的部分国资经营收入可用于社会保障支出、教育、医疗等领域，发挥国资经营预算收益在征管收入分配中的作用。

（2）理顺资源环境收益分配关系。对国有土地、矿产、场地、海域、河道（航道）、水、沙、石、旅游景点，以及自然环境等各类自然资源和矿产资源等公共资源，实行有偿使用；探索建立地方矿业权交易中心，新设矿业权，一律以招标、拍卖、挂牌等市场竞争方法出让；建立矿产资源战略性储备制度，采取收购、回收、置换等方式，谋求国家权益最大化；发挥土地收入政策的宏观调控作用，抓好土地闲置费征收管理；推进资源税改革，按照价、税、费、租联动机制，理顺资源环境税费制度。

资源性产品价格是国民收入再分配的重要形式，要按照"先工业，后生活"的思路，推进能源价格改革。加快理顺煤、电价格，完善天然气价格形成机制；深化水资源价格

改革，积极推行居民用水、用电阶梯式价格政策。按照成本补偿原则，完善垃圾处理、医疗废物和工业危险废物处置收费政策，提高城镇污水处理和排污收费标准。地方财政要选择二氧化硫等有总量控制要求的污染物，开展"限额-交易"体系下的节能指标和二氧化碳排放权交易试点，建立排污权市场交易体系；借鉴陆地生态补偿经验启动海洋生态补偿机制建设试点，促进海域生态保护和环境治理。对于闲置的国有资产，要由财政部门集中管理、统一调配。

2. 构建完善的财政运行机制

完善公共财政运行机制，推进财税体制改革，调整财政支出结构，对调整收入分配格局最直接，见效也最快。

（1）推进公共服务的均等化。要结合推进区域协调发展、实施主体功能区规划、推进基本公共服务均等化等政策措施，进一步改革和完善省以下财政管理体制，理顺省以下各级政府的分配关系；加大转移支付力度，建立县级基本财力保障机制，对综合财力不能满足基本支出需求的财政困难县给予保障性奖励；将对口支援政策制度化，探索促进基本公共服务均等化的横向财政转移支付机制。

应制定区域基本公共服务均等化规划纲要。地方财政应明确基本公共服务的范围和标准，合理划分各级政府在公共服务中的事权和财权，围绕义务教育、公共卫生、基本医疗、社会保障、防灾减灾、公共安全等关键领域，进一步加大财政投入力度，强化政府社会管理和公共服务职能，建立可持续公共服务体系，使基本公共服务均等化水平明显提高。

（2）清理范政府非税收入。在中央减免中小微利企业税赋的同时，地方财政要继续清理和取消不合理、不合法收费基金，特别要坚决查处地方、部门违规设立的涉及企业和民生的收费基金；将体现政府职能、收入规模较大、来源稳定、具有税收特征的收费基金，逐步用税收取代；对不再体现政府公共管理职能的收费基金转为经营服务性收费，照章纳税；对按不同部门设立但性质功能相近的非税收入项目进行合并；对符合规定的非税收入，实行严格规范管理，将非税收入规模控制在合理范围之内。

3. 调整收入分配结构性差距

从当前收入分配的实际情况来看，逐步缩小城乡和地区发展差距，努力解决收入分配不公，必须从制度安排的层面上来解决如下问题：

（1）不仅要把蛋糕做大，而且要把蛋糕分好。"在今后收入分配中，必须深化收入分配制度改革，努力实现居民收入增长和经济发展同步、劳动报酬增长和劳动生产率提高同步，提高居民收入在国民收入分配中的比重，提高劳动报酬在初次分配中的比重。"

要提高低收入者的工资和低保保障水平，对于收入过高的行业，要采取从总量和水平两个方面加以限制；要努力做到"收入分配差距缩小，中等收入群体持续扩大，扶贫对象大幅减少"。

（2）最大限度地体现收入与贡献的对等。各种非市场化导向的收入分配方式，是造成分配秩序混乱及不公的主要因素，必须在加快完善市场运行机制和健全法制环境的基础上，尽快使其消亡。而分配秩序混乱是当前社会不满的主要根源，也是导致收入悬殊的重要因素。解决的根本出路在于完善市场经济体制及规则，积极营造公平、规范的竞争环境，最大限度地体现收入与贡献的对等。为此，要完善劳动、资本、技术、管理等要素按贡献参与分配的初次分配机制，加快健全以税收、社会保障、转移支付为主要手段的再分配调节机制。

（3）强化国家税收对收入分配的调节功能。要看到，市场化导向驱动的收入分配在更有效地提高货币（实物）资本的效率、激励人力资本开发的同时，不可避免地会带来收入分配差距扩大的负面影响。由于不同人群和地区的货币和实物资本以及人力资本等要素的自然差异所带来的贡献率不同，势必产生收入分配差距，而且在动态过程中还存在马太效应。因此，在一次分配中，城乡、地区以及不同社会阶层的收入分配差距将进一步扩大。这就要求政府强化国家税收对收入分配的调节功能。当前，我国城镇居民收入与可支配收入的洛伦兹曲线基本重叠，表明政府通过个人所得税手段调节居民收入差距的作用几乎没有体现。为此，要进一步完善个人所得税法，开征遗产税，加大税收征管力度；同时，健全法律法规，加强民主和制度监督。收入分配差距的结构性调整及增强国家税收对收入分配的调节职能，最终要解决当前收入分配问题中不同收入群体分布结构不合理的矛盾，以形成一种稳定的社会结构。

4. 加大社会保障和引导力度

要坚持全覆盖、保基本、多层次、可持续方针，以增强公平性、适应流动性、保证可持续性为重点，全面建成覆盖城乡居民的社会保障体系。

（1）完善企业工资调控体系。要努力"推行企业工资集体协商制度，保护劳动所得"。结合 GDP 增长、物价上涨、劳动就业及地区差异等因素，参照社会平均工资水平，建立多层次的最低工资标准并定期调整；以当地重点支柱行业平均工资为基准制定工资指导线，使区域间、行业间工资差距保持在合理范围；建立企业职工工资正常增长和支付保障机制，提高工资总额在企业成本费用中的比重，改革和完善企业社会保险制度。同时，实施职工持股计划，让职工无偿或低价获得企业股票参与分红，以提高企业经营效率。

应将企业职工工资增长和提高低收入职工工资水平，作为经济社会发展的核心指标、宏观调控的重要目标和对各级政府的考核目标。地方财政应落实在有利于劳动者创业的税费优惠政策、资金补贴政策，开展创业咨询、风险项目评估、开业指导、融资服务等创业服务上。完善有利于激活民间投资的政策和办法，尤其是加强对民营经济的扶持，对进城务工人员、大学生创业落实税费减免政策，对劳动密集型中小企业实施税收优惠政策。

（2）落实强农惠农资金政策。要发展高效特色产业，挖掘农业内部增收潜力，增加农民经营性收入。实施农民培训工程，组织好农民创业培训、新型农民科技培训和劳动力转移培训。鼓励农民本地非农就业、外出务工和回乡创业，增加工资性收入。扩大粮食直补、农资综合、农机购置和社会保障等涉农补贴和家电下乡等政策，提高农民的转移性收入，促进农业农村经济结构的战略性调整。要通过明晰农村土地产权，在国家、集体和农民之间合理分配土地增值收益，构建农民财产性收入的体制基础。加紧对农村宅基地使用权土地承包权等各类产权进行确权登记和颁证，允许农民通过转让、租赁、入股、抵押等形式实现自由流动和取得财产性收入。鼓励农村土地承包经营权依法流转，允许鼓励城市工商企业通过租赁、入股、接受土地承包经营权等形式，进行农村土地开发经营。应开展以土地承包经营权置换城镇社会保障，以农村宅基地和农民住房置换城镇产权住房，以集体资产所有权置换股份合作社股权的试点工作，推进工业向园区集中、农业向规模经营集中、居住向社区集中。建设用地土地出让收益应主要用于农民身份转换的社会保障支出和基础设施建设；城市污水与垃圾处理专项资金、预算内基建投资的分配，要重点向城镇化进度快的中心镇倾斜。

（3）提高低收入群体的收入。要努力"规范收入分配秩序，保护合法收入，增加低收入者收入，调节过高收入，取缔非法收入"。对提高农民收入，要通过农业优惠政策、集约耕作和推进城镇化加以解决；对提高城乡贫困居民收入，要通过提高低保水平和加大公共福利投入加以解决；对提高企业退休人员收入，要通过提高养老金和社会保障水平加以解决；对提高低收入工薪劳动者收入，要通过提高薪酬水平加以解决。

要制订切实可行的培训计划，采取多种形式，对特困人员、下岗失业人员开展"短、平、快"的实用培训，力争做到及时培训出满足市场需求的各种适用人员。同时，要加大政策扶持改善就业环境。一是资金投入，即政府花钱购买就业岗位、培训成果和职业介绍成果，帮助、扶持下岗失业人员就业；二是税收扶持，鼓励低收入群体自我创业和企业录用低收入群体就业；三是政策引导，要制定政策扶持一些下岗职工再就业行业的发展。加强社区就业组织和服务网络建设，建立社区就业责任制，提高社区就业的组织程度，使下岗职工得到充分就业。如发展劳动密集产业，创造对文化、年龄、技能等相对要求不高的就业岗位；发展第三产业，特别是要发展社区服务业、旅游业，挖掘更多的就业岗位；加大社会公益事业的开发力度，大力挖掘社会福利、市政工程、卫生保洁、保绿保安等公益性岗位和社区服务岗位，积极鼓励用人单位吸纳大龄下岗失业人员就业。

要按照保基本、广覆盖、可持续的原则，"完善社会救助体系，健全社会福利制度，支持发展慈善事业做好优抚安置工作"。必须"积极应对人口老龄化，大力发展老龄服务事业和产业。健全残疾人社会保障和服务体系，确实保障残疾人权益。健全社会保障经办管理体制，建立更加便民快捷的服务体系"。优先发展覆盖面广的最低生活、医疗卫生和基本养老等保障，提高扶贫、低保、抚恤、社会救助标准和养老金发放水平，可降低社会保障费缴费比例，"化费为薪"，使低收入群体的收入短时间内有较大增长。要"整合城乡居民基本养老保险和基本医疗保险制度，逐步做实养老保险个人账户，实现基础养老金全国统筹，建立兼顾各类人员的社会保障待遇确定机制和正常调整机制"。社会救助是最困难群体的基本保障，要"扩大社会保障基金筹资渠道，建立社会保险基金投资运营制度，确保基金安全和保值增值"。要通过加大财政投入、统筹彩票公益金以及慈善和社会捐赠等多通道筹集资金，建立城乡一体化的社会救助制度，要"建立市场配置和政府保障相结合的住房制度，加强保障性住房建设和管理，满足困难家庭基本需求。坚持男女平等基本国策保障妇女儿童合法权益"。保障弱势群体最基本的生存权和发展权。

（4）建立合理收入增长机制。按照限高、稳中、提低的原则，健全行政与经济手段相结合的公务员津贴补贴调控体系，逐步建立科学合理的公务员收入正常增长机制。适当提高县乡基层机关津贴补贴水平，缩小地区差距；调整公务员收入结构，完善级别晋升制度，实行干部职务、职级与待遇挂钩并行制度，建立地区附加津贴制度，改变低工资、高补贴现象；建立公务员工资正常增长机制。统筹考虑公务员与事业单位人员收入的关系，完善大专院校、义务教育学校、公共卫生、基层医疗卫生事业单位实施绩效工资制度。构建与事业单位人事制度相衔接的绩效考核体系，建立符合各类事业单位特点、体现岗位绩效和分级分类管理的事业单位收入分配制度。

逐步完善公务员福利待遇制度，推进机关事业单位福利货币化改革，将职工的供暖、交通等福利待遇和职务消费纳入工资，形成公开、公正、合理的收入分配秩序；推进职务消费制度改革，规范公务用车、接待等职务消费；将个人收入与单位占有的国有资产和行政权力脱钩，有效控制单位之间的不合理收入差距。

（二）探索个人所得税纳税管理服务的新路径

个人所得税是我国当前税收征管的第一难税，严重的税收流失问题弱化了个人所得税组织财政收入、调节收入分配等方面的功效，还给我国经济、社会生活带来了负面影响。应该从如下几方面探索其新路径：

1. 加强个人所得税法的宣传

受传统文化和以往税收宣传片面强调奉献的影响，我国纳税人对税收普遍有抵触心理。鉴于此，可引导人们认识税收是公共品价格，纳税人实际是在为自己纳税。因为只有纳税，政府才能够提供市场所必需的各类公共品，所以，纳税并非单纯义务之举，而是一种权利与义务对立统一的行为。

2. 完善个人所得税税制体系

完善个人所得税的税制体系，实行混合制个人所得税制度，将工资薪金、劳务报酬、生产经营、特许权使用费、财产租赁等具有较强连续或经常性的收入列入综合所得征收项目，实行综合申报纳税，按月预缴、年终汇算清缴、多退少补。对利息股息红利、财产转让、特许权使用费、偶然等一次性所得等实行分类征收，从源头上进行扣缴。

3. 强化个人所得税税收征管

一是完善自行申报制度。不仅要通过对税法的宣传，使纳税人主观上自觉申报纳税，而且要通过健全个人收入申报法规和财产登记审核制度使纳税人客观上自觉申报纳税。二是健全代扣代缴制度。政府要明确代扣代缴人的权利和义务，建立严格的奖惩制度，并与代扣代缴人签订协议。对故意不履行扣缴义务的，除了对扣缴义务人进行处罚外，还应当依法追究相关责任人员的法律责任。三是加大对偷逃税款的处罚力度。对查出的偷逃税款行为，要按照《税收征收管理法》规定，严肃处理，该移送司法机关的应及时移送处理，决不能以补代罚、以罚代刑，以维护税法的严肃和权威性。

4. 增强对税源的监控能力

一是建立纳税人信息档案。要建立个人唯一永久账号制度，将个人从事各种活动的收入和支出信息均记录在此税务账号下，从而更有效地控制和审核个人纳税申报。二是实现多部门信息共享。税务机关应积极与银行、工商、海关、公安等部门配合，逐步实现多部门的信息共享，加强信息交流，增强税务部门对税源的监控能力。三是改善金融系统基础设施。应通过改善金融系统基础设施强制推行非货币化个人收入结算制度，减少现金流通，广泛使用银行卡和支票。

（三）加强对财政专项资金使用的管理和监督

应根据项目建设的轻重缓急，合理分配财政资金，加强与部门的沟通，按照财力情况认真核定部门预算。依据预算定额标准，建立收支分类体系，约束财政资金的分配行为，不断提高资金使用效益。

1. 强化财务控制意识，完善项目资金管理体制

将财务的职能定位于全面参与资金使用的决策与控制，必须改革预算编制方式，推

广零基预算编制方法，切实提高预算编制的精准度和科学性。根据资金流动与管理相结合的思想，以保证资金使用的高效率。财政部门应完善严格立项、筛选、论证制度，组织专家组对财政项目进行可行性研究与评审。应制定详尽的费用预算，在项目开展过程中应严格按照预算标准执行。各财政部门应奉公执法，不能无故滞留专项资金，以保证项目的顺利进行。

2. 健全专项资金监控制度，规范依法理财的行为

一是要强化财政监督，加大财政监督执法力度。对各项专项资金不仅要进行财务收支情况检查，而且要对资金运作全过程进行事前、事中、事后全方位监管。重点对资金管理使用、项目计划落实、工程建设组织、项目施工质量、工程验收结果等方面进行检查。监督检查要经常化与不定期或有针对性的突击检查相结合。对查出的问题要切实纠正，严肃追究责任。应通过建立考核和奖惩机制，来鼓励大家遵照制度的要求执行。二是要建立切实有效的项目管理制度，并从流程上实现规范化。各资金使用单位应通过建立专资金管理制度，对资金的申请、下发、使用、报销、结算的全过程进行制度规范，并完善相应的操作流程。

3. 加强财政专项资金目监督管理，实施绩效评价

财政资金管理部门要对用款单位专项资金申请进行严格审核、筛选；同时根据各专项资金在履行政府职能方面的轻重缓急程度进行先后排序，并提供给预算部门，再由预算部门结合财力情况进行预算安排或追加。各部门在专项资金使用方面要形成合力，健全专项资金专户管理和使用督查制度，制定本地区有关专项资金的相关制度，对专项资金实行全程跟踪管理；应通过绩效评价机制，调动各资金使用单位节约资金的积极性。根据项目的不同特点，确立不同的评价指标，采用科学的方法对专项资金的使用情况进行评价和奖惩。

总之，从当前我国公共财政收入增长状况分析来看，受经济增长趋缓，实施结构性减税，一些企业利润增幅下降，一般贸易进口增长放缓以及往年清缴入库部分进口税收基数较高等影响，全国财政与税收收入增幅处于回落状态。资本投资回报率不断下降影响了经济增长，重资本轻劳动的现状拉大了社会贫富差距；贫富两极分化严重制约了我国的内需扩大；垄断行业的员工高薪强化了人们的不公平感，这些构成了收入结构与分配不公的主要原因。税制的设计存在缺陷、征收管理机制的失控、公民纳税意识的淡薄，是税务机关税收征纳不善的主要原因。财政专项资金制度设计不完善、安全管理不严格和管理监督不到位，是财政专项资金管理不善的主要原因。

综上，必须理顺公共财政收入分配关系，构建完善财政运行机制，调整收入分配结

构性差距，加大社会保障和财政调整收入分配格局引导力度；加强个人所得税法的宣传，完善个人所得税税制体系，强化个人所得税税收征管，增强对税源的监控能力，以探索个人所得税纳税管理服务的新路径；强化财务控制意识，完善项目资金管理体制；健全专项资金监控制度，规范依法理财行为；加强财政专项资金项目监督管理，实施绩效评价，以加强对财政专项资金使用的管理和监督。同时，还应充分发挥人大、审计等其他经济监督部门的作用和有效的社会利益协商表达机制的作用，以"最大限度增加和谐因素，增强社会创造活力，确保人民安居乐业、社会安定有序、国家长治久安"。

二、维护财政支出安全的有效对策

随着财政基本框架改革的深入，我国财政的支出管理制度的完善越来越引起人们的关注，我们应该在财政的基本框架下，通过完善公共支付预算体系，逐步实行绩效预算，营造一个与社会和谐发展的公共预算支出预算体系的外部环境，进而促进我国财政预算支出管理更加规范，更符合经济发展的实际需要。从实际情况看，我国财政支出由于改革滞后，在支出规模、支出结构和支出效益等方面急需完善，所以迫切需要改革我国的预算支出管理制度，用预算来规范政府的收支行为、提高财政支出的效益。避免乱支、乱用、乱开口子的财政支出行为，使有限的财力发挥更大的效用。

（一）强化财政支出安全顶层设计，明确政府职能定位

现代国家是由多层次的政府构成的不同级别的政府履行着不同的经济职能，反映到财政支出的关系上，就是要确定各级政府在整个财政活动中的地位和作用。这就涉及如何在政府间进行事权的划分，如何确定各级政府的财政收入和财政支出，并使各级政府在分配中构成一个有机的统一体。

1. 各级政府间应有明确的事权和财权划分

以公共产品为起点分析，公共产品依照受益区域的大小，可区分为全国性的公共产品和地区性的公共产品，并且地区性的公共产品还可以继续划分。全国性公共产品由中央政府提供，范围大小不同的地区性公共产品由不同层次的地方政府提供，几个地区共同受惠的公共产品主要由有关地区联合提供等。依此，财政在各级之间将收入和支出都加以明确划分，保证各级财政都有独立的收入和支出，履行各自的职责，同时由中央政府实时监控，并根据需要加以调整。各级财政的职责划分明确且相对固定，因而各级财政有权依据自己所担负的职责决定自己的具体支出数额。然后，各级政府在财政支出活动过程中，依据自身支出的需要，以支定收，组织财政收入，编制独立的预算，自求平衡，出现赤字，则自己弥补，而上级政府并不承担下级财政弥补亏空的任务。

2. 各级财政应该拥有自己独立的收入来源

中央在授予各级公共财政权利时，要表现出一定的灵活性，允许地方财政在一定的限度内独立制定或取消、停征地方税，发行和偿还地方公债。

3. 加大中央政府在财权财力上的绝对优势

中央财政在宏观调控方面的责任和权威是得到普遍承认的。这是因为，在现代社会化大生产条件下，在国际政治经济形势复杂多变的情况下，国家必须掌握足够的财权财力，中央必须具有足够的宏观经济调控能力完善财政支出的管理体制，调节支出结构和比例。

财政有大部分来自税收，而面对日益扩大的收入差距、贫富差距，我国财政应重视加快我国税收制度改革，来更好地发挥调节收入分配的功能。针对我国税收种类相对单一、结构不平衡的现状，尽快开征社会保障税和财产税。社会保障税是一种特殊的，跟其他种类税收有较大不同的税收，它是专门用于社会保障支出的税收收入。目前，我国的城镇社会保障制度已相对成熟，但是农村的社会保障制度尚未健全，城乡间的社保制度在待遇水平方面存在较大的差距。缩小差距的一个有效举措就是及时开征社会保障税，用这部分税收收入来填补农村社会保障的资金缺口。

财政应将由市场和社会负担的部分退出，着力强化对科技、教育、卫生、社会保障等方面的公共性开支，逐步减少财政补贴尤其是要彻底取消企业经营性亏损补贴，消除软预算约束，推进市场化改革进程。对价格补贴也要进行改革，因为现在我国国民收入消费水平增长很快，政府不必也没有能力再去承担对居民的庞大补贴，而应该把肉食、副食品、粮食等价格补贴与工资改革结合起来，将这部分"明补"改为工资。增加财政对农业的投入，着力优化农村经济结构，改善农业的基础设施和生态环境。除此之外，对农业进行投入时，要坚持"谁受益，谁负担"的原则。从农业建设性、事业性投资权的划分来看，凡是在本级范围内发生且主要是本级受益的建设项目，应由本级财政承担；对于全国性跨地区、具有基础性的建设项目，则主要是中央与省级财政负担。在切实转换政府职能的基础上深化机构改革，避免重新出现"再膨胀"的现象，对行政支出应实行层层控制的体制。

社会保障制度的不完备是目前我国城乡收入分配差距进一步拉大的重要原因，而农村社会保障的财政投入不足又是其中的主要根源。为了加快农村社会保障体系的建设，一方面要调整财政支出结构，尽快扭转社会保障财政支出的城市偏向；另一方面，要严格界定政府职能，确定农村社会保障财政支持的重点和优先扶持领域，并随财力的增加逐步加深财政支持的深度和拓宽广度。政府公共财政应该进一步加大对包括养老保险、农村合作医疗、最低生活保障制度等在内的农村社会保障制度的支持力度。这种财政转移支付的重要手段，降低了农村贫困群体的部分经济负担，不仅有助于缓解贫富群体之间的社会矛盾，而且能够有效地遏制城乡居民收入分配差距进一步扩大的趋势。

教育作为一种人力资本理论，是现代经济增长的后续动力和源泉，具有提高劳动者素质和提高劳动生产率、促进经济增长的功能。我国作为发展中国家，要加快现代化建设，缩小与发达国家之间的差距，关键就在于教育。尽管目前我国政府已经尽力加大教育的投入，对教育发展表现出较明显的财政政策倾向，可是教育的投入水平、教育支出占到总财政支出的百分比与世界上大多数发达国家相比仍然偏低。针对当前我国的教育现状，我们必须加大对教育的投入力度，进一步提高财政支出中教育经费的比重。同时，注重优化教育事业的内部结构，科学界定财政对教育事业的供应范围，并积极发展多种形式办学、多种方式教学，充分调动企业和个人参与教育投资，从而增强整个经济增长动力。

（二）要加强财政支出过程管理，保证政策安排的落实

推行政府采购制度，发挥政府对经济的宏观调控作用。政府采购制度本身是一种控制支出数额、加强支出管理的手段，其运作涉及预算资金的安排、预算会计、国库拨款、支出管理政策等多方面的财政事务。依据国外经验，良好的政府采购制度的主要功能是发挥宏观调控作用。因此，我国的政府采购应有意识地发挥宏观调控作用，大型采购项目应更多地分配到欠发达地区去，还有一些产品采购项目可更多地分配到需扶持的国有企业去。这样做比单纯拨付资金更有价值，而且可以改变过去财政支出一拨了之、管理粗放的状况，提高财政资金的使用效率和效益。

预算是经法定程序审批的政府在一个财政年度内基本的财政收支计划。完善预算管理体制是优化财政支出结构，提高财政支出效率，防止财政支出滥用乱用的基础方法。在预算编制上实行部门预算，它由政府各部门编制，经财政部门审核后报立法机关审议通过，反映相应部门所有收入和支出的情况，这是市场经国家普遍使用的预算编制方法。部门预算时将预算管理的出发点和着力点转移到相应部门，以部门编制的预算建议计划为依托，将单位所有收入统筹安排，把所有支出预算编制到项目作为主要内容，以融零基预算、综合预算为一体。这种预算管理组织形式，比传统预算的编制范围宽了许多，提高了预算的合理性和完整性，增强了各部门统筹安排资金的能力和效益。在预算执行问题上，应该做到以下几点：将应上缴的收入及时、足额上缴国库；按规定及时足额拨付预算资金，并加强监管和审核；各级预算必须申报国库；各级政府预备费动用必须报本级政府决定，周转资金不准挪作他用；预算的调整必须经各级人民代表大会及其常务委员会的审查和批准。

加强各级人民代表大会及其常务委员会对本级政府预算的审查和监督，具体措施包括：认真贯彻《宪法》《预算法》与《全国人民代表大会常务委员会关于加强中央预算

审查监督的决定》等法律法规，按照依法治国的方针，强化各级人大对预算的审查监督职责，加强人大对预算的审查和管理职能，发挥好立法机关的制约作用；各级人大及其常务委员会要全面介入各级政府预算的编制、执行、调整及决策的工作过程中，深入了解预算执行与管理中的相关问题，按法定程序及时提出质询，并报告议案，推行预算管理，依法理财，从严治财；要改善和强化对部门预算的审查监督工作，地方政府应参照中央预算改革的办法，全面推进地方部门预算改革进程；进一步加强决算审计，逐步做到政府向人民代表大会提交决算前，部门机关决算已经通过审计机关审计并签署意见。规范财政支出行为，除了健全的法律制度之外，还必须加强监督。首先是加大各级人民代表大会的监督力度，从编制预算、审核预算，到执行预算和决算，人大的监督作用越明显，财政支出也就会越规范。尽快修改《预算法》，增加财政违法责任追究、确保对困难地区的转移支付等条款，用法律维护财政的严肃性和权威性，以杜绝滥用乱用财政的现象。其次是发挥审计、会计等中介机构和各预算执行单位的监督作用，加强各级审计部门的监督。凡是财政涉及的地方，都必须审计，对有关单位和个人，实行问责制度。由于预算资金最后是由具体的部门来实施的，其执行结果直接关系到财政资金使用的规范性、效益性、公平性，所以必须加大部门预算执行的检查和监督力度，加强财会人员的法制和诚信教育的意识，充分发挥财政部门的监督作用。财政部门是代表政府进行财政资金分配和管理的执行机构，对财政资金分配具有最直接的职责，当然也是最了解财政资金支出情况的部门。因此，这是保证公共财政、以法治财、以法理财的重要举措，也是对财政部门对本级公共财政支出的管理职能的强化和规范化。

（三）建立官员责任追究制度，实现财政支出法治化

所谓官员责任追究制度,是指通过一定程序对没有履行好相应职责的官员进行追究,使其承担政治、道德或法律等责任，接受谴责、处罚等消极后果的办法、条例、规则等的总称。首先，责任追究制度不仅针对官员个人，而且针对党政领导集体。随着民主进程的推进，决策需要遵循科学化、程序化的要求，领导集体的作用愈发显现出来，诸多重大决策、重大工程项目等都需要经领导集体讨论后方能通过，这就意味着领导集体承担责任的情况愈发常见。如果领导集体决策失误，相应的责任追究制度不仅要追究一把手的责任，也要追究领导集体的责任。其次，进一步明确责任追究的范围与对象，在党政领导、正副职、不同层级官员之间实行责任划分与分配，使责任追究形成一定的制度预期。最后，强化责任追究制度配套体制的完善，加强干部人事制度、绩效评估制度、政务公开制度与责任追究制度的兼容，培育责任追究的社会氛围，力求制度上的突破，使制度发挥出应有的效应。

第四章　税收与税收效应

第一节　税收的含义与特征

一、税收的含义

税收是政府为了满足社会公共需要，凭借其政治权力，按照法律所规定的标准和程序，由代表国家行使征税权的机关向负有纳税义务的社会组织和个人强制、无偿地取得财政收入的一种形式。税收包括多种形式，财产税、所得税、流转税等都是税收的形式。

税收属于分配范畴，这是税收的基本属性。税收的分配主体是国家，税收是最早出现的一个财政范畴，它是随着国家的产生而产生的。税收与国家的存在有本质的联系，正如马克思所说，"赋税是政府机器赖以存在并实现其职能的物质基础，而不是其他任何东西"，"国家存在的经济体现就是捐税"。税收是以国家为主体进行的分配，而不是社会成员之间的分配，由国家将一部分社会产品集中起来，再根据社会公共需要，通过财政支出分配出去。国家满足社会公共需要是面向整个社会公众的，它所带来的利益并不局限于个别社会成员。在征税过程中，居于主体地位的总是国家，纳税人居于从属地位。

税收征收依据的是国家政治权力。在对社会产品的分配过程中，存在着两种权力：一种是财产权力，也就是所有者的权力，即依据对生产资料和劳动力的所有权取得产品；另一种是政治权力，依据这种权力把私人占有的一部分产品变为国家所有，这就是税收。税收是一种特殊的分配，其所以特殊，就在于它是凭借国家政治权力而不是凭借财产权力实现的分配。国家征税不受所有权的限制，对不同所有者普遍适用。

征税需运用法律手段，按法律规定来进行。征税行为和程序本身也应当以税收法律法规为准绳。各国税法按照其基本内容和效力不同，分为税收基本法和税收普通法；按照税收职能作用的不同，分为税收实体法和税收程序法。它们都在不同层面规范征纳双方的行为。

二、税收的特征

税收是国家财政收入的主要来源,同其他收入形式相比,税收存在以下三方面的特点:

（一）税收的强制性

所谓税收的强制性,是指税收的征收凭借的是国家的政治权力,是通过国家法律形式予以确定的。纳税人必须根据税法的规定照章纳税,违反的要受到法律制裁。税收的强制性表现为国家征税的直接依据是政治权力而不是生产资料的直接所有权,国家征税是按照国家意志依据法律来征收的,而不是按照纳税人的意志自愿缴纳的。税收的强制性,要求将征税主体和纳税主体全部纳入国家的法律体系之中,实际上是一种强制性与义务性的结合。

（二）税收的无偿性

所谓税收的无偿性,是指税收是价值的单方面的转移（或索取）,是指国家取得税收收入既不需要偿还,也不需要对纳税人付出任何代价。正如列宁所说:"所谓赋税,就是国家不付任何报酬而向居民取得东西。"税收的这种无偿性特征,是针对具体的纳税人而言的,即税款缴纳后和纳税人之间不再有直接的返还关系,税收的无偿性使得国家可以把分散的财力集中起来统一安排使用,满足国家行使其职能的需要。然而,国家征税并不是最终目的,国家取得税收收入还要以财政支出的形式用于满足社会公共需要。每个纳税人都会或多或少地从中取得收益,尽管其所获收益与所纳税款在量上不对等。因此,税收的无偿性也不是绝对的,从长远看是"取之于民,用之于民"的。

（三）税收的固定性

所谓税收的固定性,是指征税要依据国家法律事先"规定"的范围和比例,并且这种"规定"要有全国的统一性、历史的连续性和相对的稳定性。国家在征税前,要通过法律形式,预先规定课征对象和征收数额之间的数量比例,把对什么征、对谁征和征多少固定下来,不经国家批准不能随意改变。税收的固定性还有征收的连续性的含义,即国家通过制定法律来征税,就要保持它的相对稳定性,而不能"朝令夕改",这样有利于纳税人依法纳税。当然,对税收固定性的理解也不能绝对化。随着社会生产力和生产关系的发展变化、经济的发展以及国家利用税收杠杆的需要,税收的征收对象、范围和征收比例等不可能永远固定不变,只是在一定时期内稳定不变。因此,税收的固定性只能是相对的。税收的固定性有利于保证国家财政收入的稳定,也有利于维护纳税人的法人地位和合法权益。

税收的三个形式特征反映了一切税收的共性,它不会因社会制度的不同而有所改变。

税收的三个基本特征是密切联系的，是统一的，是缺一不可的。税收的强制性，决定着征收的无偿性，因为如果是有偿的话就无须强制征收。而税收的无偿性，必然要求征税方式的强制性，因为国家征税，收入即归国家所有，不直接向纳税人支付任何报酬。一般而言，纳税人不能做到自愿纳税，必须要求其依法纳税。强制性和无偿性又决定和要求税收征收具有固定性，既然征税是强制的，就不能没有限度，否则将变成滥征，会引起纳税人的强烈不满，严重的还会影响一个国家政权的稳定。

三、税收的分类

（一）按课税对象的性质分类

按课税对象的性质分类，可将我国现行税种分为流转课税、所得课税、资源课税、财产课税和行为课税五大类，这是常用的分类方法。

1. 流转课税

流转课税又称商品课税，是指以商品交换或提供劳务的流转额为课税对象的税类。流转课税的经济前提是商品生产和交换，其计税依据是商品销售额或营业收入额等。属于流转课税的税种包括增值税、消费税和关税等。流转课税是目前大多数发展中国家普遍采用的一种税，并且在税收总额中占较大比重。在我国，流转课税是主体税种，是我国目前最大的税类。

2. 所得课税

所得课税又称收益课税，是指以所得（或收益）额为课税对象的税类。所得课税可以根据纳税人的不同分为对企业所得课税和对个人所得课税两大类，前者称为企业所得税，后者称为个人所得税。我国目前开征的所得税主要有企业所得、个人所得税等。在西方国家，社会保障税、资本利得税等一般也列入此类。所得税是大多数西方国家的主体税种。

3. 资源课税

资源课税是以自然资源为课税对象的税类。该税种能够对从事自然资源开发的单位和个人所取得的级差收入进行适当调节，以促进资源的合理开发和使用。由于级差收入也是一种所得，因此有些国家也将资源课税并入所得课税。目前，我国的资源课税有资源税、耕地占用税和土地使用税等。

4. 财产课税

财产课税是指以纳税人拥有或支配的财产为课税对象的税类。我国目前开征的房产税、契税、车船税等，就属于财产课税。西方国家有一般财产税、遗产税、赠与税等。

5. 行为课税

行为课税是指以纳税人的某种特定行为为课税对象的税类。开征这类税一方面可以增加财政收入，另一方面可以通过征税对某种行为加以限制或加强管理监督。我国现行属于行为课税的有印花税、证券交易税、城市维护建设税等。

（二）按税收与价格的关系分类

按税收与价格的关系分类，可将税收分为价内税与价外税。凡税金构成价格组成部分的，属于价内税；凡税金作为价格以外附加的，则属于价外税。与之相适应，价内税的计税价格称为含税价格，价外税的计税价格称为不含税价格。西方国家的消费税大多采用价外税的方式。我国的流转课税以价内税为主，但现行的增值税采用价外税。

（三）按税负能否转嫁分类

按税负能否转嫁，可将税收分为直接税与间接税。凡是税负不能转嫁的税种，属于直接税。在直接税下，由纳税人直接负担各种税收，纳税人就是负税人。如所得税和财产税属于直接税，税负不能转嫁。凡是税负能够转嫁的税种，属于间接税。在间接税下，纳税人能将税负转嫁给他人，纳税人不一定是负税人。如以商品为课税对象的消费税等属于间接税，税负能够转嫁。一般认为，在市场经济条件下，由于实行市场价格，存在税负转嫁问题，但税负转嫁取决于客观的经济条件。

（四）按税收的计量标准分类

按税收的计量标准分类，可将税收分为从价税与从量税。从价税是以课税对象的价格为计税依据的税类；从量税是以课税对象的数量、重量、容积或体积为计税依据的税类，如目前我国开征的资源税、车船税和部分消费品的消费税等。从价税的应纳税额随商品价格的变化而变化，能够贯彻合理负担的税收政策，因而大部分税种都采用这一计税方法。从量税的税额随课税对象数量的变化而变化，具有计税简便的优点，但税收负担不能随价格高低而增减，不尽合理，因而只有少数税种采用这一计税方法。

（五）按税收的管理权限分类

按税收的管理权限分类，可将税收分为中央税、地方税和中央与地方共享税。中央税是指由中央管辖课征并支配的税种，如我国目前开征的消费税、关税等；地方税是指由地方管辖课征并支配的税种，如我国目前开征的房产税、车船税、耕地占用税等。中央税与地方税的划分在不同国家有所不同。有些国家（如美国）的地方政府拥有税收立法权，可以自行设立税种，并对设立的税种有开征、停征及税率调整权，这种税显然是地方税；而中央政府开征的税种属于中央税。有些国家的税种由中央政府统一设立，但根据财政管理体制的规定，为了调动地方的积极性，将其中的一部分税种的管辖权和使用权划给地方，称为地方税；而归中央管辖和使用的税种属中央税。此外，有的国家还设立共享税，其税收收入在中央与地方之间按一定比例分成。我国目前就属于这种情况，如我国目前开征的增值税、资源税、证券交易税等就属于中央与地方共享税。

（六）按征收实体分类

按征收实体分类，可将税收分为实物税和货币税两大类。实物税是以实物形式缴纳的各种税收，它是自然经济社会税收的主要分配形式。历史上，奴隶社会的"布帛之征""粟米之征"都是实物税的具体形式。货币税是以货币形式缴纳的各种税种，它是商品经济社会税收的基本分配形式。当今世界各国的税收分配主要采用货币形式。

四、税收原则

税收原则是政府在设计税制和实施税法过程中所遵循的准则，也是评价税收制度优劣和考核税务行政效率的基本标准。它反映了一个国家在一定时期、一定社会经济条件下的治税思想。

（一）税收的公平原则

税收的公平原则是指国家征税要使纳税人承受的负担与其经济状况相适应，并使纳税人之间的负担水平保持平衡。税收的公平原则包括普遍征税和平等征税两个方面。所谓普遍征税，通常是指征税遍及税收管辖之内的所有法人和自然人。所谓平等征税，通常是指国家征税的比例或数额与纳税人的负担能力相称。那么，如何来衡量税收是否公平呢？衡量税收公平的标准主要有以下三条：

1. 量能负担原则

量能负担原则要求按照人们的负担能力来分担税收，通常用收入水平来衡量人们的负担能力，按照人们收入的多少进行课税。根据这一原则，所得多、负担能力强的人多纳税，所得少、负担能力弱的人少纳税。普遍征税是征税的一个基本前提，但政府征税的一个目的，就是通过政府支出改善人们的生活条件和生活环境，提高人们的生活水平。所以，对那些负担能力弱或没有负担能力的人，为了保证其基本生活需要，政府不应向其征税。而且，在一定条件下政府要通过财政转移支付，向他们提供必要的生活补助。

2. 机会均等原则

机会均等原则要求按企业或个人获利机会的多少来分担税收。获利机会多的企业和个人多纳税，获利机会相同的企业或个人缴纳相同的税。企业或个人获利机会的多少是由其拥有的经济资源决定的，包括人力资源、财力资源和自然资源等。对这些资源在占有方面的差异，使得一部分企业或个人在市场竞争中处于有利地位，而另一部分企业或个人则处于不利地位。处于有利地位者可以凭借其各种经济优势，扩大市场占有份额甚至垄断市场，妨碍市场竞争，降低资源配置效率。因此，国家应当通过适当的税收政策调节、改变以至消除由于资源占有状况的不同而形成的不平等竞争环境，使竞争者大致站在同一起跑线上展开公平竞争。

3. 受益原则

受益原则要求按纳税人在政府公共支出中受益程度的大小来分担税收。根据这种标准，从政府公共服务中享受相同利益的纳税人具有相同的福利水平，他们应负担相同的税，以实现横向公平；享受到较多利益的纳税人具有较高的福利水平，他们应负担较高的税，以实现纵向公平。因此，谁受益谁纳税，受益多的人多纳税，受益少的人少纳税，受益相同的人负担相同的税是非常公平的。在现实生活中，如对公路、桥梁通行费征收增值税以及征收社会保障税等往往体现了受益原则，但在许多情况下收益水平是不好衡量的，如国防费和行政管理费等，因享用程度不可分解而不适用受益原则。

（二）税收的效率原则

税收的效率原则指的是以尽量小的税收成本取得尽量大的税收收益。税收的效率通过税收成本和税收收益的比率来衡量，但这种对比关系不是单一的，而是多层次的。这里的税收收益与税收成本都是广义的概念，税收收益不仅包括取得的税收收入，还包括因税收的调节提高了资源配置效率，优化了产业结构，促进了社会经济稳定发展的正效应即间接收益；而税收成本不仅包括税收的征收和管理费用，还包括税收对社会经济的不当调节而产生的负效应即间接成本。因此，税收效率包含两个方面的内容：首先，是从税收与经济的相互关系，特别是从税收对经济的影响方面进行成本和收益的比较，即税收的经济效率；其次，是税务机关本身进行税务行政或税收管理而产生的成本和收益的比较，即税收的行政效率。

1. 税收的经济效率

税收的经济效率是指政府征税应有利于资源有效配置和经济机制的运行，即促进经济效率的提高或者对经济效率的不利影响最小。税收的经济效率是从整个经济系统的范围来看税收的效率原则的，主要从征税过程对纳税人以及整个国民经济的正负效应方面来判断税收是否有效率。这就有一个税收的经济成本与经济收益的比较问题。一般来看，对税收的经济效率主要从两个方面来考察：一是税收的额外负担最小化；二是税收的额外收益最大化。

现代经济学运用帕累托效率来衡量经济效率。帕累托效率是指这样一种状态，即资源配置的任何重新调整都已不可能使一些人的境况变好而又不使另一些人的境况变坏，那么这种资源配置已经使社会效用达到最大，这种资源配置状态就是资源的最优配置状态，称为帕累托最优。如果达不到这种状态，就说明资源配置的效率不是最佳，还可以进行重新调整。由于在现实经济生活中，大多数的经济活动都可能是通过使一部分人的境况变坏，从而使另一部分人的境况变好，但总的社会效益变得更好，所以，效率的实际含义可以解释为经济活动上的任何措施都应当使"得者的所得大于失者的所失"，或从全社会看宏观上的所得要大于宏观上的所失。如果做到这一点，经济活动就可以说是有效率的。一般认为，征税同样存在"得者的所得大于失者的所失"的利弊比较问题。征税在将社会资源从纳税人手中转移到政府部门的过程中，势必会对经济产生影响。若这种影响限于征税数额本身，则为税收的正常负担；若除了这种正常负担之外，经济活动因此受到干扰和阻碍，社会利益因此受到削弱，便会产生税收的额外负担。

征税过程会对经济运行产生积极的影响。政府征税可以将政府的意图体现在税收制度和税收政策中，起到调节经济、稳定经济的作用，社会经济活动因此而得到促进，社会利益因此而得到增加，征税过程特别是税收政策的运用能够提高资源配置效率和宏观经济效益，这样就产生了税收的额外收益。如国家通过征税引导产业结构、矫正负的外部经济行为等，都会促进资源的有效配置，提高宏观经济效益。在经济可持续发展战略的条件下，通过征收环境税及其他政策措施，运用税收限制环境污染的产生，鼓励环保产业的发展，使整个税制体现环保要求，抑制或减少环境污染和生态破坏，并最终实现可持续发展，这就是典型的税收产生的额外收益。因此，不仅要着眼于税收额外负担最小化，还要着眼于税收额外收益最大化，税收的效率原则就是要尽量增加税收的额外收益，减少税收的额外负担。

2. 税收的行政效率

税收的行政效率是指征税管理部门本身的效率，它可以通过一定时期直接征纳成本与入库的税收收入的对比来进行衡量。入库的税收收入是税收的直接收益。而税收的征纳成本，一是税务机关的行政费用，包括税务机关工作人员的工资、津贴等人员经费和税务机关在征税过程中所支付的交通费、办公费、差旅费等公用费用，以及用于建造税务机关办公大楼等的各种费用开支；二是纳税执行费用，包括纳税人雇用会计师、税收顾问、职业税务代理人等所花费的费用，企业为个人代缴税款所花费的费用，以及纳税人在申报纳税方面发生的其他各种费用等。一般地说，税收的征纳成本与入库的税收收入之间的比率越小，税收行政效率就越高；反之，则越低。

3. 税收的公平与效率的选择

税收的公平与效率是密切相关的，从总体上说，税收的公平与效率是相互促进、互为条件的统一体。首先，税收的公平是提高税收效率的必要条件，因为税收不公平必然会挫伤企业和个人的积极性，甚至还会引起社会矛盾，从而使社会缺少动力和活力，自然也无效率可言。只有保持税收分配的公平，防止两极分化，才能激发企业和个人的积极性，才能营造生产顺畅运行的社会环境，使税源充足，财政收入稳定足额入库。其次，税收的效率是税收公平的前提。如果税收活动阻碍了经济发展，影响了 GDP 的增长，那么，即使它是公平的，也是没有意义的。税收作为一种分配手段，是以丰裕的物质产品为基础的，只有提高税收的效率才能为税收的公平提供强大的物质基础，而没有效率的公平便成为无本之木。税收的公平与效率原则既有矛盾性，又有统一性。过分强调税收的公平原则必然会弱化利益刺激对税收效率的促进效应，而过分强调税收的效率原则必然扩大贫富差别，会挫伤企业和个人的积极性。

20 世纪 80 年代以来，各国出现了世界性的税制改革浪潮。改革之时，各国税制普遍存在的问题有：税收对经济运行的过度和过细干预，严重扭曲了正常的经济活动；过分强调税负公平特别是税负的纵向公平，造成了经济效率的低下、人们投资和工作积极性的下降；过分重视税收的经济效率而相对忽视税收行政效率，造成税制日趋复杂烦琐及税收行政效率低下。针对这些问题，各国对税制进行了大幅度的调整和改革。在税制改革过程中，税收原则也出现了调整和发展的新趋势。只有同时兼顾公平与效率的税收原则才是最完美的，但税收的公平与效率的统一并不是绝对的。就具体的税种来说，两者会有矛盾和冲突，往往不是低效率、高公平，就是高效率、低公平，高效率、高公平的最优组合是少有的。例如，商品课税可以通过各类奖限政策促进资源合理配置和发展生产，一般认为它是有效率的，但由于它背离了量能纳税的原则，有时会造成纳税人的苦乐不均，通常又被认为是不公平的；相反，所得课税具有负担合理、课征公平的优点，但它距离经济运转过程较远，很难直接调节生产和流通，又有效率不高的缺点。因此，对税收公平与效率的研究必须跳出具体的税种或某项税收政策的圈子，而从整个税制或税收总政策来考虑，仅就某一个税种来说，可能要么以公平为主，要么以效率为主，但通过各税种的互相补充，完全有可能组成一个公平与效率兼备的好税制。有些国家从本国国情出发，在建设本国税制时实行以公平与效率二者之一作为侧重点的税收政策，从而形成了效率型税制或公平型税制，这样的税制往往更具实践价值。将税制的设计同本国国情和长远发展战略结合起来，显然是对税收公平与效率更高层次的兼顾。

税收原则的调整和发展的趋势，反映了各国对公平与效率关系的新思考，到目前仍影响着各国税制改革的税收政策的调整。这主要体现在：一是在税收的经济效率原则上，由主张对经济的全面干预转向主张进行适度干预，避免税收对市场机制本身的干扰和破坏；二是在税收公平与效率原则的两难权衡上，由偏向公平转向更为注重效率，以刺激经济增长，摆脱经济困境；三是在税收公平原则的贯彻上，由偏重纵向公平转向追求横向公平；四是在税收效率原则的贯彻上，由注重经济效率转向经济效率与行政效率并重。

第二节 税收负担与税收效应

税收负担水平是税制的核心问题，体现税收与政治、经济之间的相互关系。合理确定一个国家的税负水平，对确保政府满足公共需要的财力，调节经济结构，促进经济发展，保证政治稳定，都有着重要的意义。

一、税收负担

税收负担是指纳税人因向国家缴纳税款而承受的收入损失或经济利益损失，在数量上体现为政府征收的税收收入和可供征税的税基之间的对比关系。税收负担问题是税收制度的核心问题，也是税收与经济的关系问题。合理界定一定时期的税收负担，对于保证政府履行其职能所需要的财力和促进经济发展有着重要的意义。

（一）税收负担的实质

税收负担的实质是政府与纳税人之间的分配关系。税收负担表现为因政府征税使纳税人承担了一定量的税额，相应地减少了纳税人的一部分收入或利润，并给纳税人造成经济利益损失，其实质表现的是政府与纳税人之间的一种分配关系。

这种分配关系有以下三个层次的含义：

1. 政府与单个纳税人之间的分配关系

二者对既定的剩余产品存在占有或支配的此增彼减的关系，就单个纳税人而言，在收入一定的前提下，政府对其征税越多，纳税人税后自己可支配的用于投资或消费的收入就越少，经济利益损失就越大。

2. 私人产品与公共产品之间的配置和消费关系

从税款运动的全过程来看，政府从纳税人手中强制征收的税款，相当大的一部分通过财政支出用于生产或提供各种公共产品或公共服务，以满足企业生产和居民生活的公共需要，这实质上体现了以政府为中介调节私人产品与公共产品之间的配置结构，以满足全社会对公共产品消费需要的分配关系。

3. 纳税人相互之间的分配关系

政府在征税与不征税、多征税与少征税之间的选择，以及政府在将征收的税款通过转移性支出转化为一部分社会成员的收入的过程中，客观上起到了调节纳税人相互之间对收入或财富占有关系的作用。就政府提供的公共产品而言，因公共产品在地区结构或品种结构上存在的差异，政府也不可能做到让纳税人等量损失、等量消费。因此，政府的税收分配和再分配客观上起到了调节纳税人相互之间的分配关系的作用。

（二）税收负担的分类

由于税收负担的形式比较复杂，为了研究税收负担水平、税收负担分布以及分析税收负担的经济效应和影响税收负担的各种因素，以便政府在税制建设以及制定和实施税收政策时确定合理、适度的税收负担，有效发挥税收筹集财政资金和调控经济运行的功能，有必要从不同角度、按照不同标准对税收负担进行科学的归纳和分类。

1. 按照税收负担的承受主体分类

可将税收负担分为宏观税收负担和微观税收负担。

宏观税收负担是指一个国家在一定时期内税收收入占 GDP 的比重。在考察一个国家的税收负担总水平或对不同国家的税收负担总水平进行比较研究时，一般采用宏观税收负担。研究宏观税收负担，旨在解决税收在宏观方面促进资源合理配置、经济稳定增长和国民收入合理分配中带有全局性和整体性的问题。

微观税收负担是指某个纳税人（自然人或法人）的税收负担，表明某个纳税人在一定时期内所承受的税款总额。衡量微观税收负担的指标主要有：一是企业税负指标，通常用企业所得税负担率来衡量，即企业缴纳的所得税占企业利润总额的比率，该指标表明国家与企业之间的利润分配关系；二是城镇居民税负指标，通常用个人所得税负担率来衡量，即城镇居民缴纳个人所得税占居民个人收入的比率。研究微观税收负担旨在为政府制定税收政策和税收制度进而实施对宏观经济活动的有效调控提供最基本和最直接的依据。

2. 按照税收负担的构成分类

可将税收负担分为直接税收负担和间接税收负担。

直接税收负担是指纳税人直接向政府纳税而最终承受的税收负担。在市场经济条件下，由于存在着税负转嫁，法律上的纳税人不一定是实际税负的承担者。如果纳税人向政府实际缴纳的税额不能以某种方式转嫁给他人，纳税人最终承担的税额即未实现转嫁的部分便构成纳税人的直接税收负担。

间接税收负担是指被转嫁者实际负担的由他人转嫁过来的税额。在存在税负转嫁机制的条件下，纳税人依法直接向政府缴纳税款并不意味着税款最终全部由纳税人自己负担，纳税人有可能通过某种途径全部或部分地将税收负担转嫁出去。这样，被转嫁者虽然没有直接向政府纳税，但却实际负担了一部分由他人转嫁过来的税款，即间接税收负担。只要存在税负转嫁，就存在间接的税收负担。就全社会来说，它虽然因纳税人之间税负的此增彼减，不会增加全体纳税人的税收负担，即宏观税收负担不变，但却会改变微观税收负担的最终分配结构。就某一纳税人而言，其既可能作为转嫁者因实现了税负转嫁而使其实际负担的税额比向政府缴纳的税额还小，又可能作为被转嫁者而使其实际负担的税额比向政府缴纳的税额还大。在某些情况下，可能税收的间接负担者根本就不是税法所规定的纳税义务人，但却负担了由他人转嫁过来的税款。

3. 按纳税人承受税收负担的实际情况分类

可将税收负担分为名义税收负担和实际税收负担。

名义税收负担是指按法定税率和计税依据计算的纳税人应承担的税款总额。名义税收负担率简称"名义税负率"，它可用纳税人按法定税率和计税依据计算的应纳税额占其盈利或各项收入总额的比率来衡量。

实际税收负担是指纳税人实际缴纳税款所形成的税收负担。实际税收负担率简称"实际税负率"，它可用纳税人实纳税额占其盈利或各项收入总额的比率来衡量。

名义税负与实际税负从不同角度表现了纳税人的税负状况，前者侧重反映纳税人的税负承受能力，后者侧重反映纳税人实际承担的税负水平。由于各种因素的综合影响，同一纳税人的名义税负与实际税负常常存在着差异，实际税负率可能低于名义税负率，也可能高于名义税负率。导致二者偏离的因素，除了通货膨胀、避税、逃税等因素外，主要还包括税收优惠和减免、税收附加和加成、执行费用、税负转嫁等。与名义税负相比，实际税负水平的变化对纳税人的经济行为有着更为直接的影响，因而它是研究、制定和调整税收法律和税收政策的主要依据。

二、税收效应

（一）税收效应的含义

所谓税收效应，是指纳税人因政府征税而在其经济选择或经济行为方面作出的反应，或者从另一个角度说，是指国家课税对消费者的选择以及生产者决策的影响。在市场经济条件下，纳税人作为经济活动中的投资者、生产者和经营者，税收对他们而言是政府强制、无偿的征收，因而如同原材料和工资等成本一样，是从事投资和生产经营活动时所必须付出的经济代价。因此，政府对投资和生产经营活动是采取全部征税还是采取部分征税，在政府的征税领域，政府是采取统一税率征税还是采取差别税率征税，对纳税人的利益会产生截然不同的影响。作为纳税人的企业和个人，是市场经济中自主经营、自负盈亏的微观经济主体，有追求自身利益最大化的内在动力，同时也面临着为了生存和发展而进行激烈竞争的外在压力。在内在动力与外在压力的相互作用下，政府课税必然会使纳税人作出相应的反应，并进行经济决策和行为选择。

税收效应可分为收入效应和替代效应两种不同的类型。税收的收入效应是指国家征税减少了纳税人可支配的收入，从而降低了商品购买量和消费水平。当然，纳税减少了纳税人的收入，这一方面会减少商品购买量，另一方面会激励纳税人比原先更加努力地工作，以赚取更多的收入，弥补由于征税而造成的损失。税收的替代效应是指纳税人针对不同经济行为税收待遇的不同，而有意识地采取的行为选择。当政府对不同的商品实行征税或不征税、重税或轻税的区别对待时，会影响商品的相对价格，使纳税人减少征税或重税商品的购买量，而增加无税或轻税商品的购买量，即以无税或轻税商品替代征税或重税商品。例如，如果银行存款获得利息需要纳税，但购买国债所得利息不需纳税，在利率等其他条件相当的情况下，人们就会选择购买国债而不是银行存款。也就是说，在利益的驱动下，人们会尽量地回避征税，会选择课征低税的经济行为来替代课征高税的经济行为，以不征税的经济行为来替代征税的经济行为。

在市场经济条件下，纳税人的经济选择或经济行为是多方面的，主要包括商品购买、劳动投入、储蓄和投资等。而且需要注意的是，在社会化大生产和市场经济体制下，纳税人的行为不是孤立的，生产者之间、生产和消费之间、生产和投资之间都存在十分密切的联系。一个纳税人的经济选择或经济行为的改变必然会影响到其他纳税人的行为，从而产生更为广泛的效应。因此，对单个纳税人税收效应的分析只是基本的方面。

（二）税收的经济影响

1. 税收对劳动供给的影响

税收减少了劳动者的既得收入，政府征税会使人们对工作产生不同的反应，人们会在工作以取得收入或闲暇之间进行选择。工作时间越多和工作质量越高，收入就越多，生活就越富裕，但要取得收入就要放弃闲暇。人们对两者的选择受个人的偏好、工资的高低以及政府征税率等诸多因素的影响。税收对劳动供给的影响，是通过收入效应和替代效应来表现的。

税收对劳动供给的收入效应，是指征税后减少了个人可支配收入，促使其为维持既定的收入水平和消费水平而减少或放弃闲暇，增加工作时间。税收对劳动供给的替代效应是指由于征税使劳动和闲暇的相对价格发生变化，劳动收入下降，闲暇的相对价格降低，促使人们选择闲暇以替代工作。也就是说，政府课税会造成劳动投入量的下降，税负越重，劳动投入量越少。如果收入效应大于替代效应，征税对劳动供给主要是起激励作用，它促使人们增加工作；如果收入效应小于替代效应，征税对劳动供给就会形成超额负担，人们可能会用闲暇替代劳动。在各税种中，个人所得税对劳动供给的影响较大，在个人收入主要来源于工资收入，且工资水平基本不变的前提下，征收个人所得税通过对人们实际收入的影响，改变着人们对工作和闲暇的选择。

我国目前是一个劳动力供给十分充裕的大国，对我国现实情况而言，税收几乎不影响劳动的供给，而且个人所得税在短期内也不会成为主体税种。因此，我国目前和今后相当长的时期内需要解决的不是如何增加劳动供给，而是如何消化劳动力过剩的问题。

2. 税收对居民储蓄的影响

影响居民储蓄行为的两个重要因素是个人收入总水平和利率水平。个人收入越多，储蓄倾向越强；储蓄利率越高，对人们储蓄的吸引力就越大。税收对居民储蓄的影响，主要是通过个人所得税、利息税等影响居民的储蓄倾向及全社会的储蓄率。

对个人所得是否征税以及征收多少，会影响个人的实际可支配收入，并最终影响个人的储蓄行为。如果对储蓄的利息所得不征税，征收个人所得税对居民储蓄只有收入效应，即征收个人所得税会减少纳税人的可支配收入，迫使纳税人降低当前的消费。由于征收个人所得税，个人的消费与储蓄水平同时下降了。所以，税收对储蓄的收入效应是指在对个人所得征税后，个人的实际收入下降，纳税人为了维持既定的储蓄水平而被迫减少现期消费。如果对储蓄利息征利息税，会减少储蓄人的收益，从而降低储蓄报酬率，影响个人储蓄和消费倾向。具体来说，对储蓄利息征税使得未来的消费价格变得昂贵了，而当前的消费价格相对下降了，个人将增加当前的消费，于是产生了收入效应和替代效应。此时的收入效应在于对利息征税降低了个人的实际收入，纳税人将用既定的收入减少当前或未来的消费；而替代效应是指对利息征税减少了纳税人的实际利息，使未来的消费价格变得昂贵，降低了人们储蓄的意愿，从而引起纳税人以消费代替储蓄。

近年来，我国家庭储蓄增长速度很快。就我国的情况而言，税收对储蓄的影响并不明显，这说明人们对储蓄的态度还取决于税收以外的诸多因素，如居民未来消费的预期、未来可支配收入的预期及其他投资渠道等。因此，政府应适当运用税收杠杆促进储蓄向投资转化，如公积金缴费免征所得税，中国人民银行推出的教育储蓄免征利息税等。虽然从表面上看税收优惠政策会减少政府的即期收入，但实际上，随着居民投资的发展，资本市场日益繁荣，居民金融资产将不断升值，反过来能够促进远期消费向即期消费转化，从而推动经济增长和财政收入的增加。

3. 税收对投资的影响

税收对企业投资决策的影响，除了其对储蓄水平的间接影响以外，这一效应主要是通过税收对投资收益率和折旧因素的影响体现出来的。

对企业来说，税率与投资收益率是反方向变化的。在其他因素一定时，税率提高，投资收益率下降。因此，税率的变动会直接引起投资收益与投资成本的比例发生变动，并对纳税人的投资行为产生方向相反的两种效应：如果征税的影响是降低投资对纳税人的吸引力，就会造成纳税人减少投资而以消费来替代投资，即税收对投资产生了替代效应；如果征税的影响是减少纳税人的可支配收入，就会促使纳税人为了维持其以往的收益水平而增加投资，即税收对投资产生了收入效应。同时，通过税收制度规定的税收折旧率与实际折旧率通常是不一致的。若二者相等，则税收对私人投资的影响表现为中性；若税收折旧率高于实际折旧率，则税收对私人投资的影响表现为一种激励；若税收折旧率低于实际折旧率，则税收对私人投资的影响表现为一种抑制作用。

一般来说，征税会导致投资的收益率下降，产生税收对投资的替代效应，从而抑制投资。但是，由于税法中存在一些鼓励投资的规定，如加速折旧、投资抵免等，会对投资起到激励作用，因此，政府应合理运用税收政策，调控投资需求，从而促进经济发展，实现社会总供求的平衡。

第五章　税收制度与管理

税收制度的确立是为实现税收职能服务的。一个国家制定什么样的税收制度，是由生产力发展水平、生产关系性质、经济管理体制、产业结构以及国家的税收政策等多种因素所决定的。学习本章的主要目的是：掌握税收制度的概念和内涵、类型和影响税制结构的因素，了解我国税制的建立和改革脉络，熟悉税收征收管理制度的发展变化，进而更好地把握税收制度的基本原理及其管理制度。

第一节　税收制度

税收制度简称"税制"，理论界通常从两个角度去研究税收制度：一是从工作规范和管理章程角度；二是从税收活动的经济意义角度。税收制度的概念有传统与现代之分，传统的税收制度的概念往往是从第一个角度来定义税收制度的，现代的税收制度的概念往往侧重于从第二个角度定义税收制度。传统税收制度的概念有广义和狭义之分。传统狭义的税收制度概念主要是指国家各种税收法律、法规、规章、征收管理办法和税收管理体制的总称。传统广义的税收制度概念除包括上述狭义税收制度之外，还包括税务机构设置、计划会计统计、税务行政复议、征管组织形式及税务机关内部各项管理制度。税收制度明确规定国家和纳税人的征纳关系，是国家征税和纳税人纳税必须共同遵守的法律依据和规程。

现代税收制度的概念吸收了西方学者对税收体系的理解，如陈共教授曾给税收制度下这样的定义：税收制度是国家按照一定政策原则组成的税收体系，其核心是主体税种的选择和各种税的搭配问题。更多的是结合传统概念与现代概念，将税收制度定义成：税收制度不仅是指国家各种税收法律、法规、规章、征收管理办法和税收管理体制的总称，也体现了多种税相互联系、相互配合所形成的税收体系。

鉴于税收与经济的关系，税收制度不是一成不变的，在不同的社会制度下或同一社会制度的不同发展阶段中，税收制度是不相同或不完全相同的。与客观经济基础相适应的税收制度，能够促进社会生产力的发展；与客观经济基础不相适应的税收制度，将破坏和阻碍生产力的发展。

一、税制类型

税制类型是指按照一定标准对税收制度进行分类而形成的类别模式。税收制度分为单一税制和复合税制，这是税收制度的基本分类。如果以主体税种为标准，还可将税制分为以所得税为主体的税制、以流转税为主体的税制、以财产税为主体的税制、以所得税和流转税为双主体的税制等。

（一）单一税制

单一税制是指一个国家只征收一种税的税收制度。这种税制只在理论上存在，难以在实践中施行。在税收理论发展史上，与不同时期的政治主张、经济学说相呼应，曾有不少学者提出过实行单一税的理论主张，大致可归为单一土地税、单一消费税、单一财产税和单一所得税等。

1. 单一土地税论

单一土地税制由 18 世纪初以布阿吉尔贝尔为代表的重农学派首创，布阿吉尔贝尔提出土地纯收益税论，并认为只有土地才是价值的源泉，土地生产剩余产品并形成土地所有者的纯收益，故应课征于土地，实行单一土地税制。土地税不能转嫁，若课征于他物，最终还要由土地纯收益负担。19 世纪中叶，美国经济学家亨利·乔治倡导土地价值税论。按照他的观点，每年要对土地所有者所获得的经济租金征收 100% 或接近 100% 的税款。经济租金完全是一种不劳而获的剩余，这种剩余不应归土地所有者占有而应交给国家，以满足国家的全部开支。他认为，实行单一税制可消除不平等和贫困，是促进经济发展的税收政策的一种工具。

2. 单一消费税论

英国人霍布斯以 17 世纪刚刚萌芽的利益说为理论依据，主张单一消费税制。他认为，消费税可以反映人民受自国家的利益。19 世纪中叶，德国人普费菲等倡导从税收的社会原则出发，税收应以个人支出为课征标准，人人消费，则人人纳税的消费税最能符合税收的普遍原则；同时还认为，消费是纳税人的纳税能力的体现，消费多者负税能力大，消费少者负税能力小，这也符合税收的平等原则。

3. 单一财产税论

法国人计拉丹和门尼埃曾提出单一资本税制，他们所指资本基本上是指不产生收益的财产。他们认为，课征单一财产税，既可以刺激资本用于生产，又可以促使资本的产生。

4. 单一所得税论

16 世纪后叶的法国人波丹、18 世纪初的福班等人都主张过单一所得税制，但也认为在必要时需要以关税等为辅。进入 18 世纪以后,德国税官斯伯利才明确提出单一所得税制,德国社会民主党在 1869 年就曾以单一所得税制为纲领。

单一税制的主张之所以能产生,是因为主张者们认为单一税有如下的优点:征税范围明确,便于征纳;课税次数较少,利于生产流通;纳税人易于接受,减少苛扰之弊;稽征手续简单,可以减少征管机构,节约征管费用。反对单一税制主张的许多学者则认为单一税制有如下缺点:筹资渠道单一,财政收入难以保障;调节落点单一,难以充分和全面发挥税收作用;收入弹性很小,难以适应各方面需要;课税范围狭小,难以达到普遍征收的目的;税负偏重一方,有失公平、合理。

由于单一税制结构无法保证财政收入的充裕、稳定和可靠,也不能充分发挥税收对社会经济的调控作用,且课税对象单一,容易导致税源枯竭,妨碍国民经济协调发展,更无法实现税负公平,因而它只不过是一种纯理论上的设想,只停留在理论讨论阶段,至今世界各国无一付诸实施。各国实行的税收制度都是复合税制。

（二）复合税制

复合税制是指一个国家同时开征两个以上税种的税收制度。由于复合税制具有多种税同时征收的特点,可在税制系统内部税种之间发挥相互协调、相辅相成的功效;就财政收入而言,税源广,弹性充分,能保证财政收入充裕可靠;就税收政策而言,具有平均社会财富,稳定国民经济的功能;就税收负担而言,税收落点全面、普遍、公平;就税收作用而言,多种税并用,可以充分发挥税收的作用。鉴于复合税制具有这些优点,世界各国均采用复合税制。我国采用的也是复合税制。

在当今世界各国,复合税制都包括若干税种,每一种税都有不同的课税对象,但所有税的纳税人不外乎企业和个人,这就对税制设计提出了更高的要求。在选择税种、税源,确定税目、税率等方面,应根据本国国情,既要考虑到能否符合税收原则的要求,还要考虑每种税之间的关系和搭配,更要考虑税收负担和税收负担能力、征管能力。

为了便于对税制的研究,制定科学的税收制度,还有必要对组成复合税制的税种进行分类。比如,可以根据课税对象,将税种分成流转税、所得税、财产税和行为税;可以以存续时间为标准,将税种分为经常税、临时税;可以按税收征收形式,将税种分为实物税、货币税和劳役税;可以按课征目的,将税种分为一般税、特定税;可以按税收负担方式,将税种分为直接税和间接税。按照这些方法划分的税收类别,也是税制类型另一个侧面的体现。

二、税制结构

税制结构是指一国税收体系的整体布局和总体构造，是由税类、税种、税制要素和征收管理层次所组成的，分别主次、相互协调、相互补充的整体系统。税制结构主要包括三个层次：第一个层次是不同税类的地位和相互关系。第二个层次是同一税类内部和不同税类的各个税种之间的相互关系。第三个层次是各个税制要素之间的相互关系。税制结构问题可以说是税制设计的根本战略问题，合理的税制结构是实现税收职能作用的首要前提，它决定税收作用的范围和深度。

（一）税制结构的分类

税制结构的划分标准有不同的角度，可以从税源角度划分、从课税客体性质角度划分、从税种特点角度划分、从负担能力角度划分、从社会再生产过程中的资金运动角度划分、从税收管辖权角度划分。通常情况下，可以把税制结构分为单一主体税种的税制结构和双主体税种的税制结构两大类。

1. 单一主体税种的税制结构

单一主体税种的税制结构根据主体税种的不同，在当今世界各国主要存在两大模式，一个是以所得税为主体，另一个是以商品税（流转税）为主体。

在以所得税为主体的税制结构中，个人所得税、社会保障税、企业所得税占据主导地位，同时辅之以选择性商品税、关税和财产税等以弥补所得税功能的欠缺。首先以所得税作为直接税，税负不易转嫁，并且可采用累进税率，实现对高收入者多课税、对低收入者少课税的原则，体现纵向和横向公平，对社会分配的公平起到了调节作用。其次，以所得税为主体的税制结构在促进宏观经济稳定方面可以发挥重要的作用。在经济发展的高涨时期，通过税率的自动爬升，把更多的收入从纳税人手中征集到政府手中，从而降低整个社会的需求能力，能够在一定程度上缓解经济过热的局面，保持总供给与总需求的平衡；在经济萧条时期，通过税率的自动降低，把更多的收入留在纳税人手中，从而提高整个社会的购买能力，能够在一定程度上刺激社会需求的回升。累进税制富有弹性，对宏观经济具有自动稳定的功能。

在以商品税为主体的税制结构中，一般增值税、销售税、货物税、消费税等税种作为国家税收收入的主要筹集方式，其税额占税收收入总额比重大，并对社会经济生活起主要调节作用，而所得税、财产税、行为税等作为辅助税，发挥弥补商品税功能欠缺的作用。以商品税为主体的税制结构的突出优点首先体现在筹集财政收入上，由于商品税的计税依据一般为经营过程中的流转额，一般选择在生产和流通环节征税，征收范围广、税源充足，可保证财政收入及时、稳定、可靠。其次，在促进经济效率的提高上，商品税也可以发挥重要的作用。商品税是间接税，易于转嫁，但只有其产品被社会所承认，税负才能转嫁出去。因此，商品课税对商品经营者具有一种激励机制。另外，从征收效率角度来看，商品税征管容易，征收费用低。

2. 双主体税种的税制结构

双主体税种的税制结构即以所得税、商品税为双主体的税制结构。在这类税制结构中，商品税和所得税并重，均居主体地位，这两类税收的作用相当，互相协调配合，兼容两种税制模式的各自优势，可更好地发挥税收的整体功能，既能保持流转税征税范围广、税源充足，保证财政收入的及时性和稳定性以及征收简便等特点，也能发挥所得税按负担能力大小征收、自动调节经济和公平分配等特点，即两个主体税类优势互补。这类税制结构不仅在发展比较快的发展中国家采用，而且也开始引起采用以所得税为主体税种的发达国家的重视。

自税制改革以来，我国一直坚持"流转税与所得税并重的多种税、多环节征收"的复合税制结构。

（二）影响税制结构的因素

各国税制结构的选择受诸多方面的影响，主要包括以下方面：

1. 生产力水平

税收取自于社会财富，生产力水平的高低直接决定着人均国民生产总值的高低，经济发展水平影响税收收入的源泉。

2. 经济结构

经济结构决定税源结构，从而决定税制结构。税制结构只能建立在既定的经济结构之上，受既定的经济结构的影响。以产业结构为例，产业结构直接影响着税种的设置和不同税种的地位，有什么样的产业才有什么样的税源，有什么样的税源才能根据这样的税源开征相应的税种。

3. 政府调节经济的意图

由于不同税种对经济具有不同的调节作用，各国政府调节经济的意图不同，税制结构就会不同。

4. 税收征管水平

税制结构的预期目标要通过税收征管来实现，一定的税收征管水平又会制约税制结构的选择。

5. 历史原因

一个国家税制结构的选择，会受历史传承、重大事件等因素影响。

6. 国际影响

在经济全球化的今天，一国税制还往往受到别国税制的影响。税收的国际竞争，会使各国关注别国税制的变化，以避免在国际竞争中处于劣势地位。

三、税制构成要素

（一）纳税人

纳税人是税法规定的直接负有纳税义务的单位和个人，它是纳税的主体。纳税人可以是自然人，也可以是法人。所谓自然人，又分为居民纳税人和非居民纳税人。他们以个人身份来承担法律规定的纳税义务。所谓法人，是指依法成立并能独立行使法定权利和承担法律义务的社会组织，也分为居民企业和非居民企业。法人一般应当具备的条件有：一是依法成立；二是有必要的财产和经费；三是有自己的名称、组织机构和场所；四是能够独立承担民事责任。法人可以包括全民所有制企业、集体所有制企业、中外合资企业、中外合作经营企业和外资企业等，还可以包括机关、事业单位和社会团体法人等。

与纳税人相关的概念有两个：负税人和扣缴义务人。负税人是最终负担税款的单位和个人，它和纳税人之间的关系非常密切。在纳税人能够通过各种方式把税款转嫁给别人的情况下，纳税人只起了缴纳税款的作用，纳税人并不是负税人。如果税款不能转嫁，纳税人同时就又是负税人。为有利于征收管理，有些税款由向纳税人取得收入或支付款项的单位代扣代缴，这些按税法规定负有扣缴税款义务的单位和个人称为扣缴义务人。

（二）课税对象

课税对象又称征税对象，是指税法规定的征税的目的物，是征税的根据。课税对象是一种税区别于另一种税的主要标志。

课税对象与税目关系密切，税目是课税对象的具体化，反映具体的征税范围，体现了征税的广度，一般通过确定税目划定征税的具体界限，凡列入税目者征税，不列入税目者不征税。这种分类便于贯彻国家的税收政策，即对不同的税目进行区别对待，制定高低不同的税率，为一定的经济政策目标服务。

与课税对象相关的另一个概念是税源，税源是指税收的经济来源或最终出处。有的税种的课税对象与税源是一致的，如所得税的课税对象和税源都是纳税人的所得，有的税种的课税对象与税源是不一致的，如财产税的课税对象是纳税人的财产，而税源往往是纳税人的收入。课税对象解决对什么征税的问题，税源则表明纳税人的负担能力。由于税源是否丰裕直接制约着税收收入规模，因而积极培育税源始终是税收工作的一项重要任务。

（三）税率

税率是税额与课税对象数额之间的比例。税率是计算税额的尺度，反映征税的深度。在课税对象既定的条件下，税额的大小决定于税率的高低。税率是税收制度的中心环节，税率的高低直接关系到国家财政收入和纳税人的负担，是国家税收政策的具体体现。

1．我国现行税率的类型

我国现行税率可以分为以下三种：

（1）比例税率。比例税率是对同一课税对象，不论其数额大小，统一按一个比例征税，它一般适用于对流转额的课税。在比例税率下，同一课税对象的不同纳税人的负担相同，因而该税率具有鼓励生产、调动生产者积极性、有利于税收征管的优点。比例税率的缺点，是有悖于量能负担原则，对调节个人所得的效果不太理想。

（2）累进税率。累进税率是就课税对象数额的大小规定不同等级的税率。课税对象数额越大，税率越高。实行累进税率，可以有效地调节纳税人的收入。它一般适用于对所得税的征收。累进税率按累进程度不同，又分为全额累进税率和超额累进税率两种。

全额累进税率是指课税对象的全部数额都按照与之相适应的税率征税，即按课税对象适应的最高级次的税率统一征收。

超额累进税率是把课税对象按数额的大小划分为若干不同等级部分，对每个等级部分分别规定相应的税率，分别计算税额，一定数额的课税对象可以同时使用几个等级部分的税率。

全额累进税率与超额累进税率相比具有不同的特点，主要表现在：第一，在名义税率相同的情况下，全额累进税的累进程度高，税负重；超额累进税的累进程度低，税负轻。第二，在所得额级距的临界点附近，按全额累进税率征税会出现税负增加超过所得额增加的不合理现象，按超额累进税率征税则不存在这个问题。第三，在计算上，按全额累进税率计算简便，按超额累进税率计算复杂。但这只是技术上的问题，可采取"速算扣除数"的办法予以解决。"速算扣除数"即按全额累进税率计算的税额减去按超额累进税率计算的税额之间的差额。这可以用公式表示为：

速算扣除数=全额累进税额－超额累进税额

根据所得额级距和相应税率，运用上述公式，可以预先计算出各级距的速算扣除数，然后用应税所得额乘以适用税率，再减去速算扣除数，即超额累进税额。其公式是：

$$超额累进税额=应税所得额×适用税率-速算扣除数$$

累进税率的优点在于能够体现公平税负的原则，即所得多的多征，所得少的少征，无所得的不征，最适合调节纳税人的收入水平。累进税率的缺点在于计算比较复杂。通过比较全额累进税率与超额累进税率的特点可以看出，超额累进税率比全额累进税率具有较大的优越性。因此，在实际运用上，一般都采用超额累进税率。

（3）定额税率。定额税率是指按单位课税对象直接规定一个固定税额，而不采取百分比的形式，如资源税，直接规定每吨税额为多少或每升税额为多少；又如土地使用税，按使用土地的面积规定每平方米税额为多少，它实际上是比例税率的一种特殊形式。定额税率和价格没有直接联系，它一般适用于从量定额征收，因而又称为固定税额。定额税率在计算上更为便利，但由于它是基于一个固定的数额，随着税基规模的增大，纳税的比例变小，故此税率具有累退的性质，对纳税人来说，税负不尽合理，因而该税率只适用于特殊的税种。

2. 课税依据

课税依据是指国家征税时的实际依据。国家征税时出于政治和经济政策考虑，并不是对课税对象的全部进行课税，往往允许纳税人在税前扣除某些项目。课税依据的设计一般要考虑课税对象的性质、课税目的及社会环境等多种因素。

3. 课税基础

课税基础简称"税基"，是指确立某种税或一种税制的经济基础或依据。它不同于课税对象，如商品课税对象是商品，但其税基则是厂家的销售收入或消费的货币支出；它也不同于税源，税源总是以收入的形式存在的，但税基却可能是支出。税基的选择是税制设计的重要内容，它包括两个方面的问题：一是以什么为税基，现代税收理论认为以收益、财产为税基是合理的，但也有一种观点认为以支出为税基更为科学；二是税基的宽窄问题，税基宽则税源多、税款多，但有可能对经济造成较大的副作用，税基窄则税源少、税款少，但对经济的不利影响也较小。

4. 附加、加成和减免税

纳税人负担的轻重，主要是通过税率的高低来调节的，但除此之外，还可以通过附加、加成和减免税等措施来调整纳税人的负担。

附加和加成是属于加重纳税人负担的措施。附加是在正税以外附加征收的一部分税款。通常把按国家税法规定的税率征收的税款称为正税，而把在正税以外征收的附加称为副税。加成是加成征税的简称，是对特定纳税人的一种加税措施。有时为了实现某种限制政策或调节措施，对特定的纳税人实行加成征税，加一成等于加正税税额的10%，加二成等于加正税税额的 20%，以此类推。属于减轻纳税人负担的措施有：减税、免税以及规定起征点和免征额。减税就是减征一部分税款。免税就是免缴全部税款。减免税是为了发挥税收的奖限作用或照顾某些纳税人的特殊情况而作出的规定。起征点是对税法规定的课税对象开始征税的最低界限。对未达到起征点的课税对象，不征税；但达到或超过起征点时，对全部课税对象都要征税。免征额是课税对象中免予征税的数额。起征点和免征额有相同点，即当课税对象小于起征点和免征额时，都不予征税。二者也有不同点，即当课税对象大于起征点和免征额时，采用起征点制度的要对课税对象的全部数额征税，采用免征额制度的仅对课税对象超过免征额的部分征税。在税法中规定起征点和免征额是对纳税人的一种照顾，但二者照顾的侧重点不同，起征点照顾的是低收入者，免征额则是对所有纳税人的照顾。

税法具有严肃性，而税收制度中关于附加、加成和减免税的有关规定则把税收法律制度的严肃性和必要的灵活性密切地结合起来，使税收法律制度能够更好地因地因事制宜，贯彻国家的税收政策，发挥税收的调节作用。

5. 违章处理

违章处理是对纳税人违反税法行为的处置，它对维护国家税法的强制性和严肃性有重要意义。

纳税人的违章行为通常包括偷税、抗税、骗税、逃税、欠税等不同情况。其中，偷税、抗税、骗税、逃税一般为违法行为。偷税是指纳税人有意识地采取非法手段不缴或少缴税款的违法行为。抗税是指纳税人以暴力、威胁等方法对抗国家税法拒绝纳税的违法行为。骗税是指纳税人采取对所生产或经营的商品假报出口等欺骗手段骗取国家出口退税款的行为。逃税是指纳税人故意或无意采用非法手段减轻税负的行为，包括隐匿收入、虚开或不开相关发票、虚增可扣除的成本费用等方式。欠税即拖欠税款，是指纳税人不按规定期限缴纳税款的违章行为。对纳税人的违章行为，可以根据情节轻重的不同，分别采取不同方式进行处理，如批评教育、强行扣款、加收滞纳金、罚款、追究刑事责任等。

四、税制改革：我国税制改革的历史演进

中华人民共和国成立以来，税收制度经历了一个建立和不断发展的过程：1950 年，中华人民共和国税收制度建立；1958 年，进行了简化税制的改革；1973 年，进行了片面的简化税制改革；1983 年和 1984 年，进行了利改税改革；1994 年，全面改革工商税制；2003 年，启动了新一轮税制改革。总体来讲，我国税制改革发展过程大体可以分为以下几个阶段：

（一）1950—1957 年的中华人民共和国税制建立与调整

1. 1950 年统一全国税收，建立社会主义新税制

中华人民共和国成立时，国家财政经济面临着巨大的困难。当时，军需供应费用十分浩大，农村的灾荒又造成 4000 万灾民的救济需求，亟待恢复的铁路、交通等重要经济部门也需要投入巨额资金。面对如此严峻的局面，中华人民共和国政府必须加强税收工作，争取实现财政收支平衡，物价平稳，使经济走上健康发展的道路。

当时，加强税收工作最迫切的一项任务，就是要统一全国税政，建立新税制。统一全国税政，建立新税制的指导原则是："国家的税收政策，应以促进生产的恢复和发展及国家建设的需要为原则，简化税制，实行合理负担。"依照这一原则，1950 年 1 月，中央人民政府政务院颁布《关于统一全国税政的决定》的通令，并同时颁布《全国税收实施要则》。这两个文件是整理和统一全国税政的纲领性法规，明确了中华人民共和国税收政策、税收制度和税务机构建立的原则等重大问题。

《全国税收实施要则》规定，除农业税外，全国统一征收 14 种税，即货物税、工商业税、盐税、关税、薪给报酬所得税、存款利息所得税、印花税、遗产税、交易税、屠宰税、房产税、地产税、特种消费行为税、使用牌照税。随后，政务院陆续公布了各有关税收的暂行条例，在全国范围内统一执行；后来又公布了《契税暂行条例》，开征契税。

以上各税在全国统一施行以后，就实现了统一全国税制，标志着中华人民共和国社会主义税收制度的建立。当时建立的我国工商税收制度的一个重要特点是"多税种，多次征"。这种税制，对同一个商品在从产到销的整个流转过程中，规定征收几种税、几次税。这种"多税种、多次征"的复税制体系，适应了当时我国多种经济成分并存的经济情况。随着新的税收制度的建立和贯彻执行，城市工商税收收入得到迅速增长，改变了以往国家财政收入主要依靠农村公粮收入的局面。中华人民共和国成立初期的困难局面迅速扭转，财政收支接近平衡，通货膨胀得到抑制，物价趋向稳定。

1950 年 7 月，国家对税制作了进一步调整，以照顾经济恢复中遇到困难的工商业，调整的内容主要包括：减并税种，把房产税和地产税合并为城市房地产税；决定薪给报酬所得税和遗产税暂不开征；减并货物税和印花税税目；调低税率，增加所得税级距，把盐税、所得税、货物税和房地产税的某些税率调低；改进工商税收的征收办法和纳税手续。1951 年 4 月，为了配合棉纱统购统销政策和保证财政收入，开征了棉纱统销税。

2. 1953 年的税制修正

1952 年以后，中华人民共和国成立初期所建立起来的多税种、多次多环节征收的税收制度，同这一时期经济发展的形势不相适应的现象开始出现。这一时期，工商企业的

经营方式发生了较大的变化，工商企业和合作社大量用委托加工、代购代销、内部调拨、组织联合经营、深购远销、产销直接见面等经营方式，使商品流转环节减少，从而工业环节和商业环节的营业税都随之下降，出现了"经济日渐繁荣，税收相对下降"的现象。并且，当时国家要加强对经济的计划管理和促进国有企业经济核算，而中华人民共和国成立初期建立起来的工商税收制度比较烦琐，与此不相适应。在这种状况下，依据"保证税收，简化税制"的精神，中央政府对原来的工商税收制度作了若干修正，1953 年 1 月 1 日开始实行。这次修正税制的主要内容是试行商品流通税。

商品流通税是对某些特定商品按其流转额从生产到消费实行一次课征的税收。它是把商品在生产环节应纳的货物税、营业税、印花税以及在商业批发环节和商业零售环节缴纳的营业税、印花税合并为一种税，在销售时一次征收。其突出特点就是，从生产到零售环节，实行一次征收制。凡已缴纳商品流通税的商品，在流转过程中，都不再征收所有属于流转额的税收。

商品流通税的征税范围包括烟、酒、麦粉、火柴、棉纱、水泥、酸、碱、化肥、原木、钢材、生铁、矿物油等 22 种产品，取消棉纱统销税，将原来缴纳的棉纱统销税、交易税并入商品流通税的"棉纱"税目征收。这些商品都是由国有企业大量生产和控制的，有些是国家专卖或统购统销的商品，或是流转过程比较简单的商品，因此，征税项目虽然不多，但在税收收入上却占有较大的比重。

此外，还修订了货物税和工商业税，取消了特种消费行为税，停征药材交易税和粮食、土布交易税，改征货物税。

（二）1958 年的税制改革

1958 年，我国进行了工商税制改革和实现了全国农业税制的统一。

1. 改革工商税制

我国在 1958 年基本上实现了对农业、手工业和资本主义工商业的社会主义改造，社会经济结构由多种经济成分并存变为基本上单一的社会主义经济，纳税主体由以资本主义工商业为重点变为以社会主义全民所有制和集体所有制经济为重点。原来在多种经济成分并存条件下制定的税收制度已不适应新的经济情况，各方面要求简化税制的呼声很高。因此，1958 年对工商业税制进行了一次较大的改革。这次改革的方针是"基本上在原有税负基础上简化税制"，改革的主要内容是试行工商统一税。

工商统一税是将原有的商品流通税、货物税、营业税、印花税合并而成的一个税种，是对工商业和个人按其经营业务的流转额和提供劳务的收入额征收的税。简化了计税价格和税目税率，对工农业产品，从生产到流通实行两次课征制。

2. 统一全国农业税制

中华人民共和国成立初期，由于革命根据地与新解放区的情况不同，采用的农业税制度也不相同。1956 年农业合作化以后，不论是原来的老解放区还是新解放区，继续实行不同的农业税制已无必要。为了适应这种新的情况，1958 年 6 月，由中华人民共和国主席毛泽东亲自批准公布了《中华人民共和国农业税条例》，废除了原来在革命根据地实行的累进税制，在全国范围内统一实行分地区的差别比例税制，并继续采取"稳定负担，增产不增税"的政策。1958 年的这次统一农业税的举措，主要政策延续执行近 50 年，直到 2005 年 12 月，全国人民代表大会常务委员会做出在全国停止征收农业税的决定。

（三）1958—1973 年前税制的其他变动

1. 1959 年"税利合一"的试点

在生产资料的社会主义改造完成以后，我国受苏联"非税论"的影响，认为在社会主义社会，国有企业的生产资料归国家所有，对国有企业征的税，只是带有税的外壳，实质上是上缴利润的性质，因此，税收可以"寿终正寝"了。从 1959 年上半年开始，在成都等七个城市进行"税利合一"的试点，即实行"以利代税"，取消税收。但是，"税利合一"的试点工作仅仅实行了半年。"税利合一"的主要问题，一是掩盖了经营核算上的矛盾，不利于促进企业加强经营管理；二是上缴利润不具有税收"三性"特征，滞欠现象较为严重，影响了政府财政收入。

2. 1962 年开征集市交易税

1961 年集市贸易恢复后，为了调解交易价格、平衡税收负担、加强市场管理、保护合法贸易，国务院于 1962 年 4 月决定全面开征集市交易税，并批准了财政部制定的《集市交易税试行规定》，由各省、自治区、市制定具体办法贯彻执行。

3. 1963 年调整工商所得税

中华人民共和国成立初期的工商业税包括工商营业税和工商所得税两部分，1958 年改革税制时，将其中的营业税部分并入工商统一税，这样，工商所得税便成了一个独立的税种。这一税种的基本政策是规定不分经济性质和经济业务，一律按照 21 级全额累进税率征税。1963 年对工商所得税进行调整的原则是"贯彻执行合理负担政策，限制个体经济，巩固集体经济"，以便调整集体经济和个体经济之间、集体经济经营不同业务的不同企业之间的负担水平。其具体政策是：个体经济重于集体经济，合作商店重于其他合作经济。

（四）1973 年改革工商税制

1973 年，对工商税制进行了一次较大的改革。这次改革提出的原则是"在保持原税负的前提下，合并税种，简化征税办法"，改革的主要内容是试行工商税。

工商税是把企业原来缴纳的工商统一税及其附加、城市房地产税、车船使用牌照税、屠宰税、盐税合并而成的税种。1973 年工商税"五税合一"的改革使得对整个商品流转额只征一种税，致使工商税的内容十分庞杂，变成了性质不清的多种税的混合体。这个税的征税对象既有对商品流转额的课征，也有对行为的课征，还有对财产的课征和对资源的课征。由于工商税税率和税目是按经营行业设计的，以满足一个企业适用一个税率的要求，因而大大削弱了流转税的调节作用，税负失衡严重而且不利于经济核算。"五税合一"试行工商税以后，几种地方税基本被挤掉了，合并以后，国有企业只需缴纳一种工商税，集体企业只需缴纳工商税和工商所得税两种税。

1973 年的税制改革片面追求税制简化，不适当地合并税种，大大削弱了税收调节经济的作用。

（五）1983 年和 1984 年两步利改税的实施

从 1979 年开始至 1984 年，我国税制进行了一次全面改革，这次改革的核心是实行利改税，即把原来国有企业向国家上缴利润的方法改为征税的方法。

我国从 1979 年开始，陆续在全国的一些企业进行了利改税的试点，取得了较好的效果。同年 11 月，第五届全国人民代表大会第五次会议通过的《关于第六个五年计划报告》中，充分肯定了利改税方向，并把国有企业逐步推行以税代利列为第六个五年计划后三年经济体制改革重点要做三件事中的第一件事。

1. 1983 年利改税的第一步改革

这次改革依据的总原则是，要把国家、企业、职工三者的利益分配关系处理好。其中，最重要的是管住两头：一头是把企业搞活；一头是国家要得大头，企业得中头，个人得小头。这次改革的主要内容是对国有企业普遍征收所得税，但对国有大中型企业征收所得税后的利润，采取多种形式上缴国家，实行税利并存。其具体做法是：对小型国有企业实行较彻底的利改税，税率按照原工商所得税使用的老八级超额累进税率征收，征收所得税后的剩余利润归企业自行支配，实行自负盈亏，少数税后利润较多的企业再上缴一部分承包费；对大中型国有企业按 55%的比例征收所得税，税后利润除了企业的合理留利以外，采取递增包干、定额包干、固定比例包干和调节税等多种形式上缴国家。

2. 1984 年利改税的第二步改革

利改税第二步改革的基本内容是：将国有企业应当上缴国家的财政收入按八个税种向国家缴税，也就是由"税利并存"逐渐过渡到完全的"以税代利"，税后利润归企业自己安排使用。其具体内容包括：

（1）对盈利的国有企业征收所得税。国有大中型企业按 55% 的比例税率缴纳所得税，其税后利润还要征收调节税，调节税率按企业的不同情况分别核定。国有小型企业按新的八级超额累进税率缴纳所得税。新拟定的八级超额累进税率，调整了累进起点和级距，减轻了所得税负担，并适当放宽了小型企业的划分标准，使更多企业能够逐步过渡到国家所有、自主经营、自负盈亏的管理体制。

（2）把原来的工商税按性质划分为产品税、增值税、营业税和盐税四种税，同时，把产品税的税目划细，适当调整税率，以发挥税收调节生产和流通的杠杆作用。

（3）对某些采掘企业开征资源税，以调节由于自然资源和开发条件的差异而形成的级差收入，促进企业加强经济核算，有效地管理和利用国家资源。

（4）恢复和开征房产税、土地使用税、车船使用税和城市维护建设税四种地方税，以利于合理地节约使用土地、房产，适当地解决城市维护建设的资金来源。

1984 年 8 月，第六届全国人民代表大会常务委员会第七次会议审议了利改税第二步改革的方案。根据会议的建议，决定授权国务院在实施国有企业利改税和改革工商税制的过程中拟定税收条例，以草案形式发布了产品税、增值税、盐税、营业税、资源税、国有企业所得税六个税收条例（草案）和国有企业调节税征收办法。

经过两步利改税，我国工商税制进行了一次全面的改革，形成了新的税制体系（共 33 个税种），其中包括：流转税 7 个，包括产品税、增值税、营业税、关税、牲畜交易税、集市交易税、工商统一税；所得税 9 个，包括国有企业所得税、国有企业调节税、集体企业所得税、私营企业所得税、城乡个体工商业户所得税、外商投资企业和外国企业所得税、个人所得税、个人收入调节税、农业税；资源税 4 个，包括资源税、盐税、耕地占用税、城镇土地使用税；财产税 3 个，包括房产税、契税、城市房地产税；行为税 10 个，包括奖金税、国有企业工资调节税、烧油特别税、印花税、筵席税、屠宰税、车船使用税、车船使用牌照税、城市维护建设税、固定资产投资方向调节税。

利改税作为重大的税制改革，其核心是对国有企业开征所得税，它突破了长期以来对国有企业不能征收所得税的理论禁区，是国家与国有企业分配关系的重大突破。利改税有利于国有企业成为相对独立的经济实体。企业依法纳税后，税后利润按照规定进行分配，很大部分归企业自行支配，企业和职工所得多少，同企业经营管理状况直接联系起来。在利改税过程中还进行了一次对工商税制的全面改革，逐步建立了一个适应我国国情的多税种、多层次、多环节调节的复税制体系。可以说，利改税使我国税收工作在理论和实践上都发生了转轨性的变化，税务部门地位得到提高，税务机构功能大大加强。但是，我们也应看到，由于对利改税的理论准备不足，将利改税称为"以税代利"，这体现出当时对税收概念这样一个最基本的理论问题尚认识不清。国家对国有企业以管理者身份凭借政治权力征税和以投资者身份凭借财产权力收取利润，是依据不同身份、凭借不同权力取得财政收入的两种形式，有各自存在的客观必然性，都有各自的作用和特点，是不能相互取代的。而进行利改税的改革时，"利税合一"造成企业名义税率过高。为保证既定的财政收入，对国有企业不但征收所得税，还开征了调节税，使得利改税枉担了重税的名声。为了保证企业的活力，国家又不得不采取"税前还贷"和"以税还贷"等方法来增强企业活力。而税前还贷，实际上使国家又参与了资产投资活动，利改税为企业筑起的成为相对独立经济实体的外部边界又被税前还贷淡化了，形成了高税率、多优惠、松管理的不良税制。

"利改税"否定了"非税论"，而"以税代利"却走向了"税收万能论"的极端。税收作为一个经济杠杆，与其他经济杠杆一样，有其发挥作用的广度和深度，税收不是万能的。滥用税收名义，只能削弱税收的作用，毁坏税收的名声，这是我们在今后的税制改革中要引以为戒的问题。

（六）1994 年税制的重大改革

1994 年，为建立和完善市场经济加强国家宏观调控，进行以分税制为主要内容的财政体制改革，理顺中央与地方分配关系，尽快与国际惯例接轨，我国进行了一次重大的工商税制的全面改革。

1. 1994 年税制改革的指导思想和原则

1994 年税制改革的指导思想是：统一税法，公平税负，简化税制，合理分权，理顺分配关系，保障财政收入，建立符合社会主义市场经济要求的税制体系。1994 年税制改革必须遵循的原则如下：

（1）要有利于加强中央的宏观调控能力。在税制改革过程中，要调整税制结构，合理划分税种和确定税率，实行分税制，理顺中央与地方的分配关系；通过税制改革，逐步提高税收收入占国民生产总值的比重，提高中央财政收入占整个财政收入的比重。

（2）要有利于发挥税收调节个人收入相差悬殊和地区间经济发展差距过大的作用，促进协调发展，实现共同富裕。

（3）体现公平税负，促进平等竞争。公平税负是市场经济对税收制度的一个基本要求，要逐步解决目前按不同所有制、不同地区设置税种税率的问题，通过统一企业所得税和完善流转税，使各类企业之间税负大致公平，为企业在市场中实现平等竞争创造条件。

（4）体现国家产业政策，促进经济结构的有效调整，促进国民经济整体效益的提高和持续发展。

（5）简化、规范税制。在税制改革过程中，要取消与经济形势发展不相适应的税种，合并那些重复设置的税种，开征一些确有必要开征的税种，实现税制的简化和高效；在处理分配关系的问题上，要重视参照国际惯例，尽量采用较为规范的方式，保证税制的完整，以利于维护税法的统一性和严肃性。

2. 1994 年税制改革的内容

1994 年税制改革的内容包括以下几个方面：

（1）流转税改革。建立起一个以规范化增值税为核心的、与消费税、营业税互相协调配套的流转税制，增值税征收范围延伸到批发和零售，消费税同增值税交叉征收，服务业继续征收营业税。流转税改革后适用于内外资企业。

（2）所得税改革。所得税改革分别表现为企业所得税改革和个人所得税改革。从 1994 年起统一内资企业所得税，为以后条件成熟再统一内外资企业所得税打下了基础。统一内资企业所得税后，取消国有企业调节税和能源交通重点建设基金，同时用税法规范企业所得税前的列支标准，并取消税前还贷，把原来的个人所得税、个人收入调节税和城乡个体工商业户所得税合并，建立统一的个人所得税。

（3）其他税种的改革。其他税种的改革包括：开征土地增值税；研究开征证券交易税和遗产税；简并税种，取消盐税、集市交易税、牲畜交易税、特别消费税、烧油特别税、奖金税和工资调节税，其中特别消费税和烧油特别税并入起特殊调节作用的消费税，盐税并入资源税；将屠宰税和筵席税下放省级地方管理。

1994 年税制改革涉及面广，政策性强，是中华人民共和国税制建设历史上的重要里程碑式的改革。

（七）2003 年以来的新一轮税制改革

自从 1994 年全面改革工商税制以来，我国社会经济状况发生了巨大的变化。如果说 1950—1983 年我国实行的是计划经济的税收制度，1983—1994 年实行的是有计划商品经济的税收制度，到了 2003 年，我国经济已进入市场化发展时期，启动新一轮税制改革有了新的动因：

首先，社会经济发展水平呼唤改革，这体现在两个方面：一是市场化程度明显提高，需要适应市场经济的税收制度相配合；二是居民收入分配差距拉大，即农村内部收入差距、城镇内部收入差距、城乡之间收入差距、地区之间的收入差距都不同程度地拉大了，需要税收制度的变革进行调节。

其次，从国家宏观经济政策角度看，宏观经济运行态势呈现出新的特征，如出现了公共财政框架下的税收问题、内外区别对待呼唤国民待遇问题、如何启动低收入者的消费需求问题、构建自动稳定的税收结构的问题。

再次，税收征收管理能力加强，体现在税收实际征收率迅速提升。我国税收的实际征收率在1994年仅为50%多，但到2003年，已经达到70%以上。

最后，世界税收制度的发展也在促进我国的税制改革。在经济全球化趋势下，税收国际竞争日趋激烈，传统税收模式受到冲击，国际税收竞争日趋激烈，这些都是我国新一轮税制改革的新的动因。

2003年启动的新一轮税制改革遵循12字原则：简税制、宽税基、低税率、严征管。新一轮税制改革的主要内容有：统一企业所得税制度；适当扩大消费税的征收范围；增值税转型；强化个人所得税的征收管理；加快农村税费制度的改革；全面调整出口退税政策；适时择机开征物业税；大力推进环境税收制度的建立和完善；适时开征燃油税。

2006年4月1日起，我国调整了消费税的税目、税率及相关政策。这次政策调整是自1994年税制改革以来对消费税最大规模的一次调整，更进一步增强了消费税的消费引导作用。

2009年1月1日起，修订后的《中华人民共和国增值税暂行条例》《中华人民共和国消费税暂行条例》《中华人民共和国营业税暂行条例》开始实施。由此，我国增值税实现了由生产型向消费型的重大改革，进一步适应了经济社会发展的需要。

2011年6月30日，第十一届全国人民代表大会常务委员会第二十一次会议对《关于修改〈中华人民共和国个人所得税法〉的决定》进行第六次修正，将费用减除标准进一步提高到3500元，并调整工薪所得税税率结构，由9级调整为7级，取消15%和40%两档税率，将最低的一档税率由5%降为3%，新《税法》自2011年9月1日起实施，大幅度减轻了中低收入纳税群体的负担，对高收入者的调节力度有所加大。

2011年，经国务院批准，财政部、国家税务总局联合下发营业税改征增值税（简称"营改增"）试点方案。从2012年1月1日起，在上海交通运输业和部分现代服务业开展"营改增"试点。至此，货物劳务税收制度的改革拉开序幕。截至2013年8月1日，"营改增"已推广试行到全国。自2014年6月1日起，建筑和不动产被纳入"营改增"范围。"营改增"促进了企业设备更新改造和第二、第三产业融合发展。自2016年5月1日起，中国全面推开"营改增"试点：将建筑业、房地产业、金融业、生活服务业全部纳入"营改增"试点，至此，营业税退出历史舞台，增值税制度将更加规范。同时，全面推开"营改增"试点后，增值税收入中央与地方划分比例由此前的75:25变成50:50。这是自1994年分税制改革以来，财税体制的又一次深刻变革。

2016年12月25日，第十二届全国人民代表大会常务委员会第二十五次会议通过《中华人民共和国环境保护税法》，有利于保护和改善环境，促进社会节能减排，推进生态文明建设。

2017 年 4 月 19 日召开的国务院常务会议决定推出进一步减税措施。从 2017 年 7 月 1 日起，将增值税税率由四档减至 17%、11% 和 6% 三档，取消 13% 这一档税率，将农产品、天然气等的增值税税率从 13% 降为 11%。自 2017 年 1 月 1 日至 2019 年 12 月 31 日，将小型微利企业年应纳税所得额上限由 30 万元提高到 50 万元，符合这一条件的小型微利企业减半计算应纳税所得额并按 20% 的优惠税率缴纳企业所得税。自 2017 年 1 月 1 日至 2019 年 12 月 31 日，将科技型中小企业开发新技术、新产品、新工艺实际发生的研发费用在企业所得税税前加计扣除的比例由 50% 提升至 75%。自 2017 年 7 月 1 日起，将商业保险个人所得税税前扣除试点政策推至全国，对个人购买符合条件的商业健康保险产品的支出，允许每年最高按 2400 元的限额予以税前扣除。

2018 年 3 月，为深化增值税改革，进一步减轻市场主体税负，国务院决定，将制造业等行业增值税税率从 17% 降至 16%，将交通运输、建筑、基础电信服务等行业及农产品等货物的增值税税率从 11% 降至 10%；同时，统一增值税小规模纳税人标准。将工业企业和商业企业小规模纳税人的年销售额标准由 50 万元和 80 万元上调至 500 万元，并在一定期限内允许已登记为一般纳税人的企业转登记为小规模纳税人，让更多企业享受按较低征收率计税的优惠。2018 年 8/月 31 日再次对《个人所得税法》进行修正，将费用减除标准进一步提高到 5000 元。2019 年 4 月 1 日起，增值税进一步降低，原适用 16% 税率的，降为 13%，原适用 11% 的，降为 9%。

第二节　税收管理制度

税收管理是国家财政管理和财政监督的重要组成部分，是国家组织财政收入的基础性工作，也是贯彻实施国家税收政策法规、实现税收职能、发挥税收作用的基本保证。

一、税收管理制度概述

税收管理是国家以法律为依据，根据税收的特点及其客观规律，对税收参与社会分配活动全过程进行决策、计划、组织、协调和监督控制的一系列活动。税收管理的具体内容包括税收法制管理、税收征收管理、税收计划管理、税务行政管理。为保证税务管理活动实施的法律、法规、规章、规范构成税收管理制度。

税收管理制度有广义和狭义之分，广义的税收管理制度按其管理内容可划分为四类：①税收法制管理制度。该制度涉及税法的制定和实施，具体包括税收立法、税收执法和税收司法全过程的制度。②税收征收管理制度。这是一种执行性管理制度，是指税法制定之后，税务机关组织、计划、协调、指挥税务人员，将税法具体实施的制度，具体包括税务登记管理、纳税申报管理、税款征收管理、减税免税及退税管理、税收票证管理、纳税检查和税务稽查、纳税档案资料管理。③税收计划管理制度。该制度主要包括税收计划管理、税收重点税源管理、税收会计管理、税收统计管理等方面的制度。④税务行政管理制度。该制度又称税务组织管理制度，是有关税务机关内部的机构设置和人员配备的制度和规范，具体包括税务机构的设置管理、征收机关的组织与分工管理、税务工作的程序管理、税务人员的组织建设与思想建设管理、对税务人员的监督与考核、税务行政复议与诉讼的管理等方面的制度和规范。狭义的税收管理制度是指税收征收管理制度，这是征纳双方关注的焦点。在税收问题上，除了税制设计外，政府最重要的工作莫过于强化税收征收管理。税收征收管理是税务管理的核心，在整个税务管理工作中占有十分重要的地位。

二、税收管理制度的功能

税收管理对于决定实际的或有效的税收制度起着关键作用。要保证国家满足公共需要和行使职能的需要，使税收能够及时、足额地上缴国库，并充分发挥税收的职能作用，就离不开税务管理制度的规范。

（一）保护征纳双方的利益

税收管理过程实质上就是依法确保税收收入的过程。税收管理制度作为管理依据和规程，可以要求征纳双方严格遵守税法，依法征税和纳税，做到有法可依、有章可循，即规范纳税人的纳税行为，规范征收机关和税务人员的征税行为，尤其是提高执法人员的执法意识，尽量减少违规执法或执法不当的现象，保护征纳双方的权益。

（二）实现税收职能

税收管理制度是税收制度得以顺利实施的重要保证，也是税收职能得以实现的重要保证。征收管理活动是围绕着税款征收这一中心任务展开的，征收管理制度的制定和实施可以保证税款征收工作的顺利完成，在管理过程中能够了解国民经济发展情况、纳税人对税法的执行情况、税制设计是否符合客观经济状况，并能及时把这些信息反馈给国家决策机关，实现税收的财政职能、调节职能和监督职能。

（三）完善法律法规体系

税收制度和税收管理制度都是国家法律法规体系的重要组成部分。税收管理制度从程序和管理角度规范征纳双方行为，在税收制度层面不可或缺。完整的税法体系应当包含四部分：完备的税收法律规范体系、高效的税收法治实施体系、严密的税收法治监督体系、有力的税收法治保障体系。十八届四中全会提出，实现立法和改革决策相衔接，做到重大改革于法有据、立法主动适应改革和经济社会发展需要。这对加快完善法律法规体系提出了高要求。我国部分税收法律存在滞后问题。《中华人民共和国税收征收管理法》（以下简称《税收征管法》）为例，2013 年 6 月 7 日，《税收征管法修订稿（征求意见稿）》由国务院法制办公室公布，向社会各界广泛征求意见。税务总局办公厅 2014 年 10 月以加急方式向各省、自治区、直辖市和计划单列市国家税务局、地方税务局发文，征求对《税收征管法修订稿（征求意见稿）》的意见，作最后阶段的意见征求和修改。完善税收争议处理机制、增加纳税人权益保护、建立多部门税收信息向税务局公开制度等是本次《税收征管法》修改的重点。2015 年 4 月 24 日第十二届全国人民代表大会第十四次会议修正通过。新修订的《税收征管法》增加对自然人纳税人的税收征管规定，进一步完善纳税人的权益保护体系。

三、纳税人、扣缴义务人的权利和义务

纳税人作为税收法律关系中负有纳税义务的一方当事人，税收法律法规赋予其权利、义务，并明确了其相关法律责任。

（一）纳税人、扣缴义务人的权利

改革开放以来，纳税人的权利在我国税法中得到越来越多的体现，我国现行税法中赋予纳税人的权利主要包括以下几种：

（1）知情权。纳税人和扣缴义务人有权向税务机关了解国家税收法律、行政法规的规定以及纳税程序等有关情况。

（2）隐私保密权。纳税人有权要求税务机关对自己的生产经营和财务状况及有关资料等保守秘密。

（3）申请减免税权。纳税人有依法申请减免税的权利，享受税法规定的减税免税优待。

（4）陈述权、申辩权、索赔权等。纳税人、扣缴义务人对税务机关所作出的决定，享有陈述权、申辩权，依法享有申请行政复议、提请行政诉讼和请求国家赔偿权。纳税人对税务机关作出的具体行政行为有申请复议和向法院起诉及要求听证的权利。认为税务机

关具体行政行为不当，使纳税人的合法利益遭受损失的，纳税人有权要求税务机关赔偿。

（5）延期纳税权。纳税人因为特殊困难，不能按期缴纳税款的，经县以上税务局（分局）批准，可以延期纳税，但最长不得超过 3 个月。

（6）多缴税款申请退还权。对于多缴纳的税款，以下两种情形做分别处理：①纳税人超过应纳税额缴纳的税款，税务机关发现后应当立即退还；②纳税人自结算税款之日起 3 年内发现的，可以向税务机关要求退还多缴的税款并加算银行同期存款利息，税务机关及时查实后应当立即退还。

（7）委托税务代理权。纳税人有权委托税务代理中介机构和人员代为办理税务事宜。

（8）享受纳税服务权。纳税人有权要求在纳税过程中得到税务人员的礼貌对待和享受高效率的服务。

（9）筹划权。纳税人在合法和具有正常商业目的的前提下，筹划、安排自身经营、理财、核算的行为应该得到保护。

（10）纳税人按规定不负有代收、代扣、代缴义务的，有权依法拒绝税务机关要求其执行代收、代扣、代缴税款义务。

（11）纳税人有权对税务机关及其工作人员的各种不法行为进行揭露、检举和控告，有权检举违反税收法律、行政法规的行为。

（二）纳税人、扣缴义务人的义务

纳税人的义务一直是税法规范的重点和核心，相关规定分别在宪法、实体法和程序法中列示。首先，我国《宪法》第五十六条规定："中华人民共和国公民有依照法律纳税的义务。"其次，从纳税主体角度看，税收实体税法相关内容确定的即纳税主体的基本义务。最后，在税收程序法中也规定了纳税主体的相关义务。

《税收征管法》从程序法角度规定的纳税主体的主要义务有：依法办理纳税登记、变更登记或重新登记；依法设置账簿，合法使用有关凭证；按规定定期向税务机关报送纳税申报表、财务会计报表和其他有关资料；按期进行纳税申报，及时、足额地缴纳税款；按规定保管和使用发票；欠缴税款的纳税人或其法定代表人在出境前应按照规定结清应纳税款、滞纳金或者提供纳税担保；主动接受和配合税务机关的纳税检查；违反税法规定的纳税人，应按规定缴纳滞纳金、罚款，并接受其他法定处罚。

（三）法律责任

法律责任是指税收征税主体和纳税主体双方违反税收法律法规而必须承担的法律上的责任，也就是由于违法行为而应当承担的法律后果。法律责任与法律制裁相联系，违法行为是法律责任的前提，法律制裁是法律责任的必然结果。按照违法的性质、程度不同，法律责任可以分为刑事责任、行政责任和民事责任，法律制裁相应分为刑事制裁、行政制裁（行政处罚、处分）和民事制裁。

1. 违反税务管理的法律责任

纳税人有下列行为之一的，如不按规定的期限申报办理税务登记、变更或注销登记的，不按规定设置、保管账簿或者保管记账凭证和有关资料的，不按规定将财务、会计制度或者财务、会计处理办法和会计核算软件报送税务机关备查的，未按照规定将其全部银行账号向税务机关报告的，未按照规定安装、使用税控装置，或者损毁、擅自改动税控装置的，由税务机关责令限期改正，可处以 2000 元以下的罚款；情节严重的，可处以 2000 元以上 1 万元以下的罚款。

不办理税务登记的，由税务机关责令限期改正；逾期不改正的，经税务机关提请，由工商行政管理机关吊销其营业执照。

未按照规定使用税务登记证件，或者转借、涂改、损毁、买卖、伪造税务登记证件的，处 2000 元以上 1 万元以下的罚款；情节严重的，处 1 万元以上 5 万元以下的罚款。

不按规定的期限办理纳税申报和报送纳税资料的，由税务机关责令限期改正，可处以 2000 元以下的罚款；情节严重的，可处以 2000 元以上 1 万元以下的罚款。

扣缴义务人未按规定设置、保管代扣代缴、代收代缴税款账簿或保管代扣代缴、代收代缴税款记账凭证和有关资料的，由税务机关限期改正，可处以 2000 元以下的罚款；情节严重的，可处以 2000 元以上 5000 元以下的罚款。

扣缴义务人未按规定的期限向税务机关报送代扣代缴、代收代缴税款报告表的，由税务机关责令限期改正，可处以 2000 元以下的罚款；情节严重的，可处以 2000 元以上 1 万元以下的罚款。

2. 偷税的法律责任

纳税人采取伪造、变造、隐匿、擅自销毁账簿、记账凭证，或者在账簿上多列支出或者不列、少列收入，或者采取虚假的纳税申报的手段，不缴或少缴应纳税款的，属偷税行为，税务机关应追缴其所偷税款并处 50%以上、5 倍以下的罚款。

对于偷税数额占应纳税额的 10%以上并且偷税数额超过 1 万元的，或因偷税被税务机关给予两次行政处罚又偷税的，视其情节轻重，处 3 年以下、3 年以上 7 年以下有期徒刑，并处偷税数额 1 倍以上 5 倍以下罚金。

扣缴义务人采取上述手段，不缴或少缴已扣、已收税款，数额占应纳税额的 10%以上并且数额在 1 万元以上的，依照上述规定处罚。

3. 抗税的法律责任

以暴力、威胁方法拒不缴纳税款的，属抗税行为，处 3 年以下有期徒刑或拘役，并处 1 倍以上 5 倍以下罚金；情节严重的，处 3 年以上 7 年以下有期徒刑，并处拒缴税款 1 倍以上 5 倍以下罚金。

4. 欠税的法律责任

纳税人欠缴应纳税款，采取转移或隐匿的手段，致使税务机关无法追缴税款，数额在 1 万元以上的，视其情节轻重，处 3 年以下、3 年以上 7 年以下有期徒刑，并处欠缴税款 1 倍以上 5 倍以下罚金。

纳税人向税务人员行贿，不缴或少缴税款的，移送司法机关处理。

5. 虚开、伪造和非法出售增值税专用发票的法律责任

其具体内容如下：

（1）虚开增值税专用发票或者虚开用于骗取出口退税、抵扣税款的其他发票的，视其情节轻重，可处 3 年以下、3 年以上、10 年以上有期徒刑或无期徒刑，并处罚金或者没收财产；骗取国家税款数额特别巨大、情节特别严重、给国家利益造成特别重大损失的，处无期徒刑或死刑，并处没收财产。

（2）伪造或者出售伪造的增值税专用发票的，视其情节轻重，可处 3 年以下、3 年以上、10 年以上有期徒刑或无期徒刑，并处罚金或者没收财产；伪造并出售伪造的增值税专用发票，数量特别巨大、情节特别严重、严重破坏经济秩序的，处无期徒刑或死刑，并处没收财产。

（3）非法出售增值税专用发票的，视其情节轻重，可处 3 年以下、3 年以上、10 年以上有期徒刑或无期徒刑，并处罚金或者没收财产。

（4）非法购买增值税专用发票或者购买伪造的增值税专用发票的，处 5 年以下有期徒刑或拘役，并处或者单处 2 万元以上 20 万元以下罚金。

（5）伪造、擅自制造或者出售伪造、擅自制造其他发票的，视其情节轻重，可处 2 年以下、2 年以上 7 年以下有期徒刑，并处罚金。

6. 擅自减税免税的法律责任

任何机关单位和个人不得违法擅自作出税收开征、停征以及减税、免税、退税、补税的决定。违法擅自决定税收的开征、停征或者减税、免税、退税、补税的，除依照规定撤销其擅自作出的决定外，补征应征未征税款，退还不应征而征收的税款，并由上级机关追究其直接责任人员的行政责任。

7. 税务人员违法的法律责任

其具体内容如下：

（1）税务人员利用职务之便，收受或者索取纳税人、扣缴义务人财物或谋取其他不正当利益，构成犯罪的，按照受贿罪追究刑事责任；未构成犯罪的，依法给予行政处分。

（2）税务人员与纳税人、扣缴义务人勾结，唆使或者协助纳税人、扣缴义务人犯偷税、抗税罪，构成犯罪的，按照刑法关于共同犯罪的规定处罚；未构成犯罪的，依法给予行政处分。

（3）税务人员徇私舞弊或玩忽职守，不征或者少征应征税款，致使国家税收遭受重大损失，构成犯罪的，依照刑法第一百八十七条的规定追究刑事责任；未构成犯罪的，依法给予行政处分。税务人员违反规定，在发售发票、抵扣税款、出口退税工作中玩忽职守，致使国家利益遭受重大损失的，处 5 年以下有期徒刑或拘役。

（4）税务人员滥用职权，故意刁难纳税人、扣缴义务人的，调离税收工作岗位，并依法给予行政处分。

四、我国税收管理制度的改革实践

（一）我国税收征管故革的历史沿革

从 20 世纪 50 年代到 80 年代初，我国实行计划经济体制时期的税收征管模式，税收征管采取的是"一员进厂、各税统管、征管查合一"的征管模式，即税务专管员全能型管理模式。

1988 年，我国税收征管模式进行改革，开始实施有计划的商品经济时期的税收征管模式，由传统的全能型管理向按税收征管业务职能分工的专业化管理转变，建立"征、管、查三分离"或"征管与稽查两分离"的征管模式。由税收征管方式的突破到税收征管体系的全面改革是我国税收征管理论与实践的重大发展。

1993 年，我国开始建立社会主义市场经济体制下的税收征管模式，国务院批转的《国家税务总局工商税制改革实施方案》（即 1994 年税制改革方案）提出"建立申报、代理、稽查三位一体的税收征管新格局"。1996 年国务院批转的《国家税务总局<关于印发深化税收征管改革的方案（草稿)>的通知》进一步明确我国税收征管改革的目标模式是"以纳税申报和优化服务为基础，以计算机网络为依托，集中征收，重点稽查"。2004 年 7 月，在全国税收征管工作会议上，谢旭人提出增加"强化管理"。"以纳税申报和优化服务为基础"是指，从纳的方面看，纳税人自行申报纳税是法定义务；从征的方面看，纳税服务是行政执法的组成部分。纳税申报和优化服务在税收征管工作中处于基础地位。

"以计算机网络为依托"体现了推进税收信息化建设，注意人机结合。"集中征收"则强调地域上相对集中地受理审核申报纳税资料和征收税款。"重点稽查"体现强威慑力，注重防范与查处相结合。"强化管理"是对税收征管的总要求，其中突出了加强税源管理。

2015年10月13日，中央全面深化改革领导小组第十七次会议审议通过《深化国税地税征管体制改革方案》，这是1994年税制改革后最为宏大的一场税收征管改革。此次改革，重在"三合"推动国税、地税合作："服务深度融合"是指各地采取国税和地税互设窗口、共建办税服务厅、共驻政务服务中心等方式，构建"前台一家受理、后台分别处理、限时办结反馈"的服务模式，逐步实现纳税人"进一个厅、到一个窗、上一个网、办两家事"；"执法适度整合"是指各地国税、地税局通过联合确定稽查对象、联合进户执法检查、统一税务行政处罚裁量权基准等18项具体措施，减少对纳税人正常生产经营的影响；"信息高度聚合"是指依托金税三期工程，共享应用双方内部涉税信息，联合采集第三方涉税信息，共同开展风险识别分析、经济税收分析和协同监督管理，推动税收管理方式由"以票控税"向"合作管税"和"信息管税"转变。2018年3月13日，十三届全国人大一次会议在北京人民大会堂举行第四次全体会议。受国务院委托，国务委员王勇向十三届全国人大一次会议作关于国务院机构改革方案的说明。该说明第二点第十一条明确指出，"改革国税地税征管体制。将省级和省级以下国税地税机构合并，具体承担所辖区域内的各项税收、非税收入征管等职责。国税地税机构合并后，实行以国家税务总局为主与省（区、市）人民政府双重领导管理体制。"

（二）税收征管理论与实践的发展

1. 对税收征管效率的再认识。提高税收工作的质量和效率，是税收征管工作的基本目标。税收征管的质量和效率是税收征管改革的核心问题。征管的质量直接影响税法能否被准确贯彻执行，这就要求提高执法规范度，要严格执法、公正执法、文明执法，确保各项税收政策落实到位。亚当·斯密提出的"最少征收费用"原则，就体现了征管效率的思想。过去，我国长期重视降低征税成本，忽视纳税成本（遵从费用、奉行费用）。检验税收征管水平的四项标准应该是：执法规范、征收率高、成本降低、社会满意。这四条标准的第二、三条是效率标准。征收率高，使税款实征数不断接近法定应征数，保持税收收入与经济协调增长，作为参考指标，要保持税收（分解为各税种相对于税基）增长的弹性系数大于1，使宏观税负水平逐步得到提高。成本降低，意味着既要降低税务机关的征税成本，又要降低纳税人的纳税成本。目前，有学者提出了税收征管总成本的概念，提出应该从征税成本、纳税成本、税款损失流失规模这三个方面（税收征管总成本）来全面考虑税收的效率。

2. 开展对政府税收征管能力的研究

征管能力是政府对税收进行征管的主观能力和客观环境的综合反映，体现在征管技术手段、征管队伍素质、政府及政府部门对税收的支持、税收法制环境四个方面。与发达国家相比，目前我国税收征管能力整体较低，地区差异大且差异在不断扩大。

3. 提出纳税服务的理念

纳税服务已经被界定为一种行政行为，强调服务也是一种管理。在公共财政框架之下，政府正努力改善和提高税务部门和税务人员的形象。纳税服务与税务管理有着密切的联系，纳税服务是加强税收管理的一项基础性工作。强化纳税服务不会弱化管理，通过服务方便纳税人及时足额纳税，可以提高税收管理的质量与效率。从这个意义上讲，服务不仅仅是税务机关对纳税人履行的一种义务，也是税务机关提高管理水平的重要措施。加强税收管理，可以有效地维护和保障纳税人的合法权益，促进税收的公平、公正，更好地为纳税人服务。因此，管理中体现服务，进一步提高税收征管的质量与效率，可以促进税收各项工作的全面进步。

4. 税源监控理论与实践得到发展

税源管理是税收征管的基础和核心，要多管齐下，全面、准确地掌握各税种税基的规模和分布情况，对税源实行动态监管。加强税源监管的举措主要有九个方面：强化税收经济分析、加强纳税人户籍管理、全面落实税收管理员制度、深入开展纳税评估、积极实施分类管理、加强发票管理、推广税控收款机、密切国地税局之间的协作、推进税务部门与各有关部门的协调配合。

中篇　财务会计管理

第六章　财务会计管理概述

第一节　财务会计的基本概念

一、财务与会计

（一）财务

财务泛指财务活动和财务关系。前者指企业在生产过程中涉及资金的活动，表明财务的形式特征；后者指财务活动中企业和各方面的经济关系，揭示财务的内容本质。因此，概括说来，企业财务就是企业再生产过程中的资金运动，体现着企业和各方面的经济关系。财务不仅是国民经济各部门、各单位在物质资料再生产过程中客观存在的资金运动及资金运动过程中所体现的经济关系，更主要的是财产和债务，即资产和负债等。财务理论是指一套以原则为形式而进行的科学推理或对财务实践的科学总结而建立的系统化和理性化的概念体系。从揭示的内容看，财务理论的内容是对财务实践的理性认识。财务理论来源于财务实践，是人们在长期的财务实践活动中获得的从感性认识上升为理性认识的结果。从理论的结构看，财务理论是具有内在联系的各个要素之间排列组合起来的一个整体，即由基本理论方面的要素、实践运用方面的要素和预测、发展方面的要素组成。从理论的形成看，它是财务实践的结果，又是研究者总结实践履行思想的结果。因此，财务理论反映了特定历史时代下研究者的认识水平。

随着生产资料私有，商品经济进一步发展，市场竞争也十分激烈。社会主义企业财务及社会公用福利事业财务大量存在，同时还存在着成千上万的公民家庭财务。其中，大多数公民不是以家庭为单位从事生产活动的，而是在社会主义的企业、事业单位中从事生产活动的。因此，大多数公民家庭财务只是一个纯粹的消费性家庭财务。另外一小部分公民是以家庭为单位从事生产活动的，从而其家庭财务成为经营性的家庭财务。在社会主义社会财务中，国家财务占据统治地位，支配着其他社会财务。与资本主义社会相同，尽管各公民的家庭财务是社会财务的基本单位，但由于大多是纯粹消费性家庭财务，因此不是社会财务的基础。社会主义社会财务的基础是社会主义的企业财务，至于经营性家庭财务则是社会主义社会财务的补充。各种财务相互依存、相互制约，构成了社会主义的社会财务，它反映着社会主义的生产关系。

（二）会计

认识会计的定义，首先必须弄清会计的本质。所谓会计的本质，是指从产生到发展进步的历史过程中，会计这一客观社会现象的内部联系，它由会计的内在矛盾构成，是会计这一事物比较深刻的一贯的和稳定的方面。从会计产生和发展的历史观察各个时代的会计，有着不同的反映和控制的具体内容，其发展水平以及所采用的方法也不同。也就是说，各个不同时代的会计，具有各个时代的特征。各个时代的会计特征，决定了各个不同时代会计的个性，会计的本质，则是各个不同时代会计的共性。在人类社会中，由于存在着物质资源的有限性和社会需要的无限性之间的矛盾，客观上就要求节约使用经济资源和合理分配经济资源即资源的最优配置。尽管各个时代财务会计所追求的具体目的及其性质不同，但其共同点都是为了使资源的配置最优。

会计是在社会生产实践中产生的。人们在进行生产的时候，对劳动耗费和劳动成果进行记录和计算，以获得关于生产过程和结果的经济信息，据以总结过去、了解现状和预测未来。会计就是适应这种需要而产生的。在人类社会的早期，会计只是生产职能的附带部分，单个商品生产者甚至只用头脑记账。当社会生产力发展到一定水平，出现了剩余产品、社会分工和私有制，特别是商品经济有了一定发展之后，会计才逐渐从生产职能的附带部分分离出来。经济活动的量化与软科学是相辅相成的。随着经济的发展，整个经济活动的过程、环节、要素包括的范围越来越广，这就意味着会计所要研究的内容即量化的内容随之扩大。从生产过程中物的要素的量化到人力与物力的量化结合，从微观主体量化到宏观主体量化，从现在要素的量化到将来事项的量化，人力资源、社会责任、未来事项及自然经济资源配置的综合效果已成为会计研究的重要内容。会计作为一门软科学，在现代社会中日益得到体现。

（三）经济

经济就是对物资的管理，是对人们生产、使用、处理、分配一切物资这一整体动态现象的总称。这一概念微观的指一个家庭的家务管理，宏观的指一个国家的经国济民。在这个整体中，包括人类的生产、储蓄、交换、分配的各项活动；生产是这一动态的基础，分配是这一动态的终点。新常态经济是与 GDP 导向的旧经济形态与经济发展模式不同的新的经济形态与经济发展模式。新常态经济以发展促进增长、以社会全面发展扬弃GDP 增长、以价值机制取代价格机制作为市场的核心机制，把改革开放的目标定位于可持续发展的社会主义市场经济，而不是不可持续增长的资本主义市场经济。因此，新常态经济可以说就是社会主义市场经济。

独立的市场主体是市场经济的基石，而企业是最主要的市场主体。在市场经济中，作为市场主体的企业生产什么、生产多少以及如何生产，是由市场需求的规模和结构决定的，企业要对市场供求、竞争和价格的变化做出灵活反应。市场机制要达到提高效率、优化资源配置的结果，必须具有一个完善的市场体系。完善的市场体系要求在市场中必须有足够多的买者和卖者以及他们之间的充分竞争，以避免产生买方或卖方的垄断现象，否则市场的资源配置功能的充分发挥就会受到限制。市场经济是以社会化大生产为基础的高度发达的商品经济。伴随着社会分工的深化和社会生产的增长，必然要求市场的扩大，从而要求各民族、各地区和各个国家连成一个相互依赖的有机整体，把分散的地方市场联合为统一的全国市场，把国内市场联合成为世界市场。在市场经济的运行过程中，如市场的准入、市场的交易、市场的竞争都必须由法律来规范、保证和约束，政府管理部门也要按照相应的法律、法规体系来协调与管理市场上各种经营活动。没有好的法制环境，市场主体的独立性、市场竞争的有效性、政府行为的规范性和市场秩序的有序性都将缺乏根本的保证。因此，从根本上讲，健全的法制是市场经济的内在要求。

二、财务会计的内涵

（一）经济系统角度

经济系统是由相互联系和相互作用的若干经济元素结合成的，是具有特定功能的有机整体。广义的经济系统指物质生产系统和非物质生产系统中相互联系、相互作用的若干经济元素组成的有机整体。亚太地区经济系统、国民经济系统、区域经济系统、部门经济系统、企业经济系统都是广义的经济系统。经济系统的目标的多样性：任何系统都有一定的目标，经济系统既要考虑到经济效益，又要考虑到社会效益，还要照顾到对生态环境的影响。既要考虑长远目标，又要考虑近期目标。这些目标有的是相一致的，有的是相矛盾的。我们必须根据实际情况研究经济系统的具体目标，有时需要同时考虑多种目标。

在我国市场经济发展的过程中，形成了一系列相互联系和相互依存的程序，这些程序组合在一起形成了统一的程序。我国企业建立了会计系统，市场中企业的发展需要经济系统提供有效的信息。企业为了维护自身利益向市场提供各种信息，市场参与者有效利用这些信息，做出的决策科学有效。在整个决策过程中需要市场上各个企业和参与者利用这些信息进行科学的决策，同时在整个运行过程中，需要企业和参与者之间加强控制，在相互协调的过程中共同进步。工作人员可以对财务会计进行详细的解读，认真研究系统各个组成部分的特征。财务会计信息系统的核心结构就是对财务会计中的财务报表进行确认。经过确认形成的财务报表会对财务会计信息系统的性质和整体目标有所影响，可以对财务报告进行有效的预测和估计。

（二）企业发展角度

企业一般是指以营利为目的，运用各种生产要素，向市场提供商品或服务，实行自主经营、自负盈亏、独立核算的法人或其他社会经济组织。在商品经济范畴内，作为组织单元的多种模式之一，按照一定的组织规律，有机构成的经济实体，一般以营利为目的，以实现投资人、客户、员工、社会大众的利益最大化为使命，通过提供产品或服务换取收入。它是社会发展的产物，因社会分工的发展而成长壮大。随着我国经济体制的改革发展和世界化经济的融合发展，挑战与机遇并存的新的发展形势是当前企业发展面临的重要环境，企业的市场竞争压力日益激烈。财务会计在企业的管理中处于核心位置，财务会计管理各个部门的账务信息为企业的战略发展提供依据，是企业经营发展的基础。搞好企业财务会计，对于改善经营管理、提高经济效益起着关键的作用。

企业在经营过程中为社会创造了丰富的财富价值，能够制造货物提供劳务，主要以实现利润的最大化为目的。同时，企业可以并购其他公司，从而在分配的基础上实现有效的再分配，这样可以促使社会资源得到最大化的控制。社会资源的首次分配主要依靠的是市场，但是再次分配需要企业完成。企业主要的任务是在企业内部转化社会资源，在此基础上获取必要的生产要素。财务会计这一工作发生在企业内部，它提供商品货源和劳务，促使经济活动更加科学有效，这样就会形成丰富的社会财富。企业在追求利润的过程中，与企业经济相关的其他工作人员的行为会直接影响会计工作的落实。通过企业及时提供信息，对推动企业的运行和市场经济的发展有一定的强化作用。除此之外，企业又是寻租者，要通过公开发行证券，实现对其他公司的并购，在再分配的基础上，实现社会资源的扩大。企业内部主要把资源变成生产要素，使得它们有机结合起来，变成为现实的生产力，促使社会财富扩大。

（三）信息数据角度

会计，是把企业的经济数据变成企业经济信息的重要场所，财务会计需要企业发生的交易和事项中变成为企业财务信息的活动。企业的资源和主权以及变动是伴随着交易发生而变化，这种情况客观存在。但把交易数据变成财务信息，这其中存在的经济变化是无法了解的。会计信息是反映企业财务状况、经营成果及资金变动的财务信息，是记录会计核算过程和结果的重要载体，是反映企业财务状况，评价经营业绩进行再生产或投资决策的重要依据。会计信息是指企业通过财务报表、财务报告或附注等形式向投资者、债权人或其他信息使用者揭示单位财务状况和经营成果的信息。会计数据是记录下来的会计业务，是产生会计信息的源泉。在会计工作中，从不同的来源和渠道取得的各种原始会计资料、原始凭证及记账凭证等都称为会计数据。如某日仓库的进货量、金额，某日某产品的产量、费用等。

与其他各种类型的数据相比，财务数据的含量更大，内容更集中，其中包含的信息更加丰富。信息化时代背景下集团财务数据集中管控对整个集团的发展具有重要的意义。财务数据的集中管控，不但保证了对集团财务状况的准确分析和预测，而且提供了更多的企业运营情况资料，有助于股东、领导者通过数据对集团状况进行了解。财务数据的总结，可以帮助集团财务人员更全面地了解自身的财务状况，对某一阶段的集团收支情况进行检查，做出合理的财务分析，更加有效地评价集团的财务状况和各个分支机构的财务运营情况。这些数据还能够揭示集团及其下属公司在之前的运营过程中出现的各种问题，从而为财务预算分析提供参考依据。

（四）市场环境角度

市场起源于古时人类对于固定时段或地点进行交易的场所的称呼，指买卖双方进行交易的场所。发展到现在，市场具备了两种意义：一个意义是交易场所，如传统市场、股票市场、期货市场等；另一意义为交易行为的总称，即市场一词不仅仅指交易场所，还包括了所有的交易行为。当谈论到市场大小时，并不仅仅指场所的大小，还包括了消费行为是否活跃。广义上，所有产权发生转移和交换的关系都可以成为市场。市场是商品交换顺利进行的条件，是商品流通领域一切商品交换活动的总和。市场体系是由各类专业市场，如商品服务市场、金融市场、劳务市场、技术市场、信息市场、房地产市场、文化市场、旅游市场等组成的完整体系。同时，在市场体系中的各专业市场均有其特殊功能，它们互相依存、相互制约，共同作用于社会经济。

由于市场用途的不同，可以分为金融市场、资本市场等多个市场，而财务会计所指市场则是资本市场。不受政府干预的市场基本可以定义为有效市场，这样的市场中所带有的会计信息也具有真实性与公开性，这主要是指具有收益性的财务信息。对于所有上市企业来说，都要进入到资本市场中，这就需要有可靠的财务报告作为依据，上市公司需要严格按照相关规定开展工作，做好财务报告，编制好财务信息。

第二节　财务管理与会计工作现状

一、企业财务管理的现状

很多人认为财务管理就是管好日常的资金运作，这是不完全正确的，还应该包括投资、筹资以及收益分配等工作的管理。财务管理是企业一切活动的基础，涉及产、供、销各个环节，是通过核算、分析、对比来发现问题、解决问题，而我国多数企业只注重了企业的日常资金管理，而忽略了其他工作的管理。因此，我国企业财务管理出现了以下问题：

企业管理水平没有跟上企业发展的步伐，仍停留在最原始的车间式管理模式上，往往存在管理不到位、有管理盲区等问题。我国企业现行的管理模式是一种后现代的计划经济企业管理模式，现行的财务管理必然受到传统财务管理的影响，对投资决策管理的重视程度不够，一味盲目地投入资本，而没有将财务管理效果与企业资产的市场价值有效结合在一起，从而使企业投入与产出没有得到平衡。这种财务管理现状违背财务管理以企业价值最大化为目标的原则，对企业而言是不可取的。

目前，我国不少企业的财务管理水平不够，对资金的管理不能有效保证企业资金的良性循环，使大量的企业资金周转周期长、速度慢，从而导致流动资金短缺。为了保证生产经营的正常运行，企业必然大量向银行贷款，从而陷入庞大的资金占用和银行债务的旋涡中，制约了企业的生存和发展。另外，有些企业搞预算外资金，造成资金体外循环，使得企业正常的资金流转困难。企业存在太多的呆账坏账使得企业资金循环不良。财务管理应该是涉及多方面的，不仅要涉及投资、筹资，还应该注意资金回收问题，将资金回收周期等相关的信息准确地提供给企业相关管理者，以实现资金良好循环。

一些企业在资金管理不严，尤其是成本管理不到位，稍有积累便在非生产性上开支，以致企业在亏损状态下仍大量挥霍金钱。还有一些企业对生产经营的状况缺乏科学而严格的管理和考核，造成物耗无定额、成本不核算、设备无人管、考核无奖惩等状况。多数情况下，企业在生产过程中存在浪费现象，对生产过程中的副产品缺乏开发研究的力度和支持。

（一）财务管理缺乏科学性

新会计准则的颁布实施、现代企业内部结构的改变使企业财务工作面临一个全新的环境，而部分财务人员观念滞后，思想还没有完全转变过来，无法适应新的经济环境；部分企业内部结构不合理，缺乏凝聚力，员工集体意识淡化，且下属子公司自成一体，整体观念不强，盲目追求自身利益，严重损害了整个企业的利益。这种不科学的财务管理方式，限制了企业资源的优化配置，进一步削弱了企业的核心竞争力。

1. 财务管理模式僵化

目前，我国中小企业典型的财务管理模式是家族式管理。这种权度严重失衡的财务管理模式在企业领导者知识不足、管理观念落后，对新的财务管理理论与方法缺乏应有的认识与了解的情况下，势必给企业的财务管理带来许多负面的影响，造成企业财务管理混乱、财务监控失灵、会计信息失真。

2. 缺乏明确的产业发展方向，对项目投资缺乏科学论证

一是片面追求"热门"产业，有些企业甚至片面认为国家调控什么就应该上什么，肯定能赚钱。二是对项目建设和经营过程中将要发生的现金流量缺乏可靠的预测，仓促上马。一旦国家加大宏观调控力度，收紧银行信贷，使得建设资金不能如期到位，企业就面临进退两难的境地，甚至造成巨大经济损失。

3. 财务风险意识淡薄，企业始终在高风险区运行

一是过度负债。有些企业在借入资金不能有效发挥作用的情况下，进入靠贷款维持生存的恶性循环，其结果是债台高筑，财务风险极大。二是短债长投。一些企业就采取变通的办法，擅自改变贷款用途，将短期借债用于投资回收期过长的长期项目投资，导致企业流动负债大大高于流动资产，使企业面临极大的潜在支付危机。三是企业之间相互担保。这给财务监管带来很大困难，造成整体负债率不断抬高，企业经营成本和财务费用不断加大，支付能力日渐脆弱，资金链条过紧并随时可能出现断裂。

4. 财务控制薄弱

一是对现金管理不严，形成资金闲置或不足。有些企业认为现金越多越好，造成现金闲置，未参加生产周转。二是没有建立严格的赊销政策，缺乏有力的催收措施。应收账款不能兑现或形成呆账，应收账款周转缓慢，资金回收困难。

5. 财务会计工作流程不规范、不严格

一是原始凭证、会计分录、科目应用、账册设置以及财务收支等方面工作不规范，没有形成严格的制度。二是会计报表的编制既不能充分反映企业的实际生产经营情况，又没有完全按照国家有关法律法规的要求去做，导致会计信息的失真。对材料、工时、动力等消耗没有进行严格的定额管理和健全的分析核算制度。三是企业没有或无法建立内部审计部门，即使有也很难保证内部审计的独立性，缺乏必要的财务监督机制。

（二）企业的资金管理混乱

当前，我国大部分企业管理资金的方式落后，致使下级子公司私设账户的现象严重，

资金管理不严格，致使投资随意性大，投资结构不合理，投资规模得不到有效控制，投资收益不高。另外，不合理的投资加大了财务风险。

（三）对企业财务监管不到位

对企业财务监督与控制不到位，使得企业资金流向和资金控制脱节现象严重，对于资金的变化领导层很难掌握，传统的资金管理模式及利润考核指标已经不能满足财务管理的基本要求。企业预算体系没有完全有效建立，企业既缺少合理预算，又缺乏有力的监控，审计监督更是无从谈起。

（四）企业的信息不准确

企业财务部门工作人员受部门利益、内部控制和本身专业水平的影响，出现核算失真、做假账、报表不符合实际等问题。另外，由于对下属企业的信息化要求不明确或者不一致，使各下属企业使用的软件各不相同，上报的数据不准确，这些因素都会对企业相关数据的汇总造成一定的影响。

（五）财务制度不完善

在现代企业中，大量工作的展开都以明确的产权关系为基础，而一些企业的产权关系至今没有理顺。健全的会计机构是实现财务管理制度化的重要前提，而一些企业的基本财务制度不健全，对于出现的具体问题没有严格的制度加以制约，致使一些专业知识缺乏、业务不熟练的财务人员没有工作压力。另外，对于一些人员在工作中出现的问题没有及时发现并处理。有的问题发现了，也没有针对性的措施加以制约。制度上的不完善对财务管理及其作用的发挥产生不利影响。

二、企业会计工作的特点

企业会计工作能直观地显示出企业经济静态和动态的变化。管理者应该明确企业与会计的关系，企业的经济越发展，作为起到"观念的控制"和"过程的总结"的会计工作的重要性就越突出。

现代企业会计的特点有如下几个方面：

（一）对于利息收支的核算

所谓利息收支，在金融企业业务中是重要的组成部分，对于会计核算工作有着较大的影响作用。要想保质保量地完成此项工作，金融企业应该严格按照权责发生制原则分别进行存款、货款，并且要定期按时进行利息收支的核算。

（二）对于手续费收支的核算

金融企业在办理金融业务过程中会产生手续费，金融企业应该按照收支两条线分别核算的原则来对手续费进行核算，切记不要以手续费的收入来抵消支出费用。若有特殊情况，也要有备注标明，并且要遵循相关制度来提取利用。

（三）对于备抵性准备的核算

所谓备抵性准备的核算，指的是对于坏账准备、贷款呆账准备和投资风险准备的核算。也就是对于利息、应收保费和应收分保账款余额的一定比例提取的准备进行核算，而金融企业也应按照相关政策进行贷款余额的核算。此外，企业还应该依据法律法规对长期投资余额的一定比例提取的风险进行核算。

会计的产生和发展，是与其所处的环境密切相关的。它适应经济环境而产生，又伴随经济、政治、法律、文化、科技等环境变化而变化。会计环境决定着会计人员的行为举止，制约着会计工作所做出的各项成果。会计环境对会计活动产生极其深远的影响。

三、会计环境变化及其对会计职能的影响

（一）会计环境

会计环境是指会计所依赖和依存的客观环境。它包括客观环境和主观环境，或者称会计外环境和会计内环境。

所谓会计客观环境，是指包括经济、政治、社会文化、法律环境等因素的环境。其中，最重要的是经济环境。所谓会计主观环境，则包括会计系统结构内部各部分的客观状况，有会计模式、会计人员素质、会计工作手段和方法、会计行为等。会计的客观环境影响着会计主观环境，会计的主观环境又反作用着客观环境，两者在相互作用和影响下不断向前发展。

（二）会计职能的新概念

"会计职能是会计的特定环境下所具有的特定功能，既是该事物'质'的内在规定性；又是该事物能满足客观环境所具有的能力。"这样一个涉及与会计环境紧密联系的会计职能的概念更具有实践意义和指导意义。从现代会计发展眼光和前景分析，会计职能受环境影响更明显。资本主义生产力和科学技术飞速发展的经济环境下，出现了"欧洲货币（欧元）"和欧共体组织的飞跃发展，世界经济一体化的浪潮冲击着"会计准则一体化"，现有环境下的中国会计制度也在和世界会计准则接轨。

（三）会计环境对会计职能的影响

会计作为一种管理活动，又是一个财务信息的处理系统，它依存于一定的客观环境，又受一定时期特定环境的制约和影响。

1. 经济结构、经济体制环境直接影响着会计的内容和会计处理方法

不同的经济体制环境，产生出不同的会计控制模式：计划经济体制或国家宏观控制的市场经济体制，必然体现在会计模式上是计划统一型和宏观经济主导型的模式。而市场经济体制下，特别是强调自由竞争的市场经济体制，则会计制度侧重于反映投资者或股东的要求，它必须对外揭示每股股利方面的全面财务信息资料、会计准则和程序，必须对揭示内容强调客观性和公允性。

2. 社会文化环境影响着会计的职能作用

社会文化环境或称社会人文环境，是指一个国家人民的传统思想习惯、价值观念、行为方式、对经济的传统态度和看法等所形成的一种文化氛围。这种环境的形成经过了漫长的过程，因而存在着历史惯性。

中国的社会文化环境是：集体主义观念强，对不明朗因素反映较强，创新精神较差。应结合我国政治、经济、法律等环境因素，制定一套适合自己发展道路的会计体系，既不能照搬外国现成的会计环境，也不能固定在过去"闭关锁国"的自然经济模式下。今天，世界经济一体化要求中国会计准则也应具有一体化趋势。

四、我国会计工作的现状

会计工作是经济管理工作的重要基础。改革开放以来，我国在完善会计法律制度，规范会计行为，提高会计信息质量，有效发挥会计在经济建设中的作用等方面取得了显著成效。但是，在计划经济向市场经济过渡的过程中，在新旧制度交替并存情况下，因法制和监督机制的不完善，会计工作还存在一定的问题，主要表现在会计秩序比较混乱。

（一）执法检查弹性化

执法程度因人而异，因环境、关系等各种因素而不同。例如，检查中发现一企业有意偷漏税，处理结果却是鉴于被查单位态度良好，考虑到企业实际困难，免去罚款而补交较少的款数等。

（二）会计基础工作薄弱化

有的单位会计人员把关不严，导致会计科目混乱，业务处理不规范；会计专业实行持证上岗已有多年，但仍有一些无证、无学历人员占着岗位，其中有些人缺乏财会知识，工作随意性较强、账务处理不规范，不能正确反映经济活动的实际内容；有的单位对会计人员的任用管理不合法，会计人员更换频繁，会计队伍不稳定，会计基础工作缺乏规范，也使会计信息由于缺乏一致性而失真，这就必然影响会计工作的知识性、严肃性，影响会计工作质量。

（三）对会计工作认识肤浅化

财务部门在整个企业中举足轻重，企业会计工作做得好，不仅能反映准确的数据信息，为领导经营决策提供依据，而且能完成税收筹划，最大可能地避税，使盈利水平最大化。有些领导却认为，会计工作只是简单的加减乘除，既不出产量，又不能回笼资金，更不能创造利润，因而会计人员的工资待遇、社会地位往往被忽略。在这种情况下，会计人员的价值就会大打折扣。

（四）企业纪律松懈化

由于会计工作的特点，会计工作的任务大部分是在月末完成，所以平时就相对空闲，会计人员完全可以利用这段时间进行在职培训，填补自己专业的欠缺。然而，由于部分企业纪律松懈、某些会计人员不思进取，往往对自己的岗位毫无后顾之忧，荒废了大好时光。

（五）会计工作业绩宣传上有偏差

如今在舆论导向上却重效益轻执法。在介绍企业财务人员先进事迹时，有关企业管理、提高经济效益的报道比比皆是，而关于维护法纪、顶住压力、如实反映事实的报道却少得可怜，财会人员若主动暴露了企业存在的问题，不但会在内部受到非议和排挤，更可悲的是在外部也得不到应有的支持、保护。

五、会计基础工作的现状

（一）会计信息存在失真

目前，我国许多企业之所以存在会计信息不真实的现象，主要原因是企业某些人为了自己的利益，在会计工作上做手脚。比如，私自更改会计数据、假账真算、真账假算、不建账或账目混乱、不按公司规定制作会计报表等。

（二）会计基础工作管理弱化

因为会计人员的法律意识不强，自我控制和约束能力比较差，导致在会计工作中经常出现一些不法行为。首先，我国会计人员也是企业的管理人员，在日常工作中要努力维护企业的利益和经济效益。其次，会计人员同时也是维护国家利益的重要保证，会计人员应该在所在的单位认真落实国家制定的相关制度规范。但因为会计人员不具备独立的地位和决策权，当国家利益与各会计主体利益相冲突时，难免受制于人，最后必然产生权力和利益的倾斜结果。

（三）法律认识不到位

法律和制度是依赖于文字和条文来呈现的。我国出台的法律条文非常多，学者的相关著作也很多，但是能真正实行的却很少。

（四）会计工作业绩宣传上有偏差

大多数企业在评选先进时，主要标准是以企业管理、提高经济效益为评选标准，而没有把维护法纪、顶住压力、如实反映事实作为评选先进的标准。

（五）凭证填制具有随意性

凭证的填制具有随意性，主要体现在日常工作中单位会计不认真审核原始凭证，不认真填制会计记账凭证，随意性比较大。例如，记账凭证摘要部分描述不清、附件张数不填写或记数不准确，漏盖出纳、审核、复核等人员的印鉴；将不同类别的原始凭证汇总填制在一张记账凭证上等。

第三节　新形势下企业财务会计的发展趋势

一、财务会计的未来趋势

（一）专业化趋势

财务会计工作主要是对财务会计信息进行分类、记录、计量、计算和报告。在这个过程中还必须保证财务会计信息的准确性、及时性，财务会计系统的运行过程必须与经济运行主体的全过程相适应。要满足这个要求，要求财务会计人员必须是高智能复合型人才，同时具备科技、管理知识及创新思维。财会人员首先是要具备扎实深厚的财务会计、管理会计和审计知识，同时还应掌握相关专业的知识，熟悉企业业务流程、产品生产工艺等。

企业的业务往来都会有相应的会计信息产生，每一笔业务对应着一个会计信息。财会人员必须准确、及时记录这些会计信息，并对其进行全面的数据分析整理，最终为企业领导者和投资者提供简单、明了、全面的企业财务报告，让领导者和投资者全面掌握企业的财务状况，为他们的决策和投资提供可靠的依据。这就要求财务人员必须具备较强的分析能力，能够通过对各种财务会计信息的分析，让领导者找到提高企业利润的方法以及投资的正确方向与最佳的营销策略。当代社会经济发展迅速，诚信在我们的社会中变得越来越重要。作为财务会计人员，保证会计信息的真实有效是最基本的职责，也是在工作中讲诚信的重要体现。随着网络信息的快速发展，财务会计也得到了迅速发展，企业信息的使用者都可以在网上查到自己所需的信息，会计信息相对透明，也就意味着所有人对会计信息的真实性都可以监督。因此，要求财务人员必须具有诚信的高贵品格。但目前我国部分会计人员仍存在不守信的现象，会计职业素质相对较低，职业道德经不起金钱的诱惑，我们必须建立规范的财务会计职业道德体系，大力开展会计职业道德教育，提高会计职业道德素质。

（二）多元化趋势

从国内实际情况来看，会计师事务所是我国最为主要的会计服务机构。会计师事务所作为专业服务机构，其通常为会计单位提供包括审计、资产评估、管理咨询、造价咨询、税务代理等诸多内容在内的服务。而其中审计业务在会计师事务所业务中占比超过八成，并主要以年度会计报表审计和上市公司审计为工作内容。我国会计师事务所成立时间短，自身的形象和信誉尚未完全建立起来，资本积累有限，工作方法、手段、人员素质以及事务所的规模等方面与国外同行与相比差距较大。当前，市场竞争机制不断成熟，我国会计师事务所林立，如何适应会计师事务所的多元化和专业化的发展趋势，在市场竞争中不断稳固自身地位？国内会计师事务所可以考虑加入国际知名会计师事务所，依靠其品牌影响力来发展自己，并以国内实力雄厚的会计师事务所为支撑，参与国际财会服务机构的竞争，提高自身影响力，增强竞争力。

多元化的会计信息系统构建是一种比较理想的模型，在具体的设计和应用的时候还是有种种问题需要进行解决。考虑到很多的数据库基本元素独立性、共享性、多维性、集约性不足，将会计事项和数据库技术进行结合还是会有一定的问题。同一个会计数据要满足不同利益相关者的需求，就需要结合不同的会计政策进行处理，这就必然要求这些会计理论可以和数据库进行结合，在具体的实践中还是有可能出现差错。另外，网络技术的使用会带来企业会计信息的安全性。

（三）信息化趋势

信息时代的到来，无疑对社会经济的方方面面，包括会计在内，必将产生巨大的冲击，并对传统会计模型提出新的挑战。现代信息技术对传统会计模型的冲击，主要表现在会计的存在和发展方面，除了受社会经济环境的影响外，主要还受信息技术的制约。从理论上讲，会计模型中的所有规则都应当与其所存在的客观社会经济环境相适应。然而，所有这些规则的建立却又都不能超越其在信息技术上实现的可能性。手工会计技术在传统会计模型中的地位，仅仅是记账、算账的工具，如果把现代会计信息技术仅当作自动化，而不对传统的会计模型进行重建，那就如同当企业面临困难时，以为只要购买一些电子计算机，所有的问题就会迎刃而解。现代信息技术的发展引发全球性的信息化浪潮，社会信息化已成为时代的主旋律。企业信息化是社会信息化的基础，会计信息化又是企业信息化的核心。所以，加快会计信息化的发展必将成为下一阶段我国信息化建设的重要任务。

信息化时代为财务信息化提供了数据支持和技术环境，在此基础上，现代化的企业要抓住机会，注重信息化建设。首先，企业要投入大量的资金来建设信息化平台。好的平台便于信息的查询与分析。其次，信息化建设需要专业性、综合性的人才，会计从业人员要不断提升自身修养，与时俱进，在掌握财务知识和技能的同时，了解计算机和网络技术，从纷繁的数据中提取对决策有益的信息。最后，要学会借助新工具。要想从海量的数据中获取更多有价值的东西，云计算、数据挖掘技术等是我们必须学会利用的工具。只有这样，才能确保数据的准确性。

二、财务会计的发展策略

（一）加强财务监督职能

企业会计监督是企业财务管理的重要内容，良好的企业财务管理有利于保证企业财务平稳运行，也有利于规避企业财务风险，积蓄企业发展潜力，让企业发展永葆活力。企业会计监督对企业内部管理具有十分重要的现实意义，不断提高企业内部管理水平，加强企业会计监督是企业未来发展的必经之路。完善的管理来源于健全的制度，要实现企业内部有序管理首先要健全企业管理制度，照章执行、有法可依对于企业的发展是有实际意义的。

在我国，很多的企业只会在年末的时候对企业现金进行盘点，由企业出纳人员盘点出现金的实际存储数额，会计复核后和总账的数额进行对比，检查两者是否一致，然后会填写现金盘点表。但在我国一些企业特别是中小企业中，由于企业内部的会计人员责任心不强等，往往在企业现金盘点中对发现的问题不会上报，往往自己去作假，企图蒙混过关。这就需要企业加强对企业财务会计人员的监督检查，提高财务会计人员的责任心，更重要的是可以及时发现问题，把企业的损失降到最低。此外，企业还要注重银行的日记账及银行对账单的核对，对未达的账目真实性进行检查。在银行存款业务方面，企业应该安排工作人员每个月底和银行方面进行核对，在核对成功后才出会计报表。如果发现有差错，必须及时查明原因，尽快解决。

（二）结合现代先进手段

随着我国社会主义市场经济的不断发展，企业的经营活动日益增多，企业面临的市场环境也在不断变化，企业需要处理的财务会计信息量也在不断地增多。财务会计信息量的增多会给企业财务会计管理带来极大的挑战，因为企业对会计信息的时效性和正确性的要求越来越高，特别是随着信息化时代的到来。企业要想保证会计信息的真实、准确、可靠、及时，就必须改变传统的信息处理方式，对企业财务会计管理手段进行现代化改造，更多地利用计算机技术和各种网络技术来处理会计信息。这样不仅可以提高信息处理的质量和速度，更可使得企业财务会计信息迅速及时地转达给企业管理层，为企业管理者进行决策提高科学依据。

企业财务会计顺应信息化时代将有利于企业在高速发展的时代中站稳脚跟，也将有利于企业改善其经营管理模式，提高经济效益。信息化的财务会计工作将帮助企业相关领导人进行科学决策，同时，增加上级领导决策的科学性与合理性。对于财务会计从业人员来说，财务会计顺应大时代数据可以提高财务会计工作者的工作效率与质量，可以更方便其进行各项财务会计的管理工作，更能为企业带来更多的经济效益。信息技术在财务会计中的运用还可以加强企业对财政资金管理，提高资金使用效率，确保资金的合理使用。同时，将有利于企业财政部门对资金加强统一使用与规划，使得资金的调度更加灵活高效，保证企业财政资金运行的安全性。

（三）培养优质专业人才

随着社会信息时代的迅速发展，各企业对人才质量及数量的需求都有所提升。为了更好地解决企业财会管理问题，企业一定要从根本原因着手，即人力资源因素，构建出一个综合素质极佳的财会管理团队，这对于企业财会信息真实性的提升起到一定促进作用。企业要加大培训财会人员业务的力度，聘请一些具有专业资质的财会培训机构，并将目前较为先进的财会方法与财会理念传授给财会部门，提升财务会计人员的业务水平。企业应建立完善的考核机制，等到员工培训结束后，通过考核企业财务人员的学习成果的方式来强化员工对培训知识的记忆。同时，财务会计员工要不断总结汇报学习成果，从而将理论知识更好地渗透到实际财会工作中来，实现普通会计专业职能质的飞跃。

当今社会，提升业务人员的素质首先要培养其职业道德。针对企业的财务会计部门，要从德育教育的角度出发，使财务会计人员能够充分意识到自身职能的重要价值。同时，财会人员在工作时，要具有一种神圣的使命感，杜绝财会部门中尾大不掉的低效与慵懒现象发生。目前，在各事业单位中，德育工作已经得到了全方位的深化，企业单位也正如火如荼地完善和发展自身的管理体系。为此，企业单位要效仿事业单位，对会计人员采取定期的道德教育考核和培养，杜绝形式化考核，从而有效培养财会人员的职责意识。

（四）明确财务会计目标

在新的模式下运行的企业在自身的发展中有着各种各样的运行模式，其中目标管理的多元化是财务管理当中的一种现代体制，它的主要目标就是能够实现整个企业的利益的最大化。因为在企业的发展过程中会出现各种各样的问题，我们要学会应对这些问题的出现，并且及时地解决问题，才能够让企业在平稳的发展洪流中慢慢成长。其中有可能会出现一些问题，如物质资源上的缺乏以及在使用物资上的不对等。随着新科技新手段的运行和发展，客户的目标流程和期望利益也有了很大程度上的转变。因此，我们还需要对企业公司内的财务管理的目标加以界定，详细规划工作任务和工作内容以及应当负责的方向。

我们要认清整个社会的发展方向，只有把握住时代发展的脉络，才能抢占先机。也要清醒地认识到，现在的社会已经不是过去的那个只要出卖劳动力就能够换取社会地位和养家糊口的资金的社会了，现在的大时代方向是知识就是最大的生产力，知识结构、知识能力的掌握已经成为整个社会的主导。知识作为现代最大的竞争能力，具有可移动性与创造性，这种出色的创造能力让整个社会与企业人才之间的联系变得更加紧密且深入。判定一个企业的成功或失败，主要看这个企业中的人才的流动链和资金的供应链，而且也需要依靠其知识在企业管理中的成功应用。所以，在对知识结构的构建和管理上，企业不能够放松警惕，需要高度重视。

第七章 财务会计管理理论

第一节 管理控制系统理论

当前形势下，单位所处的组织背景是复杂多变的。就外部环境而言，市场竞争加剧、客户需求多样化、社会环境急剧变化，使组织的生存和适应面临极大的挑战；就内部环境而言也是如此，组织结构、人力资源、文化观念等因素也对组织的生存和发展产生了深刻的影响。管理控制的根本目标就是确保单位的战略得以实施，单位的战略目标得以实现。健全和完善的管理控制系统是协调组织中成员目标与组织整体目标的手段，是实现组织目标的保障。

一、管理控制概述

控制是管理的一项重要职能，管理的成败关键在于能否实施有效的控制。20世纪中期，随着控制论、系统论的出现，有很多学者从控制论、系统论的角度出发来研究管理控制。许多学者都认为，管理控制在本质上就是控制论，是通过财务与会计手段执行的，由确定标准、评价业绩、纠正偏差所构成的信息反馈回路。与此同时，系统论也逐渐融入管理控制的研究中。系统论对于管理控制的重要贡献在于其所采用的"系统的方法"使得人们不再仅仅关注对单纯的脱离环境的某个变量的控制，而是将注意力放在组织的全面控制上，即管理控制系统的构建上。

后来，又有许多的学者从会计和财务角度讨论管理控制。目前，占据主流的观点是从会计和财务角度出发的管理控制。同时，这一视角在现代组织环境日益复杂的条件下，又融入了管理学、组织行为学、心理学等多学科的思维，并逐渐将非财务标准等控制手段纳入管理控制研究当中。

管理控制的主体是以管理者为主的组织中的成员。为执行组织战略，管理者希望对组织内的其他成员施加影响。管理控制活动包括计划组织应该做的事情、协调组织不同部分之间的活动、交流信息、评估信息，需要时决定应该采取的行动以及影响人们来改变他们的行为等。

二、管理控制的目标

管理控制的首要目标就是保证所选战略的执行，从而使组织的战略目标得以实现。管理控制的目标确定为进行有效管理控制指明了方向。管理控制与组织战略有关，它是对战略实施过程的控制，是管理在实施所期望的战略时所用的一种工具。罗伯特·A.安东尼指出，超过90%以上的商业性以及非营利组织在战略实施过程中存在着问题。战略管理专家西蒙斯也认为，经济学家和管理学家花费了大量的精力探索如何制定适应市场竞争的战略，但却忽视了如何实施和控制战略。因此，要使单位战略目标能够实现，就必须对战略实施的过程进行控制。管理控制的具体目标又包括：

第一，促进各级管理者努力地实现其所需完成的战略目标。

第二，提供正确的激励来促进各级管理者决策和单位战略目标相一致。

第三，公平地决定各级管理者因其努力和能力，以及其决策的有效性而应获取的报酬。

为实现以上目标，单位需要进行制度设计，也就是需要与各级管理者签订包括上述要点的雇佣合同。假设管理者都是自我利益最大化者，所设计的合同要赋予管理者相应的权力，并为管理者提供动力，使其能够自主决策和实施战略，在实现其应承担的战略目标的同时获取所期望的报酬。

三、管理控制的原则

管理控制原则就是单位在进行管理控制时需要遵循的基本要求。管理控制原则既有其一般性，又有其特殊性。一般性是指控制或内部控制的一般原则都适合于内部管理控制；特殊性是指管理控制原则又具有与其他控制不同的方面。一般而言，管理控制主要有以下几条原则：

1. 战略性原则

战略性原则是指管理控制应该反映战略规划的要求，完成战略目标。管理控制的功能就在于实施战略和控制战略实施，战略规划和战略目标决定了管理控制方向。

2. 可控性原则

可控性原则是指管理控制应该确保属于各级管理者所能控制的范围之内。管理者应该有制定决策和管理其所在单位资源的自主权，如果单位将无法控制的因素强加于管理者，只能起到适得其反的作用，无助于战略目标的实现。

3. 权变性原则

权变性原则是指管理控制应该考虑组织内部环境和外部环境的具体特征。组织是在一定背景中生存和发展的，管理控制模式应该依据组织背景的不同而权变。

4. 系统性原则

系统性原则是指管理控制模式的建立应该符合系统观念。一个完善的管理控制模式应该属于组织管理系统的一个子系统，是一个由若干要素组成的系统。

5. 重要性原则

重要性原则是指管理控制应该针对关键的控制点实施控制，切忌面面俱到。在建立管理控制模式时，如果追求"大而全"，则有可能顾此失彼，甚至出现"捡了芝麻丢了西瓜"的现象。

6. 可接受性原则

可接受性原则是指各级管理者应该就管理控制具体目标进行充分沟通。在进行分解和细化战略目标的过程中，单位应该与各级管理者进行反复沟通与交流，尽可能考虑管理者的合理意见，以便于管理控制具体目标能够为组织成员所接受。

7. 例外性原则

例外性原则是指在管理控制中要注重对那些非正常、非常规性的情形进行控制。由于组织背景的变化是动态的、持续的，战略实施过程难免会出现脱离既定轨道，如果不加以关注和控制，也难于实现预定的目标。

8. 成本效益原则

成本效益原则就是管理控制模式的建立需要权衡控制收益和控制成本。一个良好的管理控制模式应能提供较其实施和维护成本更大的利益，这种利益包括基于管理控制所提供的信息对管理决策的改善。

四、管理控制的内容与技术

（一）管理控制的内容

管理控制内容是管理控制的客体，是控制者实施管理控制所指向的对象，它与组织的经营活动内容有关。它主要包括以下几方面：

1. 技术控制

所谓技术控制，主要是对单位的生产、研究和开发等活动的控制。知识经济时代下的现代单位注重研究和开发活动的控制。

2. 经营控制

所谓经营控制，主要是对单位的采购、销售等活动的控制。采购和销售活动的控制有效程度直接影响着单位战略目标的实现，它们同样也是单位管理控制的重点所在。

3. 财务控制

所谓财务控制，主要是对单位财务活动的控制。资金是单位的"血液"，犹如血液对于人体的重要性，资金状况的良好与否关系到单位的价值创造目标的实现。因此，单位特别需要关注资金状况，加强这项财务活动的控制。

4. 资源控制

所谓资源控制，主要是对单位资产和人力等资源的控制。资产控制就是对于资产的安全、完整和使用的控制，人力资源控制就是单位对各种人力资源的获得、培训、开发和升迁等方面进行的控制。

5. 会计控制

所谓会计控制，就是对单位会计活动的控制。会计控制的重要形式就是对其财务报告的审核和分析，目的是确保会计信息的真实可靠，为经营管理决策提供有用的信息。

（二）管理控制技术

管理控制技术是在实施管理控制过程中具体针对被控制客体所应用的手段，它来源于控制论的基本技术。

1. 按控制环节划分

（1）现场控制。现场控制是控制工作的基础。它是发生在活动进行之中的控制，属于事中控制。这类控制工作的纠正措施是作用在正在进行的计划执行过程。在计划的实施中，大量的管理控制尤其是较低层次的管理控制都属于这种类型。

（2）反馈控制。反馈控制是管理控制中最常见的和主要的控制类型，也称为事后控制。反馈控制是以系统输出的变化信息作为馈入信息，其目的是防止已经发生或即将出现的偏差继续发展或今后再度发生。反馈控制的缺点在于管理者获得信息时损失已经造成了，这无异于亡羊补牢。

（3）前馈控制。前馈控制也称事前控制，是以系统的输入或主要扰动的变化信息作为馈入信息，其目的是在系统运行过程的输出结果受到影响之前就做出纠正。它的最大优点就是防患于未然。这种控制需要及时和准确的信息，但不幸的是这些常常是很难办到的。

2. 按控制行为划分

（1）间接控制。间接控制着眼于发现工作出现的任何偏差，分析产生的原因，并追究其个人的责任，使之改进未来的工作。间接控制是基于这样一些事实为依据的：人们通常会犯错误，或常常没有觉察到那些将要出现的问题，因而未能及时采取措施，进行纠正。

（2）直接控制。直接控制着眼于培养更好的管理者，通过提高管理者素质来进行控制工作，从而防止出现因管理不善而造成的不良后果。直接控制的指导思想认为，合格的管理者出现的差错最少，他能察觉到正在形成的问题，并能及时采取纠正措施。现在，管理控制越来越重视直接控制这种方式。

3. 按逻辑发展划分

（1）试探控制。试探控制也叫随机控制，是一种原始的控制方式，也是其他控制方式的基础。它是完全建立在偶然机遇基础上的，是在人们对解决问题所必须具备的条件不了解，对控制对象的性质不清楚的情况下出于无奈所能采取的唯一办法。试探控制在成功的同时，常常伴随着失败。这种控制方式具有较大的风险，对事关重大的活动一般不宜采用这种控制方式。

（2）经验控制。经验控制也叫记忆控制，是一种应用广泛的控制方式。试探控制所得到的直接成果就是经验，把由经验试探得出的结果用于指导下一次控制，就是经验控制。经验控制较试探控制而言，有利于提高控制效率。在经验控制中，最重要的是经验的可靠性。另外，偶然的经验虽然是真实的，但它不能反映事物的规律性，不足以指导以后的行动。利用经验控制还需要避免教条主义。

（3）推理控制。推理控制也叫逻辑控制，是试探控制和经验控制相结合的产物。推理控制就是根据事物之间的相似性，用类比的方法，将一种事物的控制用于另一种事物的控制。这种控制方式归根结底就是使用别处的经验，所以也可叫经验转移。

（4）最优控制。最优控制是控制方式的高级阶段，是在前三种控制方式的基础上，通过精确的分析和推导得出的，是"选优求好"的思想在控制活动中的具体体现，是人类主观能动性高度发挥的产物。所谓最优控制，就是符合最优标准的控制。其核心思想是：不仅要保证实现控制目的，而且强调要在较短的时间内，以尽可能少的人力、物力和财力的消耗来实现控制；或者在同样的时间和资源条件下，使系统的输出达到最佳目标状态。这一方面要求有若干方案可供选择，另一方面需要设置用以判断最佳目标状态的控制标准。

4. 按输入内容划分

（1）计划控制，又称程序控制。计划控制系统的输入是预先编好的计划。切实可行的计划为以后实施中的控制建立了标准，提供了依据。控制正是按照计划提供的标准和要求，来纠正那些脱离计划的偏差的活动，使管理朝着既定的目标方向发展。因此，计划控制方式的有效性取决于计划的可行性。但是，再好的计划也难以完全预料执行中可能发生的一切情况。

（2）目标控制，又称跟踪控制。目标控制系统的输入是系统所要达到的目标。目标控制的特点在于：

第一，受控系统自行调节，即受控系统同样需要计划，但由其根据自身的调节能力自行决定，并根据执行中的情况自行加以调整。

第二，施控系统只管"两头"，即施控系统主要抓目标输入和目标考评，而对受控系统的执行情况，除了提供必要的资源保障条件和咨询指导以外，一般不做过多的干预。

第三，应变能力强，即受控系统的行动方案并不完全依赖于对未来预测的准确程度，而是根据系统当前的状态自行调节未来的行为。

五、管理控制系统的内涵

罗伯特·A.安东尼最早进行了管理控制系统（MCS）的全面研究，他认为管理控制系统是经理人确保有效获得资源并确保其得到有效使用以完成单位目标的正式的数据处理系统。在他看来，管理控制系统就是关注管理控制职能的正式方面，是管理者在落实组织战略过程中所重复或者经常应用的一系列程序和方式。

罗伯特·西蒙斯也在其著名的《控制》一书中指出，管理控制系统就是管理者为了保持或改变组织内部活动模式而采用的正式的、基于信息的例行程序和步骤。同时，他也进行了进一步的分析：

第一，管理控制系统重点关注的是正式的例行程序和步骤，虽然也涉及那些影响管理者行为的非正式方法。

第二，管理控制系统是基于信息的系统，管理者利用信息来实施战略和控制战略实施。

第三，管理控制系统是管理者所使用的控制系统，而不是那些用来协调和管理具体业务活动即作业的控制系统。

彼得·罗伦基和麦克尔·S.斯科特认为：管理控制系统的根本目标是帮助管理部门完成组织目标，要实现这一目标，需要建立一个规范化的框架。这一框架要包括以下方面：

第一，相关控制变量的鉴别。

第二，良好的短期计划的设计。

第三，整套控制变量中短期计划实际完成程度的记录。

第四，偏差的分析。

实际上，彼得·罗伦基和斯科特的观点仍然是将管理控制系统看成是实现组织目标的一系列程序。

综合以上分析，可以认为管理控制系统的内涵应包括以下几个方面：

第一，管理控制系统是一种工具，是帮助管理者实施战略和控制战略实施的一种工具。

第二，管理控制系统是一系列程序或步骤，这些程序也构成了管理控制程序或步骤。这些程序或步骤通常是重复出现，一环扣一环的，是一个循环反复的过程。执行这些程序的目的是为了帮助管理者实现其目标。

除了以上两点以外，理解管理控制系统的内涵还可以从"系统"的本身含义来理解。根据系统理论，系统是指由若干相互联系、相互作用的要素组成，在一定环境中具有特定功能的有机整体。系统不是孤立存在的，它总是在一定的环境中存在和发展的。采用"系统的方法"研究管理控制，目的是基于组织背景对单位战略实施过程进行全面和综合的控制，而不是单纯地脱离单位组织背景研究某一种控制方法或者对某一个变量的控制。

因此，管理控制系统作为单位管理系统中的一个相对独立的子系统，也应该是一个由若干基本因素构成的具有管理控制功能的有机整体，其组成因素之间同样具有相互联系和相互作用的关系。

从这一角度，管理控制系统定义中所提及的"程序"和"要素"本质上是一样的，"程序"是从动态的角度描述的，"要素"是从静态的角度描述的，管理控制系统"要素"之间相互作用的过程就构成了管理控制"程序"。

六、管理控制系统的要素

对于管理控制系统的要素组成有着以下几种不同的观点：

"三要素"观点认为控制的三要素是：①预测结果；②会计制度；③指出偏差及责任。Newman 界定了控制过程的三个关键步骤即要素是：①依据战略目标设置标准；②检验和报告业绩；③采取纠偏行动。

"四要素"观点认为一个完整的管理控制系统应该至少包括以下四方面内容：①战略规划；②预算编制；③计划执行；④业绩评价。

"五要素"观点认为管理控制系统应包括：①标准；②信息系统；③评估能力；④执行纠正能力；⑤联系能力。William Rotch 则认为一个综合性的控制系统框架至少应该包括五个因素：①业绩评价；②策略；③组织结构；④方向；⑤激励。

根据控制论的一般原理，一个控制系统至少应该包括目标设置、结果反馈、差异衡量、差异纠正四个环节。

管理控制系统的本质就在于它是确保组织能够按照管理当局预期运行并最终实现战略目标的一种机制，为了确保组织能够按照管理者预期运行并最终实现战略目标。

首先，需要细化和分解组织战略目标，这通常通过战略计划子系统来完成。

其次，需要一个信息与沟通子系统，以便于管理者与下属之间的信息反馈和沟通。

再次，需要评价结果，衡量实际结果与目标之间的差异，并采取措施纠正差异，即业绩评价子系统。

最后，管理控制系统是因人而设置的，要考虑人的行为性因素，对评价结果实施奖惩，以形成控制的良性循环，因此需要建立激励子系统。

总的来说，管理控制系统的基本要素至少包括战略计划、信息与沟通、业绩评价和激励等。

七、管理控制系统的环境

在实践中存在许多不同的组织背景变量影响管理控制系统的设计，这就构成了管理控制系统的环境，包括组织外部环境和内部环境。管理控制系统要发挥其有效性，就必须根据组织背景的不同变量进行设计。

按照权变观念的基本思想，在设计管理控制系统时，首要的问题是如何从诸多组织背景权变变量中明确影响系统设计的关键组织背景变量，即环境变量类型。影响管理控制系统设计的组织背景权变变量主要包括外部环境、技术、组织结构、规模、战略、文化这六种类型。

对于一个组织而言，其外部环境主要是存在于组织这个大系统之外的，对系统设计具有影响作用的一切系统的总和。例如，组织所处的宏观经济环境、法律环境、政治体制等。

人们在管理控制系统研究中发现，随着外部环境不确定性程度的提高，单位管理控制系统的开放性和外部性就越强。但在研究中人们也发现，外部环境越困难和越混乱，组织对正式控制的依赖性就越强，就越强调预算控制。因此，一方面，由于环境的多样性和复杂化，组织需要一个更加开放的、更加关注外部的、更加以非财务为导向的评价控制系统；另一方面，也由于环境的混乱性和敌对性，组织需要更加依赖正式控制和更加强调预算控制，需要将业绩评价与战略计划、预算控制相结合，以形成整合优势。

技术是用来使组织的投入（包括材料、信息、概念）转变为组织产出（产品和服务）的工具、工艺、机器和行动。技术的标准化和自动化程度越高，对正式的控制的依赖性就越强，就越需要采用传统的预算控制。技术的任务不确定性越高，就越依赖于标准的经营程序、计划和规划；任务难度越大，越容易变动，就越不依赖会计基础的业绩评价指标；技术的例外情况越少，其可分析度就越高，就越依赖于会计基础的控制。在部门之间存在集合依存性的情况下，单位更强调财务指标的评价作用；在部门之间存在序列依存性的情况下，单位更强调预算和非财务指标方面的统计报告；而存在相互依存性的部门则不重视正式的财务导向的管理控制系统，而更强调主观性的非财务导向的控制形式。

在现代组织背景中，组织结构是理解管理控制系统设计的一种重要因素。现代组织背景中的单位进行组织结构设计、调整和创新，是为了确保员工行为能够与持续改进的组织目标一致。单位组织结构包括单位管理体制和单位责任中心两部分。管理控制系统实证研究的结果说明，大型的或多角化经营组织通常采用分权结构。另外，在分权管理方式下，单位总部只为部门确定结果指标（财务指标），然后由部门和管理者来确定实现结果的动因指标（非财务指标），以及这些动因指标如何影响结果指标，如何管理这些动因指标。在集权管理方式下，总部不仅决定结果指标，还将给出计算公式，从而也明确了动因指标及各个指标的权重。这种方式将如何在单位的各个层次创造价值的任务集中到总部，部门和管理者的任务就是管理好总部下达的动因指标。

规模成长能够使得单位增加效益、提供专业化和分工的机会。规模的发展导致管理跨度不断增加和经营过程更加复杂。因此，不同规模的组织的管理控制系统的设计也具有差异。

战略在某种程度上不同于其他权变变量，因为它在某种意义上并不属于组织背景的一种因素，相反它是组织与其背景相互作用以实现组织目标的计划，是管理者影响外部环境、技术、组织结构和文化等变量的一种方式。管理者可以进行战略选择，从而确定组织在特定组织背景中的地位。

影响管理控制系统设计的文化变量还包括民族文化和组织文化两方面。民族文化会影响到组织文化的形成，但一种过强的组织文化与民族文化相比，很可能给管理控制系统带来更大的影响。

信息技术的发展和网络环境的变化，为管理控制提供了有效的手段。特别是管理信息技术的发展和管理信息系统的普遍使用，信息系统是管理控制体系得以运作的基础，它把管理控制各个要素通过信息流无缝连接，并且为各部分操作提供信息支持。管理者通过互联网搜集大量的信息，从不同的角度对信息进行分析，并把它传送给组织内的任何一个人。管理者也可以利用这些信息来定制和个性化他们的报告。

第二节　流程管理与流程再造理论

一、流程、流程管理与流程再造

国际标准化组织在 ISO 9001：2000 质量管理体系标准中将流程定义为"一组将输入转化为输出的相互关联或相互作用的活动"。流程包括输入资源、活动、活动的相互作用（即结构）、输出结果、顾客和价值等要素。

1993 年，Michael Hammer 与 James Champy 创造性地提出了"流程再造（Business Process Reengineering，BPR）"的概念。流程再造理论让人们认识到现在大家习以为常的单位流程，大多是根据早年的观念发展而成的，有些甚至是 20 世纪初就已经存在的事物。许多流程其实早已经没有存在的价值，但人们习以为常，仍继续遵循。若想要真正利用信息技术，就要重新设计作业流程，除去那些不必要的步骤和程序。

狭义的流程再造概念以 Davenport 的定义为代表，Davenport 使用的是"业务流程重新设计（Business Process Redesign，BPR）"这一概念，他认为业务流程重新设计是指对组织内部或组织之间的工作流和流程进行分析和设计。它突出强调了流程再造最核心的工作是"对业务流程重新进行设计"，严格区分了流程再造与其他变革模式之间的本质区别。但是，该概念没有反映出流程再造所引发的"系统性变革"，使人们很容易把它混同于一般的流程优化，不利于指导单位系统地实践流程再造。

广义的流程再造概念以 Michael Hammer 和 James Champy 的定义为代表，他们认为：流程再造就是对单位的业务流程进行根本性的重新思考、彻底性的重新设计，从而在速度、质量、成本和服务等关键绩效指标上取得显著性的改善。其中包括四个关键词：根本性、彻底性、显著性和流程。该概念反映了流程再造的核心内容——对业务流程进行重新设计，也强调了变革的深刻性和彻底性，是一个广义的流程再造概念。该概念虽然强调了流程再造的彻底性，但并未体现流程再造的具体内容。

流程管理（Process Management，PM），又称业务流程管理（Business Process Management，BPM），是根据一种组织战略的要求，以规范化的、构造端到端的卓越业务流程为中心，以持续地提高组织业务绩效为目的，以各种流程为基本控制单元的系统化方法。流程管理强调规范化、持续性和系统化，对流程的规划、设计、构造和调控等所有的环节实行系统的管理，全面协调各种流程之间的过程。流程管理是伴随着流程再造的兴起而提出来的，流程管理的对象是各种流程的运作及相互作用方式，其观点强调各种流程之间的相互匹配和对所有流程的总体规划。在业务流程管理中，流程设计必须围绕远景规划和经营战略来进行，而经营战略又需要通过各种经营流程来实现。流程管理的前提是确定流程所有者，有专人对规定范围内的流程负责，有专门的组织担负起对整个流程的管理和协调。在此前提之下，整个业务流程处于组织的检查、控制、协调和改进的管理之下。

二、流程管理和流程再造的内容

流程管理的内容依据单位的发展时期来决定，在总体目标的指导下，制定每类业务或单位流程的具体内容。总体来说，流程管理的内容包括以下几个方面：

（一）建立流程管理的制度

任何流程都必须建立一种流程管理制度来规范运行，建立流程管理制度是流程管理部门的核心工作。流程管理制度应包括以下内容：流程管理的目的；流程适用范围；管理职责；管理程序；培训；流程文档管理。

（二）测量、评估流程运作质量

流程质量决定了流程能否实现产品满足顾客的要求。流程性能是对流程运行中得到的实际结果的测量。要保证流程质量，必须对流程性能指标进行测量和评估。

流程再造的核心是面向顾客满意度的业务流程，要从整体上确认单位的流程，追求全局最优，而不是个别最优。

三、流程管理与流程再造的方法

流程再造与流程管理需要以信息化平台为支撑。虽然信息化建设并不等于流程再造，但流程再造的各项工作都要在组织的统一信息平台的基础上展开，这一平台为流程再造的实施提供了技术支持。

（一）流程管理方法

流程管理不仅仅是一个新的管理体系，还包括一些实用的流程管理技术。

1. 合并相关工作或工作组

如果一项工作被分成几个部分，而每一部分再细分，分别由不同的人来完成，那么每一个人都可能存在责任心不强、效率低下等现象。而且，一旦某一环节出现问题，不但不易于查明原因，更不利于整体的工作进展。在这种情况下，单位可以把相关工作合并或把整项工作都交由一个人来完成，这样既提高了效率，又使员工有了工作成就感，从而鼓舞了士气。如果合并后的工作仍需几个人共同担当或工作比较复杂，则成立团队，由团队成员共同负责一项工作，大家一起拥有信息，一起出主意想办法，能够更快更好地作出正确判断。

2. 工作流程的各个步骤按其自然顺序进行

在传统的组织中，工作在细分化了的组织单位间流动，一个步骤未完成，下一步骤开始不了，这种直线化的工作流程使得工作时间大为加长。如果按照工作本身的自然顺序，是可以同时进行或交叉进行的。这种非直线化工作方式可大大加快工作速度。

3. 根据同一业务在不同工作中的地位设置不同工作方式

传统的做法是对某一业务按同一种工作方式处理，因而要对这项业务设计出在最困难最复杂的工作中所运用的处理方法，把这种工作方法运用到所有适用于这一业务的工作过程中。这样做，将产生较高的学习成本。因此，可以根据不同的工作设置出针对这一业务的若干处理方式，这样就可以大大提高效率，也使工作变得简捷。

4. 模糊组织界线

在传统的组织中，工作完全按部门划分。为了使各部门工作不发生摩擦，又增加了许多协调工作。因此，BPR 可以使严格划分的组织界线模糊甚至超越组织界线。如宝洁公司根据超级市场信息网传送的销售和库存情况，决定什么时候生产多少、送货多少，并不一味依靠自己的销售部门进行统计，这就避免了很多协调工作。

（二）流程再造方法

对于一个单位来说，流程再造是一个重大而复杂的系统工程，在项目实施过程中涉及多方面的活动和工作。单位可以在设计和优化业务流程和组织结构时，利用最新的 IT 技术来实现信息完整的一次性获取和处理与共享使用的机制，将串行工作流程改造为并行工作流程，并适时动态地对销售、生产、售后服务等信息进行有效的平行整合，使整个单位分散的资源分布有机联结起来，从而解决了原有组织中固有的分散与集中管理之间相互冲突的问题。

业务流程再造理论主要常用的方法有以下几种：

1. 价值链分析法

价值链分析法是辨别某种价值活动是否能给本单位带来竞争力的方法。单位的活动可以分为主要活动与辅助活动两种。将一个单位的活动分解开来，并分析每一条链上的活动的价值，就可以发现究竟哪些活动是需要改造的。例如，可以按照某项业务将有关的活动细分为几个范围（如将产品销售分解成市场管理、广告、销售人员管理等），从中发现可以实现差别化和产生成本优势的活动。

2. 作业成本分析法（ABC 成本法）

作业成本分析法，又称 ABC 成本法，主要用于对现有流程的描述和成本分析。作业成本分析法和价值链分析法有某种程度的类似，都是将现有的业务进行分解，找出基本活动。但作业成本分析法着重分析各个活动的成本，特别是活动中所消耗的人工、资源等。

3. 标杆瞄准法

标杆瞄准法可用在设立改革的目标和远景、确定流程再造的基准等方面。在许多行业都有一些成功的单位，这些单位的做法可以为行业中的其他单位所效仿。因此，也可以将这些单位的一些具体的指标作为其他单位的标杆。丰田汽车的投资回报率（ROI）曾被作为日本汽车行业的标杆。当日产公司发现自己的投资回报率还不到丰田汽车的一半时，他们就意识到问题的严重性。通过分析自己的业务流程，他们最后决定关闭了这个工厂。

4. 头脑风暴法和德尔菲法

在讨论公司战略愿景规划、决定单位再造时机的过程中，头脑风暴法和德尔菲法是两种有用的方法。在运用头脑风暴法进行讨论时，鼓励与会者提出尽可能大胆的设想，同时不允许对别人提出的观点进行批评。运用头脑风暴法有助于人们发现现有单位流程中的弊病，提出根本性的改造设想。一些软件工具也可以用来支持这种讨论，与会者可以用匿名的方式同时对讨论议题提出他们的意见和建议，根据关键字来进行存储、检索、注释、分类和评价。德尔菲法则经常用来论证单位再造的方案的可能性，可以将初步的再造方案发给若干事先选定的信息系统专家，征求他们的意见。然后将各位专家的反馈意见经过整理和分析后，再发给专家，让他们考虑其他专家的看法，对有分歧的地方进行更深入的思考。这样，经过几轮征集，最终可获得比较一致的意见。这对于减少 BPR 的风险、设置正确的信息化战略是十分有用的。

5. 流程建模和仿真

对单位现有业务流程的分析并提出改造的方案可以用计算机软件来进行，这是单位信息流程建模。目前，已经有许多单位信息流程建模方法和相应的软件系统问世。ARIS（集成化信息系统架构）方法和工具由德国萨尔大学单位管理研究所所长及 IDSScheer 公司总裁 Wilhelm Scheer 教授提出。其设计理念是希望提出一个整合性的框架，将描述一个单位流程的重要观念尽量纳入模型中。

在上述这些方法中，头脑风暴法、德尔菲法、价值链分析法等都是经典的管理方法和技术，而作业成本分析法、标杆瞄准法、流程建模和仿真则是比较新的方法。尤其是流程建模和仿真，为 BPR（业务流程重组）团队提供了一套有力的工具，可以在整个业务流程再造过程中运用。

第三节 供应链与价值链管理理论

一、供应链与供应链管理

(一) 供应链概述

工业革命以后，生产工具的不断改进和新技术的应用，使得制造业的生产效率空前提高。进入 20 世纪 90 年代，随着卖方市场向买方市场的转变，单位在市场竞争中获胜的关键不再是大规模快速生产和更高的产品质量，而是快速满足客户多样化需求的能力和更低的产品成本。伴随着单位间竞争着力点的转变，供应链及其管理的思想得以诞生。

供应链，也被称为物流网络，包括供应商、制造商、储运中心、批发和零售商、客户。在这个链条中，先后产生采购成本、运输成本、制造成本、储存成本，有效的供应链战略就是要考虑供应链各环节的相互作用，达到低成本且高质量，满足客户需求的目标。供应链围绕核心单位，通过对信息流、物流、资金流的控制，从采购原材料开始，通过整合中间产品以及最终产品，最后由销售网络把产品送到消费者手中的整个过程，将供应商、制造商、分销商，直到最终用户，联结成一个具有功能网链结构的整体。

供应链包含所有加盟的节点单位，其中一般有一个核心单位，节点单位在需求信息的驱动下，通过供应链的职能分工与合作，以资金流、物流、服务流为媒介实现整个供应链的不断增值。

在一条供应链中，厂商首先要采购生产所需的原材料，然后在一个厂区或将原材料分别运往几个不同的厂区进行加工制造，再把生产出来的产品运往某个仓库暂存，最后分期分批把产品运往批发商、零售商或客户。

(二) 供应链管理

供应链管理是指在满足服务水平需要的同时，为了使得系统成本最小而采用的把供应商、制造商、储运中心、批发和零售商和客户结合成一体来生产商品，并把正确数量的商品在正确的时间配送到正确地点的一套管理方法。供应链管理涉及供应、生产计划、物流、需求这四个主要领域。在实际工作中，还有必要考虑供应商的供应商以及客户的客户，因为他们对供应链的业绩都有影响。

供应链管理涉及的不仅仅是物料实体在供应链中的流动，供应链管理还应考虑：供应商可靠性、运输渠道可靠性、价格波动影响等随机性问题；规模经济性、选址决策、生产技术选择等供应链结构性问题；贸易壁垒、税收、政治环境等供应链全球化问题；供应—生产协调、生产—销售协调、库存—销售协调等协调机制问题。

供应链管理以流程为基础，是基于流程的集成化管理模式。供应链是环环相扣的一个有机整体，各环节是不能彼此分割的。如果只依赖于部分环节的信息，则会由于信息的局限或失真，导致决策失误、计划失控、管理失效。供应链管理的实施可以加快产品通向市场的速度，缩短从供应商到消费者的通道的长度；并且供应链管理把供应商看做伙伴，这样单位可以对市场需求变化的反应更快、更经济。还应注意的是，供应链都是由客户需求驱动的，单位创造的价值只能通过客户的满意并产生利润来衡量。因此，供应链管理以最终客户为中心，将客户服务、客户满意与客户成功作为管理的出发点，并贯穿供应链管理的全过程；将改善客户服务质量，实现客户满意，促进客户成功作为创造竞争优势的根本手段。

供应链管理主要包括客户资产管理、综合后勤管理、生产过程管理和财务管理。在客户资产管理中，公司通过利用客户服务、销售支持以及其他职能系统的信息，筛选从客户运作中采集到的信息，从而进行预先控制。综合后勤管理是指管理自供货商开始的物流，包括生产计划、采购和库存管理。生产过程管理主要管理生产过程，降低生产成本。财务管理是利用财务系统，与供货商及客户一起管理资金流。

（三）供应链管理信息系统

1. 供应链管理信息系统概述

供应链管理信息系统将供应链上单位各个业务环节孤岛连接在一起，使供应链上各单位的业务和信息实现集成和共享，使一些先进的供应链管理方法变得切实可行。供应链管理信息系统的核心目的是高效率地管理单位的信息，帮助单位创建一条畅通于客户、单位内部和供应商之间的信息流，以降低单位的采购成本和物流成本，准确了解、正确分析单位客户的需求，提高单位对市场和最终顾客需求的响应速度，为客户及时提供个性化的服务，从而在最大范围内抓住客户，提高单位产品的市场竞争力。

供应链管理信息系统通常被区分为供应链计划系统和供应链执行系统。前者用于公司内和公司间计划的系统，后者用于数据管理和交流。供应链计划（SCP）包括决策流程和分析工具、预测算法、数据过滤工具和其他决策支持技术。这些方面结合起来提供管理信息，何时需要供应商提供何种物料和服务，以及何时能满足客户的要求。供应链执行系统包括用来沟通并施行由供应链计划系统得出的决策流程和技术。

2. 供应链管理信息系统特点

供应链管理信息系统的出现就是为了解决传统供应链管理的缺点，它的特点就是将整个供应关系视为一个集成化的供应链。

一般来说，供应链是宏观物流管理，是社会化的物流形式。这种形式包含了整个社会的各种产业供应链。供应链可以理解为在整个产业中，由原材料供应商、产品生产商、产品销售商、物流配送服务商和售后服务中心组成的协作关系总和。这种总和并不是各个单位简单加总在一起，而是链上的各单位有机结合，互补长短，形成一种新型的联盟或合作型的物流新体系，提高整体物流的效率。供应链的核心思想就是在适当的供应链位置寻找最优的成员作为战略伙伴，从而满足市场需求。在供应链管理信息系统中，供应链的主要特点可以归纳为五个方面。

第一，供应链成员的物流反应效率化。供应链成员为满足供应链的需求，只要链上有一个成员对市场有所反应，整条供应链的成员都会发生相应反应。整个供应链对上中下游的物流及配送需求反应速度越来越快，反应的前置时间越来越短，使物流配送的速度越来越快，商品周转次数也越来越多，实现了整个供应链的物流配送的高效率化。这在数字化的经济体系下变得愈发明显。

第二，供应链功能的集成。电子商务下的供应链侧重于整个供应链的系统功能集成。在供应链系统里面，物流渠道之间的集成、物流环节与生产环节的集成、物流配送功能的集成是供应链功能集成最重要的三个方面。首先，物流渠道的集成表现在五种物流渠道的综合化，即公路运输、铁路运输、管道运输、水运、空运这五种运输的优化组合。其次，合理的场站布局是集成的基础，场站布局好了，各种运输配送方式得到很好的转换与联结，集成起来就比较容易。物流环节与生产环节的集成属于供应链上游的活动，这种集成主要是为了降低产成品的库存以增加生产与销售物流的柔性，减少生产与销售物流的滞后性。生产制造商在生产中可以动态地选择最合适的供应链成员来完成生产任务，生产出来的产品立刻得到集成的物流服务。最后，物流配送功能集成是供应链成员在集成物流配送中的仓储、包装、流通加工、配送等功能的集成。供应链上的成员出现某个物流环节的运作障碍时，集成物流配送功能具备从供应链上的其他成员的物流配送功能中获得使供应链物流配送顺利进行的能力。

第三，供应链目标及运作系统化。电子商务不是一两家单位的事情，而是供应链上众多成员的共同经济运作。这就要求供应链从系统的角度统筹规划整条供应链的整体物流活动，处理好物流活动和商流活动以及供应链上各个单位之间物流活动的关系，不能单求个别单位的物流活动最优化，应该追求整条供应链的物流活动最优化。

第四，供应链物流手段现代化。供应链涉及很多单位，容易造成不同产业供应链之间的物流阻碍。因此，在供应链中需采用现代化的物流手段。整个供应链中，生产、流通、销售规模越大，范围越广，相关的物流技术、设备和管理就越要现代化。最先进的供应链物流手段包括射频反应服务、自动分拣系统、自动配货系统、GPS 货物跟踪系统等。

第五，供应链组织网络化。网络化的供应链能够为供应链成员及时提供信息，满足市场对单位加快反应的要求。同时，为了保证对产品销售提供快速、全方位的物流支持，供应链也需要有完善、健全的网络。供应链网络上节点与节点之间的物流活动保持一致性和系统性，为整个供应链组织保持最优库存水平和配送及时提供保证。

二、价值链与价值链管理

（一）价值链概述

许多单位不但积极延伸供应链的范畴，致力于增进供应链体系的运作绩效，更力求向需求端靠拢，落实以客户作为驱动供应链运作核心的理想，价值链（Value Chain）的观念也就因此产生。1985 年，美国学者迈克尔·波特在其出版的《竞争优势》一书中首次提出价值链概念。波特将单位的价值活动分为五种基本价值活动和四种辅助价值活动，五种基本价值活动分别是内部后勤、生产作业、外部后勤、市场和销售以及服务；四种辅助价值活动分别是采购、技术开发、人力资源管理和单位基础设施。基于这些价值活动，波特建立了内部价值链。他认为，单位是最终满足顾客需要而设计的一系列活动的集合，是一系列活动组成的产出，价值链是一个单位用来进行设计、生产、营销、交货及维护其产品的各种活动的集合，包括基本价值活动和辅助价值活动。根据波特的分析，单位价值链构建的基础是价值分析。价值链的管理目标应该是在整体价值最大化基础上实现各相关利益主体利益的均衡。波特提出的价值链通常被认为是传统意义上的价值链，较偏重于单个单位的观点来分析单位的价值活动、单位与供应商和顾客可能的连接，以及单位从中获得的竞争优势。

学者约翰·波恩克和 V.哥芬达拉加认为，价值链是指"在单位中从基本原材料到交到最终客户的产品的整个经营过程中各种价值创造活动的联结结合"。

综上所述，价值链表示的是单位经营活动的有序集合，而这些经营活动应该能为单位创造价值。价值链应包含协同产品发展、寻源、采购、制造、配销、销售、售后服务等各个环节的作业，这些流程通常也代表着不同的专门产业，必须仰赖不同的单位共同完成。

（二）价值链管理概述

价值链管理（Value Chain Management，VCM）的核心思想，是要将价值链的运作模式，由专注于单位内部的静态系统改造为以客户为中心的动态体系。而就执行面来看，价值链管理解决方案即是指"一套可协助单位因应市场变动性与复杂性，使公司策略得以配合执行流程制定的业务方法，其能够使价值链成为一套更有效的协同作业模式，让价值链中的各个单位能在寻源、采购、产品设计、制造以至订单履行等流程中密切互动，运用有效的工具来监控市场的变动性与复杂性，进而决定正确的行动方向，然后能够针对决策迅速采取行动，从而实现对客户许下的承诺，并以适当的价格、在适当的时间向客户交付适当的产品"。事实上，就因为价值链管理具有能够将规划、决策以及实际行动之复杂过程予以系统化的能力，因此已被视为破除"长鞭效应"的最有效武器。

20多年来，价值链理论获得很大的发展，成为研究竞争优势的有效工具，广泛应用于先进管理之中。价值链管理方法主要包括虚拟价值链、战略成本管理和价值链会计。

1. 虚拟价值链

1995年，雷波特和斯威尔克拉提出了"虚拟价值链"的概念。他们认为，当今每个单位都在管理者可感知的物质世界和由信息构成的虚拟世界这两个世界中竞争。虚拟价值链通过将原始信息转换成新的服务和产品来增加价值。虚拟价值链的一种形式就是将信息提供给用户和合作伙伴共享或生产一种新的包含信息的产品。雷波特和斯威尔克拉认为创造价值已经被描述为价值链模型，而在波特所提出的价值链中，信息只是被看作是一系列价值增值活动的支持元素，信息技术只是产生价值的辅助因素，其本身不是价值的来源。虚拟价值链的任一阶段创造价值都包含五项活动，即收集、组织、选择、合成、分配信息，通过这些活动收集的原始信息可以增加价值。单位在三阶段利用信息增加价值：第一阶段是可视化管理；第二阶段是反映能力；第三阶段是单位利用信息技术建立新型顾客关系。

2. 战略成本管理

战略管理是指单位的高层领导为了保证单位持续经营和不断发展，根据单位内部条件和外部环境的分析，对单位的全部生产经营活动所进行的根本性和长远性的谋划和指导。典型的战略管理过程包含单位环境分析、确立目标与战略规划、战略实施与控制、战略业绩计量与评价等阶段。成本管理是单位管理中的一个重要的组成部分。战略成本管理的基本步骤包括：战略环境分析，战略成本规划、战略成本的实施和控制，战略成本业绩计量和评价。

3. 价值链会计

将价值链分析应用于管理会计开始于20世纪90年代的西方经济学领域。迈克尔和迪克研究了用于价值链分析的会计数据，他们分析了迈克尔·波特所提出的战略计划的价值链框架，聚焦于价值链分析所需的会计数据，发现用会计数据作价值链分析时存在难点。这些难点可分为内生的和外生的，内生的是不可避免的，它是由不同方法数据的积累的差异造成的，但外生则是可以避免的，从而提出为了价值链分析的目的而改进会计系统和数据的建议。

阎达五将价值链会计作为一个独立的研究领域提出。他认为，信息时代的到来要求人们重新审视现行的会计模式。在分析了社会经济环境的变迁、现行会计模式的不足以及信息技术的发展对单位会计冲击的基础上，阎达五指出了改革现行会计模式，构建价值链会计的必要性和可能性，并给出了价值链会计理论的基本构建思路。他指出，价值链会计是对单位价值信息及其背后深层次关系的研究，亦即收集、加工、存储、提供并利用价值信息，实施对单位价值链的控制和管理，保证单位价值链能够合格、高效、有序运转，从而为单位创造最大化的价值增值和价值分配的一种管理活动。

（三）价值链分析

价值链分析的理念和方法已经被广泛地应用。价值链分析是指单位对经营活动进行识别（识别价值创造）、分类、排序（形成价值链）和优化活动的整个过程。单位价值链分析是实施战略成本管理的首要步骤，它的目的在于：明确单位各项活动对产品价值的贡献；了解单位价值链内各环节之间的联系，以及单位与客户、供应商之间的价值链的关系；分析各价值链环节的价值与成本，以便单位对价值链进行优化，确定发展战略。

价值链分析的基本程序包括以下几个方面：

第一，识别价值活动。识别价值活动的工作内容包括两个方面：一是识别单位经营中所有与价值有关的活动，这些与创造价值有关的活动链形成了单位最基本的作业链；二是将这些与价值创造有关的作业链按照职能和重要性进行分类和整合，以便建立单位的总价值链。

第二，确定价值链。确定价值链是指将单位的各种与价值创造有关的活动，按内外部职能、流程和重要性等进行分类汇总。

第三，价值链内部活动及各环节之间相互联系的分析。按照迈克尔·波特的观点，虽然价值活动是构成竞争优势的基石，但价值链并不是一些独立活动的集合，而是相互依存的或相互作用构成的一个系统。在这个系统中各个价值活动之间存在着内部联系，这种联系通常可以用一种活动和成本的改变来影响另外一种活动和成本量的改变。

第四，价值链的"价值-成本"分析。价值链的"价值-成本"分析是价值链分析的关键。在本质上，单位价值链的增值能力分析实际上是单位作业链有效性的分析。应该说明的是，价值链的分析不能仅限于某项作业，而应从总体上来分析。

（四）价值链的优化

价值链的优化是指利用价值链各环节内部以及各环节之间存在的联系，改变单位某些活动的安排，以达到降低产品或服务的成本，最大程度实现单位价值增值和满足客户要求的目的。

单位的战略决策一般包括单位整体战略决策和产品战略决策，相应的，价值链分析的类型也包括单位价值链分析和产品价值链分析。单位价值链分析是指把单位所有的经营活动进行归类分析，按照职能和运行程序形成价值链，分析各环节的价值和成本，并进行优化的方法。单位价值链要比产品价值链内容更广泛，它不仅仅包括各种与产品生产经营相关的活动（产品价值链活动），还包括单位其他价值活动如研究与开发、行政管理、财产、安全、环保等基础活动。价值链分析的目的是通过单位整体价值链分析，找出单位在某个价值链环节上存在的问题，以便采取全局性战略措施，改善单位价值链。产品价值链分析是把每一种产品作为价值链分析的对象，分析其价值和成本。一个产品的价值链一般包括供应、生产、营销、售后服务四个环节，每个价值链环节又包括许多活动。分析每种产品的价值链，主要是为了了解各个产品在每个价值链环节上的优缺点，以便采取战略措施，优化价值链。

价值链的优化可以认为是单位战略实施的过程。一般来说，单位价值链优化具体包括以下三大步骤：

第一，确定价值链。即识别出单位价值链上的关键活动。

第二，培育能力。培育单位具备执行价值链上关键活动的核心能力。

第三，业务流程再造、提升能力。

（五）价值链评价——战略反馈

虽然价值链的研究已经有 20 多年了，但对于价值链评价尚无一个公认的定义。一般来讲，价值链评价是对单位价值活动中的价值信息进行加工和处理，并进行横向与纵向的分析，以不断提高价值链管理质量。对价值链的评价可以从以下几个方面进行：

1. 绩效评价

绩效评价主要是衡量部门或个人工作效率的高低、工作业绩、成本控制水平等。

2. 价值链运行评价

这是对价值链业务流程设置的运行质量、价值链价值活动分离与整合的合理性评价，以便及时反馈和纠正管理中的问题，提供调整组织结构、优化价值链的依据。

3. 综合评价

综合评价主要是分析单位内部与单位所处行业的优势与差异、单位与单位之间的整体优势与差异、单位参与市场的能力与贡献的评价等，并供决策和管理之用。这对单位竞争力的把握、战略推行及下一阶段的工作指导思想均产生决定性的影响。

（六）价值链与信息化

随着信息技术的不断发展，单位信息化建设每个阶段的重点与策略，都同整个单位的发展紧密对应。在当下，单位不可能独立地存在于现代经济环境中，单位为了自身的不断发展，往往要进入其供应商、分销商和顾客的价值链中寻求竞争的优势，来提高自身的竞争能力。单位的竞争优势来源于设计、生产、经营、销售等过程的整个价值链系统中。因此，如果要提高单位的竞争力就要为单位的价值链系统不断地增值。此外，单位价值系统是单位内外经济活动组成的系统，并不是各个简单活动的组合。在单位内部，单位的基本活动与单位的辅助活动相互交叉，以此来影响价值链的增值和价值的创造；在单位外部，单位与其供应商、销售商和顾客关系密切，共同组成更大的价值系统。

1. 信息化背景下单位价值链的特点

价值链是商品从采购到加工再到销售，从而达到不断增加其市场价值的增值过程。因此，价值链的本质就是增值链。价值链上每一环节增值与否、增值的大小都是影响单位竞争力的关键。所以，单位要增强竞争力，就应尽量消除无效劳动，在价值链上的每一环节做到价值增值。传统的供应链只实现了本单位的增值，而信息化下的价值链是将与单位相关的供应商、单位的生产部门以及销售商组合成一个产业链，构成一个动态的、虚拟的网络，运用现代信息化技术降低单位成本，在整个价值链系统中实现合理的增值，最终增强了单位的竞争能力。

随着信息技术和消费观念的变化，单位的消费市场也在不断地变化。单位的最终目的是把商品销售给消费者创造商品价值，并从中获利。因此，单位的价值链的出发点应从消费者开始。单位要了解消费市场的需求，只有单位生产出消费者需要的产品，单位才能实现其价值，创造单位利润。在传统价值链中，单位生产出商品，消费者只能购买单位生产的产品，消费者以单位为中心。在信息化时代，单位的价值链是完全颠倒的，单位以消费者为中心，单位生产出消费者需要的产品供消费者挑选。因此，单位就需要掌握大量消费者的信息，单位就需要依靠信息技术，不断使价值链增值。

2. 信息化背景下单位价值链的创建

首先，采用信息化管理。信息化管理能提高单位的灵活性。在信息时代下，单位能否根据市场的需求变化对单位自身的生产管理进行及时的反应和调整，对单位抢占市场而言至关重要。建立信息化管理有助于单位能够及时获取信息、分析信息并迅速作出相对应的决策。信息化管理有助于单位整合其价值链。传统的信息流只是单位内部的，单位外部的信息相对封闭。信息化管理拓展了单位的内外部信息流，使得信息遍布价值链的各个角落，使单位的供应商、单位的生产部门和消费者之间的商业信息进行共享，最终使单位获得更多利润，同时也提高了单位的竞争能力。

其次，建立以消费者为主导的价值链。在单位价值链中，消费者是最重要的资源。因此，单位应该像管理其他资源一样对消费者进行管理，做到像了解单位商品一样了解消费者。这样有助于单位知道市场的需求是什么，需求量是多少。一个单位的竞争力的本质就是在为消费者创造价值的过程中形成的综合能力。为消费者创造价值体现在两方面：降低消费者成本和增加消费者效益。能否做到以上两点，主要取决于单位价值链与消费者价值链之间的各种可能的联系。在传统情况下，单位希望更多的利润，而消费者希望降低价格。如果可以让关键的信息在单位与消费者之间进行共享，那么单位与消费者之间的关系就由原来的"一方受益，一方受损"转变为"双赢"的局面。这样，既是以消费者为中心，也使单位和消费者同时获利。

最后，实施价值链的信息化。实施价值链的信息化不但要有与之适应的单位文化，还需要有单位信息化管理人员及信息化人才。这是推动价值链信息化的保障。价值链信息化管理能够有效提高单位的综合竞争能力。在实施单位信息化管理的过程中，应建立信息系统在财务、采购、生产和销售等方面的指标体系，并进行监控，及时进行调整优化。在实施过程中，应注意整个价值链的信息化管理过程。单位的核心竞争力在于优化单位经营管理过程，提高单位效益的能力，而信息化的管理是一个能使单位迅速提高竞争力的好手段。

第八章 财务会计管理实践要素

第一节 财务会计管理的目标与内容

一、财务会计管理的目标

目标是指导向和标准。没有明确的目标，就无法判断一项决策的优劣。财务管理的目标决定了它所采用的原则、程序和方法。因此，财务管理的目标是建立财务管理体系的逻辑起点。

（一）企业财务会计管理目标

公司财务管理的基本目标取决于公司的目标。投资者创立公司的目的是营利。已经创立起来的企业，虽然有改善职工待遇、改善劳动条件、扩大市场份额、提高产品质量、减少环境污染等多种目标，但营利是其最基本、最一般、最重要的目标。营利不但体现了公司的出发点和归宿，而且可以概括其他目标的实现程度，并有助于其他目标的实现。最具综合性的计量是财务计量。因此，公司目标也称为公司的财务目标。在本书以后的论述中，把财务管理目标、财务目标和公司目标作为同义语使用。关于公司目标的表达，主要有以下三种观点：

1. 利润最大化

利润最大化的观点认为，利润代表了企业新创造的财富，利润越多则说明企业的财富增加得越多，越接近企业的目标。利润最大化的观点有其局限性，主要表现在以下几个方面：

（1）没有考虑利润的取得时间。例如，今年获利 100 万元和明年获利 100 万元，如何判断企业目标的实现结果。在这种情况下，若不考虑货币的时间价值，就难以作出正确判断。

（2）没有考虑所获利润和所投入资本额的关系。例如，同样获得 100 万元利润，一个企业投入资本 500 万元，另一个企业投入 600 万元，若不与投入的资本数额联系起来，就难以作出正确判断。

（3）没有考虑获取利润和所承担风险的关系。例如，同样投入 500 万元，本年获利

100万元，一个企业获利已全部转化为现金，另一个企业获利则全部是应收账款，并可能发生坏账损失。在这种情况下，若不考虑风险大小，就难以作出正确判断。

如果投入资本相同、利润取得的时间相同、相关的风险也相同，利润最大化是一个可以接受的观念。事实上，许多经理人员都把提高利润作为公司的短期目标。

2. 企业价值最大化

企业价值最大化是指通过企业财务的合理科学经营、采用最优的财务政策、充分平衡资金与风险和价值之间的关系等，在保证企业持续稳定发展的基础上，使得企业的总价值能够达到最大化。企业价值不仅仅是指企业的账面资产总价值，更是指企业全部财产的市场价值，这其中也体现了企业预期以及潜在的盈利能力。现代企业中对于经营风险不再是股东一人承担，其中企业员工、债权人、政府都承担了不同程度的风险。就现代企业的经营发展而言，其责任也更加重大，在财务管理中要注重各方的经济利益。因此，企业在制定财务管理目标时，要注重企业价值最大化，借助企业财务方面的科学化管理，通过最佳财务政策，并充分考虑风险的价值等，以此来实现企业价值最大化目标。

3. 股东财富最大化

股东财富最大化就是借助合理的经营管理和财务管理，最大可能为企业股东带来更多的财富。我国企业中一般都是股份制企业，各个企业中的股东数量、投资额度、决策权力都不一样，但企业中的每一个股东都希望能够获得更大的财富。在企业中，股东的财富往往是根据股东所持有的股票数量及股票市场价格而定的，如果股东持有的股票数量较多，而股票的价格较高，那么股东的财富也会达到最大，股东的持股数量、股票价值与财富成正比。所以说，实现股东财富最大化就需要最大限度提高股票价值。企业中财务管理将股东财富最大化作为一项目标，也可以有效克服企业利润追求中的短期行为。

（二）不同利益主体财务会计管理目标的矛盾与协调

企业从事财务会计管理活动，必然发生企业与各个方面的经济利益关系。在企业财务关系中，最为重要的关系是所有者、经营者与债权人之间的关系。企业必须处理、协调好这三者之间的矛盾与利益关系。

1. 所有者与经营者的矛盾与协调

（1）所有者与经营者的矛盾。

由于两者行为目标不同，必然导致经营者和所有者的冲突，即经理个人利益最大化和股东财富最大化之间的矛盾。经理人有可能为了自身的利益而背离股东的利益。这种背离主要有以下两种表现：

①道德风险。经营者为了自己的目标，不是尽最大努力去实现企业的目标。他们没有必要为提高股价而冒险，股价上涨的好处将归于股东，如若失败，他们的"身价"将下跌。他们不做什么错事，只是不十分卖力，以增加自己的闲暇时间。这样做不构成法律和行政责任问题，而只是道德问题，股东很难追究他们的责任。

②逆向选择。经营者为了自己的目标而背离股东的目标。例如，装修豪华的办公室，购置高档汽车等；借口工作需要乱花股东的钱；蓄意压低股票价格，自己借款买回，导致股东财富受损等。

（2）所有者与经营者协调合作。

为了协调所有者与经营者的矛盾，防止经理背离股东目标，一般有以下两种方法：

①监督。经营者背离股东目标的前提条件是双方信息不对称，经营者了解的企业信息比股东多。避免"道德风险"和"逆向选择"的方式是股东获取更多的信息，对经营者进行监督，在经营者背离股东目标时，减少其各种形式的报酬，甚至解雇他们。

全面监督实际上是行不通的，因为股东是分散的或者远离经营者，得不到充分的信息；经营者比股东有更大的信息优势，比股东更清楚什么是对企业更有利的行动方案；全面监督管理行为的代价是高昂的，很可能超过它所带来的收益。因此，股东支付审计费聘请注册会计师，往往限于审计财务报表，而不是全面审查所有管理行为。股东对情况的了解和对经营者的监督总是必要的，但受到监督成本的限制，不可能事事都监督。监督可以减少经营者违背股东意愿的行为，但不能解决全部问题。

②激励。防止经营者背离股东利益的另一种途径是采用激励计划，使经营者分享企业增加的财富，鼓励他们采取符合股东利益最大化的行动。例如，企业盈利率或股票价格提高后，给经营者以现金、股票期权奖励。支付报酬的方式和数量大小，有多种选择：报酬过低，不足以激励经营者，股东不能获得最大利益；报酬过高，股东付出的激励成本过大，也不能实现自己的最大利益。因此，激励可以减少经营者违背股东意愿的行为，但也不能解决全部问题。

通常，股东同时采取监督和激励两种方式来协调自己和经营者的目标。尽管如此，仍不可能使经营者完全按股东的意愿行动，经营者仍然可能采取一些对自己有利而不符合股东利益最大化的决策，并由此给股东带来一定的损失。监督成本、激励成本和偏离股东目标的损失之间，此消彼长、相互制约。股东要权衡轻重，力求找出能使三项之和最小的解决办法。

2. 所有者与债权人的矛盾与协调

当公司向债权人借入资本后，两者也形成一种委托代理关系。债权人把资本借给企业，要求到期时收回本金，并获得约定的利息收入；公司借款的目的是用于扩大经营，投入有风险的经营项目，两者的利益并不完全一致。

债权人事先知晓借出资本是有风险的，并把这种风险的相应报酬纳入利率。通常要考虑的因素包括：公司现有资产的风险、预计公司新增资产的风险、公司现有的负债比率、公司未来的资本结构等。

但是，借款合同一旦成为事实，资本提供给公司，债权人就失去了控制权，股东可以通过经营者为了自身利益而伤害债权人的利益，可能采取的方式有：

第一，股东不经债权人的同意，投资于比债权人预期风险更高的新项目。如果高风险的计划侥幸成功，超额的利润归股东独享；如果计划不幸失败，公司无力偿债，债权人与股东将共同承担由此造成的损失。尽管按法律规定，债权人先于股东分配破产后的财产，但多数情况下，破产后的财产不足以偿债。所以，对债权人来说，超额利润肯定拿不到，发生损失却有可能要分担。

第二，股东为了提高公司的利润，不征得债权人的同意而指使管理当局发行新债，致使旧债券的价值下降，使旧债权人蒙受损失。旧债券价值下降的原因是发新债后公司负债比率加大，公司破产的可能性增加。如果公司破产，旧债权人和新债权人要共同分配破产后的财产，使旧债券的风险增加，其价值下降。尤其是不能转让的债券或其他借款，债权人不能出售债权摆脱困境，处境更加不利。

债权人为了防止其利益被伤害，除了寻求立法保护，如破产时优先接管、优先于股东分配剩余财产等外，通常采取以下措施：一是在借款合同中加入限制性条款，如规定贷款的用途、规定不得发行新债或限制发行新债的规模等。二是发现公司有损害其债权的意图时，拒绝进一步合作，不再提供新的贷款或提前收回贷款。

除债权人外，与企业经营者有关的各方都与企业有合同关系，都存在着利益冲突和限制条款。企业经营者若侵犯职工雇员、客户、供应商和所在社区的利益，都将影响企业目标的实现。所以说，企业是在一系列限制条件下实现企业价值最大化的。

二、财务会计管理的内容

（一）制订财务战略，发挥财务职能

财务战略是为了使企业能在较长时期内生存和发展，在充分估计影响企业长期发展的内外环境各种因素的基础上，为达到财务目标而制订的指导财务活动的总规划和总原则，也就是对企业财务管理所作的长远规划，是围绕财务目标而实施的全局性的行动方案。它由战略思想、战略目标和战略计划三个基本要素构成，具体内容主要可以根据企业财务管理要素确定。作为企业发展战略的组成部分，财务战略可以分为紧缩型战略、稳定型战略和发展型战略三种类型，制约着企业财务活动的基本特征和发展方向。因此，在市场经济条件下，加强财务战略管理，对企业财务管理具有重要意义。

财务职能是指利用价值形式来组织财务活动，协调财务关系，为实现企业的发展战略和财务目标服务。发挥企业的财务职能，就是要做好财务预测、决策、预算、控制、分析、监督和考核等工作，充分发挥企业财务管理的组织、协调、配置和平衡的作用，正确处理好企业内部资源条件、外部经济环境和企业目标之间的平衡关系，并从动态平衡中求发展，促使企业顺利实现发展战略和财务目标。实践证明，财务职能越健全的企业，财务管理越有效，企业抵御市场风险的能力和市场竞争力也就越强。

（二）控制成本耗费，增加企业收益

企业收益是补偿成本耗费的来源，也是企业向投资者回报，改善职工生产条件和经济待遇，并实现企业扩大再生产所需资本积累的保障。为了实现利润最大化和企业价值最大化的财务目标，企业在市场竞争中需要努力开源节流。一方面，采用先进的市场营销策略与手段，尽可能开拓国内、国际市场，扩大各项业务，以增加企业收益的来源。另一方面，要开发自主知识产权，提高产品或服务质量，树立企业信誉，创造核心竞争力，以提高企业收益的质量。同时，建立激励与约束机制，调动职工发明创造和增收节支的积极性，控制企业收益流失。

企业为了获得各项收入，必然需要支付相关成本、费用，包括材料、人工等直接成本，销售及管理等各项费用以及依法缴纳的税金。企业在各项业务收入既定的情况下，成本消耗越少，企业收益越大。同时，相同产品的单位成本消耗越少，意味着其越具有市场竞争优势，更容易实现销售目标。因此，降低成本消耗，是企业财务管理的一项艰巨任务。企业通过革新生产技术，改进工艺流程，采用现代物流管理，实行存货决策控制，盘活各项闲置或者低效的资产，提高劳动生产率，实行必要的成本、费用管理责任制度，都可以降低材料、燃料消耗，减少资产损失和资源浪费，节约成本、费用，从而增加企业收益。

（三）合理筹集资金，有效营运资产

资金是企业运行的血液，一旦流量不足，企业就会出现财务危机，生产经营就会面临停顿，甚至导致企业清算。因此，筹集资金，组织资金供应，是企业财务管理的首要任务。企业应当根据自己生产经营和发展战略的需要确定合理的资金需要量，依法、合理地筹集所需要的资金。所谓"依法"，就是要在法律、行政法规和规章允许的范围内筹集资金。企业进行筹资活动，根据不同筹资渠道和方式，需要遵守的法律、行政法规和规章主要有《公司法》《中华人民共和国证券法》（以下简称《证券法》）《外汇管理条例》《贷款通则》等。所谓"合理"，就是要考虑资金成本因素，利用财务杠杆，选择有利的筹资渠道和可行的筹资方式，以尽可能低的资金成本及时筹集所需要的资金。

企业资金利用效果取决于资产是否有效营运。资产营运过程也是资源配置过程，主要包括现金流量管理与投资管理。企业对筹集的资金实行统一集中管理，按不同环节、不同业务的合理需要调度资金，有计划地安排现金流量，防止现金收支脱节。在组织财务活动中，注意开展资产结构动态管理，保持资产与负债的适配性，结合生产经营的特点，合理安排采购业务，积极控制存货规模，及时回收应收款项，避免盲目投资，提高固定资产利用效能，推进科技成果产业化，实现知识产权的经济价值，从而不断调整和改善资产结构，提高资产质量，实现资源优化配置的效益。

（四）规范收益分配，增强企业活力

企业既是投资者获得投资回报的载体，又是经营者和其他职工提供劳动、创造价值并取得报酬的载体，还是依法缴纳税费的义务人。理顺企业与国家、投资者、经营者和其他职工之间的分配关系，建立有效的激励机制，对调动各方面的积极性，改善企业财务管理的内部微观环境，增强企业竞争能力和发展能力，具有重要意义。

现实生活中，一些企业虚盈实亏，满足了经营者和其他职工业绩考核和收入增长的需要，内部分配过分向个人倾斜，却侵蚀了投资者的权益。一些企业对拥有杰出管理能力的经营者和核心技术研发人员缺乏激励措施，导致企业人才流失，创新能力不足，市场竞争能力缺乏。一些企业虚亏实盈，实际控制人截留、隐瞒企业收益，任意支付奖励、提成、佣金等，中饱私囊，侵蚀国家税基，损害企业和普通职工的利益。一些经营者借企业改革之机，擅自实行股权激励，私分或者贱买企业资产，或者随意拖欠、扣发职工劳动报酬，损害其他相关利益主体的权益。凡此种种，导致财务关系混乱，最终恶化企业经营环境，损害了企业长远发展的利益，应当依法予以理顺。

（五）规范重组清算财务行为，妥善处理各方权益

企业重组清算，是在市场经济条件下实施扩张经营、战略收缩或者增强内力而进行的资本运作措施。这是企业适应市场变化而采取的行动。在扩张经营情况下，企业资本聚集，资产和经营的规模增加，现金流量增大，业务部门或者分支机构增加，财务风险和管理难度也随之倍增。在战略收缩情况下，企业资本减少，资产和经营规模萎缩，现金流量变小，还可能关闭、出售所属机构或者业务部门，甚至对所属企业实施清算，以退出某一市场领域。在增强内力情况下，企业对内部的业务流程进行再造，对内部机构和人员重新调整，对内部经济资源重新配置，以形成并提高企业整体竞争能力。

企业重组清算，不论是主动的，还是被动的，都必然产生一系列财务问题，引起现有利益格局的调整。因此，企业为了顺利实施重组清算，有效控制财务风险，应当妥善处理各项财务事项，维护国家、投资者、债权人和企业职工各方的合法权益。

（六）加强财务监督，实施财务控制

财务监督就是根据法律、法规和国家财经纪律以及企业内部财务管理制度，对企业生产经营活动和财务收支的合理性、合法性、有效性进行调节和检查，以确保企业遵纪守法地实现发展战略和财务目标。由于企业的生产经营活动必须借助于价值形式才能进行，因此运用现金收支和财务指标实施监督，可以及时发现和反映企业在经营活动和财务活动中出现的问题。财务监督为实施财务控制、改进财务管理、提高经济效益提供了保障，是企业财务管理的一项保障手段。

财务控制就是以财务预算和制度规定为依据，按照一定的程序和方式，对企业财务活动进行约束和调节，确保企业及其内部机构和人员全面落实财务预算。其特征是以价值形式为控制手段，以不同岗位、部门和层次的不同经济业务为综合控制对象，以控制日常现金流量为主要内容。财务控制是企业落实财务预算、开展财务管理的重要环节。

（七）加强财务信息工作，提高财务管理水平

财务信息管理是国家综合经济管理部门和企业经营者运用现代信息技术和管理手段，对企业财务信息进行收集、整理、分析、预测和监督的活动。在企业财务管理中加强财务信息管理，就是要将计算机科学、信息科学和财务管理科学结合起来。对企业而言，在整合各项业务流程的基础上，对企业物流、资金流、信息流进行一体化管理和集成运作，从而加强财务管理的及时性、有效性和规范性，提高企业整体决策水平；对国家综合经济管理部门而言，加快企业财务信息收集、整理、分析过程，提高信息处理能力，及时监测企业经济运行状况，评估企业内部财务控制的有效性，更好地服务于国家宏观经济管理，并促进企业进一步改善财务管理状况，实现和谐健康发展。

财务信息管理，从计算机在财务中的运用，到建立财务业务一体化的信息处理系统，再到实现统筹企业资源计划，存在循序渐进的过程，需要具备一定的内外部条件。企业可以结合自身经营特点和所具备的客观条件，逐步推行信息化财务管理。主管财政机关要逐步完善企业财务信息体系，加强对企业经济运行情况的分析，探索建立企业财务预警制度，增强企业财务信息为宏观经济管理和决策的服务功能。

第二节 财务会计管理的基本原则

财务管理的原则是企业组织财务活动、处理财务关系的准则，它是从企业财务管理的实践经验中概括出来的、体现理财活动规律性的行为规范，是对财务管理的基本要求。

财务管理的基本原则如下：

一、收益风险均衡原则

在市场经济的激烈竞争中，进行财务活动不可避免地要遇到风险。财务活动中的风险是指获得预期财务成果的不确定性。企业要想获得收益，就不能回避风险，可以说风险中包含收益，挑战中存在机遇。风险收益均衡原则，要求企业不能只顾追求收益，不考虑发生损失的可能，要求企业进行财务管理必须对每一项具体的财务活动，全面分析其收益性和安全性，按照风险和收益适当均衡的要求来决定采取何种行动方案，同时在实践中趋利避害，争取获得较多的收益。

在财务活动中，低风险只能获得低收益，高风险则往往可能得到高收益。例如，在流动资产管理方面，持有较多的现金，可以提高企业偿债能力，减少债务风险，但是银行存款的利息很低，而库存现金则完全没有收益。在筹资方面，发行债券与发行股票相比，由于利息率固定且利息可在成本费用中列支，对企业留用利润影响很少，可以提高自有资金的利润率，但是企业要按期还本付息，需承担较大的风险。无论是对投资者还是对受资者来说，都要求收益与风险相适应，风险越大，则要求的收益也越高。只是不同的经营者对风险的态度有所不同：有人宁愿收益稳妥一些，而不愿冒较大的风险；有人则甘愿冒较大的风险，以便利用机遇谋求巨额利润。无论市场的状况是繁荣还是衰落，无论人们的心理状态是稳健还是进取，都应当对决策项目的风险和收益做出全面的分析和权衡，以便选择最有利的方案。特别是要注意把风险大、收益高的项目同风险小、收益低的项目适当地搭配起来，分散风险，使风险与收益平衡，做到既降低风险，又能得到较高的收益。还要尽可能回避风险，化风险为机遇，在危急中找对策，以提高企业的经济效益。

二、利益关系协调原则

企业财务管理要组织资金的活动，因而同各方面的经济利益有非常密切的联系。在财务管理中，应当协调国家、投资者、债权人、经营者、劳动者的经济利益，维护有关各方的合法权益，还要处理好企业内部各部门、各单位之间的经济利益关系，以调动它们的积极性，使它们步调一致地为实现企业财务目标而努力。企业内部和外部经济利益的调整在很大程度上都是通过财务活动来实现的。企业对投资者要做到资本保全，并合理安排红利分配与盈余公积提取的关系，在各种投资者之间合理分配红利；对债权人要按期还本付息，企业与企业之间要实行等价交换原则，并且通过折扣和罚金、赔款等形式来促使各方认真履行经济合同，维护各方的物质利益；在企业内部，厂部对于生产经营经济效果好的车间、科室，给予必要的物质奖励，并且运用各种结算手段划清各单位的经济责任和经济利益。在企业同职工之间，实行按劳分配原则，把职工的收入和劳动成果联系起来。所有这些都要通过财务管理来实现。在财务管理中，应当正确运用价格、股利、利息、奖金、罚款等经济手段，启动激励机制和约束机制，合理补偿，奖优罚劣，处理好各方面的经济利益关系，以保障企业生产经营顺利、高效地运行。处理各种经济利益关系，要遵守国家法律，认真执行政策，保障有关各方应得的利益，防止搞优质不优价、同股不同利之类的不正当做法。

在经济生活中，个人利益和集体利益、局部利益和全局利益、眼前利益和长远利益也会发生矛盾，而这些矛盾往往是不可能完全靠经济利益的调节来解决的。在处理物质利益关系的时候，一定要加强思想政治工作，提倡照顾全局利益，防止本位主义、极端个人主义。

三、分级分权管理原则

在规模较大的现代化企业中，对财务活动必须在统一领导的前提下实行分级分权管理。统一领导下的分级分权管理，是民主集中制在财务管理中的具体运用。

以工业企业为例，企业通常分为厂部、车间、班组等三级，厂部和车间又设立若干职能机构或职能人员。在财务管理上实行统一领导、分级分权管理，就是要按照管理物资同管理资金相结合、使用资金同管理资金相结合、管理责任同管理权限相结合的要求，合理安排企业内部各单位在资金、成本、收入等管理上的权责关系。厂部是企业行政工作的指挥中心，企业财务管理的主要权力集中在厂级。同时，要对车间、班组、仓库、生活福利等单位给予一定的权限，建立财务分级管理责任制。企业的各项经济指标要逐级分解落实到各级单位，各单位要核算其直接费用、资金占用等经济指标，定期进行考核，对经济效益好的单位给予物质奖励。财务部门是组织和推动全厂财务管理工作的主管部门，而供产销等部门则直接负责组织各项生产经营活动，使用各项资金和物资，发生各项生产耗费，参与创造和实现生产成果。要在加强财务部门集中管理的同时，实行各职能部门的分口管理，按其业务范围规定财务管理的职责和权限，核定经济指标，定期进行考核。这样，就可以调动各级各部门管理财务活动的积极性。

统一领导下的分级分权管理，包含专业管理和群众管理相结合的要求。企业财务部门是专职财务管理部门，而供产销等部门的管理则带有群众管理的性质。通常在厂部、车间两级设有专职财务人员，而在班组、仓库则由广大工人直接参加财务管理。统一领导下的分级分权管理，从某种意义来说，也就是在财务管理中实行民主管理。

四、资金合理配置原则

企业财务管理是对企业全部资金的管理，而资金运用的结果则形成企业各种各样的物质资源。各种物质资源总是要有一定的比例关系的，所谓资金合理配置，就是要通过资金活动的组织和调节来保证各项物质资源具有最优化的结构比例关系。

企业物质资源的配置情况是资金运用的结果，同时它又是通过资金结构表现出来的。从一定时点的静态来看，企业有各种各样的资金结构。在资金占用方面，有对外投资和对内投资的构成比例；有固定资产和流动资产的构成比例，有有形资产和无形资产的构成比例；有货币性资金和非货币性资金的构成比例；有材料、在产品、产成品的构成比例等。在资金来源方面，有负债资金和主权资金的构成比例；有长期负债和短期负债的构成比例等。按照系统论的观点，组成系统的各个要素的构成比例，是决定一个系统功能状况的最基本的条件。系统的组成要素之间存在着一定的内在联系，系统的结构一旦形成就会对环境产生整体效应，或是有效地改变环境，或是产生不利的影响。在财务活动这个系统中也是如此，资金配置合理，从而资源构成比例适当，就能保证生产经营活动顺畅运行，并由此取得最佳的经济效益；否则，就会危及购、产、销活动的协调，甚至影响企业的兴衰。因此，资金合理配置是企业持续、高效经营的必不可少的条件。

马克思曾深刻地分析了各种资金形态并存性和继起性的规律问题。他指出："资本作为整体是同时地、在空间上并列地处在它的各个不同阶段上。但是，每一个部分都不断地依次由一个阶段过渡到另一个阶段，由一种职能形式过渡到另一种职能形式，从而依次在一切阶段和一切职能形式中执行职能。因此，这些形式都是流动的形式，它们的同时并列是由于它们的相继进行而引起的。"社会主义企业的资金也是这样。只有把企业的资金按合理的比例配置在生产经营的各个阶段上，才能保证资金活动的继起和各种形态资金占用的适度，才能保证生产经营活动的顺畅运行。如果企业库存产品长期积压、应收账款迟迟不能收回，而又未能采取有力的调节措施，则生产经营必然发生困难，如果企业不优先保证内部业务的资金需要，而把资金大量用于对外长期投资，则企业主营业务的开拓和发展必然受到影响。因此，通过合理运用资金实现企业资源的优化配置，是对企业财务管理的一项基本要求。

五、收支积极平衡原则

在财务管理中，不仅要保持各种资金存量的协调平衡，而且要经常关注资金流量的协调平衡。

企业取得资金收入，意味着一次资金循环的终结，而企业发生资金支出，则意味着另一次资金循环的开始。所以，资金的收支是资金周转的纽带。要保证资金周转顺利进行，就要求资金收支不仅在一定期间总量上求得平衡，而且在每一个时点上协调平衡。收不抵支，固然会导致资金周转的中断或停滞，但如全月收支总额可以平衡，而支出大部分发生在先、收入大部分形成在后，也必然要妨碍资金的顺利周转。资金收支在每一时点上的平衡性，是资金循环过程得以周而复始进行的条件。

资金收支的平衡，归根到底取决于购产销活动的平衡。企业既要搞好生产过程的组织管理工作，又要抓好生产资料的采购和产品的销售，要购、产、销一起抓，克服任何一种片面性。只有坚持生产和流通的统一，使企业的购产销三个环节互相衔接，保持平衡，企业资金的周转才能正常进行，并取得应有的经济效益。资金收支平衡不能采用消极的办法来实现，而要采用积极的办法解决收支中存在的矛盾。要做到收支平衡，首先是要开源节流，增收节支。节支是要节约那些应该压缩、可以压缩的费用，而对那些在创收上有决定作用的支出则必须全力保证；增收是要增加那些能带来较高经济效益的营业收入，至于采取拼设备、拼人力，不惜工本、不顾质量而一味追求暂时收入的做法则是不可取的。其次，在发达的金融市场条件下，还应当通过短期筹资和投资来调剂资金的余缺。在一定时期内，资金收入不敷支出时，应及时采取办理借款、发行短期债券等方式融通资金；而当资金收入比较充裕时，则可适时归还债务，进行短期证券投资。总之，在组织资金收支平衡问题上，既要量入为出，根据现有的财力来安排各项开支；又要量出为入，对于关键性的生产经营支出则要开辟财源积极予以支持。这样，才能取得理想的经济效益。

六、成本效益原则

在企业财务管理中，既要关心资金的存量和流量，更要关心资金的增量。企业资金的增量即资金的增值额，是由营业利润或投资收益形成的。因此，对于形成资金增量的成本与收益这两方面的因素必须认真进行分析和权衡。成本效益原则就是要对经济活动中的所费与所得进行分析比较，对经济行为的得失进行衡量，使成本与收益得到最优的结合，以求获取最多的盈利。

我们知道，讲求经济效益，要求以尽可能少的劳动垫支和劳动消耗，创造出尽可能多和尽可能好的劳动成果，以满足社会不断增长的物质和文化生活需要。在社会主义市场经济条件下，这种劳动占用、劳动消耗和劳动成果的计算和比较，是通过以货币表现的财务指标来进行的。从总体上来看，劳动占用和劳动消耗的货币表现是资金占用和成本费用，劳动成果的货币表现是营业收入和利润。所以，实行成本效益原则，能够提高企业经济效益，使投资者权益最大化，它是由企业的理财目标决定的。

企业在筹资活动中，有资金成本率和息税前资金利润率的对比分析问题；在投资决策中，有投资额与各期投资收益额的对比分析问题；在日常经营活动中，有营业成本与营业收入的对比分析问题；其他如劳务供应，设备修理、材料采购、人员培训等，无不有经济得失的对比分析问题。企业的一切成本、费用的发生，最终都是为了取得收益，都可以联系相应的收益进行比较。进行各方面的财务决策，都应当按成本效益的原则做出周密的分析。因此，成本效益原则在各种财务活动中广为运用。

第三节　财务会计管理的组织形式

企业究竟采取什么样的形式来管理自身的财务活动，直接关系到企业的生存与发展。不同类型的企业，其财务的组织形式和财务的分层管理的形式是不同的。

企业是市场经济的主体，企业组织形式的不同类型决定着企业的财务结构、财务关系、财务风险和所采用的财务管理方式的差异。企业财务管理必须立足企业的组织形式。

公司会计机构的设置受制于公司的治理结构、会计人员管理体制、企业会计系统的职责和财务总监的地位。建立混合所有制体制、股权结构日趋分散是我国企业改革的大方向，资本意志越来越迫切地要求在公司治理中的话语权，财务控制权的争夺也日渐敏感和激烈。与此相适应，"董事会领导下的财务总监制度"和"财务总监领导下的会计人员委派制度"构成企业会计体制的核心内容，成为公司设置会计机构的主要指导原则。

要搞好企业财务管理，顺利地实现财务管理目标，必须合理有效地组织财务管理工作。主要包括：建立企业财务管理法规制度；完善企业财务管理体制；健全企业财务管理机构。

一、企业财务管理体制、权限和责任

（一）企业财务管理体制

企业财务管理体制是协调企业利益相关主体之间财务关系的基本规则和制度安排，是构建企业财务管理制度的基础和框架。

企业财务管理体制的确定过程是企业财权的分配调整过程，直接决定了财务管理机制和具体财务制度的构建。

1. 企业财务管理体制的分类

（1）按企业财务管理体制的权限，可分为集权式财务管理体制、分权式财务管理体制和集权分权相结合的综合式财务管理体制。

所谓集权和分权，是根据西方分权制的管理原理，分别指企业管理当局对企业资金、成本和利润及其分配的控制程度。

①集权式财务管理体制模式是一种高度集中的财务管理体制。它是将企业资金、成本和利润及其分配的控制权限高度集中在公司最高管理层，公司的中、下层没有任何决策、支配及控制的权力，只有有限的管理权限。这种责、权、利不对称的管理体制不利于调动中、下层管理者的积极性。该体制对企业规模小、品种单一、生产步骤少的中、小型企业较为适用。然而，在网络经济时代，出现了一种新的趋势，即集中管理的财务模式成为众多大中型、多层级集团企业追捧的对象。其原因在于计算机网络缩短了企业在空间和时间上的距离，使无论多么分散的空间距离和多么复杂的管理问题都能迅速转换为即时信息，并在瞬间完成传递，故企业中实施集权式管理更有利于管理效率和控制质量的提高。

②第二种是完全分权式的财务管理体制。它有利于调动企业内部各级管理者和各责任单位的积极性，便于把企业内部各部门、各单位的资金、成本同其工作业绩直接挂钩，便于实现责、权、利的统一。但这种模式对涉及全局的重大决策难以协调，不利于企业统一处理对外关系和统一研究战略规划。

③第三种模式是资金集权、成本分权的财务管理体制。它是一种较为理想的管理体制，它按照集权和分权相结合的管理思想，把财务（主要是资金）大权统一掌握在企业管理当局，便于统一调动、统一融通、统一使用资金，有利于提高资金的利用效率，同时对成本管理实行分级管理，分口把关，把成本管理和成本控制变成全企业的共同行动，这就抓住了成本管理的要害。

（2）按财务管理体制涉及的范围，可分为宏观财务管理体制和微观财务管理体制。

①宏观财务管理体制。它是协调财政部门与企业之间财务关系的基本规则和制度安

排，主要由国家以法律法规、规章、规范性文件等形式予以确立，旨在对企业符合市场需求的行为予以引导和扶持。

②微观财务管理体制，即企业内部财务管理体制，它是规定企业内部财务关系的基本规则和制度安排，主要由投资者和经营者通过企业章程、内部财务制度等正式或非正式的契约确立。

（3）按财务管理的内容，企业财务管理体制可分为资金管理体制、成本管理体制和利润分配管理体制。企业财务管理的对象是企业资金及其运动规律，企业的生产经营过程实际上也是资金持续不断的运动过程，对企业资金筹措、使用、分配是企业财务管理的主要职能，因而资金管理体制和利润分配体制是企业财务管理体制中的主要部分。

成本管理则是对企业资金耗费的管理。西方财务管理中往往不包括成本管理。然而，从我国财务管理的传统习惯和企业管理的实践看，应该将成本管理包括在内。从表层上理解，资金及利润分配管理要向企业外部提供财务信息，成本管理的结果只向企业内部管理当局提供信息，且有关信息属于企业的商业秘密，两者的管理、服务对象均有所不同。其实，从广义上看，财务管理包括资金筹集管理、资金营运管理、成本费用管理、销售收入管理、企业纯收入管理和财务收支管理。"财务管理利用资金、成本、收入等价值指标来组织企业中价值的形成、实现和分配，并处理这种价值运动中的经济关系。"所以，从广义的财务管理观点出发，企业财务管理体制包括资金管理体制、成本管理体制和利润分配管理体制。

2. 企业财务管理体制的内容

企业内部财务管理体制的主要责任是在特定经济环境下正确处理企业同内外各方面经济利益关系，因而它主要包含以下五个方面的内容：

（1）确定与企业内部经营组织形式相关的财务管理体制类型。企业的生产技术特点和经营规模的大小不尽相同，各企业内部的经营组织形式也就有所不同，不同的企业内部经营组织形式决定不同的内部财务管理体制。

（2）确定与企业内部各财务管理单位的经济责任相适应的财务责任。企业内部各财务单位所承担的经济责任不同，其财务责任也应有所区别。因此，对于完全独立生产经营的成员企业，在财务上应该承担自负盈亏的责任，而对于相对独立生产经营的内部单位，应根据其是否具有相对独立的生产经营能力分别确定财务责任，并以指标分解的形式落实。例如，在资金管理方面，要为企业内部各部门、各层级核定流动资金占用额、利用效果和费用定额指标。车间、仓库对占用的流动资金要承担一定的经济责任并定期进行考核，对超计划占用的流动资金应支付相应的利息。同时，应为各部门核定收入和支出的指标，使收入对比支出，确定经营成果，并将成本或费用指标分解落实到各车间和部门，作为支出的计划指标。各车间生产的产品和半成品以及各部门提供的劳务均应按照内部结算价格结算支付，作为车间和各部门的收入指标。在利润管理方面，应将企业利润分解以确定内部利润，使车间、部门利润与企业利润相挂钩。

（3）确定与企业内部财务管理单位财务责任大小相一致的财务权限。由于部分内部成员企业能够承担自负盈亏的责任，因而，应该给予独立进行筹资、投资、成本费用开支与收益分配的财权，对于相对独立的企业内部各部门则分别给予投资决策权、内部利润取得与分配权以及成本费用的开支与控制权。

（4）根据内部结算价格计价结算，确认各单位履行职责的好坏。企业内部的材料和半成品的领用、使用劳务、半成品和成品的转移等都要按照实际数量和内部转移价格进行结算，并且采用一定的结算凭证办理相关手续，以划清各自的收支，分清经济责任，便于奖惩。因此，要求企业制订完善的内部价格以及内部结算办法并建立内部结算中心。

（5）根据承担的财务责任的大小以及履行情况来确定物质利益的多少。对自负盈亏的内部成员企业，其工资总额应由该成员企业控制使用，税后利润除向企业集团交纳一定管理费用外，应由成员企业按国家规定自主分配。而相对独立的内部单位，其工资总额由企业总部控制，与各单位完成责任指标挂钩的工资，可分别交由这些单位掌握使用，企业税后利润分配应统一由企业总部进行。

3. 建立企业财务管理体制的基本原则

（1）资本权属清晰，即通常所说的企业产权明晰。企业产权是投资者通过向企业注入资本以及资本增值获得的企业所有权，在账面上体现为企业的所有者权益。企业产权明晰，就是要明确所有者权益的归属。例如，国有及国有控股企业应当取得国有资产产权登记证，明确其占有的国有资本金额及主管部门，公司制企业应当通过公司章程、出资证明书、发行记名或不记名股票等方式，明确其股东及出资额。企业产权明晰后，投资者"以本求利，将本负亏"也才成为可能。企业财务管理体制作为一项基础性的企业制度安排，首先应当明晰企业的资本权属。

（2）财务关系明确，指企业与财政部门的财务隶属关系应当是清楚的。除各级人民政府及其部门、机构出资的企业外的其他内资企业，包括集体所有制企业、私营企业和非国有控股的混合所有制企业，以及外商投资企业，一般按属地原则确定财务关系。即与企业工商注册的行政管理机关同一级次的财政部门，作为其主管财政机关。主管财政机关也可根据实际需要，授权下级财政机关行使财务管理职责。

（3）符合法人治理结构要求。企业财务管理体制是法人治理结构的重要组成内容，其设计应符合法人治理结构要求。法人治理结构是指明确划分投资者如股东会（包括股东）、董事会（包括董事）和经营者之间权力、责任和利益以及明确相互制衡关系的一整套制度安排。由于现代企业制度下所有权和经营权的分离，设计合理、实施有效的法人治理结构，成为确保企业有效运作、各方权益不受侵害的关键所在。构建法人治理结构，应遵从法定、职责明确、协调运作、有效制衡等原则。企业在法律法规等国家规定的制度框架内，享有一定的弹性。

4. 影响企业财务管理体制的因素和条件

（1）宏观因素和条件。企业财务管理体制受众多宏观因素的影响和制约，对财务管理体制的形成具有决定性影响的宏观因素和条件主要有经济体制、经营机制和市场体系。财政、信用和保险体系的建立与完善，法制的健全和财务中介机构的完善对财务管理体制也具有一定的影响和作用。

经济体制是指在一定区域内（通常为一个国家）制定并执行经济决策的各种机制的总和。在市场经济体制下，通过供求关系安排和调节社会资源的配置，企业失去了对政府的依赖性，在市场竞争中求生存、求发展，客观上要求企业建立一套科学严密的财务管理体制，组织企业财务活动，增强企业的经济实力、竞争能力和盈利能力。

经营机制是经济体制的重要组成部分，是企业生产经营活动中各要素之间相互联系、相互作用、相互制约的内在方式。这种机制既体现了企业内在的经济关系，又显示这种内在经济关系与企业机体外部所必然发生的经济关系。经营机制主要包括企业的人事组织活动、科学技术活动、生产经营活动、财务活动、会计活动及经济管理活动六个主要方面。这六个方面在机制运行中既相对独立，又在作用于目标的过程中，协同一致，形成科学的机制运行体系。随着经济体制的变革，经营机制也会发生相应转换。市场经济体制下的经营机制，要求企业自主经营、自负盈亏、自我约束、自我发展、自我完善。经营者的责权利相统一，迫切要求建立充满生机和活力的财务管理体制，合理组织财务活动，实现财务管理目标。

完善的市场体系应当包括如下内容：

• 生产资料市场、资金市场、产权交易市场、商品市场、劳动力市场等各种市场。

• 市场应打破地区、行业限制，为各种生产要素跨地区、跨行业的流动提供可能。

• 比价结构合理，能正确、灵活地反映产品价值变化、供求变化，向企业提供真实信息，引导生产要素的合理配置。

• 健全的市场规则、秩序，有全面、具体的经济活动的法律规范，法律执行机关及监督机关具有相应的能力与权力，以保证市场正常、有序运转。

健全的市场体系为产权的转让、资产的流动与重组、原材料的供应及产品的销售提供了良好的条件，市场的有序和规律也有利于经济正常和稳定的发展。

（2）微观因素和条件。影响财务管理体制的微观因素和条件主要有现代企业制度的建立和完善，经营者知识结构的合理化，企业内部供、产、销各部门的密切配合和协调运行等。

现代企业制度使企业建立科学的财务管理体制成为可能，现代企业制度的基本特征是"产权清晰、权责明确、政企分开、管理科学"。产权清晰就是要明确企业的产权关系，明确投资主体，将所有者和经营者分开。权责明确就是要明确有经济利益关系各方的责任、权力和利益关系，责任大小要有相应的权力作保障，尽义务和享有利益相匹配，从而构建一套以效益为终极目标，以明确的责任关系为纽带的责权利体系。政企分开是指国有企业的终极所有权属于国家，国家作为投资者，只获取投资收益，而不参与企业的经营管理，将责权利关系落到实处，层层有目标、处处有措施，计划（预算）与控制兼用，激励与约束并重，考核与奖惩结合，以实现企业价值最大化。

经营者的知识结构是与经济发展阶段、生产力的发展水平有关的。在集约型的经济增长方式下，强调挖掘内部潜力，加强管理。因此，主要管理者的选聘应转向懂经济、精通市场营销和资本管理的人员。

企业内部存在三条流动线，即物资流、资本流和信息流。只有供产销等部门密切配合，才能保证物资和资本在各个不同阶段的连续运转，才能保证生产的顺利进行；同时，也可以减少资金占用时间，加速资金周转，提高效益。信息流起到了及时为各项管理决策提供依据的重要作用。

5. 企业内部财务管理体制模式的选择

由于企业内部财务管理体制是构建企业财务运行机制的基础和前提，因而如何合理选择企业内部财务管理体制就显得很重要。《企业财务通则》第八条要求："企业实行资本权属清晰、财务关系明确、符合法人治理结构要求的财务管理体制。企业应当按照国家有关规定建立有效的内部财务管理级次。企业集团公司自行决定集团内部财务管理体制。"因此，企业财务管理体制选择是否恰当主要根据以下标准来判断：

（1）是否有利于促进企业经济效益的提高。经济效益是衡量企业管理好坏的标志，是判断一种体制优劣的根本，而且企业内部财务管理体制构建的目的是为企业管理服务并有利于经济效益的提高。因此，企业内部财务管理体制构建得成功与否，也只能用企业经济效益来衡量。

（2）是否有利于调动企业经营者、管理者的积极性、主动性和创造性。财务管理是企业管理的一部分，企业能否成功地构建其内部财务管理体制，很大程度上取决于是否把各级经营者、管理者的积极性调动起来，使企业内部各级管理者、经营者出于对自身利益的追求，自觉地把个人利益与企业利益、个人目标与企业目标有效地结合起来，从而形成一股强大的凝聚力。

（3）是否有利于企业建立稳健高效的财务管理运行机制。反映现代企业制度的企业内部财务管理体制的构建，目的在于引导企业建立"自主经营、自负盈亏、自我发展、自我约束"的财务运行机制，从而形成一套完整的自我控制、自我适应的系统。由于财务机制是财务管理体制最直接、最灵敏的反映，其有效运行是财务体制构建的重要目标。因此，在构建财务管理体制时，关键要看其是否有利于财务管理机制的有效运行。

（4）是否有利于加强企业的内部管理。财务管理是企业管理各项工作的综合反映，它与企业管理的各项工作密切相关，它们之间相互制约相互促进。同时，财务管理本质上是处理企业同企业内外各种经济利益的关系，成功地构建企业内部财务管理体制能够强化企业内部管理。

（二）企业财务管理权限

1. 资本权属与企业财务管理权限

《企业财务通则》第二章第八条规定："企业实行资本权属清晰、财务关系明确、符合法人治理结构要求的财务管理体制。"

在我国社会主义市场经济条件下，企业资金来源包括两大类：一类是所有者投资，形成企业的自有资金；另一类是通过金融市场的不同筹资渠道所形成的借入资金。自有资金的提供不仅满足了企业的基本资金需求，更重要的是由此界定了企业的产权归属，借入资金的提供不仅保证了企业的临时性资金需求，而且使企业有了一定的扩张能力。在金融市场上，企业的筹资方式多种多样，有的企业采取发行股票和发行债券的方式筹集自有资金和借入资金，有的企业采取吸收直接投资筹集自有资金，又采取从金融机构借款的方式筹集借入资金。无论是何种形式获得的资金，企业都需要为筹资付出相应的代价。借入资金需要定期还本付息，自有资金需要支付股息、红利。因此，在资金进入企业形成资金周转起点的同时，企业就必须承担相应的经济责任。

企业的所有者是法定的主权资本投资人，企业所有者向企业投入主权资本，从而形成了履行义务，承担终极风险，享受投资收益分配的经济关系。由此可见，资本权属体现了资本提供者与企业之间的产权关系，企业资本权属清晰，就是要保证企业的产权关系清晰。

企业财务管理体制是企业财务管理内部环境的主导因素。企业财务管理体制的核心在于财权的配置，由此形成了财权配置不同的财务管理体制。在企业界，决定财务管理体制的既有客观因素，也有主观因素。从客观因素分析，不同的企业组织形式往往决定着不同的管理体制，不同的企业规模和行业领域也决定着不同的管理体制。从主观上分析，不同的管理观念决定着不同的管理体制，不同的人才素质结构也决定着管理体制的选择。

在计划经济时期，我国对国有企业实行高度集权的财务管理体制，财政部门直接控制着企业的财务活动和财务关系，企业几乎没有财务自主权。改革开放以后，尤其是现代企业制度建立之后，国有企业和国有控股企业的财权诉求也随之增长。建立符合现代企业法人治理结构要求的企业财务管理体制已经迫在眉睫。《企业财务通则》将实行资本权属清晰、财务关系明确、符合法人治理结构要求的财务管理体制，作为财权配置的原则，使企业财务管理权限的配置和行使符合社会经济发展的客观要求。

2. 法人治理结构与企业内部分层次财务管理权限

《企业财务通则》第二章第八条还补充规定："企业应当按照国家有关规定建立有效的内部财务管理级次。"在这里，我们必须明确的是：第一，企业内部财务管理的权力是分级次的；第二，这种分级次的财务管理权限应当符合法人治理结构的要求。

（1）公司内部治理结构分析。

①股东大会。股东大会是公司内部治理机构之一，它是公司的最高权力机构，掌握着公司的最终控制权。股东大会由公司全体股东组成，股东可以是自然人，也可以是法人。股东有优先股股东和普通股股东之分，优先股股东在股利分配和对公司清算财产的请求权方面具有优先权。但是，一般情况下只有普通股股东才享有公司的经营管理权。

股东大会的决议一般采取多数通过的议事规则。在一般情况下，股东本人需要亲自参加股东大会。但由于时间、距离、不熟悉公司事务或其他原因的限制，导致某一股东不能参加股东大会的，可以委托他人参加并代理行使投票权。由股东委托代理人投票称为"表决权委托代理"，由公司法上指定的受托人投票则称为"表决权的信托代理"。

②董事会。董事会是股份公司的核心领导层和最高决策者，它受托于股东大会，执行股东大会的各项决议。对于拥有众多股东的公司而言，显然不可能通过所有股东的定期集会来决策和管理公司的具体事务，需要股东们推选出能够代表自己的、有能力的、值得信赖的少数代表组成一个小型机构来管理公司，这个机构就是董事会。

董事会的基本组成模式主要分为两种：A.单层式董事会，即董事会成员分为执行董事和非执行董事，这种董事会模式是股东导向型的；B.双层制董事会，即由一个地位相对较高的监事会监管一个代表相关利益者的执行董事会，这种董事会模式是社会导向型的。

从20世纪70年代以来，西方国家的企业为了有效解决公司治理上的问题，在董事会中引入独立董事制度，以减轻内部人控制所带来的问题。我国现在也引入了独立董事制度。

（2）分层次财务管理权限。根据以上公司内部治理结构所建立的分层次财务管理权限如下：

①投资者财权。公司是股东发起并投资建立起来的，公司股东拥有公司的产权，并借此控制公司的经营活动、财务活动和经济利益导向。但是，除了一人公司之外，公司的股东群体的经济利益导向并非完全一致，股东群体的权利也并非均等。只有能够确保充分行使股东共益权的股东，才是公司财务管理的主体，也才真正具有公司的终极财权。

由此可见，财权的取得并独立化是一个组织能否成为财务主体的根本条件。没有财权的财务不能称为真正的财务，也就不可能形成财务主体。这就是说，产权与财权并不保持比例关系，每个公司股东按照投资的产权比例享有相同比例的公司财权是难以想象的神话，这个神话的最大危害就是将公司的财务搞乱。由此可见，公司财权起源于产权又独立于产权之外。

②董事会财权。根据我国《公司法》的规定，董事会由股东大会选举产生。从董事会的职权上看，公司董事会持有公司最高层次的财务控制权。现代企业的代理关系，将董事会赋予一定的权力期限，股东大会对董事会的制约使充分行使共益权的股东有比较充分的自由，选择、变换董事会成员，以维护股东的自益权。

董事会在代理关系中的最高层次的代理人地位，使其享有企业最高层次财务控制权和最大的经济责任，随着企业多层次代理关系的产生和运行，最高层次财务控制权也将被不同的经理人分解。

③经理人财权。董事会将董事会的群体责任通过人事任命具体落实在任期内的总经理头上，总经理也通过公司人事权力将财务控制权分解。由此可见，董事会的最高层次财务控制权的授权和分解授权，与人事权力相配合，并且越来越集中于个人权力。这一方面认证了个人能力和诚信的重要性，也揭示了财务控制权在行使中容易产生的不确定性。只有对掌握一定财务控制权的人实施必要的监督，并将这种监督与日常工作制度结合起来，股东的利益以及企业利益相关者的正当利益才有望得到保障。

分层次的公司财权主要解决的是控制权的授权问题。具有终极财权的股东大会，将资金的筹措权和使用权委托给董事会代理，董事会承担的是代理人责任，并不能取代股东的责任，由此形成利益关系的不一致。股东对董事会实施资金使用权和筹措权的监督是必要的。而将利益分配决策权放在股东大会，是行使共益权的股东直接掌管财权的体现。分层次的公司财权的配置，既体现了委托代理关系的确立，也体现了由于委托人与代理人利益关系的不一致所做出的权力安排。

（三）企业财务管理职责

1. 投资者的财务管理职责

（1）投资者具体职责的有关规定。企业是股东投资创办的，是投资人的企业，投资者才是企业真正的法律意义上的主人。只有投资者管理企业的职能不缺位，管理企业的职责才能真正落实到位。

《企业财务通则》第五条明确规定："各级人民政府及其部门、机构，企业法人、其他组织或者自然人等企业投资者（以下通称投资者），企业经理、厂长或者实际负责经营管理的其他领导成员（以下通称经营者），依照法律、法规、本通则和企业章程的规定，履行企业内部财务管理职责。各级人民政府及其部门、机构出资的企业，其财务关系隶属同级财政机关。"

政府可能具有双重身份。作为政府出面的宏观管理者，应当负责制订企业财务规章制度并对此加强监管；作为股东出面的微观投资者，还应当同企业的经理、厂长或者实际负责经营管理的其他领导成员一起履行企业内部财务管理职责。

按照我国《公司法》的规定，投资者可以是政府以及相关的机构，也可以是企业等法人实体，还可以是自然人。《公司法》还明确规定："公司股东依法享有资产收益、参与重大决策和选择管理者等权利。"只要是企业的股东（投资者），就应当按照《企业财务通则》第十二条的规定，切实履行投资者的管理职能。投资者的财务管理职责主要包括：A.审议批准企业内部财务管理制度，企业财务战略、财务规划和财务预算；B.决定企业的筹资、投资、担保、捐赠、重组、经营者报酬、利润分配等重大财务事项；C.决定企业聘请或者解聘会计师事务所、资产评估机构等中介机构事项；D.对经营者实施财务监督和财务考核；E.按照规定向全资或者控股企业委派或者推荐财务总监。

此外，企业在改制、产权转让、合并、分立、托管等重组活动中，对涉及资本权益的事项，应当由投资者或者授权机构进行可行性研究，履行内部财务决策程序。

对于上述管理职责的履行，投资者一方面应当通过股东（大）会、董事会、监事会或监事，或者其他形式的内部机构履行财务管理职责；另一方面，也可以通过企业章程、内部制度、合同约定等方式将部分财务管理职责授予经营者，通过对经营者的授权、约束、管理、激励、解聘等措施来达到履行财务管理职责的目的。金融企业按规定可以向其控股的企业委派或者推荐财务总监。《企业财务通则》第七十条规定，"经营者在经营过程中违反本通则有关规定的，投资者可以依法追究经营者的责任"。

现以有限责任公司为例，介绍有关股东会、董事会、监事会的职权如下，供制订公司章程或有关文件参考。

（2）股东会的职权。有限责任公司股东会由全体股东组成。股东会是公司的权力机构，依照《公司法》行使下列职权：A.决定公司的经营方针和投资计划；B.选举和更换非由职工代表担任的董事、监事，决定有关董事、监事的报酬事项；C.审议批准董事会的报告；D.审议批准监事会或者监事的报告；E.审议批准公司的年度财务预算方案、决算方案；F.审议批准公司的利润分配方案和弥补亏损方案；G.对公司增加或者减少注册资本做出决议；H.对发行公司债券做出决议；I.对公司合并、分立、解散、清算或者变更公司形式做出决议；J.修改公司章程；K.公司章程规定的其他职权。

（3）董事会的职权。有限责任公司董事会为常设机构，是由股东会选举产生的3～13名董事组成的公司经营决策及业务执行机构，对外代表公司。

董事会设立董事长1人，须由董事担任，为公司的法定代表人；副董事长1～2人。股东人数较少和规模较小的公司可不设董事会，而只设1名执行董事，该执行董事为公司的法定代表人，可兼任公司经理。董事会对股东会负责，行使下列职权：A.召集股东会会议，并向股东会报告工作；B.执行股东会的决议；C.决定公司的经营计划和投资方案；D.制订公司的年度财务预算方案、决算方案；E.制订公司的利润分配方案和弥补亏损方案；F.制订公司增加或者减少注册资本以及发行公司债券的方案；G.制订公司合并、分立、解散或者变更公司形式的方案；H.决定公司内部管理机构的设置；I.决定聘任或者解聘公司经理及其报酬事项，并根据经理的提名决定聘任或者解聘公司副经理、财务负责人及其报酬事项；J.制订公司的基本管理制度；K.公司章程规定的其他职权。

董事任期由公司章程规定，但每届任期不得超过3年。董事任期届满，连选可以连任。股东会不得在董事任期届满前无故解除其职务。

（4）监事会或监事的职权。监事会或监事为公司常设的监督机构。

有限责任公司设监事会，其成员不得少于3人。股东人数较少或者规模较小的有限责任公司，可以设1～2名监事，不设监事会。

监事会应当包括股东代表和适当比例的公司职工代表，其中职工代表的比例不得低于1/3，具体比例由公司章程规定。监事会中的职工代表由公司职工通过职工代表大会、职工大会或者其他形式民主选举产生。

监事会设主席1人，由全体监事过半数选举产生。监事会主席召集和主持监事会会议。监事会主席不能履行职务或者不履行职务的，由半数以上监事共同推举1名监事召集和主持监事会会议。

董事、高级管理人员不得兼任监事。

监事的任期每届为3年。监事任期届满，连选可以连任。监事任期届满未及时改选，或者监事在任期内辞职导致监事会成员低于法定人数的，在改选出的监事就任前，原监事仍应当依照法律、行政法规和公司章程的规定，履行监事职务。

监事会、不设监事会的公司的监事行使下列职权：A.检查公司财务；B.对董事、高级管理人员执行公司职务的行为进行监督，对违反法律、行政法规、公司章程或者股东会决议的董事、高级管理人员提出罢免的建议；C.当董事、高级管理人员的行为损害公司的利益时，要求董事、高级管理人员予以纠正；D.提议召开临时股东会会议，在董事会不履行本法规定的召集和主持股东会会议职责时召集和主持股东会会议；E.向股东会会议提出提案；F.依照公司法有关规定，对董事、高级管理人员提起诉讼；G.公司章程规定的其他职权。

监事可以列席董事会会议，并对董事会决议事项提出质询或者建议。

监事会、不设监事会的公司的监事发现公司经营情况异常，可以进行调查，必要时，可以聘请会计师事务所等协助其工作，费用由公司承担。

监事会每年度至少召开一次会议，监事可以提议召开临时监事会会议。

2. 经营者的财务管理职责

《企业财务通则》第十三条规定："经营者的财务管理职责主要包括：A.拟订企业内部财务管理制度、财务战略、财务规划，编制财务预算；B.组织实施企业筹资、投资、担保、捐赠、重组和利润分配等财务方案，诚信履行企业偿债义务；C.执行国家有关职工劳动报酬和劳动保护的规定，依法缴纳社会保险费、住房公积金等，保障职工合法权益；D.组织财务预测和财务分析，实施财务控制；E.编制并提供企业财务会计报告，如实反映财务信息和有关情况；F.配合有关机构依法进行审计、评估、财务监督等工作。"

经营者凭借企业法人财产的经营权行使财务管理职责。因此，明确经营者的财务管理权限分配尤为重要，它在企业内部控制中起着基础性的作用。分配权限时，投资者既要赋予经营者充分的自主经营权，又要对经营者的权力有适当的制衡。

（1）经营者财务管理职责内容。在企业正常经营情况下，经营者（包括企业经理、厂长以及实际负责经营管理的其他领导成员）直接掌握企业财务的控制权。围绕企业价值最大化的财务目标，经营者的财务管理职责表现在以下四个方面：

①执行投资者的重大决策，实施财务控制。按照企业章程和投资者的决策，组织实施企业筹资、投资、担保、捐赠、重组和利润分配等财务方案，拟订企业的财务战略、财务规划，编制财务预算；组织财务预测和财务分析；统筹运用企业资金，对企业各项资源的配置实施财务控制。

②保障债权人合法权益。诚信履行企业偿债责任，不得拖延履行甚至逃废债务偿付

义务，维护企业的良好信用形象。

③保障职工合法权益。执行国家有关职工劳动报酬和劳动保护的政策规定，依法缴纳社会保险费、住房公积金等；按规定应由职工（代表）大会审议或者听取职工意见的事项，应当严格履行相关程序。

④遵守国家统一规定。根据国家有关企业财务管理的规章制度，拟订企业内部财务管理制度，编制并向主管财政机关和投资者提供企业财务会计报告，如实反映财务信息和有关情况；依法缴纳税费；配合有关机构依法做好审计、评估、财务监督等工作。

（2）履行经营者职责的主体。

①公司的董事会和经理。《公司法》第四十七条规定，董事会行使的职权包括拟订企业财务战略、财务规划，编制财务预算，组织实施重大财务方案，实施财务控制等。第五十条规定，经理行使的职权包括拟订企业内部财务管理制度，组织实施重大财务方案，执行国家有关职工劳动报酬和劳动保护的规定、保障职工合法权益，组织财务预测和财务分析，实施财务控制，如实披露信息，配合有关机构依法进行的审计、评估、财务监督等工作，等等。

②全民所有制企业的厂长。根据《全民所有制工业企业法》的规定，全民所有制企业的厂长由政府主管部门委任或者招聘，或者由企业职工代表大会选举。厂长领导企业的生产经营管理工作，在企业生产经营中处于中心地位。企业设立管理委员会或者通过其他形式，协助厂长决定企业的重大问题，如经营方针、长远规划和年度计划、基本建设方案和重大技术改造方案，职工培训计划，工资调整方案，企业人员编制和机构的设置和调整，制订、修改和废除重要规章制度的方案等。

可以看出，公司中的董事会和全民所有制企业的厂长及其管理委员会（现实中大多为厂长办公会或经理办公会）相似，都同时承担了投资者和经营者的财务管理职责。

3. 财政部门职责

（1）财政部门负责加强对企业财务的指导、管理与监督。

《企业财务通则》将政府赋予财政部门的职责转化为行政规章，将财政政策、财政资金、财务监督纳入企业财务制度体系，明确了财政部门与企业之间的财务管理关系，有效地扭转了企业财务管理无章可循、职责不清的局面，从源头上整治企业财务秩序，化解财政风险。

《企业财务通则》第四条明确规定财政部应当负责制定企业财务规章制度。各级财政部门（以下通称主管财政机关）应当加强对企业财务的指导、管理、监督，其主要职责包括：A.监督执行企业财务规章制度，按照财务关系指导企业建立健全内部财务制度。

B.制定促进企业改革发展的财政财务政策,建立健全支持企业发展的财政资金管理制度。C.建立健全企业年度财务会计报告审计制度,检查企业财务会计报告质量。D.实施企业财务评价,监测企业财务运行状况。E.研究、拟订企业国有资本收益分配和国有资本经营预算的制度。F.参与审核属于本级人民政府及其有关部门、机构出资的企业重要改革、改制方案。G.根据企业财务管理的需要提供必要的帮助、服务。

《企业财务通则》和《金融企业财务规则》还明文规定了财政部门依法处罚的权力。

财政部门在依法实施财务监督中,对不属于本部门职责范围的事项,应当依法移送相关管理部门。

财政部门工作人员在履行财务管理职责过程中滥用职权、玩忽职守、徇私舞弊,或者泄露国家秘密、商业秘密的,依法进行处理。

(2)地方财政部门对企业日常财务会计方面的监管工作。监管的内容一般有以下几项:

①会计人员要持证上岗。会计人员是企业财务管理工作的执行者,企业财务管理工作的好坏与会计人员素质高低关系密切。所以,企业的会计人员必须具备一定的会计知识,并熟悉相关的财经法规。

国家对会计人员实行持证上岗制度,《中华人民共和国会计法》(以下简称《会计法》)要求会计人员必须取得《会计从业资格证书》才能担任会计工作。这是对会计人员最基本的要求,所以财政部门要对会计人员是否持证上岗进行监督,没有取得《会计从业资格证书》的人员一律不得在企业从事会计工作。

②依法建账,规范企业的会计核算行为。《会计法》规定,各单位必须依法设置会计账簿,并保证其真实、完整。地方财政部门根据《会计法》的要求,对企业是否依法建立各项会计账簿,以及会计核算行为是否规范进行监管,对不依法建账、会计核算行为不规范的企业应按《会计法》有关规定严肃处理。

③建立健全财务管理制度和内部控制制度。企业建立健全财务管理制度和内部控制制度,是搞好企业财务管理、规范财务核算行为的制度保证。国家对企业的财务会计工作制定了许多相应的法规,但由于每个企业大小不同,经营项目不同,环境不同,管理要求不同,企业要根据自身情况和管理要求,按照国家有关法规的要求,制订适合本企业的财务管理制度和内部管理制度,以保证财务管理工作和内部控制工作有章可循。

有条件或具备一定规模的企业要充分发挥董事会、监事会、股东大会、职代会的监督作用,保证各项财务管理制度和内部控制制度的实施。财政部门应监督和帮助企业搞好财务管理制度和内部控制制度建设,促使企业规范财务工作。

④加强业务培训和职业道德教育。财政部门可以定期或不定期地对会计人员进行业

务培训，开展后续教育，进行会计职业道德教育，提高会计人员的道德素质。

（3）积极创新财政社会管理职责。积极创新财政社会管理职责与相应的制度，是我国社会主义经济大发展和公共财政改革的要求。目前，政府正在积极研究建立与财政社会管理职能相适应，有利于规范全社会各类企业财务关系，监督企业经济运行，促进各类企业公平竞争和健康发展的新型的企业财务制度体系。

二、企业组织形式及其财务特征

企业组织形式可按照不同的类型进行分类。

（一）公司制企业

这是指以营利为目的，依法登记成立的社团法人。这种社团法人是一种具有人格的社会组织体，也就是由法律赋予权利能力的组织体。公司制企业可以分为股份有限公司、有限责任公司、两合公司、股份有限公司等。

1. 股份有限公司

股份有限公司是指全部注册资本由等额股份构成并通过发行股票筹集资本的企业法人。股份有限公司一般简称为股份公司，在英国、美国称为公众公司，在日本称为株式会社。

（1）股份公司具有下列一些特征：

①股份公司是最典型的合资公司。在股份公司中股东的人身性质没有任何意义。股东仅仅是股票的持有者。他的所有权利都体现在股票上并随股票的转移而转移，任何持有股票的人便是股东。股份公司必须预先确定资本总额，然后再着手募集资本。任何愿意出资的人都可以成为股东，没有资格限制。

②股份公司将其资本总额分为等额股份。资本平均分为股份，每股金额相等，这是股份公司的一个突出特点。

③股份公司设立程序复杂，法律要求严格。我国《公司法》规定，股份公司的设立要经过国务院授权的部门或省级人民政府批准，不得自行设立。股份公司的重要文件，如公司章程、股东名录、股东大会会议记录、财务会计报告必须公开，以供股东和债权人查询。股份公司每年还必须公布公司的财务报表。

（2）股份公司在财务上有许多优势。

①它通过向社会发行股票，可以广泛吸收社会资本、迅速扩大企业规模，提高企业的市场竞争能力。

②大股东可以通过股份公司控制更多的社会资本，增强企业在市场中的有利地位。

③由于股票可以在市场上自由流动，所以，股东流动性极大。在企业经营不善、面

临亏损或破产危险时，股东可以迅速出售股票，转而投资到有利的企业中去。同时，这也能对企业经理人员形成压力，迫使其提高经营管理水平。

当然，股份公司也有一些劣势。这主要是股东的流动性太大，不易控制掌握。股东对于公司缺乏责任感，因为股东购买股票的目的就是为了取得红利，而不是为了办好企业，往往当公司经营业绩欠佳时，股东就会转让、出售股票。

2. 有限责任公司

有限责任公司是指由一个或一个以上股东共同出资，每个股东以其所认缴的出资额对公司承担有限责任，公司以其全部资产对其债务承担责任的企业法人。有限责任公司一般简称为有限公司。有限公司具有下列一些特征：

（1）它的设立程序要比股份公司简便得多。在我国，设立有限公司，除法律、法规另有规定外，不需要任何政府部门的批准，可以直接向公司登记机关申请登记。有限公司不必发布公告，也不必公开其账目，尤其是公司的资产负债表一般不予公开。

（2）有限公司不公开发行股票。有限公司的股东虽然也有各自的份额以及股份的权利证书，但它只是一种记名证券，而不是像股票那样属于有价证券。而且，各股东的股份由股东协商确定，并不要求等额，可以有多有少。

（3）有限公司的股份不能自由买卖。由于有限公司股东持有的股权证书不是股票，所以这种股权证书只能在股东之间相互转让。在向股东以外的人转让股份时，必须经过全体股东过半数同意，并且，经同意转让的股份，其他股东在同等条件下可以优先购买。

（4）有限公司的内部管辖机构设置灵活。股东人数较少和规模较小的有限公司，可以不设立董事会，只设 1 名执行董事，执行董事可以兼任公司经理，而且，这类公司也可以不设立监事会，只设 1~2 名监事执行监督的权力。

（二）独资企业

这是由单个自然人独自出资、独自经营、独自享受权益、独自承担经营责任的企业。独资企业的规模一般都很小，其组织结构也十分简单，几乎没有任何内部管理机构。

1. 独资企业的财务优势

（1）由于企业主个人对企业的债务承担无限责任，法律对这类企业的管理就比较松，设立企业的条件不高，程序简单、方便。

（2）所有权能够自由转让。

（3）所有者与经营者合为一体，经营方式灵活，财务决策迅速。

2. 独资企业的财务劣势

（1）企业规模小，企业主个人由于财力有限，并由于受到还债能力的限制，筹资较困难，对债权人缺少吸引力，取得贷款的能力也比较差，因而难于投资经营一些资金密集、适合于规模生产经营的行业。

（2）企业存续期短。一旦企业主死亡、丧失民事行为能力或不愿意继续经营，企业的生产经营活动就只能终止。

（3）由于受到业主数量、人员素质、资金规模的影响，独资企业抵御财务风险、经营风险的能力较低。

（三）合伙企业

这是由两人或两人以上合资经营的企业。除业主不止一个人以外，合伙企业其他方面均类同于独资企业。特别是当合伙企业破产时，一个合伙人无能力偿还他分担的债务，那么其他合伙人要负连带责任。

1. 合伙企业的财务优势

与独资企业相比较，合伙企业的财务优势如下：

（1）由于每个合伙人既是合伙企业的所有者，又是合伙企业的经营者，这就可以发挥每个合伙人的专长，提高合伙企业的决策水平和管理水平。

（2）由于可以由众多的人共同筹措资金，提高了筹资能力，扩大了企业规模。同时，也由于各合伙人共同负责偿还债务，这就降低了向合伙企业提供贷款的机构的风险，有利于合伙企业取得贷款。

（3）由于合伙人对合伙企业的债务承担无限连带责任，因而有助于增强合伙人的责任心，提高合伙企业的信誉。

2. 合伙企业的财务劣势

（1）合伙企业财务不稳定性比较大。由于合伙企业以人身相互信任为基础，合伙企业中的任何一个合伙人发生变化（如原合伙人丧失民事行为能力、死亡、退出合伙，或者新合伙人加入等）都将改变原合伙关系，建立新的合伙企业。因此，合伙企业的存续期限是很不稳定的。

（2）合伙企业投资风险大，由于各合伙人对合伙企业债务负连带责任，因此，合伙人承担的经营、风险极大，使合伙企业难以发展壮大。

（3）合伙企业由于在重大财务决策问题上必须要经过全体合伙人一致同意后才能行动，因此，合伙企业的财务管理机制就不能适应快速多变的社会的要求。

企业组织形式的差异导致财务管理组织形式的差异。在独资和合伙的企业组织形式下，企业的所有权与经营权合二为一，或者说企业的所有者同时也是企业的经营者，他们享有财务管理的所有权力，并与其所享有的财务管理的权力相适应，这两种企业的所有者必须承担一切财务风险或责任。而当企业一旦采取公司的组织形式，所有权主体和经营权主体就发生分离。这时，公司的财务管理权也相应分属于所有者和经营者两个方面。通常情况下企业的所有者不直接对企业的生产经营活动进行决策或参与决策，他们参与和做出的财务决策是企业的重大决策，归结起来一般是有关所有者权益或资本权益变动的财务决策，而经营者则是对企业的日常生产经营活动做出决策，包括企业一般的财务决策。因此，在公司这种企业组织形式中，所有者不像独资和合伙那样承担无限责任，他们只以自己的出资额为限承担有限责任，即只要他们对公司缴足了注册资本的份额，对公司或公司的债权人就不需再更多地支付。

三、企业内部组织结构

一元化结构制、事业部制和控股公司制是企业内部组织结构常见的三种形式。

（一）一元化结构制

一元化结构制是集中的、按职能划分下属部门的组织制度。这种体制高度集权于最高领导层，内部按职能划分为若干部门，各部门的相对独立性和权力较小。

（二）事业部制

事业部制是按产品、业务地区划分成若干事业部，实行集中指导下的事业部分散经营的组织制度。每个事业部都是实现企业战略目标的基本经营单位，实行独立核算、独立经营、自负盈亏、统一管理其产品、业务或地区的产、供、销等全部活动。

（三）控股公司制

控股公司制是指拥有其他公司的股份或证券、有能力控制其他公司决策的公司组织形式。控股公司有两种形式，一种为纯粹控股公司，另一种为混合控股公司。纯粹控股公司只从事股票控制而不经营实业；混合控股公司既从事股票控制又经营具体的实际业务。控股公司通过收购掌握一个主要股份公司股权，并以其为"母公司"去掌握和控制众多的"子公司""孙公司"，从而形成以"母公司"为核心的金字塔式控制体系。

四、企业财务管理机构

企业财务管理机构的设置，因企业规模大小不同而有差异，同时它同经济发展水平和经济管理体制更有密切的联系。

在过去高度集中的计划经济体制下，我国国有企业中都是将财务机构和会计机构合并设置在一起的。在大中型企业中，在厂长（经理）领导下，由总会计师来领导财务会计部门，在小型企业，不设总会计师，由一名副厂长（副经理）领导财务会计部门。这种财务与会计机构合并设置的模式是同传统的管理体制相适应的。在过去的经济体制和财政体制下，国有企业的自主经营、自负盈亏流于形式，企业财务管理主要从属于国家财政，企业财务管理的主要职能如筹集资金、投资、利润分配等都由国家财政部门和企业主管部门包揽。企业只是按规定收收付付，没有财务管理的决策权，不能自主筹资和投资，财务管理似乎无足轻重，一些财务活动业务手续在进行会计核算工作中可顺便完成。因此，财务管理机构可以不必单独设置。

改革开放以后，企业的财务活动发生了深刻的变化。企业的筹资渠道和筹资方式越来越多样化，企业投资的规模和去向日益增多，利润分配涉及的方面更加广泛，企业要处理的财务关系由于经济行为的多种多样也更加复杂。在这种形势下，财务管理的独立地位越来越突出，财务与会计的职责不明的弊病也越来越明显。所以，就产生了财务机构同会计机构分别设置的需要。

根据以往经验，在企业总经理领导下可设置财务副经理来主管财务与会计工作。在财务副经理下面可分设财务处和会计处，分别由财务主任（Treasurer）和主计长（Controller）担任主管人员，其下再根据工作内容设置若干专业科。

结合我国具体情况，企业财务处的主要职责可规定为如下几项：A.筹集资金；B.负责固定资产投资；C.负责营运资金管理；D.负责证券的投资与管理；E.负责利润的分配；F.负责财务预测、财务计划和财务分析工作。

企业会计处的主要职责可规定为如下几项：A.按照企业会计准则的要求编制对外会计报表；B.按照内部管理的要求编制内部会计报表；C.进行成本核算工作；D.负责纳税的计算和申报；E.执行内部控制制度，保护企业财产；F.办理审核报销等其他有关会计核算工作。

这样，就可以对财务工作和会计工作的范围做一个大致的划分。财务机构和会计机构分别设置、分别规定职责范围，才能明确财务工作和会计工作各自的主攻方向，各司其职，而不致顾此失彼，削弱任何一个方面的工作。

财务机构同会计机构分别设置后，两者还必须为提高企业经济效益这一共同目标而相互配合，密切协作。会计处要及时地向财务处提供真实可靠的会计信息，并利用其所掌握的会计信息参与企业的财务计划和财务分析工作，对企业财务活动进行监督，为经营决策服务。财务处则要充分利用会计处提供的会计信息和其他有关资料搞好财务预测、财务计划和财务分析工作，依据日常核算资料及时调度资金，财务处预测、计划所确定的具体财务指标要及时提供给会计处，作为其日常控制监督的依据。在财务副经理统一管辖下，财务处和会计处加强联系，互相支持，则能协调一致地为实现企业的总体目标而发挥各自的作用。

第九章　财务会计监督与管理

第一节　财务会计监督的基本内容

《会计法》第二十七条规定："各单位应当建立、健全本单位内部会计监督制度。单位内部会计监督制度应当符合下列要求：（一）记账人员与经济业务事项和会计事项的审批人员、经办人员、财物保管人员的职责权限应当明确，并相互分离、相互制约；（二）重大对外投资、资产处置、资金调度和其他重要经济业务事项的决策和执行的相互监督、相互制约程序应当明确；（三）财产清查的范围、期限和组织程序应当明确；（四）对会计资料定期进行内部审计的办法和程序应当明确。"这是对单位内部会计监督制度基本内容和要求的法律规定。

一、与经济业务事项和会计事项有关的人员的职责权限应当明确，并实行岗位分离，相互之间形成制约关系

这一要求的目的在于，通过对办理经济业务事项和会计事项的有关人员的岗位、责任的合理划分，预防和及时发现相关人员在履行职责过程中可能出现的错误和舞弊行为。单位内部会计监督制度应当规定：

（1）经济业务事项的办理、记录以及资产的维护保管等应该指派给不同的个人或部门。比如，采购部门人员应负责签发采购单，会计部门应记录已收到的货物，仓库管理人员应负责该货物的保管工作。在记录每项采购业务之前，会计人员应该确定采购业务是否符合职责规定或者已经过授权，所采购的货物是否已经实际收到。会计记录应当为明确已存于仓库的货物的保管责任提供依据。

（2）办理经济业务事项各个步骤应该指派给不同的人员或部门承担。比如，在进行销售业务时，应当将销售业务的审批、销售业务的执行、订货单的归档、货物的发运，以及开账单给顾客等工作派给不同的人员。

（3）会计工作的责任应该划分。比如，应收账款的总账和顾客明细账应当由不同的人来记录；记录现金收入和支出的人员不应负责调节银行账户；资产保管应该与资产会计记录的掌管相分离；付款凭单的批准应该与支票的签发相分离。

二、重大对外投资、资产处置、资金调度和其他重要经济业务事项的决策和执行应当有明确的相互监督、相互制约的程序

这是对单位的负责人和主要经营管理人员或者部门所作的约束。单位的日常经营活动和运作，主要依靠明确各有关人员和部门的职责、权限来保证。对于并不经常发生的单位重大的经济业务事项则需要严格规范的程序来保证其科学性和可行性，以防止由于独断专行所带来的风险。单位内部会计监督制度应当规定：

（1）单位的重大经济业务事项的范围应该划定

除了重大对外投资、资产处置、资金调度以外，所有对单位的经营管理和发展有重大影响或者产生风险的借贷、交易、担保、往来等经济业务事项都应该纳入重大业务事项的范围。

（2）重大经济业务事项的决策人员和执行人员应该实行分离

不允许决策人同时又是执行人，应该使决策在一定范围内具有透明度，使决策在监督之下作出和执行。

（3）重大经济业务事项的决策和执行应该有固定的程序

每一步骤要有一定的条件，并办理相应的手续，留有文字记载和依据，会计机构、会计人员依此办理所发生的会计事项。

三、财产清查的范围、期限和组织程序应当明确

财产清查是单位内部会计监督制度的一项重要内容。单位的会计机构、会计人员通过填制、审核会计凭证，登记会计账簿，记录和反映单位的资产、权益的增减变化和结果。因此，账簿记录与财产物资的实际结存应该保持一致。但是，在实际工作中，由于各种主客观原因，存在着账实不符的情况。如检验、计量不准确，自然损耗、自然灾害、意外损失，或者因保管不善造成损毁，以及贪污、盗窃，账簿中错记、漏记等原因都会使账实不符。为了确保会计资料的真实、完整，保证单位财产物资的安全、完整，一方面要建立健全岗位责任制，加强监督管理；另一方面必须建立财产清查制度，通过对本单位各项财产物资、现金的实地盘点，以及对银行存款、债权债务等往来款项的核对，查明某一时点的实际结存数与账面余额是否相符，即账实是否相符。财产清查是单位及时发现问题，查找原因，落实或者追究责任，严格管理的重要手段。因此，单位内部会计监督制度应当根据本单位的性质和经济业务范围，对本单位的财产清查作出规定，明确多长时间进行一次全面的清查，一般应该一年至少一次。

（1）财产清查的范围

分别将全面清查、局部清查、专题清查的内容列举清楚。

（2）财产清查的期限

明确每个会计年度进行几次全面清查、局部清查、专题清查，以及清查的具体时间安排。另外，对于发生必须进行财产清查的特殊情形也应该规定清楚，如本单位发生撤销、改组、合并以及租赁、承包和产权变动的情况；或者发生自然灾害、意外财产损失的情况；或者出现有关人员调动更换，以及财政、税收、审计等部门进行会计检查的情况。

（3）财产清查的组织程序

财产清查的步骤安排及有关部门和人员的职责权限应当规定清楚，相互之间应该形成监督和制约的关系。

四、对会计资料定期进行内部审计的办法和程序应当明确

对会计资料定期进行内部审计，对于本单位的会计工作，进而对本单位的经营管理具有极其重要的作用，是单位内部会计监督制度中不可或缺的内容。一是通过对会计资料的审查、评价，使其与本单位的经济业务事项相符，保证会计资料的真实、完整；二是通过发现和揭露经济活动中的错误和弊端，保证国家财经法纪的严肃性和统一性；三是通过对单位财产物资的进出、保管、使用情况的检查，查明账实不符、保管不善、维护不力、丢失毁损等情况或行为，保护单位的财产安全和完整；四是通过监督、检查发现本单位经营管理上存在的问题，提出改进意见和建议，能够促进本单位的经营管理的改善与加强，提高经济效益。

因此，《会计法》规定，单位的会计资料必须定期进行内部审计。这就是说，在单位内部必须设置独立的内部审计机构或人员，而且要保证其为发挥作用所应该具有的检查会计资料、资金和财产的权力；调查经济业务事项及有关情况，索取有关文件、证明材料的权力；对严重违反财经法规、严重损失浪费的行为，行使临时制止的权力；以及提出有关意见和建议的权力。在单位内部会计监督制度当中，还必须结合本单位的经济业务性质，对内部审计的办法和程序作出明确规定，以满足发挥内部审计作用的需要。

第二节　财政部门的监督职责

一、财政部门实施会计监督的法律规定

《会计法》第三十二条规定："财政部门对各单位的下列情况实施监督：（一）是否依法设置会计账簿；（二）会计凭证、会计账簿、财务会计报告和其他会计资料是否真实、完整；（三）会计核算是否符合本法和国家统一的会计制度的规定；（四）从事会计工作的人员是否具备从业资格。在对前款第（二）项所列事项实施监督，发现重大违法嫌疑时，国务院财政部门及其派出机构可以向与被监督单位有经济业务往来的单位和被监督单位开立账户的金融机构查询有关情况，有关单位和金融机构应当给予支持。"《实施办法》第二十条规定："财政部门依法对单位下列事项实施监督、检查：（一）是否依法设置会计机构、配备会计人员或者委托代理记账；（二）会计人员是否取得会计从业资格证书并依法履行职责；（三）开立账户是否符合法律、法规和会计制度以及相关制度的规定；（四）是否依法设置会计账簿；（五）是否按照会计制度规定进行会计核算；（六）会计凭证、会计账簿、财务会计报告等会计资料是否合法、真实、准确、完整；（七）单位负责人或者其他人员有无对依法履行职责的会计人员进行打击报复；（八）法律、法规、规章规定的其他事项。"这是对财政部门实施会计监督的法律规定。

二、财政部门实施会计监督的职责

财政部门监督会计工作，是有效管理会计工作的重要保证。《会计法》第七条规定："国务院财政部门主管全国的会计工作。县级以上地方各级人民政府财政部门管理本行政区域内的会计工作。"《会计法》在授权财政部门管理会计工作职权的同时，赋予财政部门对会计工作的监督权和行政处罚权，有利于保证财政部门管理会计工作职权的有效实施。应当强调，法律赋予财政部门对会计工作的管理权、监督权、行政处罚权，不能只看作是一种权力，更应看作是财政部门必须履行的法定义务和责任，如果财政部门疏于管理与监督，甚至滥用职权，都是法律所不允许的，应当承担法律责任。

三、财政部门实施会计监督的内容

《会计法》在明确国务院财政部门作为全国会计工作的主管部门和地方人民政府财政部门作为本行政区域内会计工作的管理部门的同时，又将财政部门实施监督的内容以法律的形式确定下来，强调任何单位都不得拒绝，以保证财政部门的监督职能落到实处。

（一）监督各单位是否依法设置会计账簿

会计账簿是会计机构、会计人员办理会计事务，进行会计核算的中心环节。没有会计账簿，反映单位各项经济业务事项的会计凭证就得不到审核监督和整理、归纳、分类、汇总，单位各项资产和权益的增减、变动情况与结果就得不到反映，就形不成会计核算。这不仅影响到单位自身的经营管理，也使与单位有经济关系的各方面利益得不到保证。因此，各单位必须设置会计账簿。然而，会计账簿的设置并不是任意的，必须依法设置。这是财政部门实施监督首先要解决的问题。

依法设置会计账簿，首先是指设置会计账簿必须规范，符合法律、法规和国家统一的会计制度的要求。例如《会计法》规定，各单位必须依法设置会计账簿；会计账簿包括总账、明细账、日记账和其他辅助性账簿。《中华人民共和国中外合作经营企业法》规定，合作企业必须在中国境内设置会计账簿；《中华人民共和国中外合资经营企业法》规定，合营企业的一切自制凭证、账簿、报表必须用中文书写；《中华人民共和国外资企业法实施细则》规定，外资企业的自制会计凭证、会计账簿和会计报表，应当用中文书写。

其次，会计账簿的设置，必须符合统一的原则，即进行会计核算，反映本单位经营业务和资产权益状况的会计账簿只能是依法设置的，不允许违法设立"两本账""多本账"。这样才能保证将单位会计账簿置于来自各方面的会计监督之下。《会计法》明确规定，各单位发生的各项经济业务事项应当在依法设置的会计账簿上统一登记、核算，不得违反《会计法》和国家统一的会计制度的规定私设会计账簿登记、核算。《中华人民共和国公司法》规定，公司除法定的会计账册外，不得另立会计账册。《中华人民共和国商业银行法》规定，商业银行不得在法定的会计账册外另立会计账册。

最后，依法设置会计账簿是指不得设置虚假的会计账簿，虚假的会计账簿是指虽然会计账簿只有一套，但是，记录的内容却是虚假的，设置的目的就是为了掩盖不按《会计法》和国家统一的会计制度办理会计事务、进行会计核算的行为。

财政部门要按照上述三个标准对各单位是否依法设置会计账簿进行监督。

（二）监督各单位的会计凭证、会计账簿、财务会计报告和其他会计资料是否真实、完整

这是财政部门监督的重点。根据《会计法》的规定，财政部门应当从以下几个方面对会计凭证、会计账簿、财务会计报告和其他会计资料进行监督：

第一，检查各单位应当办理会计手续、进行会计核算的经济业务事项是否在会计凭证、会计账簿、财务会计报告和其他会计资料上得到了反映。这样的经济业务事项有：

款项和有价证券的收付；财物的收发、增减和使用；债权债务的发生和结算；资本、基金的增减；收入、支出、费用、成本的计算；财务成果的计算和处理，以及根据有关规定需要办理会计手续、进行会计核算的其他事项。上述范围内的任何一项经济业务事项，如果没有得到反映，那么会计凭证、会计账簿、财务会计报告和其他会计资料就是不完整的。不完整的，也就是不真实的。

第二，检查各单位填制的会计凭证、登记的会计账簿、编制的财务会计报告与实际发生的经济业务事项是否相符。如果有虚假的经济业务事项存在，就是不真实的。不真实的，也就是不完整的。在会计凭证、会计账簿、财务会计报告中，会计账簿居于核心的地位，要特别检查会计账簿记录与实物、款项的实有数是否相符，会计账簿记录与会计凭证的有关内容是否相符，会计账簿记录与会计报表的有关内容是否相符，会计账簿之间相互对应的记录是否相符。如果存在着差异或矛盾，就必然是不真实、不完整的。

第三，检查各单位的财务会计报告是否符合有关法律、法规和国家统一的会计制度的要求。如果向财务会计报告的不同使用者提供的财务会计报告是以不同的依据编制出来的，或者应当说明和披露的事项，如单位提供的担保、未决诉讼等或有事项没有说明和披露，就可以认为这样的财务会计报告是不真实和不完整的。

第四，检查其他会计资料是否存在虚假。这里的"其他会计资料"是指对本单位的经济业务事项起着证明作用的有关资料。如合同书、董事会决议、授权书等，对这些会计资料也应当重视，往往能够发现虚假的和违法违规的行为。

（三）监督各单位的会计核算是否符合《会计法》和国家统一的会计制度的规定

会计核算的过程，就是以货币计量为基本形式，用专门的方法对经济业务事项进行记录和计算，并据以编制财务会计报告的过程。财政部门对各单位的会计核算进行监督，主要应该注意以下几个方面的问题：

第一，从内容上，检查经济业务事项是否完整，会计核算是否是根据实际发生的经济业务事项进行的，是否存在虚假的经济业务事项和资料。

第二，从记账规则上，检查会计凭证的审核、会计账簿的记录、财务会计报告的编制以及其他会计资料的取得和使用，包括使用电子计算机进行会计核算所使用的软件及其生成的会计凭证、会计账簿、财务会计报告和其他会计资料，是否符合国家统一的会计制度的规定；检查会计记录的文字和记账本位币是否符合规定；特别是检查会计账簿是否是根据经过审核的原始凭证和记账凭证登记的，财务会计报告是否是根据会计账簿的记录编制的。

第三，从会计处理上，检查资产、负债、所有者权益和收入、支出、费用、成本、利润的确认、计量和会计处理方法是否符合国家统一的会计制度的规定。

（四）监督各单位从事会计工作的人员是否具备从业资格

财政部门应该从两方面进行检查：

第一，检查被监督单位从事会计工作的人员是否取得了会计资格证书；

第二，检查被监督单位会计机构的负责人，包括会计主管人员是否具备会计师以上专业技术职务资格或者从事会计工作 3 年以上的经历。

四、财政部门实施会计监督的方式

《会计法》规定，财政部门在对各单位会计凭证、会计账簿、财务会计报告和其他会计资料实施监督时，发现有重大违法嫌疑的，国务院财政部门及其派出机构可以向与被监督单位有经济业务往来的单位、被监督单位开立账户的金融机构查询有关情况，有关单位和金融机构应予以支持和配合。

会计凭证、会计账簿、财务会计报告和其他会计资料主要以货币为计量尺度，在会计资料中主要反映的是价值量数据。查证会计资料中的价值量数据是否真实、完整，必须实地核实会计资料所反映的实际经济业务事项，包括财产实物增减变化情况、银行账户的实有资金及往来记录、与经济业务事项有关的合同等。核实财产实物、合同等，一般是在被监督单位进行，较为简单；而核实被监督单位与有关单位的经济业务往来；以及被监督单位在银行开立账户的资金情况，则涉及被监督单位以外的其他单位和金融机构，需要有关单位和金融机构的配合。因此，《会计法》规定，财政部门在对会计资料质量实施监督，需要有关单位和金融机构支持时，有关单位和金融机构应给予支持，这是一项法定义务。但是，财政部门在行使查询权时是附有限制条件的，根据《会计法》规定：一是只有在财政部门对会计凭证、会计账簿、财务会计报告和其他有关资料实施监督，发现有重大违法嫌疑时，才能行使查询权，以避免少数监督人员滥用职权，侵犯被监督单位和其他有关单位的合法权益；二是行使查询权的财政部门应当是国务院财政部门及其派出机构，即财政部和财政部派驻的监督机构，除此以外，地方各级人民政府财政部门及其派出机构无权行使查询权，各地财政部门应当严格执行《会计法》的这一规定。

第三节　公共预算监督与管理

在我国目前的公共预算监督体系中，预算监督的主体仍以权力机关和政府的财政、审计部门监督为主。

一、立法机关预算监督

我国宪法确立了国家权力机关即各级人民代表大会及其常务委员会行使国家立法权、审批和监督政府预算的制度，因此，对政府预算的编制和执行情况的监督就成为人大对政府行为的一项最重要的监督。其监督的主要内容是：

（一）对政府预算编制的监督

对政府预算编制进行监督应当本着真实性、合法性、效益性和预测性的原则进行。长期以来，由于我国政府预算编制时间很短，内容很粗糙，各级人大对预算编制很难提前介入进行监督，只能粗略地审查财政收支大账或若干大项，对那些需要详细了解掌握的细目和大项的具体收支内容却无法把握，致使人大的监督流于形式，仅仅限于对预算的批准程序，而无法对政府预算的实质性内容进行有效的监督。随着社会主义市场经济体制的建立和发展以及财政改革的不断深化，特别是中国民主法制化进程的向前推进，人大对政府预算编制的监督越来越重视时效，并且将预算编制监督的重点放在了预算编制的合理性、科学性和有效性上。在这个前提下，要求政府预算要细化，要编制部门预算，并将预算编制时间提前，以便于人大提前介入进行预算的详细审查。

（二）对预算调整和变更的监督

根据我国预算编制的制度，政府预算是在预算年度初制定的。但在一个预算年度的执行过程中，经常会出现一些特殊情况或突发事件需要临时调整和变更预算。根据我国《预算法》，进行预算调整，必须经本级人民代表大会常务委员会批准。但在实践中，即使没有突发事件，也无确实不可克服的因素，也经常存在着对预算进行调整和变更的情况。人大对预算调整和变更的监督，主要是对一般可变性因素进行严格的控制，对政府提出的预算调整和变更要求进行认真审查，制止政府预算变更中存在的随意性，确保通过监督，督促规范政府事权和政府行为。

（三）对政府决算的监督

对决算的监督是对预算监督的继续，预算监督的一切情况都将在决算中反映出来。对决算的监督主要是检查经人大批准的决议是否都已执行，财政部门是否按人大批准的预算给部门和单位及时拨付资金，资金的投向、结构是否合理，使用中是否存在截留、转移、挪用、浪费资金等问题。另外，人大对决算的监督还包括：预算收支执行是否坚持了地、核预算原则，决算结果与预算是否相符，决算数额是否真实、准确，有无重报、漏报和虚报等情况。其监督的重点集中在收入、支出和平衡三个方面：

一是收入方面。对决算收入的监督主要应考察决算收入是否真实，收入来源是否合法、合规；根据分税制财政体制的规定，各项决算收入级次划分是否正确、真实、合法；各项收入的征收、入库是否真实、合法。

二是支出方面。对决算支出的监督主要应考察支出是否按预算执行，是否符合国家的政策、法规和制度，有无扩大范围、超预算、超财力支出；主要支出列报决算的依据是否充分、可靠、有效，与预算安排是否相符；列报决算的基础是否真实、合法、合规；各项支出是否取得了预期的经济效果和社会效益。支出决算是否超预算，超预算的原因何在；预算所确定的项目是否真正做到了专款专用；各项支出调整追加的指标是否合理、合规；有无虚列或扩大支出或隐瞒开支等。其中，各项支出是否取得了预期的经济效果和社会效益应为监督的重中之重。

三是平衡方面。我国现行的《预算法》把坚持收支平衡作为预算编制和预算执行的一项基本原则。对平衡的监督应通过审查总决算表来审查财政收支决算是否符合国家的统一规定。特别要从审查"当年预算数""调整预算数""调整后预算数"的来源是否有根据，调整手续是否符合程序，手续是否完备等方面给予重视，以期从根本上提高人大及其常委会对政府预算监督的质量。

二、财政部门预算监督

政府财政部门对预算实施监督的权力，来源于代表国家意志的宪法与法律规定，即人民代表大会及其常委会的法律授权，以及代表国家行政权的本级人民政府的行政授权。就这一预算监督的组织实体而言，它在国家政权体系中隶属于政府序列，具有明显的行政性质。其预算监督的主要内容是：

（一）对预算编制的监督

一是检查部门预算编制机构在编制部门预算过程中是否坚持了实事求是、严格审核、综合平衡、保证重点的原则，编制工作行为是否规范，编制工作程序是否严格等；

二是检查部门预算编制机构是否合理并符合国家的有关规定，在编制的收入预算中有无隐瞒、少列等问题，在编制的支出预算中有无违法违规的内容等；

三是检查综合预算编制机构在编制综合财政收支预算过程中是否坚持了综合平衡、

不列赤字、留有余地的原则，编制工作行为是否规范，编制工作程序是否严格，与部门收支预算的口径是否一致等。

（二）对预算收支执行的监督

一是监督、检查各单位预算收入解缴、征收情况，有无截留、挪用、转移、坐支等违反财经纪律的问题；

二是检查国库是否按照分税制财政体制的要求，将已入库的财政收入及时、准确地进行划分和报解，有无混库现象发生；

三是检查预算资金的分配、使用情况，以及本级国库预算支出的拨付情况；

四是检查部门预算执行机构是否按照支出预算的计划额度、规定的用途办理拨款，有无超额度、跨用途的拨款行为；

五是检查部门预算执行机构拨款的进度是否合理，与资金使用单位的资金需求计划以及有关实际工作的要求是否相符合，资金的调度是否规范，有无滥用职权等问题。

（三）对政府采购进行监督

根据我国《政府采购法》规定，财政部门负责政府采购的组织工作，因此对政府采购的监督必须纳入财政部门的预算监督范围之内。对政府采购行为实施监督检查的重点包括：

一是检查政府采购管理机构及其实体所编制的政府采购计划是否科学、合理，是否与政府采购的预算指标相吻合，有无重复或是多头设置采购项目等问题；

二是检查政府采购管理机构及其实体在实施政府采购过程中采用的标准、方式、程序是否合法、合规，在签订采购合同、验收采购商品、办理资金结算等项工作中有无违法违规的行为等；

三是检查政府采购管理机构及其实体执行政府采购计划的情况，计划执行的结果是否合理，采购资金的总体安排是否科学、是否符合效益的原则，在政府采购中是否存在着风险等。

（四）对内部财务收支的监督

一是检查内设的财会机构或履行财会工作职责的机构以及下属业务单位的资金来源、运用、结存是否正常；

二是检查内设的财会机构、履行财会工作职责的机构以及下属业务单位建立健全和执行内部控制制度的情况，财务收支、会计核算是否符合国家的有关财经法律、法规、规章和财务及会计制度的规定等；

三是检查内设的财会机构或履行财会工作职责的机构以及下属业务单位财产物资管

理制度是否完善，账实之间是否相符等；

四是检查内设的财会机构或履行财会工作职责的机构以及下属业务单位的专项资金的使用及结存情况，是否做到了专款专用，是否存在着浪费资金、挪作他用等问题。

（五）对预算外资金的监督

一是监督检查预算外资金的取得是否严格按照国家法律、法规和规章所规定的范围和标准，各部门、各单位有无违反有关规定擅自设立收费项目，随意调整收费范围和收费标准；

二是监督检查部门和单位的预算外资金收入是否由本部门、本单位财务部门集中管理，并按规定向财政部门或上级主管部门缴付，有无坐支，有无私设"小金库"；

三是监督检查预算外资金是否进行了财政专户存储，实行收支两条线管理；

四是监督检查各部门、各单位在收取行政事业性收费时，是否严格按照财政部有关行政事业性收费票据的规定执行等。

三、审计部门预算监督

（一）对预算编制的审计

一是监督政府预算收支是否贯彻了党和国家的各项方针、政策以及国务院、财政部关于编制预算草案的指示精神；

二是监督政府预算收支安排是否符合国民经济和社会发展规划目标以及政府预算指标的要求；

三是监督政府预算收支安排是否符合分税制预算管理体制的各项规定和具体要求；

四是监督政府预算编制的内容是否符合要求，表格资料是否完整，预算说明是否齐全，有无技术上和数字上的错误等。

（二）对预算执行的审计

一是审计预算收入、预算支出、预算拨款等原始凭证以及金库报表，检查预算收入的来源和规模，预算支出的方向和用途，分析各种比例关系，监督政府预算收支的真实性；

二是通过将预算收支完成数与年度预算数和上年同期完成数等进行对比、分析，来审计政府预算收支的完成情况；

三是审计地方政府和财税部门有无越权违规进行税收减免；

四是审计中央和地方各级政府及财政部门拨付的各项亏损补贴资金落实到位情况，有无应拨未拨等问题；

五是审计预算执行中的调整是否符合规定，包括进行预算调整的程序、资金来源是否符合规定等。

（三）对决算的审计

一是审计政府决算的完整性、准确性；

二是审计政府决算收支平衡的真实性；

三是审计预算内外资金的界限是否划分清楚；

四是审计上、下级财政结算资金是否符合规定，计算是否准确；

五是审计有关政府决算报表及总决算说明书等。

（四）对预算外资金的审计

一是审计预算外收入的取得是否符合有关规定，有无乱收费现象；

二是审计预算外资金是否进行了财政专项存储，实行专款专用；

三是审计预算外资金结余的真实性，看预算外资金结余是否合理地调入预算内平衡决算，各项专款结余是否按规定结转下年继续使用等。

（五）对政府性基金的审计

一是审计政府性基金的种类是否在国家已批准成立的范围之内；

二是审计政府性基金的征收规模、使用规模及各种比例关系；

三是审计政府性基金的来源和征收标准及征收范围，有无挤占一般预算收入；

四是审计政府性基金的使用是否做到了专款专用，有无转移、挪用和损失浪费的现象；

五是审计政府性基金的管理情况，看是否存在管理松弛，制度混乱，预算内外混淆等问题。

四、加快推进预算法制建设

法制化既是社会主义政治文明的必然要求，又是公共财政和政府预算的基本特征。现代政府预算制度形成的最显著标志是由"人治"走向"法治"。预算法定原则是财政法定主义的重要内容之一。所谓预算法定，是指预算的主体、内容、程序、时间等必须由法律事先加以规定，预算的编制、审批、执行、变更、调整、决算等整个预算过程必须依法进行，否则就要承担相应法律责任。具体来说，预算法定包括：（1）预算要素法定，即预算的主体、内容、时间等必须符合法律规定；（2）预算程序法定，即编制、审批、执行、变更、调整、决算等预算整个过程必须依法进行，预算一经批准就应视同法律，具有法律效力，具有法律的约束力和权威性，必须得到严格执行；（3）预算责任法定，即无论是预算编制还是预算执行，它既是政府享有的一项法定权力，同时更是政府应当履行的一项法定职责。政府必须依法编制预算，政府也必须依法执行预算，未经法定程序不得随意调整预算，否则就要承担法律责任。实现预算法制化的根本作用在于，把预算过程固化为法律程序，把预算结果上升为法律形式，赋予政府预算法律的权威性，任何人都不能逾越。只有当政府预算以法律方式通过，又以法律权威加以约束时，只有做到一切政府预算活动都由法律来规范，一切政府预算权力都由法律来制约，一切政府预算结果都有法律上的权威性，政府预算才具有了约束财政活动的能力和效力。可以说，"法治"是现代财政预算制度的灵魂，"法治化"是现代政府预算制度存在的基本形式。

关于预算调整可考虑采取"区别不同情况、设立不同门槛、分别审查批准"的思路来设计，即按审批主体划分，分别设定人大常委会、政府、财政部门、预算部门四级审批主体，然后从具体的预算部门到人大常委会分别设定审查预算调整权力的门槛条件，超过下一级审批权限的预算调整报上一级审批，直到最后由人大常委会来审查批准。在预算法修订过程中，还必须克服法律原则性过强、空洞、缺乏可操作性的问题，应本着能够细化规范的不作原则粗放规定、能够具体规范的不作空洞抽象规定的思想来修订预算法。总之，要使修订后的预算法成为指导和推动我国预算分配、运行、管理和监督的全面法治化和规范化的有力途径和手段。

五、要健全完善人大预算监督制度

依宪法和预算法等法律的规定，人大及其常委会行使对政府预算审查、批准、监督的权力。自九届全国人大常委会通过《全国人大常委会关于加强中央预算审查监督的决定》以来，人大财经委、人大常委会预算工委依法履行审查监督职责，在推进政府预算改革、规范政府预算行为等方面发挥了非常重要的作用。

面对新的形势和新的要求，深化政府预算制度改革，建立与发展市场经济和公共财政要求相匹配的现代政府预算制度，积极发挥人大的推动、支持和监督作用仍然是非常必要和重要的。为此，要进一步健全完善人大的预算监督制度。

（一）完善审查程序

为了更好地体现人民代表大会及其常务委员会是国家的权力机关、是担负宪法赋予的各项职责的工作机关和同人民群众保持密切联系的代表机关的地位和作用，应研究进一步完善人大审查预算的程序。具体程序可考虑，第一步，政府预算草案和部门预算草案交付人大后，先由人大常委会预算工作委员会进行详细分析研究，在此基础上提出具体分析意见。第二步，将政府预算草案、部门预算草案和预算工作委员会对预算草案的分析意见，交各专门委员会进行分析研究，提出专门委员会的初步审查意见。第三步，将政府预算草案、部门预算草案、预算工委的分析意见、各专门委员会的初步审查意见等，一并交由财政经济委员会，财经委员会结合预算工委的分析意见和其他专门委员会的初步审查意见，对政府预算草案和部门预算草案进行初步审查，并提出审查意见。财经委审查意见交国务院有关部门在修改预算草案时参考，政府部门对于没有吸收的意见要提出未能采纳的理由。第四步，财经委员会结合政府及其职能部门对预算草案的修改情况，提出审查结果报告初稿，在代表大会会议期间，财经委要结合各代表团对预算草案的审议意见，提出正式的审查结果报告。第五步，财经委员会的审查结果报告应印发全体代表，并在大会全体会议上作报告。

（二）完善审查方式

每年召开一次的全国人民代表大会会期10天左右，时间短，但要审查批准的内容很多，单纯靠大会期间对政府预算进行深入细致的审查是不可能的。因此，必须充分发挥财经委等专门委员会和预算工作委员会在大会前对政府预算进行初步审查和分析研究的职能作用。人大常委会预算工作委员会和人大各专门委员会在对政府预算进行分析和审查时，必要时应在代表中吸收有关方面专家参加，以进一步提高分析审议的质量和水平。同时，应提前将有关政府预算草案的文件和分析材料送给专门委员会委员，要进一步延长专门委员会对预算草案进行初步审查的时间。

（三）研究建立人大预算询问和质询机制

质询是国家权力机关一种主动的监督方式，一般有口头质询和书面质询两种方式。在发达国家，权力机关质询活动经常举行。在财政预算安排上，质询往往对解决民众最关心的事务有积极推动作用。人大代表对审议政府预算越来越关心、越来越重视，但代表们在审议政府预算时经常会遇到搞不懂、看不清、说不明的问题，因此，研究建立具有中国特色的人大预算询问和质询机制，具有积极而重要的意义。如可规定，各级人民代表大会及其常委会对政府预算草案、决算草案进行审查时，可以向政府有关部门提出询问和质询。

第十章　财务会计内部控制

第一节　财务会计内部控制概述

一、内部控制的相关界定

（一）内部控制

了解什么是内部控制，可以从内部控制的历史发展过程中寻找答案。在企业刚刚诞生的时候，社会的科技发展水平和企业生产规模都还比较低，所有者需要关注的就是防止企业的权力集中在个别管理者手中从而使自己的财富被无声无息地被偷窃掉。因此，早期的内部控制阶段被称为内部牵制阶段，主要是保持企业内部各岗位可以起到相互监督、相互约束的状态。随着社会生产力和企业规模的不断扩大，企业之间的竞争也开始加剧，所有者关注的重心开始发生变化，不再局限于对企业管理者与员工的牵制，而是关注如何通过内部控制的革新在保证内部监督有效的前提下，促进企业经营业绩的提升。此时，内部控制进入制度阶段。

内部控制是一套管理体系，是企业为了实现一系列经营管理目标而采取的各种方法、手段与措施的总称。而制定和实施这一系列措施的主体是企业法人，包括企业的各级员工，他们有权对内部控制的制定和执行提出相应的要求；内部控制的客体则包括企业内部的全体员工，也包括企业的各种经济业务活动、资产和负债、各种数据信息等。企业通过内部控制的实施来保证企业经营过程中的合法性和有效性，通过达到内部控制的目标使得企业的经营目标和战略目标得以实现。

（二）公司治理

公司治理是一种由股东、董事会和高级管理人员所组成的组织结构。股东设立董事会作为自己进行经营管理的决策机构，董事会拥有任用和解雇高级管理人员的权力。但是，正如所有权与经营权分离所带来的委托代理问题所示，拥有设立董事会权力的一方在企业的重大决策中可能得听命于董事会，而被聘任的高级管理人员则拥有日常经营管理最实际的权力。一种良好的公司治理结构能够在三者之间形成一个最佳的平衡点，相互制衡。公司治理是对公司资源分配以整套制度安排。公司治理通过合理地行使控制权、设计有效的激励机制和评价机制来解决公司有关发展目标、高管持股、风险控制等问题。也有一部分学者认为公司治理的核心并非是如何驾驭权力，它的终极目标是确保公司在合适的阶段采取相应的发展战略和战术，是一种决策保障机制。少数学者认为公司治理就是股东监管董事会、董事会监管管理层这一个单行线，他们认为有效监管是公司治理的存在基础，故公司治理不应局限在公司内部，还应建立政府监督、民间审计监督、社会媒体监督等监督体系。

现代上市公司的设立形式都是以股份制为基础，股东拥有多少股份对应着其拥有多少权力，即其股权大小代表着其在上市公司的地位大小。董事会作为企业日常经营管理的最高权力机构，其成员共同决策后的结果将直接影响公司的营销方向、投资方向及管理重心的转移等，而企业未来经营业绩的好坏及股东股权投资的回报都与这些息息相关。监事会作为上市企业的监督机构，拥有监督董事会决策和管理层行为的权力，并直接向股东汇报相关情况。公司治理应是一个良性循环的生态系统，应是由董事会、监事会、管理人员和其他利益相关者互相牵制、互相影响而形成的一种体系，它不能由某几个方面决定，而是在不同的发展阶段基于重要特征而又与其他特征普遍联系的一种互动形态。

（三）内部审计

所谓的内部审计，就是基于企业组织内部，服务于企业管理部门的一种独立监测、评价活动。尤其是相对于外部审计工作而言，内部审计更加及时、设计范围更广、目标更加明确、程序也更加简单。这是因为，企业的内部审计部门本身就是企业的一个部门，可以直接参与到企业的重大决策会议之中、企业的日常经营活动之中。和短短数日的外部审计工作相比，内部审计工作贯穿于企业的所有经营管理活动之中，也能够及时地发现企业存在的问题，与相关部门进行沟通并采取有效的解决措施。因为企业内部审计工作贯穿于企业，涉及了企业所有的经营管理活动，且作为企业的一个职能部门，往往是企业领导让审计人员做什么，审计人员就要审计什么，也就决定了审计人员比外部审计拥有更为充裕的时间，审计设计范围也更加广泛。与外部审计相比，企业内部审计的目标更加明确，这是因为内部审计其本身就是为了保护企业资产，保护所有者权益而出现的，内部审计的全部工作重心都放在经营风险、经济效益上，所以其目标十分明确。

相较于外部审计较为复杂的审计流程而言，内部审计程序更为简单，具体可以归纳为四个步骤，即计划制定、计划实施、得出结论、后续审计。在计划制定阶段，企业内部审计人员主要是根据上半年发现的问题，结合管理层执行本年度工作重点加以制定审计方案，获得上级管理部门批准以后方可执行；在计划实施阶段，主要是结合日常工作，有针对性地开展审计工作；在得出结论阶段，所出具的审计结论将会为企业领导决策提供重要依据；在后续审计阶段，如若对审计结论有异议，可及时向审计部门提出，给予跟踪式的整改，调整审计结论。

二、内部控制的主要目标

（一）资金管理目标

市场经济的迅速发展不仅给企业带来了各种机遇，而且也带来了很多挑战。其中最为重要，不能忽视的便是企业的资金管理问题，这一个企业生存发展最基本的问题是保证企业在激烈的市场竞争中生存下来，并快速发展的基础。一个健康的企业必须有一个健康的资金链条和一系列资金管理的方法程序，完整的资金管理体系是企业资金链安全的基础，是企业稳定发展的前提，更是企业提升其综合实力的保证。现代化的企业不仅要在产品上进行创新，提升其市场竞争力，更要在管理方法和模式上进行创新，保证企业发展的基础，资金管理体系的发展便是在这样一个思想下形成的。

为了使企业发展得更加稳定、快速，必须加强企业资金方面的管理。首先，必须明确管理的重点内容，以及对岗位的情况进行明确，对于管理过程中的一些独立工作要进行分开处理，这样能够使财务工作人员明确自身的责任，使财务管理向着精细化方面发展，从而提高企业资金的使用效益。其次，对于财务工作的授权，企业管理者必须要进行相应规定的制定，这样能够保证企业资金在使用过程中更加完善，保证每一笔资金都能够用到真正的地方，为企业创造更大的经济效益。此外，企业还需要对财务管理中的一些原始凭证进行妥善保管，建立一套完善的监督体系，这样能够帮助财务人员及时发现存在的问题，并且通过有效的方法进行解决，防止出现严重的侵占行为。企业在进行清点盘查的工作过程中，在进行资金清查的时候，运用合理的管理办法提高资金的管控水平。

（二）预算管理目标

财务预算管理是一个综合性的财务计划，集企业计划、经营以及协调与评价等为一体。具体而言，有关企业资本性投资方案的评价及其计划被称为资本预算；预计和估算企业的收入、利润及费用便是企业的经营预算；而以资本预算和经营预算为基础和前提，对一定期间内的损益和现金流量所做出的具体安排则是财务预算。财务预算管理对企业的发展至关重要，但中小企业由于过于重视对眼前的利润的追求，忽视了企业长远的发展战略的制定，导致财务预算管理工作未得到应有的重视。预算管理对企业发展的重要性不言而喻，尤其是对于中小企业来说，由于其规模较小，做好预算管理对于企业资金的流动影响极大，换言之，中小企业的预算管理工作，对企业的稳健发展，从一定程度上说，具有决定性的作用。因此，必须全面加强中小企业的预算管理工作，为企业的发展做好准备工作。

企业在进行资金预算管理工作中，要完成好执行管理工作，对相关的责任制度进行完善。在确定领导人员职责的前提下，进行权力管理活动等，对资金支出的规模进行分析，加大资金预算执行检查管理工作的力度，及时指出资金预算超支的情况，运用有效的办法进行解决。并且，企业还应进行预算预警管理工作，在对制度进行完善的前提下，采取预算限额的办法，对超出预算等情况进行及时的预警工作。此外，对于绩效预算的管理需要制定完善的考核机制，从而提高绩效预算的准确性。在企业数据信息管理过程中，对于一些信息需要及时明确，找出存在的问题，并且运用妥善的方法进行改善。

（三）采购管理目标

进入 21 世纪以来，我国社会经济飞速发展，同时我国企业也越来越多，企业之间竞争更加激烈。要想企业在同领域市场竞争中占有一席之地，获取更大的经济利益，就要不断加大企业物品采购管理力度，使企业材料成本不断下降的同时，还要使企业正常供给得到保障，进而不断推动企业进一步发展。企业物资采购管理在整个企业经营过程中占据着关键地位，不断加大对物资采购每步骤的管理力度从而使企业采购质量得到保障，进而购买相对质量好的产品，还可以在完成采购任务的基础上使采购成本得到合理管控；并且以企业生产经营为依据，按时、按量选购符合企业标准的产品，从而使企业生产需求物资得到保障，并促进企业生产顺利进行。随着社会竞争日益激烈，企业只有将自身的物资购买管理水平不断提升，才能促进企业获取更大的经济利益，并促进其在同领域中取得良好的发展。

对于需要企业预先进行采购或付款管理，管理人员必须先对市场经济发展进行研究，保证每一项业务都能够符合企业发展，并且对于需要进行采购的物品要进行明确的内容申请与审批，只有经过管理者同意后才能够进行采购。其次，对于企业财务管理工作需要进行重点验收，当采购工作完成后需要会计人员对物品进行统一清理，并严格进行检查，从而保证采购物品的质量。最后，企业需要进行付款时，首先要根据相关管理者的授权审批，对付款环节进行严格的管理，从而帮助财务会计人员提高货款的审批效率，并提高资金审批的控制能力。随着我国社会经济的进一步发展，企业市场竞争也越来越激烈，每一个企业在整个发展过程中都要开展物资购买管理工作。因此，企业物资采购人员必须以物资采购管理体制标准为基础进行物资采购，从而使企业成本不断降低，并购买质量合格原料，进而使企业获取更多的经济利益。

三、内部控制设计的步骤

内部控制设计应该按照内部控制的构成要素进行，通过对内部控制要素的整合和系统化，在此基础上开展有效的控制措施，从而实现内部会计控制的目标。

（一）了解和评估控制环境

控制环境是指对内部控制的效果起到促进或削弱的因素。单位在设计内部控制制度时，首先应当对内部条件和外部环境进行研究和分析。各个单位的内部控制虽然有相同的原则和相近的内容，但由于各个单位对这些原则的使用、内容的融合不同，还是存在差异的。在设计过程中，要具体根据单位的经营活动的情况来具体设计控制制度。例如，单位的经营性质、单位的组织形式的不同，决定了各种资源的使用过程和业务流程的不同，个体单位的内部控制更加关注于人员行为的约束，而股份有限公司等大的单位内部控制的设计要结合公司治理结构进行。

（二）建立内部控制结构

单位在建立内部控制时，注意各个控制环节，并注意各个控制环节和组织结构的联系，发挥各个组成部分的协同效应，同时要求内部控制制度要能够有效监督经营活动过程，预防和发现风险并及时纠正。单位在设计内部控制制度时，要坚持整体和局部相结合、宏观和微观相结合，首先建立内部控制的组织结构，然后针对每个业务部门的机构设置情况进行分析，合理划分单位的组织结构，防止机构之间职能的重叠，以避免资源的重复使用和浪费。

（三）确定各个业务循环的流程

（1）明确各个业务流程的起点和终点。在持续经营下，单位的各个业务都是不断循环的过程。要弄清业务流程的循环过程，首先要找到业务流程的起点，按照业务流转的特点，设计出整个流程。

（2）找到业务流程之间的联系。单位的经营活动需要建立的控制制度之间是广泛联系的。协同控制措施可以有效地降低内部控制的成本和提高控制效率。业务流程之间的联系可以划分为不同类型，有的是逻辑联系，有的是财务资金联系，还有管理联系等。

（四）找到关键风险控制点

内部控制的设计要受到经济性质原则的制约，不可能面面俱到，只有抓住关键的控制环节，才能够建立有效的内部控制制度。关键的控制点是指业务流程和单位经营活动中容易产生风险的环节。要想找到关键控制点，首先要对各个业务流程进行风险评估，经营风险排序后确定关键点。

四、内部控制设计中应注意的问题

单位在内部控制制度的设计过程中，要注意的主要问题是保证控制活动与单位控制目标相一致，通过有效手段加强内部控制的实施，并改善单位职工对内控制度的认识。

（一）组织管理机构是保障单位内部控制体系正常运转的实体机构

建立完善的内部控制组织机构主要从以下方面入手：①设置管理控制机构，参照上市公司在一些水利事业单位也成立战略、审计、报酬等各项委员会以便进行内部控制和监督；②单位的重大决策、重大事项、重要人事任免及大额资金支付业务等，应当按照规定的权限和程序实行集体决策审批或联签制度；③单位应当按照科学、精简、高效、透明、制衡的原则，综合考虑单位性质、发展战略、文化理念和管理要求等因素，合理设置内部职能机构，明确各机构的职责权限，避免职能交叉或权责过于集中，形成各司其职、各负其责，相互制约、相互协调的工作机制；④单位应当按照不相容职务相互分离的要求，对各机构的职能进行科学合理的分解，确定具体岗位的名称、职责和工作要求等，明确各个岗位的权限和相互关系；⑤单位应当制定组织结构图、业务流程图、岗位说明书和权限指引等内部管理制度或相关文件，使员工了解和掌握组织架构设计及权责分配情况，正确履行职责。

（二）控制活动与控制目标相一致

单位内部控制设计在确定了关键控制点、业务流程和控制内容后，就要针对这些内容采取相应的控制措施或控制活动，控制活动是内部控制设计是否有效的关键。单位的控制活动是否有效，衡量的标准就是实施控制活动后其结果能否与控制目标保持一致，也就是控制活动的执行是否能够实现控制目标的要求。

（三）保证内部会计控制的有效实施

通常情况下，单位均能够找到关键风险业务流程，并且能够贯彻内部控制的制定原则，形成较为完善的理论框架。如果单位的各个部门能够严格遵守规定的内部控制制度，就会有效地降低单位的经营风险。但实际情况中，往往很多单位都有较为完善、合理的内部控制框架或制度，却无法有效发挥作用，在执行过程中出现问题。所以，为了保证单位内部控制的有效实施，应该妥善处理好内部会计控制设计的制衡机制和内部控制设计中合理使用激励手段。

（四）形成内部控制的单位文化

很多单位的管理层认为内部控制是针对下属和普通员工进行的控制，而员工也错误地认为自己是进行内部控制的局外人。这些认识的存在就必然会降低单位各级管理者进行内部会计控制的积极性，从而影响控制的效果。内部控制中内部环境的建立，应包括单位文化的建立，树立单位每个员工整体的风险意识和责任意识，使管理和控制形成单位文化，根植于单位全体员工的心中，那么这项内部控制肯定是有效的控制。

（五）内部控制与其他管理方法的融合

水利事业单位的资金来源以及花费都是靠预算控制。单位领导要高度重视单位预算编制工作，充分发挥预算管理的控制作用，组织单位内各部门人员尤其是工程技术人员参与预算的编制工作，财务部门要广泛收集资料，充分吸取各方面的意见，拿出预算方案，详细论证、充分研究，并在实际工作中适时修改，不断完善，使预算编制更加趋于合理、符合实际。单位还应加强对预算执行的监督，对收费任务的完成、资金的申请与拨付等方面重点把关，对专项资金的使用进行追踪问效，建立健全一个规范、高效的预算管理的内部运行机制。

五、内部控制的理论依据

（一）内部控制的价值体现

1. 降低企业财务风险

企业风险管理中不可或缺的一部分，就是内部控制。风险管理与内部控制，其主要目的就在于，保全企业资产、维护投资者的利益，进而创造出新的价值。内部控制在理论上而言，是企业制度不可分割的一部分，风险管理则是在新的市场环境、新的技术下，基于内部控制框架的三个目标之外，增设了战略目标和风险应对、事件识别及目标设定这三个要素，是对内部控制的进一步拓展。所以，企业的内部控制与风险管理这两者之间属于一种主从关系，风险管理是进一步地延伸与扩展内部控制，最后也会借助于内控的一系列手段、方法，来促进其战略目标的实现。

在持续扩展的过程之中，企业时常需要制定出一些重大的决策，来帮助实现扩展的目的，比如在市场营销、基础建设、成果转化、产业投资等方面的决策。因此，若缺少一个规范、系统的内部控制，则可能使决策出现偏差或失误，更严重时，还会带来权益或经济上的纠纷，进而极大地制约企业的稳定、长远发展。反之，若具有一个健全、完善的内控机制，便可对决策者的行为起到有效制约，进而使之制定出的决策方法、程序具有规范性、合理性、系统性，使得主观错误得以最大限度地避免，从而使企业的长远、健康发展得以保障。只有有效地预防、控制经营过程之中的各类风险，企业才可实现生存且长久发展的目标。而内部控制，通过有效地评估企业经营活动中的风险，使得企业对于薄弱环节的控制不断增强，进而将企业的风险清除于可接受范围内，可谓是防范经营风险最具成效的手段。伴随全球经济一体化的不断推进，以及我国市场经济制度的持续完善，在生产经营过程中，企业必然会遇到更多的风险。而想要有效地管理与应对这些风险，就一定要清楚地意识到企业内部控制在风险管理中的重要作用。

2. 优化企业治理工作

内部控制是指由公司的董事会及管理层，或全体公司成员共同参加，以实现公司发展的经营目标为主要目的，并结合一定的规则或相关的程序对公司的生产经营情况进行整体的监督与控制的一个过程。其可以进一步保证公司的合法经营地位，确保公司各项财务信息的可靠真实，最终实现公司发展的预期经营目标。公司治理在现代企业制度不断建立与发展中承担着运营发展的作用，也是企业进行科学化管理的主要手段，是企业的所有者对企业生产经营情况进行有效监督的一种制度保障。其由内部治理与外部治理所组成。内部治理的人员构成上主要是由公司的股东大会成员，或是董事会、监事会、与相应的经理人员所组成；外部治理主要通过产品市场与资本市场等外部市场的综合竞争来进行。

内部控制可对公司的外部资本市场产生一定的发展影响，具有良好的外部资本的公司可以实现其自身的经营价值，而内部控制对其鲜明的影响主要表现在确保财务信息的准确性与真实性；内部控制有利于公司潜在市场的发展，可以通过绩效考核或直接约束公司经理人的行为完成控制，加强经营管理风险的评估，保证经营效率；内部控制对公司的整体产品市场具有一定影响，这是因为公司经营得好与坏的评价标准主要由其生产出的产品决定，公司的产品想要取得竞争发展优势，就需要在价格和质量上狠下功夫，实现公司治理的最终目标。

3. 合理控制企业成本

所谓成本控制，是企业根据一定时期预先建立的成本管理目标，由成本控制主体在其职权范围内，在生产耗费发生以前和成本控制过程中，对各种影响成本的因素和条件采取的一系列预防和调节措施，以保证成本管理目标实现的管理行为。内部控制关系到企业运营的方方面面，从采购、销售到存货的管理，从招聘、工资到辞退等，为了让企业更平稳运营，管理层会制定出相关政策去控制公司的方方面面，就像治家治国一样，有法可依。所以，内部控制不仅仅包含对财务报表准确性的影响，还涉及公司运营的状况。其中，具体的控制主要包括了成本控制。因此，实现内部控制很重要的部分是管理层，而我们所说的管理会计做的成本控制，就是管理层对内部控制的具体化，它们具有目标一致性，即一起实现企业经营效益的最大化。

同样的成本控制方法在不同的企业会有不同的效果，这归根于内部环境的差异。营造良好的内部环境，能促使成本控制工作的有效展开，从而达到企业工作目标。相反，落后的内部环境会阻碍企业前途的发展。内部控制监督是现代企业改善经营管理、降低重大内控缺陷发生可能性的重要措施。在信息系统环境下，可以将内部控制系统，分成若干个子系统，各系统之间有明确的界限，从而达到相互制约的作用。每个子系统都应当制定严谨的内部控制制度，来达到成本监督的效果。内部控制的目的在于合理保证企业经营管理合法合规、资金安全、财务报告及相关信息真实完整，提高经营效率和效果，促进企业实现发展战略。而成本控制的目的在于对与成本相关的因素采取各种预防措施和调节措施，来达到成本控制的目标，从而有效地将成本控制在预期的范围内。如果成本达到有效的控制，在其他因素不变的环境下，必然能提高经营业绩。

4. 保障会计数据真实

会计信息必须真实地反映企业的财务状况、经营成果和现金流量情况，是对会计的基本要求。从宏观的角度看，企业提供的会计信息是一种社会产品，会计信息与投资者的投资决策、债权人的信贷决策、对企业经济价值与社会价值的评价、政府对微观企业的控制、企业经营管理者的廉政建设等，都密切相关。因此，企业会计信息的质量不仅影响到与企业有利益关系的投资者、债权人等群体的经济利益，而且影响到整个国家的经济秩序和社会秩序，必须高度重视企业会计信息的质量问题。其中，会计信息的真实性尤为重要。但在社会主义市场经济条件下，会计信息失真现象大量存在，对我国市场经济建设与发展形成了制约效应。

正确可靠的会计数据是企业经营管理者了解过去、控制现在、预测未来、做出决策的必要条件，而内部控制系统通过制定和执行业务处理程序，科学地进行职责分工，使会计资料在相互牵制的条件下产生，从而有效地防止错误和弊端的发生，保证会计资料的正确性和可靠性。内部控制制度对会计资料的处理有着严密的控制措施，如对会计资料的处理进行稽核、复核，以保证凭证、账簿、报表及其他会计记录的信息的准确性。通过核对，可以及时发现错误，并予以纠正，从而保证账证、账账、账实、账表相符，保证会计信息的正确性、真实性。内部会计控制制度是企业内部控制制度的一个重要方面。

（二）内部控制的理论依据

1. 社会责任理论

随着社会的发展，企业日益壮大并成为现代经济的主要组织形式。企业在给社会经济带来巨大发展的同时，也给社会带来了一系列的问题，如漠视员工的权利，损害消费者权益，造成严重的环境污染，破坏生态平衡，对社会问题漠不关心等。虽然企业的原始责任就是为所有者获取利润，但要保持企业的可持续发展就必须关注企业与社会的关系问题。企业社会责任也由此而生并引起人们的广泛关注。因此，明确企业对社会责任，将有利于企业的长期利益和长远发展。企业该如何反映社会责任，社会责任应该怎样披露，采用什么样的方式披露，政府及利益相关者如何了解企业对社会责任的贡献以及社会责任信息怎样在不同的企业之间可比，就成了我们必须面对的问题。

随着经济的全球化，国内民众及跨国企业要求中国企业承担社会责任的呼声日益高涨，要求企业在谋求企业利益最大化的同时承担促进和维护社会利益的义务，企业在为股东利益着想的同时，还应该对社会承担责任。企业履行社会责任既有助于提高企业的社会形象，为企业创造更加广阔的生存空间，又能使企业赢得广大客户和消费者的信赖，促进企业经济利益的提高。可见，企业社会责任对于企业的重要性日趋增强，企业进行良好的社会责任管理，对企业自身利益有积极的影响。企业社会责任是指企业作为一种社会组织所应尽的社会责任，是企业在生产经营过程中的经营决策和企业行为对企业和社会所负有的责任，它包括企业对消费者、员工、股东乃至社区、政府、环境所应承担的经济责任和社会责任。企业的社会责任是一种工商企业追求有利于社会长远目标的义务，而不是法律和经济所要求的义务。它促使人们从事使社会变得更美好，而不做那些有损社会的事情。

2. 道德资本理论

道德资本从内涵上是指投入经济运行过程，以传统习俗、内心信念、社会舆论为主要手段，能够有助于带来剩余价值或创造新价值，从而实现经济物品保值、增值的一切伦理价值符号；从外延上，它既包括一切有明文规定的各种道德行为规范体系，又包括一切无明文规定的价值理念、道德精神、民风民俗等。从表现形态来看，道德资本在微观个体层面，体现为一种人力资本；在中观企业层面，体现为一种无形资产；在宏观社会层面，体现为一种社会资本。从功能发挥来看，道德资本与其他资本不同，它不仅是促进经济物品保值、增值的人文动力，而且是一种社会理性精神，其最终目标是为了实现经济效益与社会效益的双赢。

在社会主义市场经济条件下，企业生产要素中劳资关系依然存在，企业道德的实然与应然之间的不一致问题依然存在。因此，有必要进一步探究企业道德实践的本质。企业道德实践在本质上是主体性活动，是贯彻实践精神的活动，尤其是实践义利共生原则的活动。进入新世纪，企业面临的风险主要来自世界政治、经济、法律、文化传统等各个方面，尤其是国家与国家、企业与企业间的经营环境差异。企业及企业员工自觉的道德行为表征了企业道德实践在本质上是主体性的活动。

3. 行为科学理论

行为科学是综合应用心理学、社会学、社会心理学、人类学、经济学、政治学、历史学、法律学、教育学、精神病学及管理理论和方法，研究人的行为的边缘学科。它研究人的行为产生、发展和相互转化的规律，以便预测人的行为和控制人的行为。行为科学反映了人类社会发展的进步要求。行为科学贯彻了以人为本的思想，以人力资源为首要资源，高度重视对人力资源的开发和利用，提倡以人道主义的态度对待工人，通过改善劳动条件，提高劳动者工作生活的质量，培训劳动者的生产技能，调动人的积极性，进而提高劳动效率。这些思想有利于推动生产发展和社会进步。

对企业而言，其管理层关注的核心问题在于：如何提高企业员工的忠诚及承诺度，如何激励员工更加积极地投入到工作中去，如何使员工的实际工作行为及绩效对整个企业产生正面的影响从而提升整个部门和企业的效能。另外，当今高科技产业的迅速崛起，使得员工的价值不仅体现在他们所拥有的劳动力上，还在于他们能够产生富有创造性的思想和观点。行为科学理论在管理学中的应用，归根结底是要提高经济效益，提高经济效益的前提是满足人的动机。动机的产生引发于两个因素：一是内部因素，即需要，包括生理需要和心理需要；另一个是外部因素，即刺激，包括物质刺激和精神刺激。行为科学认为，要使人们产生某种积极行为，就要通过一定的方式激发人们的某种动机，动机激发起来了，行为就自然产生。

4. 可持续发展论

可持续发展管理会计运用多种方法，加工、整理各种信息，构建基于生态经济系统的、以促进企业的可持续发展为目标的预测、决策、控制、评价等的信息系统。在传统管理会计理论下，企业以利润最大化为目标，忽视了生态效率，不能提供生态环境信息，容易造成经营决策的失误。相比于传统的管理会计，可持续发展管理会计更加重视生态环境、社会责任给企业所带来的影响，在会计核算中体现了经济增长对生态环境的破坏，在关注经济效益的同时，更加重视社会效益。

企业对自然资源是否合理利用，是否有节制，企业排放的废气是否污染环境，排放的废水是否达标，企业生产是否破坏人与自然的生态平衡。企业可以通过预算和绩效管理系统来促进社会责任的实施，考虑相关的环境活动，如企业环境教育的实施情况、环境政策的落实情况、环境质量的监测情况、排污治理水平等。将多个可行性预测方案进行比较分析，考虑环境污染的清理成本、企业环境罚款的支付、环境污染的理赔成本、环境管理支出、环境投资和损失等各种隐性成本，从中选择一个成本低、效益高的考虑生态因素的生态保护利用方案，权衡企业的经济利益和长远发展，优化企业的战略决策。

第二节 财务会计内部控制的制度建设

一、企业财务会计内部控制的现状

（一）预算弱化

企业财务预算并没有与企业战略目标紧密联系起来，短期财务预算与长期财务预算之间甚至出现背离，不同期的财务预算也并不能有效地衔接。而且在预算的制定和执行过程中，由于财务部门与其他部门之间的功能和责任不一致，信息不对称，导致其他部门为了使自己能够使用更多的资金，而往往制定更高的标准，编制更高额度的财务预算。此外，在财务预算的执行过程中，有许多部门领导都片面地认为，财务预算是财务部门的事，对于财务预算并不配合，而财务部门对于其他部门的具体情况并不了解，对于各部门的了解仅限于一堆数字，并不能分析其中的原因，不能制定出合理的财务预算。而财务预算的不科学，使得企业各部门在执行财务预算时并不是很严格，财务预算在执行过程中缺乏有力的监督，对于预算中需要处理的支出，也往往是企业领导说了算，而并不是科学的财务预算占主导作用。从根本上来说，在执行过程中缺乏监督，在事中控制相当薄弱，而这些都导致了许多科学的财务预算都流于形式，没有在企业发展过程中发挥应有的效用。

（二）资金控制弱化

企业管理者对于资金的控制缺乏足够的认识，不能够认识到资金管理关系到企业发展的大局，对建立内部资金控制制度不积极，内部资金控制制度不健全，不能很好地控制企业内部资金的使用情况，对于资金的使用，往往不是制度说了算，而是领导说了算。而财务人员在对资金的管理中，也并没有树立起严格的风险价值和时间价值等理念，也并不能严格执行自己的职责，对于领导特批的资金使用，往往"睁一只眼闭一只眼"，从而导致企业资金的流失。

此外，企业在对于资金的管理方面还存在其他问题，有许多企业持有过多的现金等资产。现金是流动性较强的资产，能够方便企业进行运作。但是，现金也往往是获利能力最低的资产，持有过多的现金，其实并不利于企业的利润最大化。而这方面其实也反映了企业对于资金如何使用存在混乱，资金使用方式和使用效率低下，而这方面的情况也并没有得到严格的控制。

（三）监督弱化

虽然我国目前已经有社会监督和政府监督等，但这些都属于外部监督，而且对于企业而言，由于信息披露有限，外部监督很少影响到企业的财务行为，这些外部监督机制发挥的效果也并不让人满意。标准不一、信息沟通不畅等都会导致外部监督不能发挥作用，而社会对于注册会计师的监督也并不够，注册会计师的执业环境也不够规范，这些都让外部监督对于企业财务行为的监督很少发挥作用。而在企业内部，大多数企业都尚未设立企业内部的审计部门，就算有的企业设立了内部审计部门，在实际工作中，内部审计部门也并没有发挥应有的作用，而是沦为摆设，导致企业内部监督对企业财务行为的监督不力。外部监督和内部监督都没有完全建立起来，企业的财务行为也就无法得以监督，企业的财务信息也就无从知晓。而企业内部财务监督的弱化，往往会使得企业的会计资料真实性无法得到保证，滋生出会计资料造假的现象。

（四）成本控制弱化

企业的管理者并没有充分重视成本管理对于企业经营的重要性，其成本管理只是一味地强调降低企业总成本，以成本最低化为目标，而没有考虑到企业产品的竞争能力，同时也没有对企业发生的相关成本进行成本效益评估，没有将企业成本管理的目标与企业战略紧紧结合起来，也没有将企业成本管理提升到成本管理的高度。企业片面地强调降低企业成本，在短期内确实会给企业节省很大一部分费用，也能够增加企业在这段时期内的成本优势。但从企业的战略角度来看，短期的成本优势并不是企业成本管理应该追逐的目标，企业成本管理应该服务于企业战略。遗憾的是，企业的管理者因为对成本管理的重视不够，不能形成短、中、长期成本管理发展方向，没有结合企业的日常经营、战略发展及外部环境制定真正对企业战略有意义的成本管理目标，也没有落实成本管理的具体措施，安排具体的负责人员。成本管理不能与企业战略相结合，导致企业没有一个明确有效的成本管理目标来指导日常的成本管理，企业当前的成本管理工作也是盲目的、毫无意义的。

二、完善企业财务会计内部控制制度的对策

（一）健全企业财务会计内部控制制度

企业在进行财务管理时，务必以《会计法》为基础，制定本企业的相关规定，进一步完善财务机制，加大对财务管理的控制力度。企业还需要建立财务控制责任制，企业各职能部门、每个岗位都进行明确的分工，将企业经营目标进行分解，分解到每个部门和每个员工头上，让企业各部门和员工能够相互协作，对于财务控制不力的部门进行相应的惩处，而对财务控制领先的部门要进行奖励。此外，还需要在企业内部进行全面控制，对企业生产经营活动中需要使用的人、物、财等资源进行合理分配、严格控制，让

企业能够在规范的制度下有序经营。

（二）加强财务预算管理

预算是成本管理的基础，是企业在预测和决策的基础上，以数量和金额的形式反映企业未来一定时期内经营、投资等活动的具体计划，是为实现企业目标而对各种资源和企业活动的详细安排。美国著名管理学家戴维·奥利指出，全面预算管理是为数不多的几个能把组织的所有问题都融合于一个体系中的管理控制方法之一。因此，做好财务预算工作是加强企业管理和内部控制的重中之重。首先，应该明确财务部门的相应职责；其次，应该选择适合企业发展的预算管理模式；最后，还需要完善预算管理的基础工作，对财务管理收支体系进行优化，进一步细化会计科目，使每一笔收支都能够有理有据地归纳到会计科目中，争取通过财务预算全面地反映企业的各项经济活动，让企业的财务管理更加科学、更加规范。

（三）加强资金管理

企业应该根据本企业的实际情况，制定适合本企业的资金使用制度，合理分配企业的资金，最大化资金使用效率。在对企业资金的使用上，任何人都不得以任何借口，随意支取企业资金，防止资金流失。在资金支出时，应该有相应的责任人签字，大额支出，需要部门负责人的签字，将资金使用责任明确到个人，一旦发现资金被滥用，能够及时地追回。同时，还应该根据企业在未来的实际发展情况，选择增加资产或增加融资，避免盲目的选择，造成资金使用成本的增加。

（四）加强企业内部审计

企业要在事实上建立起企业内部的监督机构、审计体系，强化内部会计监督，保证企业会计信息的真实性，同时还要对企业内部控制的一系列措施的执行情况进行检查。不管哪类企业，在发展过程中都应该充分重视企业内部的审计工作，因为这项工作能够发现企业财务管理中存在的问题，并及时纠正，能够了解企业会计信息。企业要加强对企业财务的全面审计，只要是有费用产生的地方、需要入账的地方，都需要进行审计，找出财务管理的漏洞。企业的审计既要着眼于事后控制，也要立足于事前控制和事中控制，纠正所有的不合规定的财务行为。企业还需要加强对企业内部审计人员的培养，保证企业内部监督人员是具备财会、法律、审计等知识的综合人才，使企业的每个内部审计人员都有较高的职业素养，能够坚持职业原则。

第三节　财务会计内部控制现存问题与实施策略

一、内部控制的现存问题

（一）内部控制意识薄弱

目前，国家鼓励创业并对中小企业出台了很多税收优惠政策，因为政府导向性的扶持使中小企业得到了飞速的发展。但随着企业的不断发展，大多数中小企业的内部控制制度建设一直止步不前，为企业可持续健康发展埋下了隐患。再加上中国许多中小企业对内部控制的了解仍然处于比较原始的阶段，所以有些人甚至对传统的管理模式感到满意，即只要不影响企业运行就可以了。有一些人虽然意识到内部控制对企业组织管理的重要性，但因为自身领导能力与企业员工文化水平的限制的原因，也一直未能得到发展。

由于股东与管理层的委托代理关系，管理人员更注重短期利益，而内部控制的建设需要耗费大量的财力、人力等资源，大部分企业管理人员并没有强烈的内控意识，只是简单制定了相应的规章、制度，并没有把内部控制落到实处，而是停留在文件上。与此同时，企业中大部分员工更是缺乏对内部控制的深刻认识，普遍认为内部控制建设是企业管理层的事情，与普通员工关系不大。内部控制的作用和实质性的意义不大，甚至有的还会抵触和排斥。由于企业管理者和员工缺乏强烈的内控意识，当前企业的内部控制体系并没有形成全员参与的思想。

（二）内部控制行动力差

企业经营过程中会面临各种内外部的风险，如果没有相应的控制活动，企业很容易面临破产倒闭的风险。然而，我国当前的企业，由于大部分缺乏相应的内控建设人才，大部分企业的内部控制活动并不显著。由于内部控制需要在董事会的领导下贯彻实施，因此，董事会应该保持独立性。然而，当前我国的部分企业中由于一股独大现象严重，董事会形同虚设，往往由少数股东操纵，内部人控制现象严重。在一些大型企业中，不相容的职务虽然分别由不同的人担任，但往往缺乏独立性，并没有起到实质性的控制作用。而一些中小企业中，出于节约成本的考虑，不相容职务由同一人兼任，连形式上的分离都没有做到。在一些企业中，存在着物、财、权都由一人说了算，授权和审批环节控制活动并不明显或干脆没有。

企业的内部会计控制是为保证企业日常生产经营活动按既定的计划、要求、目标进行而实施的一系列控制政策和程序等。一旦发生特殊业务，企业现有的内部会计控制就难以适应。内部会计控制受企业的董事会、管理阶层及其他员工的影响，内部会计控制无论怎样设计，最终还得靠人去执行，而任何认真负责的执行人都不可能永远不会出错，不会失误。因此，人们在执行任何一项程序或工作时，都会因为粗心大意、精力分散、判断失误以及对指令的误解等而导致设计完善的内部会计控制失效。

（三）缺乏有效监督机制

内部监督检查机制也困扰着我国的中小企业。虽然很多企业也设立了审计部门，有专门的审计人员，但企业限制了审计人员的权力，审计机构根本发挥不了它的审计职能。在财务方面，中小企业很多账务处理都不够规范，透明度不高，增加内部审计的难度的同时也给内部审计人员带来了不少麻烦，而且中小企业的内部审计往往打了不少折扣，在审计功能上，只审查会计科目，没有对内部控制制度是否在企业有效运行做出合理的评价。作为一项重要的评估指标，审计评价的缺失没能给企业及时地提出风险防范措施，实在是一种遗憾，这也是中小企业监督机制不健全的问题所在。企业的内部风险控制其实就是对企业内部所有的生产经营活动进行控制，主要的方式是对企业各岗位人员开展的活动是否与岗位职责相匹配进行监督来实现。为了有效地实现企业内部风险控制，就要建立健全相应的监督机制，对人员的行为进行合理的监督。例如，人力资源部开展绩效管理，通过加强人员奖惩管理，来实现有效监督。

（四）法律风险知识不足

随着社会经济环境的不断变化，企业间竞争越来越激烈，企业在成长、经营、发展的过程中会遇到各种各样的风险尤其是法律风险。比如，企业签订合同涉及的合同主体的法律风险主要有合同代理人是否具有完全民事行为能力、是否有权代理、是否越权代理等法律风险。在实践中，我国很多企业的风险意识没有提高到应有的高度，还停留在初级阶段，对企业在成立、销售、采购、财务管理、人力资源管理等方面缺乏应有的法律风险意识，在相应的风险识别、风险分析、风险应对上做得还远远不够。企业法律风险包括违反法律规定或宏观经济政策，与其他经济组织和社会团体交往过程中侵犯他方合法权益，以及在内部管理活动中的违法违规行为，其结果是承担相应的民事、行政、刑事责任。企业内部的法律风险往往是其他各类风险的集中表现，表明其时公司治理水平、管理活动、财务状况等存在缺陷，增加了企业最终经营失败的可能。

二、内部控制的实施主体

（一）治理层

治理层主要包括董事会、监事会的人员。一个良好的董事会，必须首先是大投资者、小投资者以及不同利益相关者的利益平衡机构。因为只有多元代表参与，民主董事会才能保证是良性的，从而保证在董事会内部不会出现不受制约的情况。对于小投资者来说，需要多元利益群体的代表参与公司决策。要解决新的经济条件下企业面临的纷繁复杂的社会责任，也即利益相关者利益诉求问题，必须更多地从公司治理层面入手，寻求利益相关者对公司治理的有效参与，构筑利益相关者共同治理的制度和机制。公司治理强调的利益相关者参与是一种主动的、事前的、较高层次的行为，其目的在于通过不同利益相关者的治理行为降低代理成本、合理分配企业资金，从而最大化企业全部资源投入者的利益。

治理层是控制环境的主要因素，企业治理结构包括多种控制环境因素，从治理层的角度看，公司治理模式是指在一定外部环境下为解决公司治理问题采取的一系列制度和手段的统称。治理层不仅仅是董事会、监事会，还有对企业内部控制环境进行监督和指导的其他机制。治理层对内部控制的监督和指导属于内部控制环境因素，是内部控制的重要组成，也是奠定内部控制与其他要素建立联系的基础。加强董事会和监事会对内部控制的监督作用，将有利于公司治理水平的提升，也将使资源配置得到高效率的发挥，也是提高企业治理效率的有效举措。企业内部控制与治理是从两个不同的层面对企业进行有效管理，治理层对内部控制的监督属于内部控制的环境要素，而内部控制是企业董事会、经理阶层和其他员工实施为达到生产经营效果可靠性等目的的合理保证，内部控制与治理相互制约、相互促进，在企业的发展战略实现中发挥重要作用。

（二）管理层

当前我国经济正处于转型期，在去产能、去库存、稳增长的过程中，企业的生存发展面临着前所未有的挑战。随着宏观经济环境的变化和产业结构的不断调整，企业在经济新常态的背景下如何实现可持续发展显得尤为重要。而内部控制作为维持正常生产经营、防范风险的主要手段，不仅影响着企业当前的经营状况，还与未来的发展前景息息相关。由于企业内部控制的固有局限，当出现管理层舞弊和管理层凌驾等内部控制失效情形时，会在一定程度上影响企业的可持续发展能力。

在企业所有权与经营控制权分离的今天，管理层对企业的生产经营管理等各方面拥有决定权，同样影响着企业日常的经营管理活动甚至未来的发展。管理层是企业科层组织的主要构成，它是企业管理的组织架构，包含高管、中层管理者和基层管理者。在投资者单边治理环境下，管理层与投资者间是委托代理关系，是投资者的代理人；在管理层中的高管单边治理或者与其他的内部利益相关者共同治理环境下，高管成为自己或者自己和共同内部利益相关者的代理人，从而身兼治理层和管理层的双重身份。权力是管理层实现自身意愿的能力，是对企业业务决策及业务执行产生的影响力，一般是当企业内部治理机制出现漏洞并且企业缺乏外部制度环境约束时，管理层对其特定控制权职责以外的范围所表现出的影响力。

（三）作业层

作业层指具体的作业执行层，是具体接触企业外部利益相关者的岗位和人。处于这一层级的通常是普通员工，他们的具体作业过程会接触到身处企业内部和外部的不同外部利益相关者，他们可以说是企业社会责任履行的具体执行和直接操作者，对于作业过程中的社会责任履行过程也可以起到自我控制和交叉控制的作用。在某种意义上，企业社会责任内部控制分别是治理层、管理层、作业层的治理工具、管理工具和作业工具，它是各个层次众多工具中的一个，可以用来为实现各个层级社会责任管理绩效提供合理保证。需要说明的是，对于企业社会责任内部控制的执行主体，例如，管理层和作业层的员工，如果他们本身也是外部利益相关者，那么他们将既是企业社会责任内部控制执行主体目的，也是某些企业社会责任的履行对象。

三、内部控制的实施策略

（一）提升内部控制意识

企业内部控制环境的一项重要组成部分就是内部控制意识，拥有良好的企业内部控制意识是企业内部控制制度得以贯彻和实施的重要基础。加强内部控制意识要从国家、企业和员工三个方面着手。从国家层面来讲，政府相关职能部门要认识到企业内部控制的重要性，充分发挥政府部门的主导作用，完善企业内部控制的法律法规，为企业的发展营造良好的环境。作为企业来讲，在遵守国家相关法律法规的前提下，积极建立和完善相应的内部控制制度和体系，保证内部控制的顺利执行。企业内部控制的好与坏，依赖于企业的员工的自我内部控制意识。在这个环节，企业的管理层起到的是引导作用。因此，企业要加强这方面的培训，增强员工对内部控制的认识，打造有效、全面、健康的企业文化氛围，使其成员能自觉把诚信尽责和职业道德放在首位，并积极贯彻到日常工作中去。

在当前社会的大环境下，我国中小企业管理者普遍学历都不高，企业是自己一手经营创办的，没有在企业管理理论的指导下就进行决策，往往判断不够准确，导致不必要的经营损失。领导层的内部控制意识至关重要，如果管理层就没有做好，就会影响到企业内部控制的实施的效率和效果。虽然说企业员工的意识形态也很重要，但作为企业的管理层是没办法逃避这种责任的。只有增强管理层的内部控制意识，提升管理层的素质，才能使企业内部控制得到有效的运行。企业要加强企业文化建设，要经常组织员工进行培训学习，通过教育的方式让员工内部控制的意识不断增强。领导的职能就是要说服、诱导员工，使他们竭尽全力为单位做出贡献。

（二）丰富企业环境建设

企业控制环境是指对建立加强或削弱特定政策、秩序及其效率产生影响的各种因素，包括董事会、企业管理者的素质及管理哲学、企业文化、组织结构与权责分派体系、信息系统、人力资源政策及实务等。企业控制环境是一种氛围，塑造企业文化影响企业员工的控制意识，影响企业内部各成员实施控制的自觉性，决定其他控制要素能否发挥作用。控制环境直接影响到企业内部控制的贯彻和执行以及企业经营目标及整体战略目标的实现，为此，我国上市公司不但要从形式上建立健全董事会、监事会、总经理班子，而且要切实发挥以董事会为主体和核心的内部控制机制。

首先，要加强董事会博弈规则的建设，发挥董事会的作用和潜能，使股东及其他利益集团的利益真正受到保护。其次，要建立我国经理人才市场，形成一个比较成熟、具有长远控制、约束、监督与激励经理人员的外部机制。再次，要加强管理阶层的管理哲学、管理风格、操守及价值观等软控制的培养与建设，塑造长期、全面、健康的企业文化氛围，使其成员能够自觉把办事准确和职业道德放在首位，并团结一致使其与公司的战略目标相吻合。最后，要强化企业组织结构建设，界定关键区域的权责分派，建立良好的信息沟通管道，为有效的企业内部控制提供良好的环境条件。

（三）完善内部审计机制

企业应当根据自身的实际情况建立内部审计部门，完善内部审计机制，确定相应部门及相关人员的职责权限，确保内部审计部门及人员具备相应的独立性、良好的职业操守和专业胜任能力。企业的内部审计部门要定期或不定期地对企业的内部控制系统进行审计监督与评估，对主要风险的监督评审应当是企业日常活动中不可或缺的一部分。对于内部审计中发现的内控存在的缺陷和漏洞要及时上报给企业相关领导，并向存在内部控制缺陷和漏洞的单位下发整改通知书，要求限期整改，确保内部控制体系有效运行。

它既是企业内部控制的一部分，也是监督内部控制其他环节的主要力量，其作用不仅在于监督企业内部控制是否被执行，还应该帮助组织创建一些程序以期达到组织成功的软控制环境的营造，并成为内部控制过程设计的顾问。所谓控制自我评估，意指每个企业不定期或定期地对自己的内部控制系统进行有效性及实施效率效果的评估，以期能更好地达成内部控制的目标。控制自我评估可由管理部门和职员共同进行，用结构化的方法开展评估活动，密切关注业务的过程和控制的成效，目的是使人们了解缺陷的位置以及可能引致的后果，然后采取行动改进。

（四）加强信息流动沟通

企业信息系统不仅处理企业内部所产生的信息，也处理与外部事项、活动及环境有关的信息。企业的信息系统既是企业控制环境建设的一个重要方面，也是企业内部控制的一项因素良好的信息系统，有助于提高内部控制的效率和效果。企业必须按某种形式及在某个时间内，辨别取得适当的信息，并加以沟通，使员工顺利履行其职责。良好的信息系统能确保组织中的每个人均清楚地知道其承担的特定职责。每个员工都必须了解内部控制制度的有关方面，这些方面如何生效以及本人在控制制度中所扮演的角色，所担负的责任以及所负责的活动怎样与他人工作发生关联等。员工知道企业期望他们做出哪些行为，哪种行为被接受，哪种行为不被接受，员工还需知道在其执行职责时，一旦有了非预期的事发生，除了要注意事项本身外，尚应注意导致该事项发生的原因。良好的信息沟通系统不仅要有向下沟通管道，更重要的还应有向上的、横向的以及对外界的信息沟通管道。企业会计信息系统能提供成本、生产、营运、库存等信息，是企业信息系统中最为重要的组成部分。因此，必须加强会计系统及其他方面的信息沟通体系建设。

企业需要积极建立企业的内部信息沟通系统，也就是在进行财务管理的时候，可以实现信息之间的有效的沟通和传递，这就需要建立完善的信息处理系统，这样才能够实现财务信息在企业之间的有效流转，进而实现企业的信息安全。例如，企业可以建立网上的信息查询系统，这样就能够及时完成当前各项信息的查询，防止出现信息之间的不对称性。同时，企业的治理层也需要积极地宣传和引导，让整个企业的管理层树立良好的风险控制意识，进而得到有效的内部控制，这样才能够在企业的发展中建立有效的控制。所以，进行信息的内部沟通是进行企业的内部控制建设的关键一步。

（五）健全内部控制制度

建立健全科学合理内部控制制度，离不开科学完善的理论体系。内控设计有三大原则：信息化原则、系统性原则、标准化原则。企业的管理过程就是信息的一种传递过程，从制度上有效使用信息资源，保证单位的信息沟通，并及时地反馈。遵循系统化的原则进行内部控制设计，控制制度的主体可以由单位内部人员来完成，也可以聘请外部专家来参与设计。单位人员自行设计应该在企业领导层管理部门的监督下完成，由单位人员自行设计的优点是了解单位的实际情况，了解单位的背景，能够节约设计时间和成本。外界的专家受过专门的训练，有专业的知识技能，经验也比较丰富，并且能从客观的角度立场上，不受约束。但是，最好的设计方式是两者结合，内部人员和外部专家共同协作来完成，能够扬长避短，相辅相成。

内部控制的设计步骤要从了解单位背景、主要业务的调查入手，分析其中的问题，提出结论与建议，再拟定一个制度来实验，确定最终的方案。了解单位的背景，可以关注单位的历史概况、主要的经营业务、组织的状况、固定资产状况、财务状况、重要的契约与其他情况。主要业务调查的内容，可关注销售方式、结算方式、采用何种交货方式、有无委托代销的产品、销售有无正式的合同契约等。通过了解与调查分析之后，再提出可行性建议。与企业价值内部控制相似，企业社会责任内部控制的范围是广泛的，大到整体，小到个体或事件，涵盖了业务控制中社会责任事项的各方面因素，亦关注某项特定社会责任事件的控制。要实现对企业社会责任从战略实施到执行再到具体操作的有效管理和控制，企业社会责任内部控制实施主体必须广泛而全面，覆盖到企业的各个部门和每个员工，贯穿治理层、管理层和作业层的控制层级。

第十一章　财务会计战略管理

第一节　财务会计战略管理概述

一、财务战略

财务战略就是对企业总体和长远发展有重大影响的财务活动的指导思想和原则。企业财务战略的着眼点不是企业的当前，也不是为了维持企业的现状，而是面向未来，为了谋求企业的持续、长远发展和增强企业的财务竞争力。

（一）财务战略的特征

财务战略的主要特征如下：

1. 综合性

财务战略的制订要综合考虑影响企业财务活动的各种因素，包括财务的和非财务的、主观的和客观的等各种因素。企业财务战略不能就财务论财务，只有综合这些因素，才能全面支持企业财务战略，实现企业财务战略所要达到的目标。

2. 全局性

企业财务战略以全局及整体经营活动中企业资金运动的总体发展规律为研究对象，根据企业财务的长远发展趋势而制订，从全局上规定着企业财务的总体行为，使之与企业的整体行动相一致，追求企业财务的总体竞争实力，谋求企业良好的财务状况和财务成果。总体上说，它是指导企业一切财务活动的纲领性谋划。所以，凡是关系到企业全局的财务问题，如资本结构、投资方案、财务政策等都是财务战略研究的重要问题。企业财务战略的全局性还表现在财务战略应该与其他企业职能战略相结合，共同构成企业的整体战略，企业各职能部门必须协调一致才能最大限度地实现企业的总体战略目标。

3. 全员性

任何可行的财务战略都是在公司最高管理层与相关职能部门之间、总部与事业部之间、事业部总经理和三级财务管理人员之间，进行交流后选择决策的。

财务战略的全员性体现在以下两点：

（1）从纵向看，财务战略制订与实施是集团公司高层主管（如财务副总裁）、总部财务部门主管、事业部财务及下属各子公司或分厂财务多位一体的管理过程。

（2）从横向看，财务战略必须与其他职能战略相配合，并循着公司（集团公司）的发展阶段与发展方向来体现各职能战略管理的主次，财务战略意识要渗透到横向职能的各个层次，并最终由总部负责协调。财务战略的全员性意味着财务战略管理应以经营战略为主导、以财务职能战略管理为核心、以其他部门的协调为依托，进行全员管理。

4. 长期性

财务战略的着眼点不是企业的当前，不是为了维持企业的现状，而是面向未来，为了谋求企业的长远发展。因此，在制订财务战略时，不应当急功近利，而要从企业长期生存和发展的观点出发，有计划、有步骤地处理基本矛盾，这是战略管理要解决的根本问题。

5. 风险性

由于企业的理财环境变化不定，以及国内外政治经济形势变动的影响，使得企业财务战略制订必须考虑企业在不确定环境下的适应能力和发展能力，注重企业发展过程中的各种风险因素，使得企业对各种可能发生的风险做到心中有数，准备好应对策略，以便抓住机遇，规避风险。从财务战略的角度看，研究经营风险和财务风险的目的应着眼于企业的筹资及所筹资本的投资上。财务风险和经营风险可以产生多种组合模式，以供不同类型的企业进行理性的财务战略选择。

6. 系统性

企业财务战略是把企业资本运营当作一个系统来对待的，所注重的是它与企业整体战略、与企业内外环境之间的关系，以及其自身各要素之间的关系，并且试图从整体的、系统的角度来协调这种关系。从财务战略自身的系统而言，协调性是自然应该具有的；从财务部门与企业内部其他各部门的关系而言，企业是一个整体，财务战略必然要在与其他各部门形成协调性的基础上来实施。

7. 从属性

这里所谓的财务战略的从属性，主要是指它是企业战略的一个组成部分而言，并非是指它简单地服从于企业战略。制订财务战略的出发点应该是为了从财务方面对企业整体战略给予支持，财务战略不是独立于企业战略之外的。一方面，财务战略是企业战略的执行和保障体系。另一方面，何种企业整体战略决定何种财务战略。

8. 差异性

对所有企业而言，它们既不能不追求尽可能大的盈利或资本增值，又不能一味地追求盈利而忽视其他目标。这种既统一又对立的关系，使得不同企业的整体财务战略不尽相同。如日本企业与美国企业就存在着显著的财务战略差异。日本企业的经营者把实现发展目标放在一切工作的首位，一切财务工作考虑的宗旨就是为了实现企业发展目标。为此，日本企业宁愿牺牲近期利润，宁愿冒更大的风险大举借债。而美国企业则比较注意近期利润，尽管它们也不放松对企业发展的追求。

9. 支持性

财务战略的支持性表现在它是经营战略的执行战略。经营战略是全局性的决策战略，侧重通过分析竞争对手来确定自己的经营定位，为其职能战略的制订提供依据；财务战略则是局部性的、执行性的，它从财务角度对涉及经营的所有财务事项提出自己的目标。因此，财务战略必须目标明确，行动上具备可操作性。

10. 外向性

现代企业经营的实质就是在复杂多变的内外环境条件下，解决企业外部环境、内部条件和经营目标三者之间的动态平衡问题。财务战略把企业与外部环境融为一体，观察分析外部环境的变化为企业财务管理活动可能带来的机会与威胁，增强了对外部环境的应变性，从而大大提高了企业的市场竞争能力。

11. 互逆性

尽管财务战略对公司战略的支持在不同时期有不同的支持力度与作用方式，但从战略角度看，投资者总是期望公司在风险一定的情况下保持经济的持续增长和收益的提高。因此，财务战略随着公司经营风险的变动而进行互逆性调整。这种互逆性是财务战略作为一极与经营战略作为另一极相互匹配的结果。

12. 动态性

财务战略必须保持动态的调整。尽管战略立足于长期规划，具有一定的前瞻性，但战略又是环境分析的结果。环境变动的经常性使得战略的作用必须以变制变。这种以变制变的结果表现为：当环境出现较小变动时，公司一切行动必须按既定战略行事，体现战略对行动的指导性，当环境出现较大变动并影响全局时，经营战略必须做出调整，财务战略也随之调整。

（二）财务战略的地位

企业财务战略的目标是谋求企业资本的均衡和有效流动，以及实现企业总体战略。

企业战略是企业整体战略的一个有机组成部分，财务战略是企业战略中的一个特殊的综合性的子战略，在企业战略管理体系中处于相对独立的基础地位，是企业战略的中坚。它既从属于企业战略，又制约和支持企业战略的实现，两者是辩证统一的关系。同时，财务战略与其他总体战略的子战略，如生产战略、营销战略等存在着相互影响、相互制约的关系，与其他职能战略之间既相互区别又相互联系。可以说，财务战略渗透在企业的全部战略之中，与企业战略之间也不是一种简单的无条件服从的关系。

1. 财务战略从属于企业战略

无论从生存方面还是从发展方面考虑，企业战略对一个企业而言都是至关重要的。企业总体战略决定了企业经营的领域、产品的发展方向和技术水平，规定了企业投资的方向。企业必须在总体战略规定的范围内进行投资活动，并保证资金及时、足额到位。

作为企业战略的一个子战略，财务战略不是独立于企业战略的，而是服务于、从属于企业战略的。企业战略是财务战略的一个基本决定因素，是整个企业进行生产经营活动的指导方针，也是协调各种经营活动的主旋律。企业战略居于主导地位，对财务战略具有指导作用。财务战略应该与企业战略协调一致，从资金上支持和保证企业总体战略目标的实现，通过保证企业战略实施对资金的需求，安排企业的财务资源规模、期限与结构，提高资金运转效率，为企业战略实施提供良好的财务保障。在企业财务战略管理过程中，首先要对企业外部财务环境及自身内部资源条件进行分析，在此基础上，综合考虑企业总体战略和生产营销战略的制约作用，从而制订出符合客观情况的财务战略。

2. 财务战略是企业战略中最具综合性的子战略

企业财务战略的谋划对象是企业的资金流动以及在资金流动时所产生的财务关系。正是由于资金是企业生存发展最为重要的因素，企业整体战略与其他职能战略的实施也离不开资金，因此，财务战略可以看成是企业战略的一种货币表现形式。企业财务战略在一定条件下，决定着企业总体战略的制订、部属和实施，在各种战略层次上处于主体地位。

当然，财务战略不是详细的、具体的资本运营实施计划，而是用来指导企业在一定时期内各种资本运营活动的一种纲领性谋划，规定着资本运营的总方向、总目标和总方针等重要内容，是制订各种具体资本运营计划和措施的依据。财务战略一经制订，就成为指导企业具体资本运作和财务管理行为的行动指南。因此，财务战略是企业战略管理系统中最具有综合性的子战略，对企业各层次战略的实现具有重要的意义和影响。企业需要根据其竞争能力、经营能力、产品生命周期、资金需求等对企业生存和发展有着全局影响的关键要素，制订并选择相应的财务战略，以动态地保持企业的持续竞争优势。

3. 财务战略对企业战略的其他子战略起着重要的支持和促进作用

财务战略的一个基本问题是如何优化配置资源，优化资本结构，促进资本快速流动和最大增值获利。财务战略除了贯彻企业战略的总体要求外，还必须考虑其他子战略与各职能部门战略的一致性。只有这样，财务战略才会对企业战略的其他各项职能战略的成功起到支持和促进作用。财务战略不同于其他的功能性子战略，它是企业战略管理系统中最具有综合性的子战略，对企业各层次战略的实现具有重要的意义和影响。这是因为，无论企业战略本身，还是市场营销战略、生产战略和技术创新战略等的实施均离不开资金的支持。这些战略一经制订，就会对资金产生需求。因此，制定企业战略的其他各项子战略时必须注意它们与财务战略目标的协调性。

许多企业在正式确定财务战略之前，要在各部门之间经过多次反复讨论。这一过程的重要目的之一，就是要对各项战略从资金方面予以审核，根据资金的可供量和资本增值效益等方面的考虑，对各子战略进行综合平衡，并使它们逐步协调一致起来。也就是说，企业各级战略的制订和实施必须接受财务的检验。企业做出战略选择的重要标准是可行性，可行性的首要条件就是该战略是否有资金支持。

由此可见，财务战略作为企业战略的重要组成部分，在其制订过程中，既要坚持其与企业战略的一致性，又要保持其自身的独特性。它们之间是一种相互影响、相互印证、相互协调的动态关系。同时，财务战略也是协调企业各级战略之间关系的工具。不管是处于最高层的企业战略，还是市场营销战略、生产战略等子战略，它们的实施均离不开财务的配合。

4. 财务战略制约企业战略的实现

企业战略解决的是企业在其总体目标的指引下，整个经营范围的问题以及怎样分配资源给各个经营单位的问题。财务战略则以维持企业长期盈利能力为目的，解决财务职能如何为其他各级战略服务的问题。财务战略的选择决定着企业财务资源配置的模式，影响着企业各项活动的效率。

正确的财务战略能够指引企业通过采取适当的方式筹集资金并且有效管理资金，其主要目标是增加价值。财务战略通过资金这条主线，利用综合的财务信息将企业各个层次的战略有机地连接在一起，成为协调企业纵向战略、横向战略以及纵横战略之间关系的桥梁和纽带。财务战略影响企业战略的方方面面，包括投入的资金是否均衡有效、金融市场对资金筹集的约束和要求，资金来源的结构是否与企业所承担的风险与收益相匹配等。在企业战略管理实践中，很难将企业各层次的不同战略准确地区分为哪些是财务战略，哪些是非财务战略。

对于一个成长性的企业而言，从金融市场上筹集外部资金几乎是必需的。金融市场的特点、惯例和标准，以及由此产生的企业内部资金管理的特点等，都会对企业其他方面的运作产生重要影响。因此，在企业战略的制订过程中，或在其投入实施之前，必须检验其在资金上的可行性。如果企业战略所需资金无法得到满足，则该项战略就必须考虑修订。

一个成功的企业战略，必须有相应的财务战略与之相配合。财务对于一个企业来说是十分关键的，任何项目的事前预算、事中控制及事后考评都离不开财务。如果企业能够正确制订和实施有效的财务战略，它就能增加股东价值，否则，则会对企业经营产生致命的影响。企业及其他战略在制订时，需要考虑资本运动规律的要求，使资金能够保持均衡、有效的流动。

（三）财务战略的目标

财务战略目标可分为财务战略总目标和财务战略具体目标。

1. 财务战略总目标

财务战略总目标不仅影响财务战略的制订，而且还指导财务战略的实施。能否正确确定财务战略总目标，对财务战略的制订和实施是至关重要的。按现代经济学的观点，企业实质上是"一系列契约的连接"，各要素持有者各有其连接企业的必要性和可能性，它们对企业的存在是必不可少的。从企业长远发展来看，不能只强调某一集团的利益，而置其他利益于不顾。在一定意义上讲，企业各相关利益集团的目标都可折中为企业长期稳定的发展和企业总价值（财富）的不断增长，各个利益集团都可以借此来实现它们的最终目的。因此，企业财务战略的总目标就是股东财富最大化或企业价值最大化。

2. 财务战略具体目标

财务战略具体目标是为实现总目标而制订的目标，是财务战略总目标的具体化。它既规定财务战略行动的方向，又是制订理财策略的依据，在财务战略中居于核心地位。财务战略具体包括投资战略目标、融资战略目标和收益分配目标。它是在战略分析的基础上确定的，是采取具体财务战略行动的指南。

（1）融资战略目标

通常，企业在确定融资战略目标时，需考虑两点。第一，融资战略的首要目标是解决满足投资所需的资金。这是推动企业低成本扩张，不断提高市场份额的关键。第二，使综合资本成本最小。企业在筹措资金时，要注意权益资本和债务资本的合理配置，优化资本结构，力争使企业综合资本成本最小。

（2）投资战略目标

投资战略目标是由财务战略总目标决定的。不同的企业在不同的投资运营项目上会有不同的追求，即使同一企业，选择的经营战略类型不同，其投资战略目标也不尽相同。企业在制订投资战略目标时，必须充分考虑市场占有率、现金流量、投资报酬率等问题。

（3）收益分配目标

企业采取何种收益分配战略，要根据企业的内外部因素的分析及投融资的要求来确定。如在企业采取竞争战略的情况下，收益分配战略的首要目标是满足筹资的需要，追求的是企业的长远利益。而资本利得目标要符合企业的根本利益，无论是采取竞争战略，还是采取稳定战略，通过收益分配都期望达到这一目标，它符合企业财务战略总目标的要求。

为实现企业财务战略目标要求，必须有相应的战略重点、战略阶段及战略对策等为之服务。其中，战略重点是指实现财务战略的具体目标的过程中，必须予以解决的重大而又薄弱的环节和问题；战略阶段是为实现战略目标而划分的阶段；战略对策是保证战略目标实现的一整套重要方针、措施的总称，是保证战略实现的手段。具体来说，一方面，企业在制订财务战略具体目标时，一般都要充分利用其外部的机会和内部的优势，但也不能完全回避外部威胁和内部劣势所潜伏的威胁性影响，明确战略重点。另一方面，为使财务战略方案能被有序执行，必须分期规定各阶段的具体任务和目标，才能保证届时实现财务战略目标。因此，在制订财务战略时，企业必须根据现有条件和对理财环境的变化和发展趋势的分析，划分战略阶段，提出各战略的时间、任务、目标及措施，明确各战略阶段的重点，使财务战略趋于完整。另外，在研究制订财务战略对策时，企业还必须以其财务状况和盈利能力为分析基础。

不同企业的未来发展前景不同，使得它们所确定的财务战略具体目标也不尽相同。加之企业将来要面对的财务环境以及可能拥有的财务资源也存在差异，我们很难描述一种通用的或唯一的可以使企业获得成功的财务战略。

此外，根据现代管理理论"结构追随战略"的观点，企业为实现战略目标必然要求企业组织结构符合企业战略的根本要求，而作为企业组织结构重要组成部分的公司治理结构的完善与否同企业战略目标的实现息息相关。通常，现代的竞争环境、现代的竞争方式和现代的竞争战略都要求现代企业制度和公司治理结构作为根本的制度保障。就财务战略而言，企业财务管理体制和内部会计控制结构必须有助于财务战略的贯彻实施。没有现代的公司治理结构和内部控制制度，将会导致严重的经济后果或出现致命的财务危机。公司治理结构、内部控制的组织形态或结构形式要服从、受制于企业战略与财务战略，它们必须为实现企业战略目标服务。内部控制系统与战略绩效控制系统相互交叉、相互渗透、相互补充，共同负责财务战略的贯彻实施。

二、财务战略管理

（一）财务战略管理的特征

企业财务战略管理的特征如下：

1. 关注企业核心竞争力的创造

企业财务战略的目标之一就是使企业在激烈的市场竞争中获得核心竞争力，并将其看作企业是否能够保持优势的关键。企业有了核心竞争力，就可以根据市场的变化不断调整完善自身的经营策略。企业的核心竞争力通常包括财务核心竞争力和技术核心竞争力。技术核心竞争能力的创造来自正确的研发决策和技术更新决策，企业财务核心能力就是企业盈利能力的可持续增长，其培养来源于合理正确的投资决策、资本结构决策、营运资金决策等。它通常体现为一个企业的本身具备的综合实力。

2. 财务战略管理的逻辑起点应该是企业目标和财务目标的确立

这是因为，每一个企业客观上都应该有一个指导其行为的基本目标以及相应的财务目标。企业目标的明确，也就意味着明确了企业的总体发展方向；财务目标的明确，则为财务战略管理提供了具体行为准则。有了明确的企业目标和财务目标，才可以界定财务战略方案选择的边界，才能排除那些显然偏离企业发展方向和财务目标要求的战略选择。也就是说，只有明确了企业目标和财务目标，才可以将财务战略管理尤其是财务战略形成过程限定在一个合理的框架之内，才能避免漫无目的地探寻财务战略方案这种劳而无功的做法。

3. 关注企业的长远发展

每个企业都应该有一个明确的经营目标以及与之相应的财务目标，以此来明确企业未来的发展方向，为企业的财务管理提供具体的行为准则。只有明确了企业经营目标和财务目标，才可以界定财务战略方案选择的边界，选择适合企业自身的财务战略。财务战略管理应具有战略视野，关注企业长远的、整体的发展，重视企业在市场竞争中的地位，以扩大市场份额，实现长期获利，打造企业核心竞争力为目标。

4. 忽视环境的动态变化

企业制订战略以外部经营环境的不确定性为前提，企业必须关注外部环境的变化。根据变化调整战略部署，或采取有效的战略方案，充分利用有限的经济资源，保证企业在动态的环境中生存和发展。换句话说，财务战略管理就是要用一种动态的眼光去分析问题，它关心的不只是某一特定时刻的环境特征，还包括这些因素的动态变化趋势，关注这些环境特征的未来情形及其对企业可能产生的影响。

5. 广泛收集财务及非财务信息

在竞争环境下，衡量竞争优势的不仅有财务指标，还有大量的非财务指标。许多非财务指标尽管不能直接反映企业的经营业绩，但对企业的长远发展起着至关重要的作用，如目标市场的占有率、顾客满意度等。因此，财务战略管理不仅应充分了解竞争对手的财务信息，还应尽可能收集竞争对手的一些非财务信息。

（二）财务战略管理的观念

财务战略管理的观念如下：

1. 传统理财观念

传统的经营理财观念是随着商品经济的发展而形成的，主要包括以下观念：

（1）经济效益观念。

实现最佳经济效益是企业经营的基本目标。企业进行理财活动，必须树立正确的经济效益观念。这就要求企业在经营的过程中，必须处理好企业所费与所得之间的关系，最大限度地发挥财务管理在企业经营中的职能作用，在遵循资本运动规律的前提下，承担企业筹资、投资、成本费用管理及其收益分配方面的职能，要研究经营理财活动的规律，强化资金管理，重视优化资本结构，降低资本成本，合理负债经营，控制财务风险。在开展日常生产经营活动的同时，利用发达的金融、资本市场开展货币商品经营，保持良好的财务形象。

（2）财务风险观念。

财务风险观念是在市场经济条件下，从资金需求出发，考虑资本市场评价效益，并成功实现风险决策的观念。树立财务风险观念要重视金融、资本市场的动向，以便从金融市场筹集所需要的资金，要优化资本结构，正确核算资本成本和投资收益率，要正确对待和全面分析财务风险，研究引起财务风险的一系列不确定性因素，研究防范财务风险应采取的具体措施和方法。

（3）货币时间价值观念。

货币时间价值观念要求企业在进行理财决策时，要充分认识不同时点货币价值的差异，创造良好的资金投放回收条件，加速资金周转，以减少闲置资金的损失。要采用科学方法研究未来的现金流量、各种闲置资产的机会成本，以及资本成本和投资收益率的组成及投资收益率的高低等。在投资决策中，既要考虑投资项目在寿命期内能实现的利润总和或现金净流量总和，也要重视利润和现金净流量在各个时期的分布情况，以确定最佳决策方案。在筹资决策中既要考虑资本成本，也要注重资本成本的支付方式和支付时间，以避免资本成本测算失误。

（4）资本成本观念。

资本成本是指企业因筹集和使用资金而付出的代价。在市场经济条件下，由于资本所有权和资本使用权的分离，企业在筹资过程中必须考虑资本成本，研究资本成本对筹资决策的影响。如资本成本既存在于利息、股息等方面，也存在于企业购销活动中的应付款及预收款之中。因此，必须认识资本成本存在的广泛性，做出正确的筹资决策。

2. 资本经营理财观念

现代企业作为市场主体，其财务管理活动要围绕如何把加入企业活动的每种资本要素以及各种资源进行优化配置而展开。资本经营作为现代企业一种以资本增值为目标的经营理财方式，是市场经济发展的需要，是现代企业经营发展的必然趋势，也是企业获得资本更大增值获利的有效途径。按照资本经营理论，企业是各种资本要素所构成的组织体，企业运行的全部目的就在于实现其资本增值，实现股东财富最大化或企业价值最大化。企业资本运营的过程就是要对企业所拥有的各种资本要素进行合理的配置，促成其高效流动，使其资本结构优化。

资本经营理财观念包括以下方面：

（1）理财效益观念。

理财效益观念是指，要树立理财的根本动因是实现资本的最大增值和最大利润的观念。在资本投资决策前，要重视成本预测和决策，注重市场调研，投资要与企业发展和市场需要相适应。要重视资金与物资运营的相结合，加强成本、费用、资金的有效控制，挖掘现有资本的潜力，提高资本使用效率。

（2）机会成本观念。

在经营理财活动中引入机会成本观念，有助于全面考虑各种可能采取的方案，通过比较权衡，选择出最经济、最优化的资本运营方案。

（3）边际资本成本观念。

应用边际资本成本分析法制订财务决策，就是要把它作为寻求最优解的工具，以决定某项财务活动究竟应该进行到何种程度才是最合算的。

（三）财务战略管理的基础

从配合企业战略实现的要求出发，必须着力做好以下工作，以形成企业财务战略管理的基础：

1. 转变财务管理部门的工作重心

这种转变是基于财务管理本身完全可以为企业战略制订提供最重要的决策支持信息。实现这种转变，财务管理部门把自己的工作重心放在反映企业的资金流向、完整记录企业的历史信息，以及给决策部门提供财务信息是不行的，而必须放在服务于企业的决策制订和经营运作上。要将更多的时间和精力投入支持企业发展的信息服务工作中，协助企业其他职能部门更敏捷地应对市场的变化，统筹安排企业资源，进行风险管理。

2. 建立多维的财务信息资源获取体系

借鉴现代理论研究成果，应该把企业财务分解成出资人财务（或所有者财务）和经营者财务。其中，出资人投资的目标是追求资本的保值和增值，出资人关注的财务问题主要包括投资收益、内部信息对称以及激励和约束等。因此，财务战略管理的制度安排、业绩评价指标等应充分体现出资人所关注的问题，财务管理体系主要应包括现金流量管理、制度管理、人员管理、预算管理、会计信息管理和内外部审计管理等。经营者财务管理的目标，主要应在于保持良好的经营能力、盈利能力和偿债能力；权衡负债的风险和收益，维持理想的资本结构，提高企业资产的利用效率和效益等方面。经营者关注的问题主要应包括现金流量、成本控制、市场拓展、产品研发等。由此，经营者财务管理体系应涵盖：现金流量管理、营运资本管理、投融资管理、经营者预算管理、税收管理、盈余管理、财务战略管理和风险管理等。实践中，财务管理部门应根据已经产生的基础财务信息，分别计算、分析上述两类指标，为不同财务信息主体提供其所需要的信息，实现财务部门的经营决策支持功能。

3. 切实体现财务部门的战略执行功能

财务战略管理最重要的职责，仍然是通过和其他职能部门有效配合，来促进企业战略的顺利执行和有效实现。要想充分发挥其职能，最简单的办法就是深刻理解企业现阶段所制订战略的内涵、背景及其实现的优势和障碍，在此基础上，根据企业战略来定位自己应思考和解决问题的战略导向。与传统财务管理活动有区别的是，财务战略管理是主动型的，主要是根据企业战略规划的总目标，安排财务部门的工作。通常，在制订战略的时候，企业财务部门已经做了大量的信息收集、分析工作，可以帮助制订适当的企业战略。

这里要特别强调的是，现代企业战略规划已经延伸到了企业外部，企业间的战略联盟和供应链的构架，成为实施财务战略管理的企业发展到一定阶段的必然选择。与之相配合，这一阶段的财务管理部门信息处理的着眼点，就是要扩展到企业外部，涉及供应链或企业战略联盟中的其他企业。由此使得供应链成本核算、利润核算、利益协调等，日益成为现阶段财务理论研究的热点问题。

（四）财务战略管理的过程

财务战略管理的过程如下：

（1）财务战略管理首先是从确定企业发展方向和战略目标入手，预测、分析企业所处的内、外部经营环境的变化，评估企业自身的优势和劣势、机会和威胁，进而描绘出企业发展的整个蓝图。

（2）在对财务规划进行评估以后，制订财务战略实施方案，将财务战略意图具体地反映在行动规划上。

（3）优化资源配置，优化资本结构，调配各种力量，使之适应战略管理的需要。

（4）实施战略，努力实现企业的战略目标。在这一过程中，企业要从整体和长远利益出发，就资本经营目标、内部资源条件及经营整合能力、资本结构同环境的积极适应等问题进行谋划和决策，并依据企业内部经营整合能力将这些谋划和决策付诸实施。这一过程通常由战略环境因素分析、战略构思、战略决策、战略实施和战略控制等环节组成。这是企业财务战略管理与日常管理的统一。

第二节　财务会计战略管理的选择与实施

一、财务会计战略管理的选择

（一）财务会计战略管理的分类

1. 公司层战略选择

公司层战略主要决定企业应该选择经营哪类业务，以及怎样发展这些业务，实际上是解决企业如何成长或发展的问题，同时也包括在不利环境下的收缩和巩固问题。公司层战略是企业整体发展的战略纲领，是企业最高管理层指导和控制企业一切活动的指南。因此，制订公司层战略是企业高层管理者的首要职责。其任务是以提高企业整体绩效为目标，根据企业内部现有的资源权衡各项业务活动对企业发展的需要，按照轻重缓急合理地配置资源。

（1）稳定型战略。稳定型战略是在战略规划期内使企业的资源分配和经营状况基本保持在目前状态和水平上的战略。选择稳定型战略，坚持前期战略对产品和市场领域的选择，以前期战略所达到的目标作为本期希望达到的企业目标，意味着目前所遵循的经营方向及其正在从事经营的产品和面向的市场领域，企业在其经营领域内所达到的产销规模和市场地位都大致不变，或以较小的幅度增长或减少。

实行稳定型战略的前提条件是企业过去的战略是成功的，对于那些曾经成功地在一个处于上升趋势的行业和一个环境变化不大的行业中从事经营的企业来说会非常有效。其主要优点有：企业经营风险相对较小，能避免因改变战略而改变资源的困难；能避免因发展过快而导致资源的浪费，能给企业一个较好的休整期积累能量，以便为今后的发展做好准备。但要注意避免因"稳定"而可能带来的风险意识减弱，对风险的敏感性、适应性降低等的风险。

稳定型战略有以下三种类型：

①无变化战略。采用这种战略的企业除了每年按通货膨胀率调整其目标外，其他都暂时保持不变。这种战略一般出于以下考虑：一是先前的战略并不存在重大经营问题或隐患；二是企业过去的经营相当成功，并且企业内外环境没有发生重大的变化。

②暂停战略，即在一段时期内降低企业的目标和发展速度。在一段较长时间的快速发展后，企业有可能会遇到一些问题使得效率下降，这时就可采用暂停战略。

③谨慎实施战略。如果企业外部环境中的某一重要因素难以预测或变化趋势不明显，企业的某一战略决策就要有意识地降低实施进度，步步为营，这就是所谓的谨慎实施战略。

（2）增长型战略。增长型战略是一种使企业在现有的战略基础水平上向更高一级目标发展的战略。它以发展作为自己的核心导向，引导企业不断开发新产品，开拓新市场，采用新的生产方式和管理方式，以扩大企业的产销规模，提高竞争地位，增强企业的竞争实力。

增长型战略是一种最流行、使用最多的战略。事实上，有大量的公司通过实施增长型战略获得了成功。其主要优点有：企业可以通过发展扩大自身的价值，如市场份额和绝对财富的增加，通过不断变革创造更高的生产经营效率与效益；在激烈竞争的环境下，能保持企业的竞争力，实现特定的竞争优势，但要避免盲目扩张，出现为发展而发展的倾向。

增长型战略有以下三种不同类型：

①密集性增长。密集性增长战略是指企业在原有生产范围内，充分利用在产品和市场方面的潜力追求成长的战略。这种增长战略以快于以往的增长速度增加企业目前的产品或服务的销售额、利润和市场份额。它比较适合于那些对企业的产品或服务的需求正在增长的场合。

选择密集性增长战略，一旦企业的产品或服务的市场萎缩，企业就会遇到困难。一般情况下，企业不会仅限于使用这种增长战略。

密集性增长主要有以下三种形式：

（a）市场渗透，指企业生产的现有产品在现有市场进一步渗透，扩大销量，是一种稳扎稳打、步步为营的战略。例如，通过增设销售网点等，尽量使老顾客增加购买数量；通过提供质量好、价格便宜的产品，周到的服务等夺走竞争对手的顾客，设法使从来未用过本企业产品的顾客购买本企业的现有产品等。

（b）市场开发，指用现有产品去开发新市场，以扩大现有产品的销售量，包括将老产品推广到新的地理区域，产品开发新的用途，进入新的细分市场等。

（c）产品开发，即向现有市场提供新产品或改进的产品以增加企业在现有市场的销售量。这就要求增加产品的规格、式样，使产品具有新的功能和用途，以满足目标顾客不断变化的要求。显然，产品开发和市场开发往往是同步或相继进行的，二者有非常紧密的关系。一方面，进入新的细分市场要求开发出现有产品的替代品或新的功能和特性；另一方面，产品的更新和再设计也需要新的细分市场的支持。

②一体化增长。一体化增长战略研究企业如何确定其经营范围，主要解决与企业目前活动有关的竞争性活动和上下游生产活动的问题。

一体化增长有以下三种典型形式：

（a）后向一体化，指沿着与企业当前业务的输入端有关的活动向上延伸。例如，原材料、能源、设备等都是制造企业的重要输入因素。如果一家啤酒公司以前是从玻璃厂购买啤酒瓶，现在自己建厂生产啤酒瓶，那么这家啤酒公司选择了后向一体化战略。

（b）前向一体化，指沿着与企业当前业务的输出端有关的活动向下延伸，如运输、销售、维修和售后服务等，都是输出端的活动。例如，可口可乐公司通过收购本国及外国的分装商，加强对分装商的控制，并提高这些分装商的生产和销售效率，就是实施了前向一体化战略。前向一体化和后向一体化统称为纵向一体化，即企业沿着产业链的上下游整合业务。与纵向一体化战略相反的是分解化战略，如打破一体化，通过外购获得原材料、零配件等。

（c）横向一体化，即企业通过收购、兼并竞争商的同类企业，或者在国内外与其他同类企业合资生产经营获得竞争企业所有权或加强对其的控制。竞争商之间的合并、收购提高了规模经济和资产的流动，在诸多产业中已成为最受重视的战略。

③多元化战略。多元化战略也叫多角化经营战略，是一种向新业务或新产业进行扩张、生产新的产品或服务的战略，目的是使企业的人力、物力、财力等资源得到充分利用。

多元化战略分为以下两种基本类型：

（a）相关多元化。它是以市场或技术为共同主线和核心的多元化。相关多元化有三种形式：第一种形式是多种产品或服务都以相同市场为统一的核心，如一家公司生产电视机、电冰箱、洗衣机等产品，但都统一于"家电"这个市场；第二种形式是各种产品或服务都以相同技术为统一的核心，如玻璃厂生产照相机镜头玻璃、玻璃器皿、眼镜等，其技术基本相同；第三种形式是各种产品服务以相同的市场、技术为统一核心，如收录机、电视机等都以电子技术为基础且统一于家电市场。相关多元化往往能产生协同效应，如果企业各部门或各业务共享技能或资源，那么开展与之相关的多元化经营就能为公司的产品或服务增加价值，就会在成本、市场能力、技术、管理方面获得额外优势。例如，一个多元化经营的企业的两个或更多的部门能够利用共同的生产设施、分销渠道、广告等，相对来说，各个部门就能够以较少的投入获得同样的收益。这时，协同效应就产生了。

（b）非相关多元化。非相关多元化是指各种产品或服务没有任何共同主线和统一核心的多元化。当企业进入或收购与其当前业务或产业不相关的新产业时，它实施的就是非相关多元化战略。例如，美国杜邦化学公司除经营化学产品外，还经营摄影器材、印刷设备、生物医学产品。这些产品既不统一于同一市场，在技术上也无关联性。现在，很多企业正在放弃非相关多元化经营战略，主要原因是过度多元化经营容易使管理者丧失对核心业务的控制，很多多元化努力的结果不仅没有创造价值，反而降低了企业价值。

（3）紧缩型战略。紧缩型战略是指企业从目前的战略经营领域收缩或撤离，偏离战略起点较大的一种经营战略。与稳定型战略和增长型战略相比，紧缩型战略是一种消极的发展战略。实行紧缩型战略，意味着企业要放弃某些市场和产品线，严格控制资源的投入，尽量削减各项费用开支，这个过程往往伴随着大量员工的裁减及一些大额资产的暂停购买。一般地，企业实行紧缩型战略是短期性、过渡性的，是一种以退为进的战略态势，其目的是为今后的发展积蓄力量。

采取紧缩型战略的企业可能出自不同的动机。第一种情况是为了适应外界环境。在经济衰退、产业进入衰退期、对企业产品或服务的需求减小等情况下，企业可采用紧缩型战略。第二种情况是企业内部出现重大问题，如产品滞销、财务状况恶化、投资明显无法收回等，只有采用紧缩型战略才能最大限度地减小损失，保存企业实力。第三种情况是企业为了谋求更好的发展机会，使有限的资源得到更有效的使用。

根据紧缩的方式和程度不同，紧缩型战略可分为以下三种类型：

①抽资转向战略是指企业在现有的经营领域不能维持原有的市场规模，或发现新的更好的发展机遇，而对现有业务领域进行压缩投资、控制成本的战略方案。

通常，抽资转向型战略的具体方式如下：

（a）调整组织结构，包括改变企业的关键领寻人，在组织内重新分配责任和权力等。

（b）降低成本和投资，包括压缩日常开支、实行严格的预算管理，减少一些长期投资项目等。

（c）减少资产，包括出售与企业基本生产活动关系不大的土地、建筑物和设备，关闭一些工厂或生产线，出售一些盈利产品以获得急需的资金等。

（d）加速收回企业资产，如加速应收款的回收，降低企业的存货量，尽量出售库存产成品。

②放弃战略是指将企业的一个或几个主要部门转让、出卖或者停止经营。这些部门可以是一个经营单位、一条产品线或者一个事业部。在采取抽资转向战略无效时，企业可以尝试放弃战略。

企业在放弃战略的实施过程中，通常会遇到以下一些阻力：

（a）结构上或经济上的阻力，如一些专用性的固定资产很难出售。

（b）公司战略上的阻力。如果准备放弃的业务与企业的其他业务有较强的联系，则该项业务的放弃会使其他有关业务受到影响。

（c）管理上的阻力。

③清算战略是指卖掉资产或停止整个企业的运行，即终止一个企业的存在。显然，清算战略对任何企业来说都不是最有吸引力的战略，通常只有当所有其他战略都失效时才启用它。确定毫无希望的情况下，尽早地制订清算战略，企业可以有计划地逐步降低企业股票的市场价值，尽可能多地收回企业资产，从而减少全体股东的损失。因此，在特定情况下，清算战略也是一种明智的选择。

（4）组合型战略。组合型战略是指同时实行两种或多种前面介绍的战略。一般来说，大多数有一定规模的企业都要采用组合型战略。因为较大型的企业一般都拥有较多的战略业务单位，这些业务单位往往分布在不同的行业，它们所面临的外部环境、所需的资源条件不完全相同。如果对所有的战略业务单位都采用统一的战略，会导致由于战略与具体战略业务单位的情况不匹配而使企业总体效益受到伤害。为此，需要对各战略业务单位进行具体分析和评价，选择合适的战略；如对某一种业务可能实行增长型战略，而对另一种业务可能实行紧缩型战略。

实行组合型战略，必须对企业现有的各种业务进行分析、评价，在此基础上，确定哪些业务应当发展，哪些业务应当维持，哪些业务应当减少，哪些业务应当淘汰，使各业务单位的战略有个合理的组合。

2. 事业层战略选择

事业层战略是在公司战略指导下，经营管理某一特定的战略经营单位的战略计划，是公司战略之下的子战略。它的战略重点是改进一个战略经营单位在它所从事的行业中，或某一特定的细分市场中所提供的产品和服务的竞争地位，主要涉及如何在所选定的行业或领域内与对手展开有效竞争的问题，因此，也叫"一般竞争战略"。

美国战略管理学家迈克尔·波特认为，一个行业中的竞争远不止在现有竞争对手中进行，而是存在着五种基本竞争力量的较量，它们是：潜在的加入者、代用品的威胁、购买者的讨价还价能力、供应者的讨价还价能力、现有竞争者之间的抗衡。五种基本竞争力量的状况及其综合程度，决定着行业的竞争强度，决定着行业中获利的最终潜力。为了建立与五种竞争力量抗衡的有利战略地位，并超过其竞争者，有三种战略可供选择，它们是低成本战略、差异化战略和集中战略。

（1）差异化战略指企业通过集中所有部门的努力，使所提供的产品具有与众不同的特色，从而形成竞争优势的战略。与竞争对手的区别可以是产品设计、产品质量、技术特性、产品品牌、产品形象、售后服务等方面。通常而言，差异化的成本是昂贵的，例如要增加对产品设计、研发等方面的投入。但成功地实施差异化战略可以对其产品收取溢价，一个比竞争对手产品高许多的价格能够补偿企业因此而带来的成本上升。

可口可乐和百事可乐是差异化战略的典型代表。两家公司都在为其产品建立差异化、形成独特形象方面投入了大量资金，收到了良好的效果。

（2）低成本战略。也叫成本领先战略，指通过集中企业所有部门的努力，使成本低于竞争对手的成本，从而获得竞争优势的战略。这一战略要求企业寻找降低生产成本的方法，开发出能够以更低成本生产的产品，找出能够降低吸引消费者成本的方法。一般来说，如果行业内的产品基本上是标准化的产品，如果绝大多数购买者对产品的要求相同，购买者对价格的差异十分敏锐时，低成本战略能够确保企业获得显著的竞争优势。

（3）集中战略指企业围绕某个特定的目标市场开展经营活动，构建竞争优势的战略。差异化战略和低成本战略都是旨在服务于绝大部分市场，而集中战略旨在服务于少数细分市场，以期在较窄的市场范围内，取得成本方面或差异化方面的竞争优势。

集中战略有两种具体形式，即成本集中战略和差异化集中战略。成本集中战略指企业在选定目标市场中寻求低成本优势。差异化集中战略指企业在选定的目标市场中寻求独特的差异化优势。

3. 职能层战略选择

职能层战略是为了实施和支持公司层战略和事业层战略而在企业特定的职能管理领

域制订的战略。其重点是提高企业资源的利用效率，使企业资源的利用效率最大化，保证企业战略目标的实现。

公司层战略、事业层战略和职能层战略一起构成了企业战略体系，任何一个战略层次的失误都会导致企业战略无法达到预期目的。与公司层战略和事业层战略相比较，企业职能层战略更为详细、具体和有可操作性。它是由一系列详细的方案和计划构成的，涉及企业经营管理的所有领域，包括财务、生产、销售、研究与开发、采购、储运、人事等各部门，一般可分为营销战略、人才战略、财务战略、研究与研发战略、生产战略等。

为了增加价值或降低增加价值的成本，所有的职能部门都应注意以下四个目标：

（1）高效率。效率是衡量投入产出的一个尺度，生产给定数量的产出投入越少，效率就越高，效率高则产出的成本低。

（2）高质量。供应高质量的产品能够为企业的产品建立一个良好的品牌声誉，良好的品牌声誉又能够使企业对其产品收取溢价。

（3）创新。所有新的组织运营方式或不同于以往的产品及服务都是创新的成果。创新能够使产品种类得到增加，生产过程得到改进，管理系统得到升级，组织结构得到优化，企业战略得到提升。成功的创新能使企业获得某种其竞争对手没有的特色或优势。

（4）高顾客响应度。注重顾客响应的企业试图极力满足消费者的需求，给予他们所需要的东西。能够比竞争对手更好地为消费者提供服务的企业就能因此凭其产品而向消费者收取溢价。

卓越的效率、质量、创新和顾客响应度要求采取许多管理技术，如全面质量管理、弹性生产系统、准时制库存管理、流程再造等。

（二）财务会计战略管理选择的要领

1. 把握市场机遇

从系统论的角度看，企业作为一个开放系统，是从属于某个特定的社会乃至世界这一更大系统的子系统。影响和制约企业生产经营活动的外部诸种因素的集合构成了企业的外部环境。企业的生存和发展在很大程度上受环境的影响，对环境的分析是制订企业战略的关键一步。

分析环境的目的是为了发现需求与机会、问题与威胁，在此基础上，制订战略，取得主动权，以有效利用环境所提供的机会，避开环境造成的威胁，关键是把握环境机遇。

《孙子兵法》云："善战者，求之于势。"中国古语云："顺势者昌，逆势者亡。"这里的"势"指的就是机会。机会在很大程度上决定企业的成功与发展，谁把握住了机会谁就把握了未来。为此，要求企业一要慧眼独到，识别机会；二要当机立断，抓住机会；三要因势利导，用好机会。

由于市场机会往往是在环境的变化中产生的，因此，企业在制订战略时，不但要了解环境的现状，更要了解和把握环境的发展、变化趋势。中外成功的企业和企业家都对环境变化非常敏感，且能捕捉市场机会，并利用机会求得企业的发展。

2. 集中资源投入

任何一个组织，资源总是有限的。要使有限的资源发挥出最大的效能，就必须集中资源，即用较多的资源支持较少的选择。孙子曰："并敌一向，千里杀将。"军事战略家克劳塞维茨说："尽可能地把最大数量的部队投放到关键点的行动中。"用兵如此，管理也不例外。

集中资源的前提是方向明确，重点突出。也就是说，企业在选择战略时，首先要明确经营方向，找出关键的成功因素。实践表明，不同行业其关键的成功因素是不同的：电梯、汽车行业，其关键的成功因素是销售能力、售后服务；纯碱、半导体行业，其关键的成功因素是生产技术；啤酒、家电、胶卷等行业，其关键的成功因素是销售网络。只有找准了行业的关键成功因素，并集中资源于关键因素领域，持续地投入，企业才能取得真正的竞争优势，获得成功。

3. 注意扬长避短

战略具有对抗的含义，制订战略的实质是知己知彼，充分发挥优势，不断强化竞争地位。因此，企业在选择战略、构建自己的战略优势时，要充分了解自身的资源条件和竞争者的资源条件，在认识到自己的优势和劣势以及竞争者的优势和劣势的基础上，重在扬长，也就是充分发挥优势。俗话说："没有金刚钻，不揽瓷器活。"企业选择何种行业、哪些经营环节、如何竞争，均要从自己的优势出发，做自己擅长的、有优势的。轻率地进入一些企业并不熟悉或没有优势的业务领域，不注意巩固已占领的市场，盲目铺摊子，往往会导致失败。在这方面，中外很多企业都有惨痛的教训。

注意扬长避短，除了要求企业在选择战略时，应根据自身资源和能力选择自己擅长的业务以外，还要求企业在经营中设法形成自己的相对优势。由于以资源和能力为基础的竞争优势的形成不是一朝一夕的事情，要不断地积累所选择的业务需要的各种资源，不断创造、学习和磨炼。只有达到一定程度后，企业才会通过一系列的组合和整合，形成自己独特的、不易被人模仿、替代和削弱的竞争力，从而获得持续的竞争优势。

二、财务会计战略管理的实施

财务战略执行实际上就是将财务战略转化为行动，并采取一些措施或手段保证既定的财务战略目标得以实现。

财务战略执行主要涉及以下一些问题：采用何种管理手段来落实财务战略；如何在企业内部各部门和各层次间分配及使用现有的资源；为了实现企业目标，还需要获得哪些外部资源以及如何使用；为了实现既定的财务战略目标，需要对组织结构做哪些调整；如何处理可能出现的利益再分配与企业文化的适应问题；如何进行企业文化管理，以保证企业财务战略的成功实施等。企业财务战略管理的实践表明，一个良好的财务战略仅仅是财务战略成功的前提，有效的企业财务战略执行才是企业财务战略目标顺利实现的保证。

（一）财务战略执行的管理控制系统

管理控制系统的目的在于贯彻财务战略。不同的企业，控制与战略之间关系有所不同。建立管理控制系统应当考虑以下几个方面：

（1）不同的战略在不同的组织体系中运行，可以使用的财务战略手段不同。

（2）为了更有效地执行公司整体战略，不同的战略需要不同的优先顺序、按照不同的关键性成功因素、不同的技巧来行动。但由于企业目标通常表现为财务结果，企业整体战略的核心是某财务业绩的实现，财务部门在保证财务业绩实现方面要发挥主要作用，财务战略在设计管理控制系统时是其中的主要方面，管理控制系统必须便于财务战略的执行。

（3）控制系统有别于控制手段的根本点是战略控制系统产生行为的导向作用，影响被评价员工行为，从而使全部员工行为趋向企业的战略，这通过具体的战略执行方法得以实现。

（4）在对实现企业战略包括财务战略的管理控制系统进行设计和通盘考虑时，必须始终关心该管理控制系统下诱发的行为是什么。

综上所述，战略执行的方式取决于公司对战略执行的管理控制系统的选择。关于现代企业组织结构与战略关系的研究，可直接追溯到古尔德（Goold）和坎贝尔（Campbell）等人的模式研究。他们将管理控制模式分为战略计划型、战略控制型和财务控制型三种，这三种模式的区别在于：总部控制与管理下属单位的程度不同，影响下级单位的程度也不同。在不同的战略、管理组织与管理结构下，企业财务战略的执行过程和权力层级也会相应不同。

（二）财务战略实施的保障体系

为更有效地实施财务战略，必须做好以下关键工作：

1. 强化竞争观念，确立战略意识

企业发展到一定规模与层次，应该有自己的管理文化与价值观念，其中树立财务意识是构建管理文化非常重要的一个环节。财务意识并不是一种具体的管理方法，而是一种观念，它影响着人们特别是基层管理者的行动。战略管理意识要求企业上下必须遵循谋求竞争优势宗旨，围绕战略管理核心，处理好长期利益与短期利益、企业整体利益与分部局部利益、企业利益与社会利益等的关系，以服务于战略管理需要。企业文化是财务战略目标顺利实施的重要条件，企业文化决定了企业的凝聚力、竞争力，塑造良好的文化环境有助于战略目标的推进。

2. 建立业务与财务一体化的规划流程，加大财务战略的执行力度

业务规划是基础，财务规划是保障。在战略规划的制订过程中，必须将两者有机地结合起来。在财务规划的制订过程中，要把财务预算与经营计划紧密联系起来。经营计划是实现财务指标的具体步骤和方法，经营计划制订得是否合理是财务战略是否具有执行力的关键。建立业务与财务一体化的规划流程，有利于整体战略和财务战略的制订与执行。

3. 实施预算控制，提高资源配置效率

战略是目标与方向，政策是推进战略贯彻实施的行为规范与判断取向标准，预算控制则是将战略目标与政策规范落实为具体的行动方案，并使之实现的保障条件与基础。三者相辅相成、依存互动，构成了企业管理与控制的主线条。预算控制之所以能够发挥如此重要的作用，原因在于它以企业战略规划、政策导向为依托，制订企业整体的经营管理目标，并分解落实为各阶层责任单位直至个人的责任目标。企业应改进传统预算模式，保证预算制订的过程能够适应不断变化的经营环境，从而采用高水平的财务模型来拓展年度预算的框架，建立以价值增值和可持续发展为目标的预算程序，进而监督企业的价值创造活动的全过程，建立起预算与战略计划之间的联系。

4. 建立与企业规模、组织结构相适应的财务体制和财务政策

企业内部组织结构是复杂多样的，采取何种财务体制应视企业组织结构和规模而定，关键在于是否有利于企业发展战略的实现。完善的财务体制应有利于建立准确高效的财务预测系统，制订并实施正确的财务决策，使企业财务在筹资、投资、用资、收益等方面避免盲目性，并对财务风险加以控制。有章可循，财务活动才能按章办事，财务管理才能有序而高效地推进。没有财务政策的规范与监督，企业资金运行就将陷于紊乱、低效的状态，财务战略也就无法有序地实施，各职能部门的财务行为也就可能偏离整体战

略目标。财务政策不仅指引着企业各层面理财行为沿循的目标轨迹，也限定了财务活动的有效领域、运作的基本方式、权责关系的准则以及必须达到的财务质量标准与财务数量标准，它是财务战略遵循与贯彻实施的核心保障。

5. 建立可持续绩效评价和激励制度

企业要建立可持续绩效评价和激励制度，一方面通过财务评价对企业的各种活动、运营过程进行透彻了解和准确把握，并为企业战略规划、战略管理服务，建立具有战略性、整体性、行为导向性的战略绩效评价指标体系，为经营决策提供标杆，另一方面通过有效的绩效评价体系，反映经营者、员工等的努力对于实现企业目标做出的贡献，并以此决定奖惩，完善激励制度，从而激励经营者、全体员工为实现企业价值最大化和可持续发展的目标而努力。

三、财务会计战略管理的控制

（一）财务战略控制的特征

财务战略控制的基本特征主要有以下几个方面，它是对战略控制的一些基本的要求：

1. 调节整体利益和局部利益、长期利益和短期利益的不一致性

企业的整体是由局部构成的。从理论上讲，整体利益和局部利益是一致的，但在具体问题上，整体利益和局部利益可能存在着一定的不一致性。企业财务战略控制就是要对这些冲突进行调节，如果把战略控制仅仅看作是一种单纯的技术、管理业务工作，就不可能取得预期的控制效果。

2. 保证适宜性

判断并保证企业财务战略是适宜的，首先要求这个战略具有实现既定的财务和其他目标的良好前景。因此，适宜的战略应处于企业希望经营的领域，必须具有与之相协调的文化。如果可能的话，必须建立在企业优势的基础上，或者以某种可能确认的方式弥补企业现有的缺陷。

3. 保证可行性

可行性是指企业一旦选定了财务战略，就必须认真考虑企业能否成功地实施，企业是否有足够的财力、人力或其他资源、技能、技术、诀窍和组织优势。换言之，企业是否有有效实施财务战略的核心能力。如果在可行性上存在疑问，就需要将战略研究的范围扩大。

4. 保证可接受性

可接受性强调的问题是：与企业利害相关的人员，是否对财务战略满意，并且给予

支持。一般来说，企业越大，与其有利害关系的人员就越多。要保证得到所有的利害相关者的支持是不可能的，但是，财务战略必须经过最主要的利害相关者的同意，在财务战略被采纳之前，必须充分考虑其他利害相关者的反对意见。

5. 保持弹性和伸缩性

战略控制中如果过度控制，频繁干预，容易引起消极反应。针对各种矛盾和问题，财务战略控制有时需要严格控制，有时则需要适度的、弹性的控制。财务战略控制中只要能保持正确的战略方向，尽可能地减少干预实施过程中的问题，尽可能多地授权下属在自己的范围内解决问题，反而能够取得有效的控制。

6. 适应多样性和不确定性

企业的财务战略是一个方向，其目的是某一点，其过程具有多样性。同时，虽然财务战略是明确的、稳定的且是具有权威性的，但在实施过程中由于环境变化，战略必须适时地调整和修正，因而也必须因时因地地提出具体控制措施。也就是说，财务战略控制具有适应多样性和不确定性的特征。

（二）财务战略控制的内容和实施条件

1. 财务战略控制的内容

在制订和实施财务战略的过程中，必须充分考虑定量分析因素、信息上的缺陷因素、不确定性因素、不可知因素以及人类心理等因素。在这些因素中，有一些是企业的内部特点，正是这些特点才使同一行业中的各个企业有所差异；另一些因素由于受到行业性质和环境的制约，则使一个行业中的企业战略较为相似。无论何种行业，尽管各种因素的影响力度不同，但影响财务战略控制的因素都包括需求和市场、资源和能力、组织和文化。针对企业财务战略的影响因素，企业财务战略实施控制的主要内容如下：

（1）设定绩效标准。根据企业财务战略目标，结合企业内部人力、物力、财力及信息等具体条件，确定企业绩效标准，作为战略控制的参照系。

（2）绩效监控与偏差评估。通过一定的测量方式、手段、方法，监测企业的实际绩效，并将企业的实际绩效与标准绩效对比，进行偏差分析与评估。

（3）设计并采取纠正偏差的措施，以顺应变化着的条件，保证企业财务战略的圆满实施。

（4）监控外部环境的关键因素。外部环境的关键因素是企业财务战略赖以存在的基础，这些外部环境的关键因素的变化意味着战略前提条件的变动，必须给予充分的注意。

（5）激励战略控制的执行主体，以调动其自控制与自评价的积极性，保证企业战略实施的切实有效。

2. 财务战略控制的实施条件

企业财务战略控制的有效实施需要有一定的条件。

（1）必须有财务战略规划和实施计划。企业财务战略控制是以企业的财务战略规划为依据的，战略规划和实施计划越明确、完整和全面，其控制的效果就有可能越好。

（2）健全的组织机构。组织机构是战略实施的载体，它具有能够具体地执行战略、衡量绩效、评估及纠正偏差、监测外部环境的变化等职能。因此，组织结构越是合理、明确、全面、完整，控制的效果就有可能越好。

（3）得力的领导者。高层管理者是执行财务战略控制的主体，又是财务战略控制的对象。因此，要选择和培训能够胜任新战略实施的得力的企业领导人。

（4）优良的企业文化。企业文化的影响根深蒂固，如果有优良的企业文化能够加以利用和诱导，这对于财务战略实施的控制是最为理想的。当然，这也是财务战略控制的一个难点。

（三）财务战略控制的方式

1. 控制主体方面

从控制主体的状态来看，财务战略控制的方式如下：

（1）避免型控制。采用适当的手段，使不适当的行为没有产生的机会，从而达到不需要控制的目的。

（2）开关型控制。在财务战略实施的过程中，按照既定的标准检查战略行动，确定行与不行，类似于开关的开与止。开关控制方法的具体操作方式有多种：直接领导，即管理者对财务战略活动进行直接领导和指挥，发现差错及时纠正，使其行为符合既定标准。自我调节，即执行者通过非正式的、平等的沟通，按照既定的标准自行调节自己的行为，以便配合默契。共同愿景，即组织成员对目标、战略宗旨认识一致，在战略行动中表现出一定的方向性、使命感，从而达到殊途同归、和谐一致、实现目标。

2. 控制的切入点方面

从控制的切入点来看，企业的财务战略控制方式如下：

（1）财务控制。这种控制方式覆盖面广，是用途极广的非常重要的控制方式，包括预算控制和比率控制。

（2）生产控制，即对企业产品品种、数量、质量、成本、交货期及服务等方面的控制，可以分为产前控制、过程控制及产后控制等。

（3）销售规模控制。销售规模太小会影响经济效益，太大会占用较多的资金，也影响经济效益，为此要对销售规模进行控制。

（4）质量控制，包括对企业工作质量和产品质量的控制。质量控制的范围包括生产过程和非生产过程的其他一切控制过程，质量控制是动态的，着眼于事前和未来的质量控制，其难点在于全员质量意识的形成。

（5）成本控制。通过成本控制使各项费用降低到最低水平，达到提高经济效益的目的。成本控制不仅包括对生产、销售、设计、储备等有形费用的控制，而且还包括对会议、领导、时间等无形费用的控制。成本控制的难点在于企业中大多数部门和单位是非独立核算的，因此缺乏成本意识。

3. 控制时间方面

从控制时间来看，企业财务战略控制的方式如下：

（1）事前控制。在财务战略实施之前，要设计好正确有效的战略计划，该计划要得到企业高层领导人的批准后才能执行，所批准的内容往往也就成为考核财务活动绩效的控制标准。这种控制多用于重大问题的控制。

由于事前控制是在战略行动成果尚未实现之前，通过预测发现财务战略行动的结果可能会偏离既定的标准，管理者必须对预测因素进行分析与研究，一般有：投入因素，即财务战略实施时投入资源的种类、数量和质量；早期成果因素，即财务战略实施的早期成果；外部环境和内部条件的变化。

（2）事后控制。这种控制方式发生在企业的财务活动之后，把财务活动的结果与控制标准相比较。这种控制方式工作的重点是要明确财务战略控制的程序和标准，把日常的控制工作交由相关人员去做，即在财务战略计划部分实施之后，将实施结果与原计划标准相比较，由相关人员定期将战略实施结果向高层领导汇报，由领导者决定是否有必要采取纠正措施。

事后控制的具体操作方法主要有联系行为和目标导向等形式。联系行为即对战略实施行为的评价与控制直接同被评价者的工作行为联系挂钩，使其行动导向和企业财务战略导向接轨。同时，通过行动评价的反馈信息修正战略实施行动，使之更加符合财务战略的要求；通过行动评价，实行合理的分配，从而强化员工的战略意识。目标导向即让被评价者参与财务战略行动目标的制订和工作业绩的评价，既可以看到个人行为对实现战略目标的作用和意义，又可以从工作业绩的评价中看到成绩与不足，从中得到肯定和鼓励，为战略推进增添动力。

（3）随时控制，即过程控制，企业高层领导者控制企业财务战略实施中的关键性的过程或全过程，随时采取控制措施，纠正实施中产生的偏差，引导企业沿着战略的方向前行。这种控制方式主要是对关键性的战略措施进行随时控制。

第十二章　信息化时代财务会计管理的
建设与发展

第一节　信息化时代对财务会计管理工作带来的影响

随着时代的发展，建设网络强国，推动信息化建设已经成为国家建设以及各个行业、领域发展的重要任务，对于企业财务管理来说也是如此。在全新的经济背景下，必须加强并完善企业财务会计管理信息化建设，以此使企业跟上时代的脚步，实现更好的财务管理，实现自身的更好发展。

一、网络信息技术对企业经营环境的影响

近年来，网络信息技术不断发展并得到了普及应用，网络信息技术对各行各业都产生了影响，同样对人们的思维方式和生活习惯也产生了影响，这当然也对原有的经济形态产生了一定影响。虽然商业的本质不会发生变化，但网络信息技术会成为催化剂。产业价值链的各个环节及企业经营各个层面都有可能被网络信息技术改变。

（一）网络信息技术转变人们的价值观念和行为模式

互联网作为一个信息流动的平台，逐渐形成了它固有的文化属性。互联网作为人们长期浸淫其中的虚拟社会，形成了独有的网络伦理文化特征，具有虚拟性、匿名性、快捷性、开放性等特点。互联网提供的资源在空间上重塑了人们的活动场所，在很大程度上改变了人们的生活方式和行为模式。

（二）网络信息技术改变人们的生活方式

互联网是人类社会有史以来第一个全球性论坛组织形式，世界各地数以亿计的人们可以利用互联网进行信息交流和资源共享。电脑网络切入人们的私人生活和公共生活领域，使人们的生活方式出现了崭新的形式，包括购物方式、阅读方式、学习方式、工作方式等。

（三）网络信息技术重构社会结构

互联网促进了社会利益结构多元化的发展，改变了原有的社会分层结构，导致社会群体的关系更加复杂。传统社会结构中各社会要素垂直的结构形态发生了变化，网络社会结构不再以传统意义上的社会结构形态进行分层，而是重新依据兴趣、爱好等方式进行重组。

（四）网络信息技术模糊了学科边界

工业革命的社会化大生产促进社会的细致分工，在这种分工制度下，人们成为流水线上的螺丝钉，这需要的是专家式人才。信息借助互联网以前所未有的广度和深度流动起来，行业壁垒在信息洪流冲击之下无比脆弱，行业融合、领域交互成为新趋势，过去小范围家庭、组织内部的知识传递变成了现在无国界的网络社交互动。不同思想的交流碰撞，在学科边缘、行业边界之上不断地摩擦出创新的火花。未来随着互联网普及，将涌现出越来越多的"跨界人"。

（五）网络发展带来的产业痛点

随着网络和信息技术的不断发展，商业模式从消费互联网时代的眼球经济发展到产业互联网时代的价值经济。但无论最后采取什么样的商业工具和商业模式，最重要的还是能否提供更好的品质、性价比和服务体验问题。就目前发展而言，我国的产业互联网还存在着以下痛点，痛点之处就是最好的商业机会所在：

1. 信息安全和支付安全问题急需解决

互联网的连接与聚合能力提升，对人类社会影响巨大。网络信息技术近年来也不断发展，但硬件、互联网等各个方面存在的安全隐患也与日俱增。这些问题如果不能够得到解决，一方面会对互联网造成巨大的破坏，另一方面也会影响用户对互联网的信心。网络安全主要集中在信息的安全与网络支付安全两大方面。

2. 网络基础设施建设急需完善

（1）加强建设数据基础设施

应加大政府对互联网数据资产管理的重视程度与力度，主要是适度合理开放，条件成熟时设立数据资产交易所机制，促进数据资产的交易。

（2）加强建设网络基础设施

对于网络基础设施，主要就是网络的进一步普及和网速的提高。我国的宽带网络速度与发达国家相比还非常落后，应当改善与提升。农村网络基础设施亟待改进与提升。

（3）建立并完善网络统一标准

对于互联网标准接口的基础设施工作而言，重要性则在于让大家研发的产品能互相兼容，相互适配。因此，应建立统一的标准，促进开放与协作。

我国在基础设施建设方面投入巨资，在拉动我国经济增长的同时也对改善我国投资环境起到巨大的促进作用，但在互联网基础设施投入方面还不够重视，今后应加大该方面的投入。

二、信息技术对企业财务管理的影响

近年来，随着信息技术的发展，企业管理的各个环节也受到了影响，作为企业管理核心的财务管理必然也受到了一定影响，这些影响主要集中体现在两个方面。第一，信息技术的发展使财务管理面临的环境发生了变化，市场竞争也愈加激烈，知识逐渐成为企业最有力的竞争因素，企业管理面临的需求、需要解决的问题、解决问题的条件和方法都随之发生变化。在这样的深刻变革下，企业财务管理的模式也相应地发生了变化，随之而来的就是企业财务管理内容、范围和方法的变化。第二，信息技术的飞速发展为企业财务管理提供了更广阔的平台，随着信息技术的发展和成熟，财务管理面临的问题可以得到更好的解决途径，企业可以选择的财务管理手段也更为多样化。

（一）信息技术对企业财务管理实务的影响

财务管理实务指的是应用财务管理理论，实现财务决策与财务控制的全过程。信息技术对财务管理实务的影响体现在对财务控制手段、财务决策过程和财务管理内容的影响三个方面。

1. 对财务控制手段的影响

传统的企业财务管理是一个较长的过程，这个过程要经历"记录—汇总—分析—评价—反馈—修正"各个环节。在传统财务管理中，控制过程相对于业务过程有一定的滞后，这就导致企业财务管理职能不能充分发挥。而随着信息技术的发展，企业财务管理的控制程序可以与业务处理程序集成，财务管理可以实现实时控制。

2. 对财务决策过程的影响

（1）情报活动发生的变化。

情报活动不再是单纯的搜集决策所需的数据，而是经历"风险评估—约束条件评估—数据获取"三个阶段。风险评估首先对决策目标及实现决策目标的风险进行合理的估计。约束条件评估则是确定实现该决策目标所受到的各种外部环境的制约，明确为了实现该目标，可以使用的资源有哪些。数据获取则避免了手工数据的整理过程，借助于信息化平台，可以大量获取所需的数据，并依靠数据仓库技术，直接获取有价值的支持决策的数据。

（2）设计活动发生的变化。

传统的设计活动是指创造、制定和分析可能采取的方案。而在信息化环境下，这一过程实际上转变为依靠工具软件或财务管理信息系统建立决策模型的过程。

（3）抉择活动发生的变化。

抉择活动是指从众多的备选方案中，按照一定标准选择最优的方案并加以实施。这一过程在计算机环境下可以得到最大程度的优化，利用计算机强大的计算能力，可以模拟方案的执行情况，从而实现最优化决策，决策的科学性大大提高。

（4）审查活动发生的变化。

审查阶段要对决策进行评价，不断发现问题并修正决策。在信息化环境下，这一过程的执行提前到决策执行环节，也就是在决策执行过程中，同时完成对执行情况的跟踪、记录和反馈。

3. 对传统财务管理内容的影响

对企业个体而言，其主要的理财活动主要体现在三个方面，即筹资活动、投资活动和收益活动。相应地，也形成了企业财务管理的主要内容。信息技术环境下，它们仍然是财务管理的主要内容。但信息技术同时也扩展了财务管理的内容，主要表现在以下三个方面：

（1）信息技术促进了企业与相关利益者、银行、税务部门、金融市场之间的信息沟通，财务管理的范围也从企业扩展到相关的利益群体，诸如税收管理、银行结算管理等也成为财务管理活动中重要的一环。

（2）信息技术的发展促进了新的管理内容的产生，如集团企业全面预算管理、资金集中管理、价值链企业物流管理等。

（3）现代企业在信息技术的支持下，形成了连接多个企业的价值链。在完成筹资、投资和收益决策时，企业不再是一个孤立的决策单元，而是价值链上整体决策的一个环节。因此，相关决策将更多地面向价值链整体最优。

（二）信息技术对企业财务管理基础理论的影响

1. 信息技术对财务管理职能的影响

信息技术的发展和成熟强化了财务管理的基本职能，即财务决策职能和财务控制职能。财务决策职能是指在充分考虑企业环境和目标的前提下，选择并实施科学方法，确定适合企业的最佳财务目标。在企业财务管理实践中，筹资、投资和收益分配是财务决策的三个基本方面。信息技术的发展引起了财务决策环境的变革，这导致企业进行财务决策时将面临更大风险。在信息化环境下，企业进行各项决策活动都要有一定信息技术的支持，这样才能使决策从感性逐渐转化为理性。财务控制是指在决策执行过程中，通过比较、判断和分析，监督执行过程，并及时做出修正的过程。随着信息技术的发展，企业财务控制职能得到了强化，控制范围得到了很大扩展，当前的财务控制可以覆盖企业的各个层面，控制手段借助于信息化平台进行。同时，信息化还使财务控制从事后控制逐渐转化为事前、事中控制。

信息技术不仅强化了财务管理的基本职能，还衍生出了派生职能，主要是财务管理的协调职能和沟通职能。在信息技术环境下，企业做出的任何一个决策都可能涉及多个部门和领域。因此，必须在财务决策方面做出改变，要尽可能满足企业生产经营提出的要求。例如，企业制订生产计划时要考虑自身的财务计划，保证二者可以相互配合。也就是说，随着部门间横向联系的加剧，必须有适当的手段实现部门间、各业务流程间相互协调和沟通，财务管理将更多地承担起这方面的职能。

2. 信息技术对财务管理对象的影响

财务管理的对象是资金及其流转。资金流转的起点和终点都是现金，其他的资产都是现金在流转中的转化形式，财务管理的对象也可以说是现金及其流转。信息技术环境下，财务管理的对象并没有发生本质变化，影响主要表现在以下两个方面：

（1）现金流转高速运行。网络环境下，现金及相关资产的流转速度加快，面临的风险加剧，必须要有合理的控制系统保证企业现金资产的安全和合理配置。

（2）现金概念的扩展。信息技术环境下，网上银行特别是电子货币的出现极大地扩展了现金的概念。此外，网络无形资产、虚拟资产的出现也扩展了现金的转化形式。

3. 信息技术对企业财务管理目标的影响

财务管理最具有代表性的目标包括利润最大化、每股盈余最大化、股东权益最大化和企业价值最大化。在信息化环境下，以企业价值最大化作为企业财务管理的目标是必然的选择。这是因为，企业是各方面利益相关者契约关系的总和。企业的目标是生存、发展和获利，信息技术环境使各方的联系日益紧密。在信息技术的推动下，电子商务开始普及，企业实际上是形成的多条价值链上的节点，单纯追求个体企业的利润最大化或股东权益最大化并不能提升整个价值链的价值，反而会影响企业的长期发展和获利。只有确定企业价值最大化的财务管理目标，才可能实现企业相关利益者整体利益的共赢。

（三）信息技术对企业财务管理工具的影响

传统的财务管理中，主要依靠手工完成各项财务管理工作，财务管理处于较低水平。信息技术极大地丰富了财务管理手段，正是由于信息技术的大量应用，实际上促进了财务管理在企业中的应用。这一影响主要体现在以下三个方面：

1. 网络技术提供更好的解决方案

网络技术不仅扩展了财务管理的内容，而且为财务管理提供了新的手段。传统方式无法实现的集中控制、实时控制都可以依托网络实现。分布式计算技术的应用，为财务决策提供了新的解决方案。

2. 数据仓库技术提高决策效率和准确性

数据仓库的广泛应用改变了传统的决策模式。数据仓库是一种面向决策主题、由多数据源集成、拥有当前及历史终结数据的数据库系统。利用数据仓库技术，可以有效地支持财务决策行为，提高决策效率和决策的准确度。

3. 计算机技术提高数据处理能力

计算机的普遍应用提高了财务管理活动中的数据处理能力。利用计算机可以帮助用户完成较为复杂的计算过程，处理海量数据。大量工具软件的出现，可以帮助用户轻松完成数据计算、统计、数据分析、辅助决策等任务。

（四）信息技术对企业财务管理方法学的影响

1. 简单决策模型向复杂决策模型的转变

传统的财务预测、决策、控制和分析方法受手工计算的限制，只能采用简单的数学计算方法。在信息化环境下，更多更先进的方法被引入到财务管理活动中来，如运筹学方法、多元统计学方法、计量经济学方法，甚至包括图论、人工智能的一些方法也被广泛使用。

2. 定性分析向定量分析和定性分析相结合转变

传统的财务管理过程中，虽然使用过定量分析，但并没有得到广泛的应用。主要原因有二：一是计算工具的落后，无法满足复杂的数学计算或统计分析，同时缺乏工具软件的支持，使得计算过程难以掌握。二是缺乏数据库管理系统的支持，定量分析所需的基础数据缺乏必要的来源；或者是选择的样本过小，致使得出的结论产生误差。信息化环境下，数据库管理系统的广泛建立，特别是相关业务处理信息系统的成熟，为财务管理定量分析提供了大量的基础数据。同时，利用工具软件可以轻松地完成各项统计、计算工作，定量分析不再是专业人员才能完成的任务。

3. 偶然性决策向财务管理系统化的转变

系统论、控制论和信息论是第二次世界大战后崛起的具有综合特性的横向学科之一。系统及系统工程的思想、方法论和技术在 20 世纪 70 年代末传入我国，并于 80 年代达到了鼎盛时期。目前流行的新三论，即耗散结构论、协同论和突变论，都是系统论的进一步发展。系统论是研究客观现实系统共同的本质特征、原理和规律的科学。系统论的核心思想是从整体出发，研究系统与系统、系统与组成部分及系统与环境之间的普遍联系。系统是系统论中一个最基本的概念。

财务管理也是一种支持和辅助决策的系统，企业财务管理方法是指企业在财务管理中所使用的各种业务手段。目前，主要有财务预测方法、财务决策方法、财务分析方法、财务控制方法等。在很长的一段时间里，财务管理缺乏系统的观点进行分析和设计，往往只侧重于某一指标的获得或独立决策模型的应用。传统的财务管理方法面向独立的财务管理过程，缺乏系统性。需要解决的主要问题是临时性、偶然性的决策问题。信息化环境下，要求按照系统的观点认识和对待财务决策及财务控制，即做出任何一项决策时，不能仅考虑单项决策最优，而应该更多地考虑系统最优；财务控制不仅考虑对某个业务处理环节的控制，而且要按照系统控制的要求，从系统整体目标出发，自顶向下，层层分解，考虑控制的影响深度和宽度。

第二节　信息化时代财务会计管理信息系统的建设

一、财务管理信息系统概述

（一）财务管理信息系统的定义

按照管理信息系统的划分方式，可以将传统的信息系统分为 TPS（事务处理系统）、MIS（管理信息系统）、DSS（决策支持系统）和 AI/ES（人工智能/专家系统）四个层次。其中，TPS 完成企业活动基本事件的信息记录和存储，MIS 系统完成信息的整理、合并和简单的分析，DSS 系统负责面向企业高层提供辅助决策的相关信息，而 AI/ES 系统则根据所掌握的信息及时做出反馈并进行管理和控制。完整的财务管理信息化实际上实现了 DSS 系统和 AI/ES 系统在财务管理方面的有机集成。不仅要求根据 MIS 系统提供的数据生成辅助决策的信息，更要求通过系统控制实现对财务的管理和控制过程的集成。

当前，理论界并没有对财务管理信息系统的定义形成一个统一的认识和说法。从系统论的角度出发，财务管理信息系统的定义应该包括：财务管理信息系统的功能、财务管理信息系统的构成要素和财务管理信息系统的目标。

第一，财务管理信息系统的功能可以概括为财务决策和财务控制两个方面，这也是现代财务管理活动最基本的职能，其他的职能都可以理解为是上述两个职能的派生。

第二，财务管理信息系统的构成要素包括信息技术、数据、模型、方法、决策者和决策环境。

第三，财务管理信息系统的目标服从于企业财务管理的目标，即企业价值最大化。但财务管理信息系统对企业价值最大化目标的支持是通过决策支持来体现的，可以将财务管理信息系统的目标定位于支持实现企业价值最大化的决策活动。与传统的信息系统不同的是，财务管理信息系统的终极目标不是单纯地提供信息，而是支持决策活动和控制过程。

按照以上分析，可以对财务管理信息系统下这样的定义，即：基于信息技术和管理控制环境，以支持实现企业价值最大化的财务决策活动为目标，由决策者主导，获取决策所需数据，应用数学方法构建决策模型，完成财务决策过程，并将决策转化为财务控制，并对业务活动加以控制的管理信息系统。

很长一段时间以来，财务管理信息系统都没有得到明确的认识，提出的"理财电算化"概念的实质就是利用工具软件建立财务管理分析模型。"理财电算化"概念还容易产生误解，让人以为财务管理的信息化过程仅仅代表计算机在财务管理中的应用。财务管理信息系统概念的提出有助于澄清上述较为偏颇的概念，从而按照系统论的思想构建财务管理信息系统。而且，随着信息化水平的逐渐提高，建立系统化的财务管理信息系统的条件已经成熟。

（二）财务管理信息系统的特点

从财务管理信息系统的定义可以看出，财务管理信息系统的特点主要表现在以下几个方面：

1. 开放性和灵活性

为了适应多变的决策环境和企业不同的财务管理模式，财务管理信息系统必须具有高度的开放性和灵活性。具体表现在：第一，财务管理信息系统应支持异构网络，支持不同的数据库管理系统；第二，允许用户自定义决策过程和控制流程，实现企业财务管理的流程重组和构建；第三，具有较强的可扩展性和可维护性，支持动态财务管理过程。

2. 决策者主导性

在较为低端的信息系统中，如事务处理系统中，信息系统可以实现高度的自动化处理。但在财务管理信息系统中，由于其面向企业高层服务，决策活动中不可避免地存在大量的分析、比较和智能化的处理过程，因此，决策者将是财务管理信息系统的主导。同时，财务管理信息系统是以用户需求为驱动的，必须将信息系统的主导权交给信息需求者。

3. 动态性

财务管理活动取决于财务管理环境，而管理环境是不断发展变化的。企业战略的不同决定着企业财务决策策略和控制策略存在着较大的差异，比如市场领导者和市场追随者会选择不同的企业战略，进而影响企业财务管理决策策略和控制策略。因此，财务管理信息系统缺乏标准化的流程，各企业间可参照性较弱，也就决定了财务管理信息系统是一个动态的系统，必须随着企业的成长与财务管理环境的变化不断发展和完善。

4. 与其他管理信息系统联系紧密

财务管理信息系统是企业信息化系统中的重要组成部分，财务管理信息系统具有较高的综合性。首先，财务决策所需的基础数据包括的近期数据和历史数据均来自相关的信息系统，财务管理信息系统必须实现和其他业务信息系统的集成或数据共享；其次，财务控制的执行依靠各业务处理子系统来完成，必须有足够的能力保证财务计划、指标、预算和各项控制措施"嵌入"信息系统，并最终发挥实际的控制作用。

二、财务会计管理信息系统建设

（一）网络财务的实施

1. 网络财务发展的法律基础

网络财务的诞生和发展除了要有一定的技术基础外，一些相关法规的制定也为其实施提供了广阔的发展空间。财政部颁发的《会计电算化工作规范》中明确指出："有一定硬件基础和技术力量的单位，都要充分利用现有的计算机设备建立计算机网络，做到信息资源共享和会计数据实时处理。"新《会计法》中增加了建立网上销售核算内部控制制度的规定，这样就使得网络财务模式的建立更有法可依。有了法律的明文规定，网络财务的安全和权限问题将得到大幅度改善。此外，新《会计法》对各行业和各地域会计制度进行了统一。但对于跨地域的大型企业来说，不同地域会计准则的一致性将成为网络财务能否发挥极大威力的关键因素。网络财务是个新生事物，针对如何具体在网络财务的程序和方法上操作，如何实施内部控制，如何提供财务报告，如何保障财务信息真实性等一系列问题，还没有相应的法规予以规范，理论界和实业界也都处于探索阶段。

综上所述，网络财务是对财务管理的延伸发展，是一门新兴学科，对传统财务管理提出了挑战，是推动我国经济发展的强劲动力。

2. 网络财务的实施途径

（1）网络财务软件。

网络财务软件是指基于网络计算技术，以整合实现电子商务为目标，能够提供互联网环境下的财务管理模式、财会工作方式及其各项功能的财务管理软件系统。

（2）网上理财服务。

网上理财服务是指具备数据安全保密机制，以专营网站方式在网上提供的专业理财服务。网上理财服务的具体体现是网上自助式软件的应用，它是 ASP（Active Sever Page）活动服务主页的一种重要服务方式。

3. 网络财务的实施方案

首先，根据自身的实际情况进行需求分析，确定到底要利用网络财务系统完成哪些工作。其次，根据企业需求进行网络方案设计。目前常用的高速网络技术有快速以太网、FDDI 分布式光纤数据接口、ATM 异步传输模式、千兆位以太网。网络财务还是一个新兴的领域，其实现没有固定的模式，故要依据企业的不同情况"量体裁衣"。

（二）网络财务安全

只有保证网络系统的安全，才能以此为基础促进网络财务的不断发展和完善。网络财务使原来的单一会计电算化系统变成一个开放的系统，而会计业务的特点又要求其中的许多数据对外保密，因此，安全就成为网络财务中备受用户关注的问题。由于财务涉及资金和公司机密等，任何一点漏洞都可能导致大量资金流失，所以应对其传递手段和储存工具要求严格。要从技术和法律上为它创造一个安全的环境，抵抗来自系统内外的各种干扰和威胁。如在技术上加强对网上输入、输出和传输信息的合法性、正确性控制，在企业内部网与外部公共网之间建立防火墙，并对外部访问实行多层认证；在网络系统中积极采用反病毒技术；在系统的运行与维护过程中高度重视计算机病毒的防范，以及采取相应的技术手段与措施；及时做好备份工作。备份是防止网络财务系统意外事故最基本、最有效的手段，包括硬件备份、系统备份、财务软件系统备份和数据备份四个层次。发展适合网络财务的新技术是网络财务发展的基础。

从立法角度来说，为了保证网络财务安全，应该建立健全电子商务法律法规，规范网上交易、支付、核算行为，并制定网络财务准则。此外，还必须有第三方对安全进行确认，即建立网络安全审计制度，由专家对安全性做出相应评价。

（三）网络财务系统

信息技术不断发展，以此为基础建立起了财务系统。当前，需要借助这一系统才可以完成财务信息的处理，而财务系统的特定目标和功能的实现要靠一定的会计数据处理技术的运用。随着科学技术的进步，特别是计算机的出现，促使会计数据处理技术不断发展变化，经历了从手工处理到机械处理再到计算机处理的发展过程，因而财务系统也随之经历了从手工财务系统到机械化财务系统再到电算化财务系统的发展过程。

电算化财务系统可以在很大程度上提高会计效率。具体来说，电算化财务系统就是指以计算机为主的当代电子信息处理技术为基础，充分利用电子计算机能快速、准确地处理数据的特性，用计算机代替手工进行会计数据处理并部分代替人脑运用财务信息进行分析、预测和决策等的财务信息系统。

20世纪70年代末，我国财会工作者将计算机应用于会计工作，并由此提出了"会计电算化"这一具有中国特色的会计术语，其实质就是电算化财务系统。需要指出的是，当时的电算化财务系统仅仅只是将人、纸质凭证、算盘等构成手工财务系统的要素改变成了人、磁介质数据、计算机等，仅仅只是用计算机代替了人脑的计算、储存，并没有突破财务部门内部的范围，没有实现与其他部门及企业的连接，还是一种封闭式的工作方式，信息孤岛问题较为突出。从20世纪90年代开始，一方面计算机技术从单机逐渐向局域网及互联网方向发展；另一方面，企业已不再满足于电算化核算，而是希望进一步实现财务控制、管理和决策支持的计算机化，网络财务系统也就应运而生了。

随着网络的不断发展，电算化财务系统也得到了一定发展，以此为基础形成了网络财务系统。该系统是基于电子商务背景，以网络计算技术为依托，集成先进管理思想和理念，以人为主导，充分利用计算机硬件、软件、网络基础设施和设备，进行经济业务数据的收集、传输、加工、存储、更新和维护，全面实现各项会计核算及财务管理职能的计算机系统。一方面，网络财务系统对外可安全、高效、便捷地实现电子货币支付、电子转账计算和与之相关的财务业务电子化，对内可有效地实施网络财务监控和管理系统。另一方面，网络财务系统是一个可对物流、资金流和信息流进行集成化管理的大型应用软件系统。

网络财务系统是一个人机系统，它不但需要硬件设备和软件的支持，还需要人按照一定的规程对数据进行各种操作。网络财务系统的构成要素与电算化财务系统相同，包括硬件、软件、人员、数据和规程，只是在具体内容上更为丰富，如下：

1. 数据

网络财务系统的数据来自企业内、外部的多个渠道，包括：外部环境数据，如宏观经济数据、消费者偏好数据等；外部交易数据，即企业与其他企业或个人发生的经济业务，如采购业务和销售业务；内部业务数据，如发放工资、产成品入库等；会计核算数据，如往来业务核算、成本核算、期间费用核算等。

2. 硬件和软件

网络财务系统主要由服务器、工作站、移动终端及其他办公设备通过网络通信设备联网组成，这些设备就是系统硬件。而网络财务系统的硬件要发挥作用，必须有一套与硬件设备匹配的软件支持。网络财务系统的软件包括系统软件和应用软件。系统软件是指管理、监控和维护计算机资源的软件，包括操作系统软件、通信软件、数据库管理软件和系统使用软件等。应用软件是指为了解决用户的实际问题而设计的软件，如通用网络财务软件和专用网络财务软件。

3. 规程

网络财务系统的规程包括两大类：一类是政府的法令、条例等；另一类是维持系统正常运转所必需的各项规章制度，如岗位责任制度、操作管理制度、软硬件维护制度、安全保密制度等。

4. 人员

网络财务系统的核心人员包括两类：一类是系统开发人员，包括系统分析员、系统设计员、系统编程和测试人员等；另一类是系统的使用人员，包括系统管理员、系统维护人员及系统操作人员等。除此之外，向系统提供信息的各种人员，如供应商、客户、政府主管部门人员及分析师等也是网络财务系统不可缺少的运行要素。

（四）网络财务信息系统

1. 网络财务信息系统的构成

网络财务信息系统是以信息技术为支持的人机结合的系统，该系统不仅需要计算机硬件、软件、网络通信设备的支持，还需要人在一定的规程下充分利用它们进行各项操作。因此，网络财务信息系统的主要构成要素包括硬件、软件、人员、数据和规程。

按照网络财务信息系统的功能，可以将其划分为会计核算系统、财务管理信息系统和财务决策信息系统这三个层次。我国目前应用的财务软件大多处于会计核算系统这个层次。

2. 网络财务信息系统的主要特点

（1）强大的远程处理能力。网络财务软件从设计到开发应用都定位在网络环境的基础上，使得跨地区、跨国界的财务核算、审计、管理和贸易成为可能。同时，网络化管理将使企业的各种财务信息得到快速便捷的反映，最终实现财务信息的动态实时处理和财务的集中式管理，便捷的远程报账、远程报表、远程查询和审计。

（2）高效率的集中式管理。互联网的出现，使集中式管理成为可能。

（3）与现代信息技术的高度融合。它按信息处理的要求，充分利用现代信息技术，对企业的会计工作流程、方式和方法进行了重新构建，以适应企业瞬息万变的管理要求。

（4）高度实时化的动态核算系统。传统会计是一个静态的、事后反映型的核算系统。而网络财务的发展将改变这一历史，变传统的事后静态核算为高度实时化的动态核算。

（5）与业务管理系统的高度协同。包括与企业内部的协同、与供应链的协同、与社会相关部门的协同，如网上银行、网上保险、网上报税等。

3. 网络财务信息使用者的需求

在网络环境下，信息使用者对会计信息提出了新的需求。网络财务系统应能满足信息使用者的以下需求：

（1）信息可定制性。系统可以根据信息使用者的要求，从不同的角度提供个性化的财务信息。

（2）信息实时性。系统能根据信息使用者的要求实时披露财务信息。

（3）信息共享性。通过网络获取财务信息，可使得财务信息的再利用更加方便，可提高信息利用效率，减少信息不对称性。

（4）信息多样性。财务信息系统在内容上应能提供财务的和非财务的、定量的和定性的使用者想知道的信息；在计量属性上，应从单一的历史成本计量属性到历史成本、现行成本、可变现净值等多重计量属性并存；在列表形式上，应从单一信息媒体到文、图、音、像等多种信息媒体并存。

（五）网络财务报告

1. 网络财务报告的内涵及层次

网络财务报告的内涵处于动态变化状态，会随着环境变化和技术发展而不断变动。在现有技术条件下，网络财务报告是指企业通过网络披露企业各项经营业务与财务信息，并将反映企业各种生产经营活动和事项的财务报告存储在可供使用者随时查阅的数据库中，供使用者查询企业的财务状况、经营成果、现金流量及其他重要事项。网络财务报告分为以下三个层次：

（1）按需定制的财务报告。这是网络财务报告的高级阶段，指以披露通用目的财务报告为基准，进一步披露企业经过编码的经济事项源数据。可根据用户的选择自动定制用户所需的财务报告。随着 XBRL 分类体系构建完毕，经过测试并广泛投入使用，定制报告模式也成了现实。

（2）实时财务报告。它指整个会计循环通过网络自动完成，从原始数据的录入到数据处理再到生成财务报告都通过联网的计算机来完成。在这一阶段，用户可随时获得实时报告信息。

（3）在线财务报告。在线财务报告是指企业在国际互联网上设置网站，向信息使用者提供定期更新的财务报告。

2. 网络财务报告的新模式 XBRL

XBRL 就是可扩展财务报告语言，是一种全新的云语言。XBRL 基于可扩展标记语言（XML）框架，专门为公司编制和发布网络财务报告而服务。有了 XBRL 就能够实现按需定制的目标，也能整合财务信息供应链上各方的利益。微软是第一家以 XBRL 格式进行财务报告的高科技公司。使用者可以使用 XBRL 在线数据库进行数据分析。目前，我国深圳证券交易所和上海证券交易所已经开始使用 XBRL 格式进行财务报告的编制。在两大证券交易所网站上，信息使用者都可以直接获取多样化的财务报告，可以进行财务指标分析、数据查询、财务信息分析，从而满足使用者多样化的需求，对其进行正确决策起到很大的帮助作用。基于 XBRL 的网络财务报告具有以下几个显著特点：

（1）可以允许使用者跨系统平台传递和分析信息，降低信息重新输入的次数。

（2）以标准化的标记来描述和识别每个财务信息项目，即为每个财务项目定义标记，使财务报告的编报标准趋向统一。

（3）无须改变现存的会计规则，也无须公司额外披露超出现有会计规则要求的信息，只是改进了编制、分析与发布企业报告信息的流程。

（4）可以编制、发送各种不同格式的财务信息，交换与分析财务报表中所含的信息。

3. XBRL 网络财务报告的信息披露

按照财务信息披露的规则，XBRL 科学分解财务报告的内容，使其成为不同的数据元，再根据信息技术规则给数据元赋予唯一的数据标记，从而形成标准化规范。以这种语言为基础，通过对网络财务报告信息的标准化处理，可以将网络财务报告中不能自动读取的信息转换为一种可以自动读取的信息，大大方便了对信息的批量需求和批量利用。XBRL 网络财务报告的信息披露包括以下几个层次：

（1）第一层次对传统会计报表内容进行披露，包括资产负债表、损益表、现金流量表及其附注。

（2）第二层次对传统会计报表以外的财务报告进行披露。如设立专用报告专区，针对不同的使用者或使用者集团进行披露。考虑到不同类型使用者之间的信息差别，应有选择地和重点针对特定使用者披露特殊信息，提供内容（或时间）上有差别的报告。

（3）第三层次对一些在传统会计报表基础上扩展出来的信息进行披露。如对在企业的生存与发展中占举足轻重地位的智力资源信息或类似的知识资本进行披露；对不符合传统会计要素定义与确认的标准，且不具有实物形态的衍生金融工具信息进行披露。

（4）第四层次对一些非财务信息进行披露。非财务信息是指诸如企业背景、企业关联方信息、企业主要股东、债权人及企业管理人员配备的信息。为了增加企业信息的透明度、增加受托责任与诚信度，还要对具体的公司信息进行披露，如战略、计划、风险管理、薪酬政策等信息。

（5）第五层次主要是指对以多媒体技术在公司网站上提供股东大会、董事会或其他重要会议的现场纪实的录像或录音等信息的披露。在网站上进行多层次信息的披露，除了应提供当年的信息数据外，为了满足信息使用者的需要，还可以提供历史的数据，其内容也以多层次的信息模式为依据。

运用 XBRL 可以有效地提高信息披露的透明度，解决信息不对称的情况，同时还可以在很大程度上提高财务报告信息处理的效率和能力。它的应用必将给我国财务报告的披露带来历史性的变革，成为企业财务报告的发展趋势。

（六）网络财务成本控制

网络财务软件可全面归集成本数据，具有成本分析、成本核算、成本预测的功能，可以很大程度上满足会计核算的事前预测、事后核算分析的需要，还可以分别从总账、工资、固定资产、成本系统中取得各种成本费用数据。

成本管理模块可以从存货核算、工资管理、固定资产管理和总账中自动提取成本数据。每个成本的期间数据都会同步自动产生。在成本计划方面，可以编制全面的成本计划，待成本核算工作结束后，针对此计划的成本差异分析结果就会自动产生。在成本预测及分析方面，可以做出部门成本预测和产品成本预测。

（七）网络审计

随着信息技术的不断发展，财务信息存储的电子化、网络化，财会组织部门的扁平化，内部控制形式的变化等使得对审计线索、审计技术、审计方法、审计手段、审计标准，以及审计人员的知识结构、技能的要求发生了重大的变化。网络审计将成为在网络财务环境下进行审计工作的必然趋势。网络审计面对的企业内部环境是集成化的信息系统，它的合理性、有效性、安全程度直接影响到审计工作的质量和效率，如硬件设备的稳定性、兼容性、软件本身质量的高低及对企业实际情况的适应性等。而这些又受技术和人为的诸多因素影响，即审计环境中的不确定因素增加了，从而增加了审计的风险。

利用网络通信系统，建立网络化的审计机制，可实现账簿文件的在线式随机审计，即管理层或审计机构可以通过网上授权，提取被审单位的会计信息，审计经营单位财务数据的真实性和有效性。这种机制对各经营单位产生了严格的制约作用，可更加有效地防范经营单位弄虚作假，推迟做账等。实现联机方式下的在线式的随机审计，可加大监管力度，减少审计过程中人为因素的干扰，而且审计的时点可由审计人员随机决定，无须事先通知被审单位，这大大降低了监管成本。网络审计在现阶段还只是起步阶段，对许多问题尚无很好的解决办法，如财务数据结构的不统一等。但网络审计是未来的发展方向，这是不容置疑的。

下篇　医院经济与财务管理

第十三章　医院经济活动分析

第一节　医院经济活动分析的目的与意义

一、医院经济活动分析的目的

医院经济分析是指结合医疗政策形势和医院运营计划，运用经济核算报表、统计数据和其他有关资料，对一定时期内的医院经济运行状况和经营活动进行调研、分析，并从经济管理角度提出管理建议的过程。

医院开展经济分析的目的，是通过经济活动分析、评价，为政府、医院管理者等梳理、整合医院财务、会计与医疗服务及资源综合使用信息，并提供完整的经营管理结果，为医院提高社会效益、经济效益、经济管理水平等提供诊断性、适用性建议。

医院经济分析更主要的作用是为医院和医疗业务科室提供经济方面的建议，若要发挥经济分析的作用，就要求经济分析与医疗业务密切结合，也要求经济分析人员深入临床一线实地调研，不局限于数据层面分析，而是透过数据看医疗业务活动的实质。因此，医院经济分析实际就是一个以核算数据为核心的"挖掘数据→检查数据→理解数据→预见数据"的过程。

威廉·比弗为投资者分析财务报表提供了指导方针，他的"十大戒律"对医院经济分析人员来讲也同样受用，现对其中六条稍作修改：不能孤立地使用经济管理报表；不要把经济管理报表当作准确信息的唯一来源；不可以不写脚注，因为它们是经济分析不可分割的一部分；不要只把注意力放在单个数字上；不要忽视经济管理报表的局限性；不要忽略医疗专业人士的意见和建议。

二、医院经济活动分析的意义

医院通过科学、合理、有效地使用卫生资源，向社会提供优质的医疗服务，满足人民群众健康需求，促进社会人群健康水平的提高。医院在向社会提供医疗服务的过程中，需要投入一定的人、财、物等医疗卫生资源。医院提供医疗服务的过程同时也是这些经济资源耗费的过程，对于这些资源的配置、使用、补偿、分析与评价等形成了医院经济活动。

　　我国医院综合改革的目标是：维护公益性、调动积极性、保障可持续。医院综合改革路径是以改革补偿机制为切入点，同时明确政府责任、改革医保支付体系，建立有效的医院内部运行机制，最终实现医院改革目标。在医院的改革发展过程中，医院的经济绩效是医院实现可持续发展，有效发挥其医疗功能的基础和前提。在推进医院的改革政策中，如"取消药品加成""改革医保支付""增加政府投入""改革医院管理体制"等改革政策都会影响医院的经济绩效。医院的可持续发展需要建立在良好的经济绩效层面，没有良好的经济绩效无法实现医院的可持续发展，进而无法有效调动员工的积极性，医院的公益性也无从发挥。因此，医院的经济绩效是衡量实现改革目标的重要层面。

　　医院要提高管理水平，就要紧紧抓住医院的计划、预算、核算、分析、改进等环节。计划就是在现有的条件下，按照医院的发展战略，制订具体的发展目标及完成这个目标的方针、步骤和方法。预算就是用数字或货币形式表现各类计划。核算就是把医院各项经济活动的实际情况记录下来，检查计划、预算的进度和结果，监督医院的经营管理按照预定的目标进行。分析就是在实施结果与计划对比的基础上，对经济活动的各个方面进行分析研究，揭示医院运营存在的问题，进一步为解决问题创造条件。改进就是在经济活动分析的基础上，针对问题，采取相应措施，推广先进经验，克服薄弱环节，消除实际和计划的偏差，保证医院计划的全面完成，并为制订下期计划和预算提供依据。上面这些环节是相互联系的，不断循环往复的。每循环一次，人们对医院经济活动的认识也提高一步，就能逐步掌握医院运营管理的规律性，不断提高管理水平。

　　要提高医院的管理水平，首先要对医院的运营管理现状有一个科学的认识。医院经济活动的过程和结果，反映在一系列相互联系的指标体系上。从实际已达到的水平出发，通过与计划水平、预算水平、历史水平、先进水平等对比，就可以发现问题，进而分析问题，找出原因，使人们对医院现状的认识得以深化。

　　医院经济运行是极为复杂的，各项计划的完成情况也是不平衡的。有些指标超额完成了，有些指标没有完成计划。各项指标是相互联系的，某项指标的完成，可以是另一项指标完成的原因，也可以是另一项指标没有完成的原因。而任何一项指标的完成情况，往往又是多种因素综合的结果。其中，有主观因素和客观因素，人的因素和物的因素，积极因素和消极因素，医疗技术方面的因素和管理方面的因素等。各个因素相互影响，反映在某项指标上，有时共同起积极作用，有时共同起消极作用，有时还会相互抵消，表现为实际数与计划数相接近。对于这些复杂情况，一步也离不开分析。只有通过经济活动分析，既把各项指标的完成情况放在医院运营过程中加以考察，又把影响某项指标的各个因素都展示出来，找出原因，区分主次，分清责任，才能透过现象看本质，使医院的管理从感性阶段提高到理性阶段，对医院的运营管理有一个较为深刻的了解。

医院的发展既要拥有先进的医疗设备、优秀的专业技术人员，同时还要有科学的管理制度和方法。医院的医、教、研等活动最终都可以反映到经济活动中。通过对医院经济管理活动，可以最大限度地增收节支，提高社会效益及经济效益，也可以检验、衡量医院管理的水平，是考核医院运营管理好坏的尺度。医院在制定计划指标时，不可能完全预见到执行过程中可能出现的新情况，这就需要通过分析加以调整。判断医院运营的好坏，主要取决于医院本身工作努力程度的主观因素，而各项指标的完成情况是主观因素和客观因素的综合结果，只有通过分析加以区分开，才能对医院工作做出恰当的评价。实际上，医院的工作总是有积极因素和消极因素、成绩和缺点两个方面。一所医院完成了本期计划，也还有不足的一面；一所医院没有完成本期计划，也还有成绩的一面。通过分析，肯定成绩，找出差距，就能调动一切积极因素，化消极因素为积极因素，从改善运营管理入手，推动各项工作前进。

医院开展经济活动分析是为了改进工作，科学有效的分析为改进医院运营管理提供了科学依据，也有助于实现医院改革的目标。

目前，我国正在全面推进医院改革，医院改革是一项综合系统工程，其特点表现在：一是改革是政府主导，即强调政府对医院的管制，这是因为医院的公共产品特性；二是强调政府的责任、政府监督、医保支付改革，通过外部的治理来确保医院的功能有效发挥；三是医院内部的治理，即通过建立有效的管理体制、人事薪酬体系，调动医院的积极性；四是改革目标的多元化，即强调通过改革实现公益性、调动积极性、实现可持续。

在医改过程中，医院不仅是改革的核心，也是改革的主角。医院不仅要承担公益性的目标，还要通过改革实现可持续发展。因此，医院是否建立有效的可持续发展机制，关系改革是否实现预期目标。医院的经济绩效是医院医教研等各项工作的综合体现，医院的经济分析，不仅要分析各项主要经济指标的计划完成情况，对医院的经济工作做出恰当的评价，更重要的是进一步挖掘医院管控成本和费用的潜力，全面完成和超额完成各项计划，为社会提供优质的医疗服务。分析才能找到潜力，才能知道运营和管理是否合理；人力资源的组织和使用是否得当；成本与费用的开支是节约还是浪费；医疗费用的控制是否有效；国有资产增值与否；产生这些问题的原因是什么，应该怎样改进等。通过分析了解存在这些问题的原因，针对这些问题，发动员工，献计献策，就能找到提高效率、降低成本、管控费用的潜力，找到下一步努力的方向，制订相应措施，总结和推广先进经验，克服工作中的缺点，提高医院的管理水平，实现医院改革的目标。

做好经济分析工作，不仅对医院的管理层和员工是必要的，而且对医院主管部门和行业也是不可缺少的。医院主管部门如果只满足对医院的一般了解，不能掌握各个医院经济活动的具体情况和规律性，也就不能对所属医院提出恰当的要求，及时协助医院解决问题，对医院经济工作进行具体指导。

综上所述，医院经济活动分析是医院科学管理的重要组成部分，也是提高医院管理水平的重要手段。随着医院管理体制的改革，医院和广大员工更加关心医院的经营成果，经济活动分析在医院管理中的地位将更加重要。

第二节　医院经济活动分析的内容与方法

一、医院经济活动分析的内容

医院经济活动分析的内容，是医院整个医疗服务的全过程。医院是提供观察、诊断、治疗或减轻病人痛苦等服务的场所。医院作为健康服务业，有其独有的特征：与病人的广泛接触、大量的供应商及对生命的直接影响。这些特征决定着医院有别于企业或其他服务行业的要素：核心流程中的关键操作者所接受的训练是高度专业化的训练，他们是服务的请求者，也是服务活动的提供者；所提供的医疗服务不是一种能存储的商品，即生产与消费同时性；收取的费用与实际绩效之间的关系并不像其他产品领域那么直接。医疗服务的这些特征使得其经济活动有其特性，但也具有一般生产的共性。医院在向社会提供医疗服务的过程中，需要投入一定的人、财、物等医疗卫生资源。医院提供医疗服务的过程同时也是这些经济资源耗费的过程，对于这些资源的配置、使用、补偿、分析与评价等形成了医院经济活动。

（一）医院预算分析

预算管理作为落实医院战略的具体行动方案，是医院对未来整体医教研活动的规划和安排，其目标应与医院发展的目标一致，而预算管理目标的实现应有助于医院长远战略目标的实现。编制预算就是制定目标和方向，并通过执行使预算管理的目标落到实处，促使医院充分地挖掘与合理利用一切人力、物力和财力，从而取得最大的经济效益和社会效益。预算分析包括业务预算分析、资本预算分析、财务预算分析等，通过周密的预算分析，及时发现预算管理中存在的问题，找出影响预算编制、预算执行的各种因素，是有效发挥预算控制和评价职能作用的前提和基础。

（二）资源配置与使用分析

医院在向病人提供医疗服务的过程中，需要投入人、财、物等资源。医院的资源具体有：人力资源、物力资源、财力资源、技术资源、信息资源、管理资源等。医院从事医疗活动的过程就是资源配置和消耗的过程，医院资源的配置与利用是否合理有效，直接关系到医院的经济效益。医院的资源分析就是为医院找出具有未来竞争优势的资源，对所拥有的资源进行识别和评价的过程。这一过程包括确定医院所拥有的资源，分析医院资源配置的合理性、协调性，以及应用资源的效率与价值创造能力。医院资源分析可以进行单项分析，如人力资源分析、医疗设备使用分析、药品及卫生材料分析、能源消耗分析、病床使用分析等。通过分析这些资源配置与使用，判断这些资源配置与使用的合理性及对医院价值创造能力。同时，还应该从资源组合、资源能力、资源柔性等方面对医院资源进行均衡分析，分析资源配置的合理性、协调性。医院资源分析是医院经济活动分析的一个重要方面。

（三）收入支出分析

医院的医疗业务活动需要投入人、财、物等资源。这些要素经过一系列、多形式的转换，最终转化为医院的收入和支出，收入抵扣支出之后形成医院的结余。收支结余是医院运营管理的最终成果，是医院实现发展的前提和基础。对收入与支出的分析是医院经济活动分析的重点，它包括医院的财政补助收入、科教项目收入、医疗业务收入、医疗业务成本、管理费用、财政补助支出、其他收支的分析。在分析时，既要分析收支的结构、差异、趋势，找出影响收支变化的各种影响因素，又要将收入与支出对比分析，判断医院的结余水平是否增强，分析其原因，并提出切实可行的解决方案。

（四）成本分析

医院投入的要素形成了医院的成本，成本是反映医院各项工作质量的一个重要指标，是医院管理决策能力、医疗质量、资源配置与使用效率的综合体现。对医院成本的分析包括医疗业务成本、管理费用、科室成本、项目成本、病种成本、诊次成本、床日成本等的分析。通过分析成本增减的原因及其影响因素，挖掘潜力，寻找降低成本的途径。成本分析是医院经济活动分析的重要内容。

（五）资金分析

资金是医院以货币形式表现的，由医院支配的各种财产、物资，以及支付员工薪酬的货币的总和。在开展医院经济活动分析时，不仅要研究人财物的消耗，还要研究资金的占用和使用。医院的资金包括流动资金、固定资金、专项资金、专用基金。流动资金分析的内容主要有流动资金的来源、占用、结构和利用效果等。固定资金分析的内容主要有全部固定资产使用状况分析、固定资产结构分析和固定资产利用效果分析。专项资金分析的主要内容是考察其数量变化和使用的合理性,考察其是否专款专用及使用效果。专用基金分析的主要内容是分析其来源、支出及是否贯彻了量入为出、先提后支、计划安排、节约使用的资金管理原则。现金流量表的分析主要是医院报告期内所有经济活动的现金流入流出的动态情况,分析评估医院未来产生现金净流量的能力,揭示资产流动性内在的现象,客观真实地全面反映医院经济运营状况,以便满足财务管理、预算管理、成本管理的信息要求,充分提高财务报表体系的信息质量。

（六）医疗决策分析

医院管理决策能力直接影响和决定医院的医教研能力及市场竞争力的高低。医院的决策应该理论联系实际,对医院的内外部环境、市场竞争等复杂的情况进行综合分析,做出正确的判断,并在正确判断的基础上对医院的医教研活动做出正确的决策。医疗决策分析的内容包括医疗服务项目决策、设备投资决策、医疗服务成本效益分析、经营风险分析等。通过对医院医疗决策分析,可以发现医院管理决策中存在的问题,并及时纠正,决策是实现医院科学化管理的基础和前提。

（七）医院经济活动综合分析

医院经济活动综合分析是在各项具体分析的基础上再进行的综合分析与评价,形成分析的最后结论和评价意见。它通过将多个指标的信息综合起来,系统性地分析评价医院总体的运行状况,并可以进行横向比较、纵向比较。通过分析揭示医院总体经济运营质量与效果,同时将分析的结论、意见编制分析报告,为医院的管理决策提供依据。

二、医院经济活动分析的方法

企业财务分析方法有比较分析法、比率分析法、趋势分析法、因素分析法等,这些方法也基本适用于医院经济分析。

（一）比较分析法

比较分析法是将医院某项经济指标的变化进行对比,计算出经济指标变动值的大小,这是经济分析中最常用的方法,也是其他分析方法运用的基础。比较分析法最主要的特点是区分相比较指标之间的差异,包括差异额、差异幅度和差异方向。按比较对象不同,可以分为两种比较方式:

1. 绝对数的比较分析

绝对数的比较是将某指标的实际数与标的值进行比较,通常包括:

（1）与计划（或目标、定额）相比较,了解实际完成计划、定额的情况。

（2）与前期相比较，了解分析指标的发展趋势。

（3）与历史最好水平相比较，了解本期与历史最好水平的差距。

（4）与国内同行业先进水平相比较，了解本医院与同行业先进水平的差距。

（5）与主要竞争对手相比较，了解本医院与竞争对手的差距。

前三种比较分析方法都是基于医院自身的情况进行比较，而后两种比较分析方法则需要收集大量的同行医院数据作为基础。在医院经济分析中，往往是后两种比较分析方法发挥着重要作用。

2. 百分率的比较分析

绝对数的比较分析反映出增减变化的绝对额，但无法反映增减变化的幅度，这可通过计算百分率来实现。百分率的计算分为完成百分率和增减百分率，其计算公式为：

$$完成百分率 = \frac{指标实际值}{指标标的值} \times 100\%$$

$$增减百分率 = \frac{指标实际值 - 指标标的值}{指标标的值} \times 100\%$$

在运用比较分析法时，应注意指标的可比性。具体表现在：首先，计算口径一致，即相比较的经济指标所包括的内容、范围是一致的；其次，对比期间长度一致，即相比较的经济指标应当是相同时间段、相同时间长度的结果；再次，计算方法一致，即相比较的经济指标的影响因素一致。

（二）比率分析法

比率分析法是指医院的信息使用者运用报表的数据，结合报表中其他有关信息，对同一报表内或不同报表间的相关项目以比率的方式反映它们的相互关系，据以评价医院及医疗业务科室经济状况和经营成果的一种分析方法。运用比率分析法进行指标对比的结果是相对数，具体分析的方法有以下几种：

1. 结构比率分析

这是指通过个体指标与总体指标的对比，计算出个体指标占总体指标的比重，分析构成项目的变化，掌握经济活动的特点及变化趋势。例如，药品收入占总收入的比例，人员成本占总成本的比例等。

2. 相关比率分析

这是指不同但又相互联系的指标之间的对比，计算出另一经济含义的指标。分析时应确定不同指标之间客观上存在的相互关系，如通过科室的结余与收入的对比，可计算出结余率；通过成本与收入的对比，可计算出成本率。

　　运用比率分析法来评价医院的财务状况和经营成果十分有效，分析者可以从复杂的经济信息中跳出来，关注医院和医疗业务科室经济方面的相互关系，此方法在实践中广为应用。

（三）趋势分析法

　　趋势分析法是通过比较医院或医疗业务科室连续数期的会计报表，运用动态数值表现各个时期的变化，揭示其发展趋势与规律的分析方法。医疗活动的经济现象是复杂的，受多方面因素变化的影响，如果只从某一时期或某一时点出发很难看清它的发展趋势和规律。因此，必须把连续数期的数据按时期或时点的先后顺序整理为数列，并计算它的发展速度、增长速度、平均发展速度和平均增长速度，用发展的思路来分析问题。

　　发展速度是全部数列中的比较期与基期水平之比，反映各个比较期的数值占基期的百分比，从而考察总时期内各个时期的变动情况和发展速度。发展速度指标按比较标准时期的不同，分为定基变化率和环比变化率，其计算公式如下：

$$定基变化率 = \frac{指标实际值 - 指标基期值}{指标基期值} \times 100\%$$

$$环比变化率 = \frac{指标本期实际值 - 指标上期实际值}{指标上期实际值} \times 100\%$$

（四）因素分析法

　　因素分析法包括连环替代法、差额分析法、指标分解法等，是指在分析某一因素变化时，假定其他因素不变，分别测定各个因素变化对分析指标的影响程度的计算方法。因素分析法中的连环替代法的基本特点是：在有两个以上因素存在着相互联系的制约关系时（具体表现为构成经济指标的各因素之间存在相乘或相除的关系），对于一个经济指标发生变化而为了确定各个因素的影响程度的情况，首先要以基期指标为基础，把各个因素的基期数按照一定顺序依次以实际数来代替，每代替一个就得出一个新结果。在按顺序代替第一个因素时，要假定其他因素不变，即保持基期水平。在依次逐个代替其他因素时，以已代替过的因素是基数为基础，其余尚未代替的因素仍保持基期水平。

第三节　医院经济活动分析的程序与组织

一、医院经济活动分析的程序

（一）明确目标、制定计划

明确分析目标是经济分析的关键，经济活动分析过程应始终围绕分析目标而进行。医院经济活动涉及的内容很多，这就要求分析者首先应根据管理上的要求，明确分析目标。分析目标确定之后，就应该根据分析目标所确定的内容和范围，确定分析的重点内容，分清主次和难易，并据此制订工作计划。

（二）收集资料、整理加工

收集、整理资料是保障分析工作质量和分析工作顺利进行的基础性程序。一般来说，资料的收集、整理与加工应该贯穿于医院经济管理工作的始终，在日常的工作中就应该注意收集资料。应尽量避免在进行分析时才收集资料，切忌在资料不全时就着手进行技术性分析。

收集资料的过程中还需要对所收集的资料进行整理加工，整理资料是根据分析的目的、内容和范围，将资料进行分类、选择和修正，并做好登记和保管工作，使之便于使用和理解，以便提高分析工作的效率。

（三）对比分析、发现问题

医院按照一定的方法，对各项经济指标进行基本的数量对比分析，从各项经济指标的数量关系中，研究医院经济运行的规律，发现经济运行存在的问题，并找出原因加以改进。在进行比较分析时，可以从三个方面来比较研究：一是按照经济活动的不同目标进行比较研究，如预算执行、资源配置与使用、收入与支出、医疗成本等，研究各种运营能力的状况；二是按照不同时期进行比较研究，可以将本期各项经济指标与上期的指标进行同项对比，以观察医院运营的发展变化。也可以进行趋势分析，用以观察各项指标的变化趋势，寻求医院经济活动的规律；三是按照不同的标准进行比较分析，比较标准主要有行业标准、历史最好水平、预算水平、竞争对手等。通过分析找出差距，寻求改进运营管理之道。

（四）深入研究、查明原因

根据初步分析发现的问题，抓住重点，深入研究，查明原因，是搞好经济活动分析的关键。这就要求一方面进一步收集资料，作为深入分析的依据；另一方面深入实际调查研究，了解真实的状况。只有在全面掌握资料，深入研究的基础上，才能明确区分影响指标好坏的原因和责任。

（五）总结评价、提出改进措施

总结经验，提出改进措施，是进行经济分析的目的，它是分析工作的最后一步。通过前几个步骤的分析，掌握了大量情况和问题，每一种情况或每一个问题都说明了医院经济活动的一个方面，有的甚至是矛盾的。在总结评价时，要把所有这些情况和问题，集中起来，相互联系地研究，"去粗取精、去伪存真"，进行综合概括，写成简明的分析报告，对医院的经济效益做出正确的评价，并提出进一步改进工作、提高经济效益的措施。最后，还须指出，对经济活动分析所提出的各项改进措施，要抓好措施的落实，并检查其实现的效果。分析的目的是为了提高经济效益，改进医院的经济管理工作，分析中所提出的改进措施是否达到这个目的，要依靠领导和职工群众去贯彻。在措施的实施过程中也可能会出现新的矛盾，提出有待进一步解决的问题，有时所提出的改进措施不切合实际或短期内无法实施，这就要求进一步提高经济活动分析的质量。

二、医院经济活动分析的组织

医院经济活动分析是做好医院管理的一项重要工作，要很好地组织，要有专门的机构负责领导，要建立分析的制度和分析的框架体系，明确各职能部门、医疗科室的分析责任制度，配备一定的人员，使经济活动分析工作能正常开展，提升医院经济管理水平。

（一）建立统一领导、分级分析的组织体系

医院在开展医教研等各项业务过程中需要投入一定的人、财、物等医疗卫生资源，对于这些资源的配置、使用形成了医院经济活动。医院经济活动涉及医院所有的人员、部门、科室。因此，医院经济活动的分析需要全员、全院共同参与，并贯穿于医院经济管理的全过程。为了做好医院经济活动分析工作，必须建立有效的医院经济活动分析组织及制度体系。

医院的分级分析制度，应该分几级比较合适，必须从医院的实际情况出发，同医院内部的管理制度相结合。规模比较大的医院一般建立院级、科室级（部门）、班组（单元）三级经济活动分析体系，规模比较小的医院可建立院、科两级分析体系。

班组（单元）分析一般由相关人员分工负责，逐日（或按周）分析他们业务完成情况及所管理的指标，并由班组核算员汇总分析，针对计划完成情况、成绩和问题、原因和改进措施写出简要分析材料。班组（单元）的日常分析应该同班组的业务工作紧密结合在一起，采用简易的分析方法，按期（日、周）报送科室和有关部门。

科室（部门）经济活动分析是建立在班组（单元）分析的基础上，由科室专业职能人员分工负责，按月（按周、旬）分析他们所管理的各项指标的实施情况，提出存在的问题和改进措施，并编制科室（部门）经济活动分析报告，报送医院或相关部门。

院级经济活动分析是建立在科室、班组分析的基础上，在总会计师领导下，由医院各个职能科室分工负责，按月分析它们所管理的各项经济指标。一般的分工是医疗业务的指标完成情况由医务处、门诊部、护理部等负责分析；人力资源配置与使用指标由人力资源部负责分析；医疗设备的配置与使用指标由设备部负责分析；药品、材料的购置与使用由相关供应部门负责分析；保障维护方面的指标由后勤等相关部门负责；有关费用及成本指标由财务及相关部门负责。在各职能科室分析的基础上，由财务部门负责综合，并编写医院的经济活动分析报告。

各个职能部门的专业分析报告，不是医疗科室、班组和日常分析的简单汇总；全院的经济活动分析，也不是各种专业分析的简单汇总。一定要抓住医疗科室、班组分析中的主要问题，注意各个环节的相互配合，抓住各项指标的相互协调、综合平衡，针对医院经营管理中的重大问题，有重点地分析和解决问题。

（二）完善医院经济活动分析制度

为了健全各项指标的分析责任制度，医院还要确定各级、各部门分析的内容，分析资料提供部门和分析报告报送日期等制度。

医院经济活动分析的结果，要根据不同的目的和要求，采取多种形式及时公布与反馈，便于组织力量，落实措施，进一步调动员工的积极性。

经济活动分析会议是一种广泛应用、行之有效的重要分析形式。根据分析的内容，可以召开全面经济活动分析会、专业分析会或专题分析会；根据分析的范围，可分为院级经济活动分析会、科室（部门）经济活动分析会。

院级会议应每季度举行一次，有条件的也可以每月举行一次，会议由院长或总会计师主持，负责综合分析的部门做分析报告。根据分析报告所发现的问题，经过充分讨论、研究，确定改进措施。科室（部门）会议每月召开一次，由科室主任（部门负责人）主持，会议形式与院级会议相同。

（三）建立职能部门工作人员的岗位分析制度

医院的经济活动分析制度，要建立在岗位分析的基础上。采购、库存、招标、绩效、财务、医疗、门诊、护理、后勤等职能部门都应该参与到经济活动分析工作中来。医院职能部门中的每一位管理人员，都要按照个人的分工，本着干什么、管什么就分析什么的原则，建立岗位分析制，使人人关心经济活动的效果，养成善于分析总结的分析习惯。

要使职能部门人员持久地开展经济活动分析工作，各个职能部门必须由粗到细，逐步建立起一套完整的岗位分析标准、规范、流程和表格，并应该将每个职能部门所负责的经济指标融入岗位分析制度中，使之成为每一位管理人员日常工作的一部分。各职能科室应该每月召开科内分析会，分析会由科室领导主持，本科室人员全体参加，由相关人员汇报所管工作分析的内容及措施建议，领导综合，做到相互汇报，沟通情况，使每一位管理人员对部门工作胸中有数，明确自己的工作努力目标，提高工作效率。

医院经济活动分析工作涉及医院的方方面面，涉及医院所有的部门和人员。因此，每个职能部门所发现的问题可能要涉及几个或多个部门，不是某个职能科室内部所能单独解决的，而是要由各项指标的主管科室，召集有关科室参加的专业分析会议来研究解决。职能科室之间要建立固定的协作制度，使专业分析逐步走上制度化。

（四）加强医院经济管理的基础工作

加强医院的基础工作，完善医院经济管理机制，实行预算管理和健全核算工作，是做好经济活动分析工作的必要条件。

开展医院的经济活动分析工作，必须明确各医院内部各科室、部门之间的经济责任，正确考核各单位的运营成果，落实各项管理措施。医院的各项基础工作是提高核算数字准确性、划分经济管理责任的重要条件。基础工作不健全，不能加强经济核算，分析也就失去依据。所以，要加强基础工作，实行计划与预算管理，制订各项定额，健全原始记录和计量工作，同时，应该完善医院的信息系统，确保相关数据快速及时地收集。

计划和预算管理作为落实医院战略的具体行动方案，是医院对未来整体医教研活动的规划和安排。通过预算编制、执行、分析，可以使医院经济活动有序地运行。同时，计划与预算也是医院开展经济活动分析的重要参考依据和标准，通过将实际运行结果与计划、预算比较，发现经济管理中存在的问题，找出影响预算编制、预算执行的各种因素，是实现经济活动分析科学化的重要手段。

定额是计划与预算的基础，也是考核医院经济活动的尺度，没有合理的定额就无法进行核算与分析。因此，医院要制订完整的定额，包括人员定编、支出定额、药品耗材库存定额、均次费用定额等。没有定额的要及时制订，定额不全的要补齐，定额还要随着医疗技术和管理水平的提高定期修订，并注意保持相对的稳定性。

原始记录是分析研究医院经济活动的第一手资料，因此，要把医院经济活动的原始记录建立和健全起来，包括医疗、人事、设备、供应、后勤、绩效、财务等方面，要规定各项原始数据的格式和使用方法，保证原始数据的准确性和完整性。

药品、卫生材料、其他材料的采购、发放、使用，劳务服务的使用，医疗业务服务等方面都必须搞好计量工作，提供准确的数据，以保证经济活动分析的数据真实可靠。

（五）完善医院经济活动分析信息系统

医院经济活动分析必须建立信息化分析系统，应该以财务和医教研业务活动数据为基础，借助计算机、网络通信等现代信息技术手段，对信息进行获取、加工、整理、分析和报告等操作处理，为有效开展经济活动分析提供全面、及时、准确的信息支持。

医院经济活动分析信息化系统功能模块应与医教研业务活动系统功能模块紧密集成，实现经济和医教研业务活动数据的自动生成过程，同时实现对经济和业务数据的预警或控制。

医院在实施经济活动分析信息化时，一方面应制定统一的标准和规范，实现数据的集中统一管理；另一方面，应借助系统间无缝对接，实现数据的一次采集，全程共享。在此基础上，借助数据挖掘等商务智能工具方法，实现多维度自动报表的生成。

第十四章　医院财务管理概述

第一节　医院财务管理的界定

　　医院财务是指医院在提供医疗卫生服务过程中的各种财务活动以及由此而形成的各种财务关系的总称。简单地说，医院财务是指涉及医院钱、财、物的经济业务。它客观地存在于医院的经营活动中。

　　在现实生活中，财务总是通过各项货币收入和支出活动表现出来的。这些财务活动从形式上看，是货币的收支活动，表现为资金的量的变化。从实质上看，这些财务活动体现着医院与各方面的一定的经济关系，这种关系便成为价值——资金运动的质的规定性。因此，医院财务就其本质上讲，是医院在经营过程中资金运动及其所体现的经济关系。

一、医院的财务活动

　　在社会主义市场经济条件下，社会经济各方面都围绕着商品生产、交换、分配和消费等展开活动，通过市场调配资金，促进整个社会的价值运转。医院在提供医疗服务过程中，要消耗一定数量的人力、物力、财力资源，随着医疗服务活动的不断进行，资金的收支活动不断发生。医院资金方面的活动，构成了医院经济活动的一个独立方面，即医院的财务活动。

　　由医院自身特点所决定，医院的资金运动主要体现为以下三个方面：

　　（1）医疗服务经营过程中的资金运动：医疗服务活动过程中的资金运动表现为通过国家经常性财政补助、上级补助和经营收入取得货币资金，再用货币资金购买材料、物资形成储备资金。经过领用在医疗服务过程中消耗后，形成新的货币资金，参加下一次的资金周转。

　　（2）药品销售过程中的资金运动：先用货币资金购买药品形成储备资金，然后根据病人病情需要，开方销售药品，取得按国家规定增多的货币资金，不断地进行资金周转。

　　（3）制剂生产过程中的资金运动：首先是从货币资金形态到储备资金形态及其相应

的供应过程。其次是从储备资金形态到生产资金形态及其相应的生产过程。最后是从成品资金形态回到货币资金形态及其相应的销售过程，制剂通过销售过程又取得了货币资金，以满足病人的需要，取得货币收入继续进行下一次生产储备，使制剂连续地生产。

医院的资金运动从货币资金开始，经过若干阶段，又回到货币资金形态的运动过程，叫做医院资金的循环。医院资金周而复始不断重复地循环，叫做医院资金的周转。医院资金的循环、周转体现着医院资金运动的形态变化。具体说来，医院的资金运动包括资金筹集、资金使用和资金分配三个方面。

①资金筹集：资金指社会再生产过程中能够以货币表现的，用于生产周转和创造物质财富的价值。任何一个经济组织进行生产经营活动，必须筹集一定数量的资金。资金筹集是医院医疗服务活动的起点和基本环节，是医院存在和发展的首要条件。

随着社会主义市场经济的进一步完善，资金筹集渠道日益多元化，筹资方式日益多样化。总体而言，资金来源包括两大部分：一部分是所有者投资，这部分投资形成医院的自有资金；另一部分是通过不同筹资渠道所形成的借入资金。筹资方式既可以发行股票、债券，也可以吸收直接投资或从金融机构借入资金。无论从何种形式获得的资金，都需要付出筹资代价，如定期支付股息、红利以及借入资金支付利息等。

我国医院分为非营利性医院和营利性医院。非营利性医院多为政府主办，国家是医院的所有者，其筹集资金的渠道包括国家财政补助、主管部门补助、银行信贷、社会捐赠、医院内部积累、其他负债等。营利性医院的资金主要来源于投资者投入和银行信贷，以及社会捐赠、医院内部积累、其他负债等。

②资金运用：资金运用是指医院通过各种资金渠道及具体筹资方式获得必要的资金后，将其用于医疗服务活动的各个过程中，主要表现为购买劳动资料和劳动对象，以及向医疗技术人员和管理人员支付的工资，以补偿物化劳动和活劳动的消耗。例如，设备购置使医院获得劳动资料，同时形成固定资产；材料、物资、药品的采购，使医院获得劳动对象，为劳动手段提供条件；无形资产的研究和开发，使医院也会有一部分用于无形资产投放的资金；此外，医院也会将闲置资金对外投放，以获取投资收益。总体上，医院资金主要占用在流动资产、固定资产和无形资产三方面。

③资金分配：医院在提供医疗服务过程中会产生结余，这表明医院资金使用效益的增加或取得了经营收益。医院有了收支结余，就要进行分配，首先要按照规定计提职工福利基金，剩余部分转入事业基金，作为医院积累用于医院发展。

二、医院的财务关系

医院的财务关系是指医院在财务活动过程中与各有关经济利益集团之间的关系。医院在提供医疗服务的过程中，与各方利益集团有着广泛而密切的联系，这些联系主要表现在以下几个方面：

（1）医院与所有者之间的财务关系。所有者即是投资人，医院的投资人主要有国家、法人单位、个人和外商。

我国医院以公立医院为主，政府是公立医院的唯一所有者，医院与所有者之间的财务关系，其实质是政府与医院的资金分配关系。一方面，政府为了保证医院开展医疗业务活动和完成工作任务的资金需要，通过财政预算，对医院实行拨款。政府对医院财政拨款，有经常性事业补助和专项补助。此外，医院还可从财政部门取得财政周转金，定期使用，到期还本并支付占用费等。另一方面，医院在遵守国家有关方针、政策、法规和制度的前提下，独立经营，对国有资产拥有使用权，并接受有关部门的管理和监督。

随着社会主义市场经济体制的确立，我国民营医院得以发展。民营医院的投资者主要包括法人单位、个人，还有外商。民营医院的所有者按照投资合同、协议、章程的约定履行出资义务，形成民营医院的资本金。民营医院利用资本金进行经营，并按照出资比例或合同、协议、章程的规定，向其所有者分配利润。

医院与所有者之间的财务关系，体现着所有权的性质，反映着经营权和所有权的关系。

（2）医院与金融单位之间的财务关系：医院除利用所有者投入的资金开展医疗活动外，还要借入一定数量的资金，以满足经营中的资金需求。医院与金融单位之间的财务关系，主要是指医院与银行之间的存款、贷款和结算关系。医院为了业务需要有时向银行借款，按规定还本付息；同时，医院将资金周转过程中暂时闲置的货币资金存入银行，可随时提用，并定期取得利息；医院对外的一切结算，除按规定使用现金外，都应通过银行转账结算。

（3）医院与主管部门、主办单位、社会保障部门之间的财务关系：医院与主管部门、主办单位之间的财务关系，主要是指主管部门或主办单位拨给医院补助，医院因药品超收上缴给主管部门或主办单位应缴超收款。医院与社会保障部门之间的财务关系，主要是指医院交给社会保障部门职工的医疗保险金、失业保险金、养老保险金等保障费。

（4）医院与其他单位之间的财务关系：医院与其他单位之间的财务关系，主要是指医院从市场购买有关商品以及接受有关技术和劳务，需要支付相应的款项；医院向其他单位提供劳务服务，按规定应向这些单位收取相应的款项，形成医院与其他单位之间的资金收付的财务关系。

（5）医院与病人之间的财务关系：医院与病人之间的财务关系，主要是指医院向病人提供医疗服务而收取一定的费用，病人因接受医院提供的服务或产品而应支付相应的费用，形成医院与病人之间的财务关系。

（6）医院内部各部门、各科室之间的财务关系：医院内部各部门、各科室的财务关系，主要是指医院内部各单位之间在提供医疗服务过程中相互提供产品或劳务所形成的经济利益关系。医院为了保证开展业务工作的资金需要，按照预算将资金在内部各部门、各科室之间进行分解，并对其经济活动进行管理和监督。在实行内部经济核算的条件下，医院内部各部门、各科室之间相互提供产品或劳务要进行计价结算，产生了资金使用的内部结算与利益分配关系等。

（7）医院与职工之间的财务关系：医院与职工之间的财务关系，主要是指医院向职工支付劳动报酬的过程中所形成的经济利益关系。医院按照职工提供的劳动数量和质量而支付工资、补助工资、其他工资，以及办理各种欠款的结算。

三、医院财务管理的特点

财务管理是随着商品生产和商品交换的发展而不断发展起来的，最初萌芽于15、16世纪，伴随着地中海沿岸的城市商业而出现；形成于19世纪中后期，股份公司的发展使得财务管理从企业管理中分离出来，成为一种独立的管理职能；发展于20世纪，尤其二战后，随着企业生产经营规模的不断扩大，生产经营活动日益复杂，使人们越来越感觉到财务管理的重要性，其理论与方法也得到了令人瞩目的发展和完善。任何一个社会组织开展经济活动时都必须组织财务活动、处理财务关系，财务管理已成为包括企业、事业单位、政府机构以及其他社会团体和组织实施管理的一项重要经济管理工作。

医院财务管理是根据医院业务经营目标的需要，按照医院资金运动规律，组织医院财务活动、处理医院同各方面财务关系的一项经济管理工作，是医院管理的重要组成部分。

医院财务管理区别于医院的其他管理，其特点在于：

首先，它是一种价值管理。财务管理是对医院医疗服务过程中的价值运动所进行的管理，它利用收入、支出、结余等价值指标，来组织医院医疗服务过程中价值的形成、实现和分配，并处理这种价值运动中的经济关系。

其次，它是一项综合管理。医院各项医疗服务活动的进行均伴随着医院资金的收支，财务管理的触角必然就要伸向医院医疗活动的各个角落。每个部门都会通过资金的收付，与财务管理部门发生联系。每个部门也都要在合理使用资金和组织收入方面接受财务管理部门的指导，受到财务管理制度的约束。医院所有医疗活动都反映为资金运动，财务管理是对资金运动的管理，其管理范围涉及医院的人、财、物各个方面，是一项综合管理工作。

医院财务管理是按照医院资金的运动过程，对资金的筹措、运用、回收和分配，进行科学的有效的计划、组织与控制。根据现行《医院财务制度》的精神，医院财务管理的基本内容包括筹资管理、流动资产管理、固定资产与无形资产管理、对外投资管理、成本费用管理、收入管理、结余及其分配管理、财务分析、财务预算管理等。随着理财环境的变化，医院财务管理的内容也会随之发生改变，医院重组财务管理、医院人力资本财务管理等问题已经引发了理论界和实务界的探索与思考，必将纳入医院财务管理的内容中来。

第二节　医院财务管理的目标与职能

一、医院财务管理的目标

系统论认为，正确的目标是系统良性循环的前提条件。目标是系统所希望实现的结果，根据不同的系统所要研究和解决的问题，可以确定不同的目标。财务管理目标制约着财务运行的基本特征和发展方向，是财务运行的一种驱动力。不同的财务管理目标，会产生不同的财务管理运行机制，科学地设置财务管理目标，对优化理财行为，实现财务管理的良性循环具有重要意义。

（一）财务管理目标理论

财务管理的目标又称理财目标，是指一个经济主体进行财务活动所要达到的根本目的。任何一种财务管理目标的出现，都是一定的政治、经济环境的产物。随着环境因素的变化，财务管理目标也必然发展变化。在现代西方财务理论中，对于财务管理目标的研究，多以企业为对象。不同的理财环境下，企业追求的理财目标也不尽相同。

1. 利润最大化目标

利润最大化目标兴起于 19 世纪，在西方经济理论中曾是流传甚广的一种观点，对业界尤有重大的影响。当初企业组织的特征是单个业主，单个业主的唯一目的是增加个人财富，这是可以简单地通过利润最大化目标得以满足的。利润反映了当期经营活动中投入与产出对比的结果，在一定程度上体现了企业的经济效益。因此，实践中往往以利润的高低来分析、评价企业的业绩。而且利润这个指标在实际应用方面比较简便，利润额直观、明确，容易计算，便于分解落实。

我国企业在告别高度集中的计划经济体制以后，经营方式由单纯生产型向生产经营型转变。在市场经济条件下，企业自主经营，这使得企业不得不关心市场、关心利润。利润的多少体现为企业对国家的贡献，而且国家也把利润作为考核企业经营情况的首要指标，把企业职工的经济利益同企业实现利润的多少紧密地联系起来。利润最大化对于企业投资者、债权人、经营者和职工都是有利的。

但是，利润最大化这一财务管理目标中，利润的计算没有考虑利润发生的时间和资金的时间价值，而且也没有有效地反映风险问题，往往导致企业财务行为的短期化，而不顾企业的长远发展。因此，将利润最大化作为理财目标，存在一定的片面性。

2. 股东财富最大化目标

按照现代委托代理学说，企业经营者应最大限度地谋求股东或委托人的利益，而股东或委托人的利益则是提高资本报酬，增加股东财富。因此，股东财富最大化这一理财目标受到人们的普遍关注。

在股份公司中，股东财富是由其拥有的股票数量和股票市场价格两方面决定的。在股票数量一定时，当股票价格达到最高时，股东财富也达到最大。所以，股东财富最大化，就演变为股票价格最大化。许多人认为，股票市场价格的高低体现着投资大众对公司价值所做的客观评价。股票价格反映着资本和利润之间的关系；它受预期每股盈余的影响，反映着每股盈余的大小和取得的时间；受企业风险大小的影响，可以反映每股盈余的风险。但是，以股票价格最大化作为理财目标实际上很难实行，因为股票市价要受到多种因素包括经济因素和非经济因素的影响，股票价格并不是总能反映企业的经营业绩，也难以准确体现股东财富；而且这一指标只有上市公司才能使用，对于大量的非上市企业是不适用的。

3. 企业价值最大化

企业价值是指企业全部资产的市场价值（股票与负债市场价值之和）。利益相关者理论认为，企业存在着众多的利益相关者，是各种利益集团共同作用的组织。企业理财的目标是协调各个利益集团的利益。在一定时期和一定环境下，某一利益集团（如股东）可能会起主导作用，但从企业长远发展来看，不可能只强调某一利益集团的利益而忽视其他利益集团（如债权人、政府、员工、顾客等）的利益。虽然各利益集团追求的目标不同，但从理论上讲，都可以通过企业长期稳定发展和企业总价值的不断增长来实现。

因此，以企业价值最大化作为理财目标较之股东财富最大化目标更为科学。

以企业价值最大化作为理财目标，充分考虑了资金的时间价值和投资的风险价值；将企业的长期发展放在首位，克服企业经营中的短期行为；不仅考虑了所有者的利益，而且考虑了债权人等各方利益关系者的利益。但是，这一目标在可操作性方面却存在着难以克服的缺陷，企业价值的目标值是通过预测方法来确定的，采用何种预测方法、如何选取预测值，将会使预测结果大不相同，因而很难作为对各部门要求的目标和考核的依据。

随着现代财务理论的发展，理财环境以及企业制度和治理结构不断发展与更新，财务目标也在发生着变化。无论是利润最大化目标，还是股东财富最大化目标和企业价值最大化目标，这些财务目标都是相关的，但没有一个单一的目标能够涵盖所有其他的财务目标。实践中，上述财务目标都曾经是甚至现在还是企业进行财务活动的基础。

（二）医院财务管理目标

医院不同于企业，医院不是营利部门，不以营利为目的。作为卫生服务体系的一个重要组成部分，医院一方面要服从国家卫生事业管理的要求，为社会提供公益服务；另一方面，在提供医疗服务的过程中，又要追求其医疗服务的效率。随着我国公立医院改革的进一步深化，明确了"坚持公立医院的公益性质，把维护人民健康权益放在第一位"为公立医院的根本目标。公立医院不以营利为目的，并不意味着不需要开展财务管理。我国公立医院的现状是投入不足与浪费并存，资金成本高而使用效率低下，这些问题正是需要通过医院的财务管理加以改善的。

医院的目标决定了医院财务管理的目标。现行《医院财务制度》的适用对象是中华人民共和国境内各级各类独立核算的公立医疗机构，这也成为我们研究医院财务管理目标的财务主体。公立医院是承担一定福利职能的社会公益事业单位，履行社会责任，追求社会价值最大化是其最高目标；在医疗服务过程中，提高公立医院运行效率是其直接目标。即便是非公立医院，也同样承担着救死扶伤的社会责任，医院的特殊性质决定了其生存要依赖于它所承担的社会责任，医院只有首先承担其社会责任，才有资格谈及其经济责任和利益。因此，我们认为，医院的社会责任目标优先于经济责任目标，医院财务管理不能以经济利益最大化为目标，在努力提高医院运行效率的前提下，追求社会价值的最大化是其最终目标。

二、医院财务管理的职能

任何事物都有一定的职能（功能）。由事物本身的特征所决定的固有的职能称为基本职能，随着事物的发展，人们为了更有效地实现预期目的，基本职能就派生出一些新的职能。就财务管理而言，职能是指财务管理所具有的职责与功能，由财务管理的对象和内容决定。财务管理的基本职能是组织。随着财务活动的日益复杂，一些新的职能逐渐从组织职能中派生出来。财务管理的职能主要包括：财务预测、财务决策、财务计划、财务组织、财务领导、财务控制及财务分析、财务评价与考核等。医院通过这些职能的有效运用，来实现财务管理的目标。

（一）财务预测

财务预测就是在认识财务活动的过去和现状的基础上，发现财务活动的客观规律，并据此推断财务活动的未来状况和发展趋势。预测表现在正确掌握未来财务活动的不确定因素和未知因素，为决策提供信息，形成可行性方案，以建立恰当的财务管理目标。财务预测既是财务管理的一项重要职能，也是决策、编制执行计划的前提和重要手段。医院财务预测要根据医院内部和外部的各种财务信息，对医院财务活动的趋势进行科学的预测与估计，包括医院事业发展的各种内外因素、医院市场需求、医疗价格调整趋势的预算等。财务预测不能脱离各项业务预测，但也绝非是各项业务预测结果的简单拼凑，而是根据业务活动对资金活动的作用与反作用关系，将业务预测结果进行合乎逻辑的综合。

（二）财务决策

财务管理效果的优劣，很大程度上取决于财务决策的成败。决策建立在预测的基础之上。根据财务预测的结果，采用一定的决策方法，就可以在若干备选方案中选取一个最优财务活动方案，这就是财务决策。财务决策是财务管理的核心。财务预测是为财务决策服务的，财务计划是财务决策的具体化。简言之，财务决策是正确掌握和动用财务管理权的过程。医院的财务决策包括财务活动的组织与管理、资金的筹措与安排、资金流向的审查与控制、财务成果考核与分配等的选择与决定。

（三）财务计划

财务决策仅仅解决了财务活动方案的选择问题，但并不能保证财务目标的实现。为了实现既定的财务目标，财务活动就必须按照一定的财务计划来组织实施。当通过财务决策选定了财务活动方案后，就应该针对所选方案编制具体的财务计划。如果完成了计划，也就实现了财务目标。正确地编制财务计划，可以提高财务管理的预见性。医院财务计划大体上包括投资决策计划、流动资金计划、固定资金计划、业务收支计划等。它们是医院筹集、使用、分配资金的具体执行计划。在实际工作中，这些计划往往将分别编制为年度计划和季度计划，以便更好地组织实施。

（四）财务组织

所谓财务组织职能，是指为了完成财务计划目标，合理组织财务管理活动中的各个要素、各个环节和各个方面，从上下左右的相互关系上，进行合理的分工与协作，科学合理地组织成一个整体，对财务活动协调有序进行管理。财务组织职能主要表现在以下一些方面：

（1）建立合理的组织机构，设置财务处、科、室等。

（2）按照医院财务管理的需要进行分工，确定各部门、科室的职责范围，建立责任制，明确各部门或有关岗位成员所肩负的任务与相应的权力，使责、权、利紧密结合。

（3）建立财务信息沟通渠道。

（4）确定财务管理方式，如统一领导、分级核算、归口管理等。

（5）正确地选择和配备财务管理人员，搞好培训、调配、考评、奖惩，以保证财务管理组织的需要并充分调动财务管理组织和人员的积极性。

（五）财务领导

财务领导职能，也称财务指挥职能。它是指财务领导者与财务管理人员根据财务管理目标和财务决策的要求，运用组织权力和适当手段，指导和监督下属财务管理机构和人员实现决策目标的一种管理职能，主要包括财务指挥与财务协调职能。财务指挥职能是指按计划的要求领导人们完成所分配任务的一种管理功能。指挥职能能保证计划得以执行，组织得以运转。财务指挥职能发挥的过程，实际上就是财务管理人员在一定组织形式下领导人们具体地执行财务计划的过程。财务协调职能是指消除医疗服务过程及财务管理过程中各部门之间的不和谐现象，以加强相互间的配合能力，达到按财务总目标的轨道同步发展的一种管理功能。

（六）财务控制

所谓财务控制职能，是指按照财务计划目标和确定的标准，对医院任何活动进行监督、检查，并将财务活动的实际成果与财务计划目标对照，发现差异，找出原因，采取措施纠正财务计划执行中的偏差，以确保财务计划目标的实现。在财务计划组织实施的过程中，由于主客观两方面的原因，财务活动的实际进展与计划要求可能会发生差异。对于这种差异，如果不加以控制，财务计划的最终完成就不能保证。从广义上讲，财务控制包括事前控制（预测）、事中控制和事后控制（分析）；从狭义上讲，财务控制是指事中控制。这里，我们采用的是狭义概念。医院财务控制系统由确定财务控制目标、建立财务控制系统、财务信息传递与反馈、纠正偏差四个方面组成。

从一般意义上来说，管理职能的目的就是为了使管理对象成为和谐的有机体，无论是计划、组织、领导还是控制，都应体现协调。这是由管理对象的客观要求决定的。

（七）财务分析、评价与考核

财务分析是事后的财务控制。财务分析是将医院财务活动的实际结果与财务计划或历史实绩等进行比较，分析存在的差异及其产生的原因，从而为编制医院下期财务计划和以后的财务管理提供一定的参考依据。

财务评价以财务分析为基础，是为了说明财务绩效的优劣及其程度。通常财务评价以财务计划或历史实绩、同行业平均先进水平为评价依据。

所谓财务考核，就是对一定责任主体（部门或个人）的财务责任完成情况进行考察和核定。财务考核的目的是为了贯彻责任与利益的统一，从而促进各部门和个人更好地完成所承担的财务责任。

第三节　医院财务管理的原则与方法

一、医院财务管理的原则

恩格斯曾指出："原则不是研究的出发点，而是它的最终结果；这些原则不是被应用于自然界和人类历史，而是从它们中抽象出来的；不是自然界和人类去适应原则，而是原则只有在符合自然界和历史的情况下才是正确的。"财务管理的原则也是如此，它是从理财实践中抽象出来的并在实践中证明是正确的行为规范，是财务管理必须遵循的准则。医院财务管理的原则，是由医院的性质及其组织管理的要求所决定的，是组织医院经济活动、处理财务关系的准则。医院财务管理应遵循以下几项原则：

（一）资金合理配置原则

所谓资金合理配置原则，就是要通过资金活动的组织和调节，来保证各项物质资源具有最优化的结构比例关系。医院财务管理是对医院全部资金的管理，而资金运用的结果则形成医院各种各样的物质资源。按照系统论的观点，组成系统的各个要素的构成比例是决定一个系统功能状况的最基本的条件。系统的组成要素之间存在着一定的内在联系，系统的结构一旦形成就会对环境产生整体效应，或是有效地改变环境，或是产生不利的影响。医院的各项财务活动也构成一个系统，财务活动开展需要占用资金，资金配置合理，物质资源构成比例适当，就能保证医疗服务活动顺畅运行，否则就会危及医院财务活动的协调，甚至影响医院的兴衰。

　　医院财务管理从筹资开始，到资金收回为止，经历了资金筹集、投放、收回、分配等几个阶段。只有把资金按合理的比例配置在医院医疗服务的各个过程中，也就是从财务角度合理地安排医院各种资金结构问题，才能实现医院物质资源的优化配置。因此，资金合理配置是医院持续、高效发展的必不可少的条件。

　　（二）收支积极平衡原则

　　所谓收支积极平衡，就是要求资金收支不仅在一定期间总量上求得平衡，而且在每一个时点上协调平衡。资金收支在每一时点上的平衡性，是资金循环过程得以周而复始进行的条件。财务管理的过程就是追求平衡的过程，如果不需要平衡，也就不需要财务管理。只有实现了财务收支的动态平衡，才能更好地实现财务管理的目标。

　　资金收支平衡不能采用消极的办法来实现，而是要积极地坚持量力而行和尽力而为相结合的原则。量力而行，就是要尊重客观经济规律，从医院经济状况的实际出发，充分考虑财力可能，把有限的资金投入到急需的地方，而不能不顾医院的实际情况，凭主观意志办事，违反客观经济规律，勉强去办一些超出医院经济承受能力的事。尽力而为，就是在财力许可的范围内，充分发挥人的主观能动性，分清轻重缓急，统筹安排资金，合理使用各项资金，努力挖掘各方面的潜力，发挥有限资金的最大效益。尽力而为与量力而行是辩证统一的，医院事业的发展，既要量力而行又要尽力而为。

　　（三）利益关系协调原则

　　医院财务管理在组织资金运动过程中，同各有关方面发生密切的经济联系。利益关系协调原则就是在财务管理中利用经济手段协调国家、医院、员工、病人、往来单位、内部各部门等的利益关系，维护各方的合法权益。

　　医院是承担一定政府福利职能的公益性事业单位，是非营利性经济组织，根本目的是不断提高全民族健康素质，保障国民经济和社会事业的发展，是以社会效益为最高原则。医院财务管理要在法制轨道上运行，要自觉维护国家的利益，顾全大局。但在讲求社会效益的同时，医院财务管理还要兼顾单位经济利益，讲求经济效果，要充分利用医院现有的人力资源、物力资源、财力资源，最大限度地满足社会医疗需求。在处理医院与职工之间的关系时，要坚持社会主义按劳分配制度，多劳多得，优劳优得，效率优先，兼顾公平，既要防止片面强调单位和个人的利益，忽视国家利益的现象，又要防止单纯强调国家利益，忽视单位和个人利益的现象。医院对债权人要按期还本付息，与其他单位之间要实行等价交换，医院内部各部门之间要划清责、权、利。总之，医院在处理各种财务关系时要遵守国家法律，认真执行政策，保障有关各方应得的利益。在经济生活中，个人利益和集体利益、局部利益和全局利益、眼前利益和长远利益也会发生矛盾，而这些矛盾往往是不可能完全靠经济利益的调节来解决的。在处理物质利益关系的时候，一定要加强思想政治工作，提倡照顾全局利益，防止本位主义、极端个人主义。

（四）实行预算计划管理的原则

医院的全部财务活动（包括一切收支），都要编制预算计划，实行计划管理。正确编制单位预算计划，可以有计划地组织单位的财务活动，保证各项业务的顺利进行。医院预算计划的编制，既要参照前期的执行情况，又要考虑计划期内的各种有利和不利因素，使预算计划具有先进性、科学性和可行性。在执行过程中发生重大变化时，要对原预算计划按规定的程序进行调整，以正确指导单位的业务活动和资金运动。

二、医院财务管理的方法

财务管理方法是指为了实现财务管理目标、完成财务管理任务，在进行理财活动时所采用的各种技术和手段。具体而言，医院财务管理的方法是财务管理人员针对医院经营目标，借助经济数学和电子计算机的手段，结合医院财务管理活动的具体情况，对医院资金的筹集、医疗资金的投入、成本费用的形成等医院业务经营活动进行事前、事中、事后管理所采用的专门方法。它是财务人员完成既定财务管理任务的主要手段。

财务管理方法一般可分为定性方法和定量方法两大类。所谓定性方法，是指依靠人的主观经验、逻辑思维和直观材料进行分析、判断，开展管理活动的方法。所谓定量方法，是指依据财务信息和其他有关经济信息，运用一定数量的方法或借助于数学模型进行计算，从而求得管理方式、措施的答案。二者在财务管理过程中都不可缺少、不可偏颇。下面，主要对医院财务管理的定量方法作简要介绍。

（一）财务预测方法

财务预测是根据有关财务活动的历史资料，依据有关条件和未来发展趋势，运用数学模型，对未来财务活动状况可能达到的数额和发展趋势所进行的预计和测算。医院进行财务预测首先要明确预测的对象和目的，然后通过收集和整理有关信息资料，进而选择适合的预测方法进行预测。医院定量财务预测的方法一般包括趋势预测法和因果预测法。

1. 趋势预测法

趋势预测法又称时间序列法，是指按照时间顺序排列历史资料，根据事物发展的连续性，预测今后一段时间发展趋向和可能达到的水平的一种方法。这种方法较为简单，具体包括算术平均法、移动平均法、指数平滑法、直线回归趋势法、曲线回归趋势法等。

2. 因果预测法

因果预测法是根据历史资料，并通过足够的分析，找出要预测的因素与其他因素之间明确的因果关系，建立数学模型进行预测的一种方法。这种方法的关键在于只有合理地找出变量之间的因果关系，才能科学地进行预测。因果预测法中的因果关系可能是简单因果关系，也可能是复杂因果关系。如挂号费收入与门诊人次呈简单因果关系，而药品收入则与就医人次、药品价格等呈复杂因果关系。

（二）财务决策方法

财务决策是为实现财务管理总体目标，在医院内部条件和外部环境分析的基础上，根据预测结果，在众多可供选择的方案中选择一个最理想方案的过程。常用的财务决策方法包括优选对比法、数学微分法、概率决策法等。

1. 优选对比法

优选对比法是把各种不同的方案排列在一起，按照一定标准进行优选对比，进而作出决策的方法。如医院在进行长期投资决策时，可把不同投资方案的净现值、内含报酬率、现值指数等指标进行排列对比，从而选择出最优方案。

2. 数学微分法

数学微分法是根据边际分析原理，运用数学上的微分方法，对具有曲线联系的极值问题进行求解，进而确定最优方案的一种决策方法。如医院在进行最优资本结构决策、现金最佳余额决策、存货经济批量决策等时都需运用数学微分法。

3. 概率决策法

概率决策法是进行风险决策的一种方法，在未来情况虽不十分明了，但与决策相关的各因素的未来状况及其概率可以预知时，采用的一种决策方法。医院的许多财务决策都存在着风险性，因而，必须用概率的方法来计算各个方案的期望值和标准差，进而作出决策。

（三）财务计划方法

财务计划是以财务决策为依据，具体落实一定时期财务总目标和指导财务活动的行动纲领。医院财务计划就是医院对其一定计划期内以货币形式反映的各项业务活动所需资金及其来源、财务收入与支出、财务结余及分配进行的安排。常用的财务计划编制方法包括平衡法、比例法和定额法等。

1. 平衡法

平衡法是指在编制财务计划时，利用指标客观存在的内在平衡关系计算确定指标计划数的一种方法。如医院在确定一定计划期期末现金余额时，可利用公式：

期末现金余额=期初现金余额+本期增加额－本期减少额

平衡法的优点是便于分析计算，工作量不大，结果比较准确明了。但平衡法只适用于具有平衡关系的计划指标的确定，并且不能遗漏每一因素指标，计算口径要一致。

2. 比例法

比例法又称比例分析法，是指在编制财务计划时，根据医院历史已经形成而又比较稳定的各项指标之间的比例关系，来计算计划指标的方法。如在推算医院某部门一定时期的资金占有量时，可根据该部门以前各期资金量占业务收入的平均比例和计划期业务收入的预测数加以确定。这种方法计算简便，但所使用的比例必须恰当，否则计算结果容易出现偏差。

3. 定额法

定额法又称预算包干法，是指在编制财务计划时，以定额作为计划指标的一种方法。在定额基础比较好的医院，采用定额法确定的计划指标不仅切合实际，而且有利于定额管理和计划管理相结合。但应注意要根据实际情况的变化及时修订定额，才能使定额切实可行。

（四）财务控制方法

财务控制是指在财务管理中，利用有关信息和特定手段，对财务活动施加影响或调节，以实现财务计划所规定的财务目标。

医院财务控制包括以下几项工作：一是制定控制标准，将标准分解到各科室或个人，便于日常控制；二是执行标准，确定控制方法，主要采用实耗指标、限额领用、限额支票等；三是对计划指标同实际完成情况及时对比并分析原因，调整实际财务活动或调整财务计划，以消除差异或避免再出现类似差异。前馈性财务控制的方法主要有计划控制法、目标控制法、定额控制法、ABC分析法等。反馈性财务控制的方法主要有差异分析法、敏感性分析法等。

（五）财务分析方法

所谓财务分析，是指对一定时期内财务系统运行状况作较全面的分析研究，了解财务计划的完成情况，评价财务状况，研究和掌握财务活动的规律性，改善财务预测、决策、计划和控制，以提高医院管理效率的一项工作。财务分析的方法有比较分析法、因素分析法、动态分析法、平衡分析法、图表分析法等。

财务分析还可以采用综合分析法。综合分析法就是把有关财务指标和影响医院财务状况的各种因素都有序地排列在一起，综合分析医院财务状况和经营成果的一种方法。任何单一指标、单一因素都不能全面评价医院的财务状况及其发展趋势，只有进行综合分析，才能对医院财务状况作出全面、系统的评价。其计算公式如下：

$$P = \sum \left[K_i \left(a_i - 1 \right) \right] / \sum K_i$$

式中：K_i——第 i 指标的权数；

a_i——第 i 个指标计划完成程度；

P——计划指标综合完成系数。

$P<0$，表示没有完成计划；$P=0$，说明正好完成计划；$P>0$，说明超额完成计划。P 值越大，计划完成情况越佳。

第十五章　医院预算管理

第一节　医院预算管理概述

随着我国财政管理体制和医疗卫生管理体制改革的不断深入，医疗市场竞争日趋激烈，作为卫生服务主体的医院面临着严峻的挑战。医院如何利用自身的经济资源，加强预算管理，以高效有序的内部运行来适应激烈竞争的市场环境，是医院预算管理亟待解决的问题。

一、医院预算管理的概念

医院预算是指医院根据事业发展计划和任务编制的年度财务收支计划，是对计划年度内医院财务收支规模、结构和资金渠道所做的预测，是计划年度内医院各项事业发展计划和工作任务在财务收支上的具体反映。医院预算由收入预算和支出预算组成。收入预算包括财政补助收入、科教项目收入、医疗收入和其他收入。支出预算包括医疗支出、财政项目补助支出、科教项目支出和其他支出。医院预算管理的对象涉及人、财、物各方面，它们在预算管理体系中均以责任、目标的形式系统地体现。

医院预算管理的首要任务是预算的编制，如果没有科学的预算编制，就谈不上管理和控制，调整和评价也只不过是数字游戏。医院应从预算编制的流程及方法等方面规范医院的预算管理工作，而预算分析工作正是这一流程中的一个重要环节，同时也是预算机制作用发挥的关键。医院的预算管理作为落实医院战略的具体行动方案，是医院对于未来整体生产经营活动的规划和安排，其目标应与医院发展的目标相一致。而预算管理目标的实现应有助于医院长远战略目标的实现。编制预算就是制定目标和方向，并通过执行使预算管理的目标落到实处，促使医院充分地挖掘与合理利用一切人力、物力和财力，从而取得最大的经济效益，实现医院的管理目标。

在医院全面预算管理体系中，预算分析是全面预算管理的核心内容，是全面预算在编制、执行和评价各个阶段发挥业务管理机制的前提，是对预算管理全过程的分析，通过综合运用各种基本分析方法，对医院业务活动进行事前规划、事中控制及事后分析，为医院业务的全面管理提供分析支持。首先，在确定预算目标后，一方面开展对医院的内部价值链分析和外部价值链分析；另一方面，通过对历史数据的深层次挖掘和分析，找到真正有助于医院价值创造的活动、作业或项目，使得依据预算分析结果所确定的预算目标能更加有效地支持医院管理的目标的实现。其次，辅助预算的编制。预算分析可以判断在医院价值链分析的基础上所做出的相关决策是否合理，进而影响下一次的预算编制，从而能使得下一次的预算编制基础更为合理。最后，保障预算的实时控制。在预算执行过程中，通过医院管理信息系统的核算功能与预算功能的相互协调，从而实现自动获取实际发生数，并实现从不同角度进行分析，包括预算与实际对比分析、近几年实际数据的趋势分析、实际业务数据按不同角度进行分析等。通过周密的预算分析，科学确定医院预算管理目标对于医院加强全面预算管理、提高医院的经济效益起着先决作用。

二、医院预算管理的作用

预算管理是全面预算管理的重要组成部分，它在全面预算管理中的重要作用表现在以下几个方面：

（1）预防作用。通过对预算的事前分析，可以为预算决策提供依据，提高预算决策的准确性，预防决策失误的发生。

（2）控制作用。通过对预算的事中分析，可以及时发现和纠正预算执行中的偏差和存在的问题，为预算控制提供资料和依据，从而实现预算执行全过程的控制。

（3）评价作用。通过对预算的事后分析，可以总结预算执行的情况和结果，评价医院及各预算执行部门的工作业绩，揭示医院运营活动中存在的问题，总结预算管理工作的经验教训。

（4）辨析作用。通过预算分析，可以分清造成预算执行结果与预算标准之间差异的原因，落实预算差异责任，为预算考评与奖惩提供可靠资料。

（5）促进作用。通过开展预算分析，可以促进各预算执行部门加强预算管理，严格预算执行，挖掘内部潜力，不断完善提高运营管理水平。

三、医院预算管理的现状

目前的医院预算管理无论在预算管理的意识方面，还是在预算的编制、执行及评价监督等具体的实施过程中，都存在许多问题，预算管理机制还很不完善，预算管理效益远没有发挥出来。具体说来，存在以下问题：

（1）预算管理意识薄弱。目前，医院的预算工作基本上是向上级主管部门的报告，医院编制预算的目的和需求主要是为了申请经费和完成上级部门布置的预算任务，而不是内部管理的需要。因此，预算管理在医院并不被重视，仅仅是作为财务部门年初和年末的一项工作。财务部门于上一年度末根据主管部门的要求编制当年的预算，上报上级主管部门，主管部门下达预算拨款额度后，根据该额度编制反馈预算。年末根据财务核算结果作对比分析。预算的编制往往与医院的战略规划脱节，没有业务科室和业务人员的参与，业务科室的工作计划与医院的预算没有直接关系，实际工作不根据预算安排，预算的执行没有反馈，没有考评措施，不与奖惩挂钩。由此造成医院财务管理缺乏计划性，有限的资金得不到充分利用，有限的资源得不到合理配置，管理忙碌而又混乱，同时也不能有效地调动职工的积极性。

（2）预算内容不全面。预算管理是一种全过程、全方位、全员性的管理，因此，预算内容体系应当是全面而系统的，必须涵盖医院财务和业务的全部，应当建立三级预算体系，包括责任预算、院级预算及医院总预算。责任预算包括职能部门及临床医技科室的预算。按照责任中心的权责范围，医院的临床医技科室构成医院的利润中心，预算的编制内容应包括业务量预算、业务收入预算、业务支出预算、收支结余预算；职能部门和后勤部门构成成本费用中心，其预算编制为本部门的费用支出预算。此外，各责任中心还可根据工作需要编制设备购置预算。院级预算是指医院负责财务、财产物资、人力资源管理、后勤保障等方面管理的职能部门，根据本部门所承担的管理职能，以及各责任中心提供的责任预算和医院的年度预算目标，编制医院层级的预算。医院总预算是在对责任预算和院级预算进行审核分析的基础上，由预算专职管理部门根据医院的年度事业计划和预算目标，按照上级主管部门的要求所做的医院总体财务预算，包括业务收支预算、资产负债表预算、现金流量预算、筹资预算、项目预算等。而目前的预算内容仅仅限于院级层面上，而且仅仅包括业务收支预算和项目预算。

（3）预算编制方法不科学。目前，医院基本上采用"基数法"编制预算，即根据上年度的基数加本年度增减因素来确定年度的预算收支规模。这样编制出来的预算往往会成为空头支票。预算的编制方法有多种，如零基预算法、滚动预算法、绩效预算法、固定预算法、弹性预算法等，应当根据预算编制内容，选择适宜的预算编制方法。如：工资费用、折旧费用、修缮工程等可采用固定预算法；水费、电费、取暖费等可采用基数法；业务收入可采用滚动预算法；材料费用、药品费等与业务收入有直接关系的科目可采用弹性预算法；职工培训费、宣传费、招待费、差旅费、对人员及家庭的补助支出等可采用零基预算法；临床医技科室的收支结余可采用绩效预算法等。

（4）预算管理体系不健全。完整的预算管理体系包括预算的编制、预算的执行、预算的分析与评价、预算的考核与激励。为保证预算管理的有效实施，还应设立专门的预算管理组织。目前，绝大多数医院没有建立起完整的全面预算管理体系，从而保证不了全面预算管理的实施。

四、医院预算差异的种类

预算差异是指预算执行结果与预算标准之间的差额。预算差异根据不同的标志可以分为以下几种：

（一）按差异产生的原因分类

按照差异产生的原因分类，可以将预算差异分为价格差异、数量差异和结构差异。

1. 价格差异

价格差异是指由于价格变动而产生的预算执行结果与预算标准之间的差额。例如，由于药品、卫生材料的采购价格提高导致采购成本上升等。

2. 数量差异

数量差异是指由于数量变化而产生的预算执行结果与预算标准之间的差额。例如，由于成本控制制度的加强，成本消耗降低等。

3. 结构差异

结构差异是指由于结构变动而产生的预算执行结果与预算标准之间的差额。

（二）按差异对预算执行及结果的影响分类

按照差异对预算执行及结果的影响分类，可以将预算差异分为有利差异和不利差异。

1. 有利差异

有利差异是指预算执行结果与预算标准之间的差额有利于预算的执行及结果。例如，由于实际医疗收入超过预算医疗收入而产生的收入差额对整个预算执行及结果是有利的差异。

2. 不利差异

不利差异是指预算执行结果与预算标准之间的差额不利于预算的执行及结果。例如，由于实际医疗收入低于预算医疗收入而产生的收入差额对整个预算执行及结果是不利的差异。

（三）按差异产生的性质分类

按照差异产生的性质分类，可以将预算差异分为主观差异和客观差异。

1. 主观差异

主观差异是指由于预算执行部门内在因素造成的预算执行结果与预算标准之间的差

额。例如，由于医疗人员不注重成本控制，导致材料消耗增加，成本提高等属于主观差异。

2. 客观差异

客观差异是指由于外部因素或预算执行部门不可控因素造成的预算执行结果与预算标准之间的差额。例如，国家规定单病种收费标准，对其进行严格控制，导致医疗收入降低就是客观差异。

五、医院预算管理的流程

（一）确定分析对象，明确分析目的

在进行预算分析前，首先确定分析的对象及范围，明确分析目的，熟悉预算分析的相关资料、数据，确保预算分析工作顺利开展。

（二）收集信息，掌握情况

进行预算分析时，必须广泛地收集真实可靠的数据资料进行参考，主要包括内部资料和外部资料。内部资料指有关预算文件中的标准和预算执行情况资料，执行情况资料有赖于相应的信息系统做支持，一般医院都会选择适合本医院具体情况的系统进行支持。外部资料包括影响预算执行结果的有关外部因素的信息变动和相应外部市场的可比信息。例如，医疗服务价格政策的变化、医疗保险政策变化，药品及卫生材料市场价格的变动情况，竞争对手的经营状况等。

（三）对比分析，确定差异

通过预算执行结果与预算标准的对比，可以得到两者之间的差额，然后，采用比率分析法、因素分析法等定量分析法说明预算指标的完成程度，找出差异原因，为进一步的定性分析指明方向。

（四）检查分析，落实责任

通过定量分析和定性分析，认真检查，找出差异的原因，抓住主要矛盾，根据具体情况分析结果形成的原因，找到影响因素，全面系统地进行综合分析，真正地检查出问题所在，将责任具体化，落实到责任单位和个人。

（五）提出措施，改进工作

确定差异、分析原因、落实责任是为了解决预算执行中存在的问题。因此，当找出问题所在之后，就应根据分析的结果，提出加强全面预算编制、执行和控制的具体措施，以提高医院的运营管理水平。

（六）归纳总结，分析报告

归纳总结，就是依据对各项预算执行情况的分析结果进行综合概括，对医院全面预算管理的整个过程及其结果做出正确评价。在预算分析的最后阶段，要根据归纳分析的内容，编写书面的预算执行分析报告。在编写预算执行报告时要注意数据真实可靠、观点鲜明有据、语言简单而质朴。

六、医院预算管理的原则

（1）预算管理需要确定原则。经济管理中的预算管理是重中之重。不同性质的医院应有不同的预算原则，而一家医院的不同时期，预算原则也应有一定的差别。预算编制的原则：①收支统管原则；②以收定支原则；③收支平衡原则；④统筹兼顾、保证重点原则。一般来说，"以收定支"是预算管理的一个基本原则。"发展经济"是预算管理的必要原则，因为医院要发展，经济要提高，工资要上涨，价格要消化，财务预算没有一个合理的增长幅度肯定不行。"平衡利益"是预算管理的和谐理念，预算管理只有达到平衡各方利益，实现社会、患者、员工利益共赢的局面，才能真正促进医院发展。而其中"成本控制"非常重要，医院本身是微利行业，没有强有力的成本控制，预算管理难以实施。

（2）预算管理需要收集信息。正确判断与预算有关的信息，才能最大限度地接近真实。从宏观上看，医院经济和预算受国家政策影响较大。国家经济发展，重视百姓的健康水平，加上新农合政策的实施，城市居民医保的推进，都是预算的利好消息。但社会物价上涨，人工成本增加是利空消息。从医院角度看，哪些项目和科室应该迅速做大做强，哪些科室只能缓慢发展或需要整合，都关系预算管理能否落实到位，需要未雨绸缪，妥善安排资金。

（3）预算需要科学制定。医院财务预算是门科学，必须严肃认真对待。制定出比较合理真实的预算，医院各环节、全体员工及上级领导的意见都是需要听取、分析和采纳的，形成预算方案后，需要和员工广泛沟通，并通过一定形式予以确认。

（4）预算需要推进执行。医院预算完成后，还需要通过制订计划及行动路线，包括战略计划、年度计划、财务计划、质量计划、人才计划等，来确保预算目标的完成。医院要对预算进行分解，对收入单元要有目标，对成本单元要下达控制指标，须签订相应的目标责任制，建立并兑现奖惩。同时，要严格执行财务预算制度，不得突破或变更预算。如果预算确实需要调整，必须依据一定的程序完成，使预算能够得到刚性执行，促使医院经营水平不断提升。

第二节　医院预算管理的实施

一、医院预算的编制

（1）预算编制的计算方法。定额计算法适用于按照定员或其他基本数字计算的项目，如人员经费等。比例计算法常用于按比例掌握开支的经费预算，如养老保险金、失业保险金、住房公积金、职工福利、工会经费、科研费、折旧费等。标准计算法适用于国家有明确规定收支的项目。比较分析法是通过与上年相同项目比较或不同单位条件相同的项目比较计算医院的项目金额。估计计算法通常用于无法核定预算定额，又无规定标准的预算项目。在实际编制预算时，常交叉综合运用上述计算方法。

（2）预算编制的方法。长期以来，医院编制预算采用的是传统的"基数加增长"的方法，即以前一年基期费用水平为出发点，适当调整当年有关费用项目来编制当年财务预算。"基数法"只考虑医院业务范围扩大的科室的情况，而忽略或隐瞒了业务范围缩小的科室的情况，这样会使医院的经费预算出现漏洞，造成超预算编制。零基预算法是在编制收支预算时，不考虑基期情况，而是以零基数为起点，对所有收支项目重新核定。每个部门的负责人对新的预算年度中想做的所有事情进行审核，并测定不同层次服务所需的资金。零基预算强调一切从零开始，摒弃支出中不合理部分，能促进医院加强内部经济核算。但零基预算编制要求比较高，编制时间相对较长，工作量也比较大。为了使预算真正切合实际，更好地把未来的潜在因素考虑周到，业务收支预算可采用滚动预算。在编制预算时，先按年度预算分季，并将其中第一季度分列各月的明细预算数字，以便监督和控制预算的执行，至于其他三季度的预算则可以先粗一点，只列各季总数；到第一季度结束后再根据情况的变化，对第二季度的预算进行修正，按月细分，除第三、四季度仍按总数列示外，还增列下年度第一季度总数，以此类推。采用滚动预算有利于管理人员对预算资料做经常性的分析研究，并根据预算执行情况及时加以修正。

（3）制定预算目标。不尽合理的预算目标的设立是医院预算系统运行效率不高的直接原因之一。医院预算目标的设立受到医院战略规划、预算指导原则等多方面因素的影响。医院的战略规划是在分析了医院内外各种影响因素后提出的，为医院的长期发展提供一个明确的方向。医院的预算应当符合长期发展目标的要求，以战略规划为框架。

（4）确定基本数据。确定基本数据主要包括预算期人员编制数、离退休人数、病床数、病人实际占用床位数、出院人数、门急诊人次平均每日费用和每门诊人次平均费用等，据此制订医院的收入总预算、支出总预算、现金流量总预算、资金总预算、门急诊工作量总预算和住院床日总预算等，并粗略编制医院的预算资产负债表。

（5）收入预算的编制。根据医院总收入预算中确定的任务层层分解，包括财政补助收入、科教项目收入、医疗收入和其他收入。由各个部门、基层单位以及个人参照制订本部门、本单位的预算，上报医院高层管理部门。财政补助收入数，从同级财政部门取得的各类财政补助。"基本支出"明细科目核算医院由财政部门拨入的符合国家规定的离退休人员经费、政策性亏损等经常性补助；"项目支出"由财政部门拨入的主要用于基本建设和设备购置、重点学科发展、承担政府指定公共卫生任务等的专项补助。科教项目收入：医院取得的除财政补助收入外专门用于科研、教学项目的补助收入。医疗收入预算包括门诊收入预算和住院收入预算两大部分。门诊收入以计划门诊人次和计划平均收费水平计算，有收费标准的收入项目根据门诊业务量按标准计算，没有明确收费标准的项目根据上年度收入完成情况，结合本年度相关因素编制，也可以全年计划门急诊人次为基础，按每一门诊人次计划收费水平计算编制。床位收入以计划病床占用日数和计划平均收费水平计算，检查化验收入按病人检查人次乘以平均收费规定标准，其他没有明确收费项目的，根据上年度收入完成情况，结合本年度相关因素编制，也可以全年计划病床占用床日数为基础，按每一个床日计划收费水平计算编制。其他收入则根据具体收入项目的不同内容和有关业务计划分别采取不同的计算方法，逐项计算后汇总编制，也可以参照以前年度此项收入的实际完成情况，合理测算计划年度影响此项收入增减因素和影响程度后，预计填列。

（6）支出预算的编制。医院支出预算的编制要本着既要保证医疗业务正常运行，又要合理节约的精神，以计划年度事业发展计划工作任务、人员编制、开支定额和标准、物价因素等为基本依据。包括医疗支出、财政项目补助支出、科教项目支出和其他支出四部分。医疗支出是指开展医疗服务及其辅助活动发生的各种费用，包括人员经费、耗用的药品及卫生材料费、固定资产折旧费、无形资产摊销费、提取医疗风险基金和其他费用等。对人员经费支出部分要根据医疗业务科室计划年度平均职工人数，上年末平均工资水平，国家有关调整工资、增加工资性补贴的政策规定、标准，离退休人员数和国家规定的离退休经费开支标准等计算编列；公务费以年度人均实际支出水平为基础，按计划年度医疗业务科室平均职工人数、业务发展计划、经费开支定额计算；业务费可在上年度实际开支的基础上，根据计划年度业务工作量计划合理计算；设备购置费、修缮费等，可根据修购基金提取数量以及根据需要和财力可能安排的修购项目实事求是地编列。财政项目补助支出按照具体项目预算编列。对医院行政管理部门、后勤部门的人员经费和公用经费以及其他各类杂支分别计算编列。其他支出，可参考上年度实际开支情况，考虑计划年度内可能发生的相关因素，正确预计编制。

（7）解除信息不对称给预算编制造成的困扰。下级管理者拥有与预算相关的信息而上级管理者不拥有。下级管理者凭借自己的信息优势，会建立较为松弛的预算，使预算失真。因此，预算的编制要采取由下至上再由上至下的方式。先由处于最低决策层的部门，在预算指导原则的前提下，提出关于下一年的第一轮预测，在组织的层级结构中不断向上提交。组织的高层管理人员应当分析预算与组织战略的一致性以及部门间预算的一致性，并进行必要的调整。调整后，将这些预算重新下达到各个部门中去。必要时，再进行下一轮的预算调整。

（8）医院财务预算的审核。建立医院—职能部门—临床科室三级预算体系后，预算委员会参与预算的听证、审核、核准过程，对医院重大项目预算应有专家论证、工作组集体讨论决策的过程；预算核准后，报医院预算领导小组审议批准，最后将预算批复以书面形式下达各预算部门。经财政部门和主管部门批准的医院预算一般不予以调整，但由于国家实施重大政策措施和国家财政收支情况发生变化以及事业计划和收支标准调整，或者发生其他特殊情况，医院可按规定程序进行调整。

二、医院业务预算

医院业务预算是对医院预算期内医院日常医教研活动的具体安排。按照全面预算的编制顺序，业务预算是全面预算编制的起点，它主要包括收入预算、支出预算。业务预算在执行过程及结束后，为了分析预算执行结果与预算标准之间的差异，揭示预算执行中存在的问题，为医院预算的执行提供重要的资料和数据支持，保证业务预算的执行和控制按照既定的目标进行，医院需要对本期预算的执行结果进行分析。

（一）医院业务预算总括

为了从宏观上掌握业务预算的完成情况，分析收入、支出、成本等项因素变化情况，首先应从综合性预算指标入手，对医院预算期的经营预算执行结果进行总括分析。

【例 15-1】2021 年 1 月，某医院对 2020 年的预算执行结果与预算标准进行了总括分析，分析结果如表 15-1 所示。

表 15-1　某医院业务预算完成情况总括分析　　　　　单位：万元

项　目	实际数（2020）	预算数（2020）	实际比预算增减额	实际比预算增减/%
一、医疗收入	388237	360000	28237	7.84
加：财政基本补助收入	3240	3240	0	0
减：医疗业务成本	362234	330000	32234	9.77
减：管理费用	24212	28480	-4268	-14.99
二、医疗结余	5031	4760	272	5.71
加：其他收入	5000	4000	1000	25.00
减：其他支出	405	400	5	1.25
三、本期结余	9626	8360	1266	15.14
减：财政基本补助结转				
四、结转入结余分配	9626	8360	1266	15.14
减：年初未弥补亏损				
加：事业基金弥补亏损				
减：提取职工福利基金	2888	2508	380	15.15
转入事业基金	6738	5852	886	15.14
期末未弥补亏损				
五、本期财政项目补助结转	4844	0	4844	—
财政项目补助收入	10202	10202	0	0
减：财政项目补助支出	5358	10202	-4844	-47.48
六、本期科教项目结转（余）	416	200	216	108.00
科教项目收入	980	700	280	40.00
减：科教项目支出	564	500	64	12.80

表 15-1 的资料显示该医院 2020 年业务预算的总括完成情况，确定了预算执行结果与预算标准的差异。从总体上看，该医院医疗收入预算完成率为 107.84%，其他收入完成率为 125%，医疗业务成本完成率为 109.77%，管理费用的完成率为 85.01%，医疗结余完成率为 105.71%，本期结余的完成率为 115.14%。要详细弄清楚各项预算指标的完成情况及其造成预算执行结果与预算标准之间的差异，还需要对各项预算指标逐一展开分析。

（二）医疗收入预算

医疗收入的增减一般是由于业务量和均次费用两个因素的影响所致，即医疗收入实际数与预算数的差异是由业务量及均次费用的差异构成的。门诊医疗收入的增减受到门急诊量和每门急诊人次费用的影响；住院医疗收入受到住院实际占用床日和每床日费用的影响。因此，进行医疗收入的差异分析，首先就要确定这两个因素差异的数额。

相关计算公式如下：

门诊医疗收入=门急诊人次×每门急诊人次费用

住院医疗收入=实际占用床日×每床日费用

所以，业务量、均次费用及总差异的计算公式如下：

门急诊数量差异=（实际数量－预算数量）×每门诊人次预算费用；

门诊费用数量差异=（实际费用－预算费用）×实际数量；

门诊医疗收入总额差异=门急诊数量差异+门诊费用数量差异。

住院数量差异=（实际数量－预算数量）×每住院床日预算费用；

住院费用数量差异=（实际费用－预算费用）×实际数量；

住院医疗收入总额差异=住院数量差异+住院费用数量差异。

数量差异是由于实际业务量高于或低于预算业务量而造成的医疗收入差异，费用差异是由于实际费用指标高于或低于预算费用指标而造成的医疗收入差异。

【例 15-2】2021 年 1 月，某医院采用因素分析法对 2020 年的预算执行结果与预算标准进行了分析，计算结果如表 15-2 所示。

表 15-2　2020 年医疗收入预算完成分析

项目名称	收入预算额			实际收入额			差异分析/万元		
	数量/万	均次费用	金额/万元	数量/万	均次费用	金额/万元	数量变动	均次费用变动	合计
门　诊	380	320	121600	407.33	336.55	137087	8746	6741	15487
住　院	119.2	2000	238400	122.48	2050.54	251150	6560	6190	12750
合　计			360000			388237	15306	12931	28237

通过表 15-2 可以看出：

门诊及住院业务量数量差异=Σ（实际数量－预算数量）×预算均次费用

=（407.33－380）×320+（122.48－119.20）×2000

=15306（万元）

均次费用数量差异=Σ（实际均次费用－预算均次费用）×实际数量

=（336.55－320）×407.33+（2050.54－2000）×122.48

=12931（万元）

医疗收入差异=业务量差异+均次费用差异

=15306+12931

=28237（万元）

分析发现该医院 2020 年医疗收入预算完成有如下几个特点：

（1）由于门急诊人次增加导致医疗收入增加 8746 万元，占门诊医疗收入增加额的 56.47%；由于每门诊人次费用增加而导致医疗收入增加 6741 万元，占门诊医疗收入增加额的 43.53%。

（2）由于住院实际占用床日增加导致医疗收入增加 6560 万元，占住院医疗收入增加额的 51.45%；由于每床日费用增加而导致医疗收入增加 6190 万元，占住院医疗收入增加额的 48.55%。

（3）医疗收入总额比预算多 28237 万元是由于业务量增加医疗收入 15306 万元和均次费用增加医疗收入 12931 万元所致。其中，由于业务量增加的收入占 54.20%，由于均次费用增加的收入占 45.8%，医院业务量的增加是医疗收入增加的主要原因。

影响医院业务量和均次费用的原因很多，在分析时应该详细分析影响医院门急诊人次、住院实际占用床日及每门诊人次费用、每床日费用增减的原因。另外，在分析医院医疗收入预算完成情况时，还应该对医疗科室、医疗收入结构等进行分析，以便真实、详细分析医院医疗收入预算的执行情况。

（三）医疗成本预算

医疗成本预算分析是对预算期内实际成本与预算医疗成本之间差异的分析。造成医院预算成本差异的原因：一是由于业务量变动而导致的差异；二是由于业务量单位成本变动而产生的差异。所以，医疗成本差异可分为业务量差异和成本差异两部分。计算公式如下：

门急诊医疗成本=门急诊人次×每门急诊人次成本

住院医疗成本=床日实际占用×每床日成本

所以，业务量、均次成本及总差异的计算公式如下：

门急诊量成本差异=（实际数量－预算数量）×每门诊人次预算成本；

门急诊均次成本数量差异=（实际成本－预算成本）×实际数量；

门急诊医疗成本总额差异=门急诊成本差异+门急诊均次成本数量差异。

住院床日数量成本差异=（实际数量－预算数量）×每住院床日预算成本；

住院床日均次成本数差异=（实际成本－预算成本）×实际数量；

住院医疗成本总额差异=住院数量成本差异+住院床日均次成本数量差异。

【例 15-3】2021 年 1 月，某医院采用因素分析法对 2020 年的医疗成本预算执行结果与预算标准进行了分析，计算结果如表 15-3 所示。

表 15-3　2020 年医疗成本预算完成分析

项目名称	成本预算额			实际成本额			差异分析/万元		
	数量/万	均次成本	金额/万元	数量/万	均次成本	金额/万元	数量变动	均次成本变动	合　计
门　诊	380	290	110200	407.33	296.133	120624	7926	2498	10424
住　院	119.2	1843.96	219800	122.48	1972.65	241610	6048	15762	21810
合　计			330000			362234	13974	18260	32234

通过表 15-3 可以计算出：

门诊及住院业务量数量差异=Σ（实际数量－预算数量）×预算均次成本

=（407.33－380）×290+（122.48－119.20）×1843.96

=13974（万元）

均次成本数量差异=Σ（实际均次成本－预算均次成本）×实际数量

=（296.133－290）×407.33+（1972.65－1843.96）×122.48

=18260（万元）

医疗成本差异=业务量差异+均次成本差异

=13974+18260

=32234（万元）

分析发现该医院 2020 年医疗成本预算完成有如下特点：

（1）由于门急诊人次增加导致医疗成本增加 7926 万元，占门诊医疗成本增加额的 76.04%；由于每门诊人次成本增加而导致医疗成本增加 2498 万元，占门诊医疗成本增加额的 23.96%。

（2）由于住院实际占用床日增加导致医疗成本增加 6048 万元，占住院医疗成本增加额的 27.73%；由于每床日成本增加而导致医疗成本增加 15762 万元，占住院医疗成本增加额的 72.27%。

（3）医疗成本总额比预算多 32234 万元是由于业务量增加医疗成本 13974 万元和均次成本增加医疗成本 18260 万元所致，其中由于业务量增加的成本占 43.35%，由于均次费用增加的成本占 56.65%。

（4）对比医院医疗收入指标与成本指标可知，该医院的均次成本指标均超预算，显示该医院的盈利能力下降,医院应加强对成本的管理与控制。

影响医院业务量和均次成本的原因很多,在分析时应详细分析影响医院门急诊人次、住院实际占用床日及每门诊人次成本、每床日成本增减的原因。另外,在分析医院医疗成本预算完成情况时,还应该对医疗科室、医疗成本结构等进行分析,以便真实、详细地分析医院医疗成本预算的执行情况。

（四）医疗收支结余预算

医疗收支结余预算分析是对预算期内实际收支结余与预算收支结余之间差异分析。造成医疗收支结余差异的原因:一是由于工作量变动而导致的差异;二是由于均次收入变动而产生的差异;三是由于均次成本变动而产生的差异。计算公式如下:

（1）由于工作量变动对收支结余的影响。

门诊服务量对收支结余影响=实际门诊服务量×预算门诊均次收入×预算收入结余率－预算门诊收支结余

住院服务量对收支结余影响=实际住院服务量×预算住院均次收入×预算收入结余率－预算住院收支结余

（2）由于均次收入变动对收支结余的影响。

门诊均次收入对收支结余的影响=门诊实际收入－实际门诊服务量×预算门诊均次收入

住院均次收入对收支结余的影响=住院实际收入－实际住院服务量×预算住院均次收入

（3）由于均次成本变动对收支结余的影响。

门诊均次成本对收支结余的影响=门诊实际服务量×预算门诊均次成本－门诊实际成本

住院均次成本对收支结余的影响=住院实际服务量×预算住院均次成本－住院实际成本

【例15-4】2021 年 1 月,某医院采用因素分析法对 2020 年的医疗收支结余预算执行结果与预算标准进行了分析,计算结果如表 15-4 所示。

表 15-4　2020 年医疗收支预算完成分析

项目名称	预　算			实　际			差异分析/万元		
	服务量/万	均次收入/元	均次成本/元	服务量/万	均次收入/元	均次成本/元	服务量影响/万元	均次收入影响/万元	均次成本影响/万元
门　诊	380.00	320	290.00	407.33	336.55	296.13	819.90	6741.31	-2498.16
住　院	119.20	2000	1843.96	122.48	2050.54	1972.65	511.81	6190.14	-15761.95
合　计							1331.71	12931.45	-18260.11

按照上述公式，通过表 15-4 可以计算如下：

（1）由于工作量变动对收支结余的影响。

门诊服务量对收支结余影响=实际门诊服务量×预算门诊均次收入×预算收入结余率－预算门诊收支结余

=407.33×320×（30÷320）－380×（320－290）

=819.90（万元）

住院服务量对收支结余影响=实际住院服务量×预算住院均次收入×预算收入结余率－预算住院收支结余

=122.48×2000×（156.04÷2000）－119.2×（2000－1843.96）

=511.81（万元）

由于门诊及住院服务量增加而导致收支结余增加：

819.90+511.81=1331.71（万元）

（2）由于均次收入变动对收支结余的影响。

门诊均次收入对收支结余的影响=门诊实际收入－实际门诊服务量×预算门诊均次收入

=407.33×336.55－407.33×320

=6741.31（万元）

住院均次收入对收支结余的影响=住院实际收入－实际住院服务量×预算住院均次收入

=122.48×2050.54－122.48×2000

=6190.14（万元）

由于门诊及住院均次收入增加而导致收支结余增加：

6741.31+6190.14=12931.45（万元）

（3）由于均次成本变动对收支结余的影响。

门诊均次成本对收支结余的影响=门诊实际服务量×预算门诊均次成本－门诊实际成本

=407.33×290－407.33×296.133

=－2498.16（万元）

住院均次成本对收支结余的影响=住院实际服务量×预算住院均次成本－住院实际成本

=122.48×1843.96－122.48×1972.65

=－15761.95（万元）

由于门诊及住院均次成本变动而导致收支结余变动为：

－2498.16+（－15761.95）=－18260.11（万元）

以上三个因素变动对医疗收支结余的总影响如下：

（1）门诊及住院服务量增加而影响收支结余为 1331.71（万元）。

（2）门诊及住院均次收入增加而影响收支结余为 12931.45（万元）。

（3）门诊及住院均次成本变动而影响收支结余为-18260.11（万元）。

各因素变动对收支结余的影响合计为-3996.95（万元）。

分析发现该医院 2020 年医疗业务收支结余预算执行有如下特点：

（1）由于服务量增加，导致医疗业务收支结余增加 1331.71 万元；由于均次收入增加导致医疗收支结余增加 12931.45 万元；由于均次成本增加而导致医疗收支结余减少 18260.11 万元。上述三个因素导致医院医疗收支结余较预算减少 3996.95 万元。

（2）从上述三个因素的影响程度来看，均次成本对医疗业务收支结余影响较大，均次收入影响其次，而服务量对该医院医疗收支结余影响最小。因此，均次成本的提高是导致该医院没有完成医疗业务收支结余预算的主要因素。

（3）通过上述分析可知，该医院收入的增长慢于成本的增长，说明该医院的盈利能力下降，今后应加强对成本的管理与控制。

影响医院业务量和均次成本的原因很多，在分析时应该详细分析影响医院门急诊人次、住院实际占用床日及每门诊人次成本、每床日成本增减的原因。另外，在分析医院医疗成本预算完成情况时，还应该对医疗科室、医疗成本结构等进行分析，以便真实、详细地分析医院医疗成本预算的执行情况。

需要说明的是，在运用因素分析法进行分析计算时，虽然各因素影响数的综合与所分析指标总差异是相等的，但由于各因素替代计算的顺序不同、某种假定的前提条件不同，总会给各因素影响的数额带来一定的差异性。这就要求我们根据因素之间的逻辑关系及性质特征，确定合理的因素替代顺序和假定条件，并保持一贯性，以保证分析结果的准确性和可比性。

（五）管理费用预算

管理费用是指医院行政及后勤管理部门为组织、管理医疗、科研、教学业务活动所发生的各项费用，包括医院行政及后勤管理部门发生的人员经费、公用经费、资产折旧（摊销）费等费用，以及医院统一负担的离退休人员经费、坏账损失、银行借款利息支出、银行手续费支出、汇兑损益、聘请中介机构费、印花税、房产税、车船使用税等。管理费用预算执行差异是指实际管理费用支出与预算标准之间的差额。因为管理费用基本上属于医院的固定费用支出，而其具体项目又可以根据是否进行人为控制而细分为约束性管理费用和酌量性管理费用两部分；同时，医院的管理费用预算一般采取按明细项目逐一分解落实到各个职能管理部门的办法。因此，医院应从两个方面进行管理费用预算执行差异分析。

一是按照管理费用项目的不同习性进行差异分析。对约束性管理费用差异要重点分析其发生依据的合理性，对酌量性管理费用差异要重点分析其支出的必要性。二是对职能部门进行差异分析，医院要在各个职能部门管理费用差额分析的基础上，逐项分析造成管理费用项目差异的原因。

三、医院资本预算

资本预算是对医院长期投资活动的总体安排，它涉及医院规划、评价、选择、决策、实施等长期投资活动的全过程。医院的资本性支出预算主要包括基本建设、固定资产、大型维修、信息项目等。资本预算虽不涉及医院的日常运营活动，但其数额占医院资金支出的比例较大，会影响医院的财务状况。资本预算的编制与执行对医院的未来发展具有重要作用，因此，对医院资本预算执行结果进行分析、考评可以为医院加强资本预算编制、执行提供有效的决策依据。

（一）资本性投资预算的特点

资本性投资的特点源于投资活动的特性，与运营预算相比，资本性预算具有以下特点：

1. 资本性预算的编制具有一次性

资本性预算的对象是医院一次性的资本性投资活动，随着资本性投资活动的完成，针对该项目的长期投资预算也随之结束。

2. 资本性支出预算的编制具有很强的专业技术性

资本性支出不仅涉及基本建设、更新改造等技术性很强的活动，而且涉及股份、债券等专业性特点明显的资本运作，这就决定了资本性投资预算编制的专业性和技术性。

3. 资本性支出预算的过程具有不确定性

资本性投资预算的编制依据主要是可行性研究报告和医院长期投资决策，而可行性研究报告和长期投资决策都是根据大量预测结果做出的，预测结果的不确定性，决定了资本性投资预算过程的不确定性。

4. 资本性支出预算的内容具有风险性

不论是对内投资，还是对外投资，不仅需要投入大量资金，而且投资项目完成后会形成大量的沉没成本和长期资产，如果市场、技术、价格等客观经济环境发生变化，都会给医院的长期投资带来风险。

5. 资本性预算的周期具有长期性

资本性投资活动的周期往往跨越数月、数年，因此，资本性投资预算的时间与运营预算相比具有长期性，而且不受会计期间的制约。

6. 资本性投资的结果具有不可逆转性

长期资本性投资预算一旦实施，其执行结果往往需要很长时间才能显现出来。同时，资本性投资具有不可逆转性，一旦投资失误，就很可能给医院造成大的损失。

（二）投资项目的可行性分析

1. 项目可行性分析的含义

项目可行性分析指从技术上、经济上论证投资项目可行性的投资项目管理活动，是运用多种学科的理论和方法，寻求使投资项目达到最佳经济效益和社会效益的综合研究方法。由于长期投资需要涉及大量的资金投入，并在较长时间内对医院的财务状况和运营状况产生持续影响，同时，长期投资具有不可逆转性，因此，对长期投资决策方案的选择，绝不能凭主观臆断，轻率拍板，必须十分重视决策的科学化，必须进行可行性研究，做好项目的技术经济论证，并对各个投资方案进行经济效益分析，然后从中选择最优方案。

长期投资方案决策是否合理，是医院今后能否保持可持续发展能力的关键。在决策时，考虑的重点除认真研究技术的先进性和实用性外，还应从成本和效益的关系上重点评价投资方案在经济上的合理性，达到技术和经济的统一与最优化。同时，医院的投资决策还应考虑同政府卫生保健计划相适应，以及投资项目的社会效益等有关因素，如受益病人数、病人可能受益程度、受益地区的社会人口统计特征、该地区的经济状况、文化因素等。也就是说，医院在进行投资决策时，必须在充分利用财务会计资料、社会因素及其他有关信息的基础上，采取科学的方法，遵循科学的程序，对可行的备选方案进行科学的分析、比较和论证，以便从中选出效益好、质量优、投资省、社会效益好的投资方案。

2. 项目可行性研究的主要内容

医院项目可行性研究的内容及侧重点因投资数额及性质的不同而存在很大的差异。但一般应包括以下内容：

（1）投资必要性。主要是根据医疗市场的调查及预测结果，以及有关卫生政策、医保政策等因素，论证项目投资建设的必要性。在投资必要性的论证上，一是要做好投资环境的分析，对构成投资环境的各种要素进行全面的分析论证；二是要做好市场调查研究，包括市场供求预测、竞争力分析、价格分析等。

（2）技术可行性。主要从项目实施的技术角度，合理设计技术方案，并进行比较和评价。

（3）财务可行性。政府举办的非营利性医院长期投资资金主要来源于政府投资、医院自筹及适度举债等。医院在进行投资项目的选择时，必须充分考虑资金来源及承受能力，从项目及医院自身的角度，设计合理的财务方案，评价项目的财务盈利能力、现金流量计划及债务清偿能力。

（4）政策可行性。医院的重要项目必须按照有关政策和规定执行，必须进行可行性分析；须经领导集体决策；医院重要的投资项目必须事先立项；必须符合国家政策的规定；必须经过主管部门或财政部门的批准。

（5）组织可行性。需要制定合理的项目实施计划，设计合理的组织机构，选择经验丰富的管理人员，建立良好的协作关系，制订合适的培训计划等，保证项目建设能够顺利进行。

（6）社会可行性。主要分析项目对社会人群健康的影响，包括医疗质量改进、服务可及性、技术提升、医疗卫生资源配置与使用等方面。

（7）风险因素及对策。主要对一项目的市场风险、技术风险、财务风险、政策风险、组织风险、社会及经济风险等因素进行评价，制订规避风险的对策，为项目全过程的风险管理提供依据。

（三）资本预算项目可行性研究报告的编制

项目可行性研究的最后成果是编制一份可行性研究报告作为正式文件。这份文件既是投资项目报审决策的依据，也是向政府申请财政拨款及向银行借款的依据。可行性研究报告要实事求是地对项目要素进行全面分析、论证和评估，详细论述投资项目在经济上的必要性、现实性，在技术上和设备上的先进性、适用性、可靠性，在政策上的合法性、合规性，在环境及建设上的可行性等。

可行性研究报告的一般格式和内容如下：

1. 项目建设概况

（1）项目背景；

（2）可行性研究结论；

（3）主要技术经济指标表；

（4）存在问题及建议。

2. 医院项目建设背景及可行性

（1）项目提出背景；

（2）项目发展概况；

（3）投资必要性。

3. 医院项目市场预测与建设规模

（1）市场概况；

（2）市场预测；

（3）市场战略；

（4）建设规模和学科发展。

4. 建设条件与场址选择

（1）建设条件；

（2）场址选择。

5. 项目工程技术方案

（1）项目组成；

（2）技术方案；

（3）总平面布置和运输；

（4）土建工程。

6. 节能节水与环境保护

（1）节能及节水；

（2）环境保护。

7. 劳动保护、安全卫生、消防

（1）劳动保护；

（2）安全卫生；

（3）消防。

8. 医院组织和人员配置

（1）医院组织；

（2）人员配置；

（3）员工培训。

9. 项目实施进度安排

（1）工程项目管理；

（2）项目实施进度。

10. 项目投资估算与资金筹措

（1）投资估算；

（2）资金筹措；

（3）投资使用计划。

11. 项目经济评价与敏感性分析

（1）医疗收入、医疗成本；

（2）项目经济技术指标评价：投资回收期、内含报酬率等；

（3）不确定性分析；

（4）敏感性分析。

12. 社会效益分析

（1）社会效益分析；

（2）项目与所在地区互适性分析。

13. 风险分析

（1）风险类别；

（2）风险应对措施。

14. 可行性研究结论与建议

（1）结论；

（2）建议。

附件：

（1）项目承办单位营业执照、法人证书复印件；

（2）当地规划、国土、环保等部门关于项目的支持文件；

（3）查新检索报告；

（4）检测报告；

（5）相关知识产权、专利技术复印件；

（6）相关银行贷款承诺；

（7）其他相关证明材料；

（8）项目技术经济分析报表。

第三节　现阶段医院预算管理难点与对策

一、当前阶段医院预算管理的要求

（一）预算内涵明确化

新会计制度指出，"预算是医院按照国家有关规定，根据事业发展计划和目标编制的年度财务收支计划"，并特别规定"医院所有收支应全部纳入预算管理"。这一方面有利于医院统筹安排各项资金，保证资金来源的完全性，防止存在管控外资金；另一方面，强化了预算约束与管理，维护了预算的完整性、严肃性，杜绝了随意调整项目支出等问题，促进医院规范经营。

（二）预算管理办法完善化

新会计制度中将政府对医院预算管理方式改为"核定收支、定向补助、超支不补、结余按规定使用"，即"财政预算+成本控制"。也就是"政府对医院的财政性资金投入，一律实行严格的预算管理，医院经常性业务实行规范的成本核算，政府通过对医院业务成本的控制，合理确定医疗服务价格，为医院基本医疗业务同医疗保险基金的结算和政府补偿提供基础"，从而完善预算管理办法，明确划分各方责任与权利，实现医院良性的可持续发展。

（三）预算管理要求精细化

新会计制度在明确预算管理总体办法的基础上，与财政预算管理体制改革相衔接，对医院预算的编制、执行、决算等各个环节所遵循的方法、原则、程序等作出了详细规定，明确了主管部门、财政部门以及医院等主体在预算管理各环节中的职责。

新会计制度明确预算管理不仅是原则上的规定，而且是具体、精细化的要求。预算管理的范畴进一步扩大，从原来的部门行为转变为医院整体的全面预算行为，从原来的编制、审批、执行、调整延伸到决算、分析和考核，预算体系更趋于完整，反映问题更加全面。

二、现阶段医院预算管理的难点

（一）预算编制不合实际

（1）数据采集不完整。预算编制是预算管理的起点，编制结果与实际情况的符合度将直接影响后续工作的进行。如果预算编制数据来源不准确，取数过程随意性较大，数据分析技术不科学，编制出来的预算往往与实际存在较大差距，预算调整则会屡屡发生，势必浪费人力物力，降低工作效率。

（2）缺乏各部门广泛参与。预算编制缺乏各归口部门和临床科室负责人的广泛参与，预算编制工作全部交给财务部门，其他部门往往只是对财务部门所提交的具体结果进行确认，直到预算正式公布时才获得相关信息，预算无法准确反映医院真实情况，导致编制出来的预算脱离实际，可操作性较差。

（二）预算审批不规范

预算是关系到医院各个部门科室的重大事项，若其审批仅由一两个人拍板决定，势必会考虑不周全，实际执行过程中困难重重，缺乏约束力和严肃性。

（三）预算执行不严肃

（1）预算监控力度不够。预算指标虽已下达到各个预算执行部门，但在预算执行过程中没有专人或专门部门负责对执行情况进行监控。各个科室部门负责人仅着重于预算编制，执行时随意性大，使得预算执行不到位。

（2）执行预算的内在动力不足。在预算管理过程中，预算常常是上下级的垂直命令与控制，执行科室很难拥有更多的发言权。因此，常常把预算当成负担，在执行上缺乏内在动力。

（四）预算调整力度把握不准

预算调整时找不到预算"刚性"和"柔性"的平衡点，往往走向两个极端，要么过于强调预算的刚性，突破预算现象时有发生，要么过于强调预算的柔性，随意调整预算内容和标准，从而导致预算丧失约束与控制的基本功能。

（五）预算分析不及时

预算分析不及时，使得预算反馈信息的质量和时效性较差，信息不对称，医院管理层无法及时掌握各科室部门的预算执行情况，更无法为下年度预算编制提供参考依据。预算差异的分析与控制不足，使医院难以动态及时地适应运营过程中的政策调整和社会经济环境的变化，并难以根据变化的形势及时制定相应的应对策略。

（六）预算考核不合理

（1）考评指标的科学性与系统性不强。只重视业务收支指标的考核而忽视体现医院战略目标的非业务收支指标的考核，如出院者平均住院天数、病床使用率等；只重视对预算执行情况的考核而忽略对预算编制的准确性和及时性的考核，并且业务收支指标考核中一般只注重费用的节约和收入的增长，导致某些部门为了节约费用，削减一些必要的开支，这不利于医院运营活动的开展和医院整体价值的增加。

（2）奖惩制度不完善，预算考核流于形式。这主要表现为奖惩制度过于宽泛和笼统，起不到应有的激励作用；预算考核结果没有与工资挂钩，或虽与工资挂钩但在工资总额中所占比重较小，效果不明显；奖励容易处罚难，奖惩不到位，使预算考核流于形式，不能有效调动职工的主观能动性，从而影响了预算目标的实现。

三、医院全面预算管理的对策

(一) 预算编制应由各部门共同参与

预算编制应由医院财务部门牵头，其他部门密切配合，各科室负责人共同参与完成。这可以确保预算数据来源的实效性和全面性。各科室部门根据自身发展需要，结合医院实际，共同编制切实可行的业务计划。医务部门在预算编制过程中处于不可替代的地位，协调和督促各科室完成业务计划编制，就预算编制做好准备。财务部门根据业务计划统筹兼顾，编制收支预算。

在编制预算时，要全面分析上年预算执行情况。这也是新财务制度在预算编制上对上年预算执行情况作出的新的要求。同时，要充分考虑计划年度内国家有关政策对医院收支的影响。在医疗深化改革的大背景下，相关部门会陆续出台颁布一系列的政策法规，预算编制时要充分考虑到年度内国家有关政策对医院收支的影响。譬如医疗保险制度改革、增设收费项目、提高收费标准、取消药品加成对收入的影响，增加工资补贴对支出的影响等。此外，编制预算时要充分考虑医院事业发展计划对收支的要求。随着改革的深化，医疗市场竞争的日趋激烈，医院必须以优质、高效、低耗的服务赢得竞争优势和市场份额，为了医院的长期持续发展就必须有相应的事业发展计划。这在预算编制中就得加以体现，如新增病床、新进大型医疗设备、进行大修缮和基建项目等的需求对收支的影响。在编制预算时，还要对基本数字认真核实。如基本数字不准确，就会导致编制的结果与实际不符。如在职和离退休职工人数、临时工人数、门诊人数、床位编制等都需要认真核实，务求准确。

(二) 预算审批需集体决策，程序规范；预算执行要严格到位，责任明确

预算关系到医院运营发展的重大事项，必须集体决策。新会计制度对预算审批流程要求进一步细化，突出预算审批集体决策。明确医院编制预算要经院长办公会讨论通过。预算的编制与审批、审批与执行、执行与考核等业务不相容的岗位应分离，形成内部牵制，确保预算的实效性，避免形式化。

预算执行贯穿于整年预算年度始终，是预算管理的核心和关键环节。预算执行如果不严格，编制的预算就没有意义。而要做到严格执行，就必须责任明确。财务部门应严格执行已批复的预算，设专人监督、统计预算执行情况，可利用专门的预算管理软件进行此项工作。相关部门也应配备至少一名兼职预算管理员，协助部门领导管理本部门预算。此外，审计、监察部门有权对预算执行情况进行监督。

（三）预算调整要刚柔并举，适度合规；决算编报要真实完整，准确及时

预算调整要本着加强财务管理，更加合理配置资源的目的，把握"财政部门核定的财政补助等资金预算及其他预算执行中一般不予调整，如遇特殊情况须经批准后可调整"的原则，做到刚柔并举，适度合规。而编制决算时，则力求做到数字真实、计算准确、手续完备、内容完整、报送及时。

（四）预算分析考核要及时准确，公平合理

加强预算分析与考核，预算管理才有意义。医院要由专职部门制定绩效考核办法，成立绩效考核小组，依据绩效考核指标体系，运用科学适宜的方法，对科室部门的预算执行情况、执行结果，成本控制目标实现情况，业务工作效率，资金使用情况，资金使用效益等进行客观、公正的综合考核评价，考核结果与各级责任人和员工的经济利益挂钩，作为实行奖惩的重要依据，做到奖惩分明，公平合理。

第十六章　医院收入管理

第一节　医院收入管理概述

医院收入是指医院在开展医疗服务及其他活动中依法取得的收入。医院收入产生于其开展的业务活动。在开展这些活动时，需要消耗各种资源。为了使各项医疗活动不间断地进行，需要不断地取得补偿。医院取得的补偿包括国家财政补助和向病人收费或医疗保险机构付费，这些都构成了医院收入。在市场经济条件下，医院可以利用暂时闲置的资产对外投资，投资取得的收益也构成医院收入。

一、医院收入的分类

（一）财政补助收入

财政补助收入是指按部门预算隶属关系从同级财政部门取得的各类财政补助收入，包括基本支出和项目支出。

基本支出补助收入是指由财政部门拨入的符合国家规定的离退休人员经费、政策性亏损补贴等经常性补助收入；项目支出补助收入是指医院由财政部门拨入的主要用于基本建设和设备购置、重点学科发展、承担政府指定公共卫生任务等的专项补助。

（二）医疗收入

医疗收入是指医院开展医疗服务活动，按照现行国家规定的医疗服务项目及所属物价部门制定的项目服务收费标准取得的收入。按照提供服务的地点不同，医疗收入分为门诊收入和住院收入。

门诊收入是指为门诊病人提供医疗服务所取得的收入，包括挂号收入、诊查收入、检查收入、化验收入、治疗收入、手术收入、卫生材料收入、药品收入、药事服务费收入、其他门诊收入等。

住院收入是指为住院病人提供医疗服务所取得的收入，包括床位收入、诊查收入、检查收入、化验收入、治疗收入、手术收入、护理收入、卫生材料收入、药品收入、药事服务费收入、其他住院收入等。

（三）其他收入

其他收入是指医院除医疗收入、财政补助收入、科教项目收入以外的其他收入。包括培训收入、食堂收入、银行存款利息收入、租金收入、投资收益、财产物资盘盈收入、捐赠收入、确实无法支付的应付款项等。

（四）科教项目收入

科教项目收入是指医院取得的除财政补助收入外专门用于科研、教学项目的补助收入。

二、医院收入管理原则

（一）正确组织合理收入、执行物价政策

医院机构多，服务面广，遍布城乡。由于各单位的工作任务不同，业务内容也不尽一样，所以收入项目多，政策性强，涉及面广。它关系到国家、单位、个人三者的经济利益，特别是人民群众的切身利益。因此，不能片面地强调收入，不得擅自提高收费标准，扩大收费范围，损害群众利益。必须执行物价政策，按规定的标准收费，做到不多收、不滥收、不少收，使单位的服务耗费得到一定补偿，既有利于事业的发展，又不增加群众不合理的经济负担。

（二）合理制订收费标准

医院应严格执行国家规定的收费标准。如果医院开展新的医疗项目，在没有统一规定收费标准前，应维护国家和服务对象双方的利益，本着按成本收费的原则，正确计算、制订合理收费标准，报经物价部门和上级主管部门批准后，方能执行。

（三）编制收入计划，落实有效措施

单位要根据业务状况和有关资料，编制切合实际的收入计划。执行收入计划要靠单位广大职工的努力。在创收过程中，各科室要落实具体措施，并按收入来源的渠道，进行核算和管理，促使各项收入计划得以实现。

（四）开辟财源，加强收入管理

医院要增加资金来源，除随着国民经济的发展，国家相应增加预算拨款外，还要靠单位内部挖掘人才和设备的潜力，充分发挥职工积极性；开发新技术，扩大服务面，增加服务项目，提高服务质量；增加收入，加强管理，在提高社会效益的同时，提高经济效益。

（五）建立健全收费管理制度

要加强收入凭证的管理工作。特别要加强对定额、有价凭证的印刷、保管、编号、领发、登记、销号等环节的管理，防止差错，堵塞漏洞，提高管理水平。

第二节　医院收入的管理与核算

一、医疗收入的管理

（一）门诊收入的管理

门诊收入：挂号收入、诊察收入、检查收入、化验收入、治疗收入、手术收入、卫生材料收入、药品收入、药事服务费收入、其他门诊收入。凡到门诊就诊的病人，不管采取哪种缴费方式，必须先挂号缴费后就诊。每日终了，挂号员应将挂号收据存根与所收现金核对无误后，编制挂号收入日报表，一式两联，一联连同现金（或进账单）一并交财会部门记账，一联由财会部门复核后加盖"现金收讫"章，退给挂号室留作存根。

1. 现金收费及其管理

现金收费是病人就诊以现金交付医药费的形式。①门诊收费员收到现金后，应在划价的处方笺、治疗单上加盖"现金收讫"章及填写门诊收据，门诊收据是现金收入管理的重要原始凭证，一式三联：一联交病人收执，作为报销单据；一联交给有关科室，作为科室核算的依据；一联留作存根。②门诊收费员必须做到当日收款，当日结算上交，不得拖延积压。每日终了，门诊收费员要将当日的门诊收入按科分项汇总，并与所收现金、支票核对无误后填制门诊收入日报表。门诊收入日报表一式两联，连同现金或进账单，一并交财会部门，经复核后加盖"现金（转账）收讫"章，一联退还门诊收费处代收据，一联留财会部门记账。③如因特殊情况发生退费时，收费处应妥善处理。结账前退费，应收回收据和处方笺或治疗单，并由有关科室注明原因，将其附在存根上写明"作废"字样；如结账后退费，除索回收据、处方、治疗单和注明退款原因外，收费员应开红字收据冲销应退费用。④收费处如发生收款差错，不得隐瞒，不准以长补短，应及时报财会部门处理。

2. 记账收费及其管理

记账收费是病人凭合同记账单（或医疗证）就诊，由门诊收费处将医药费用记入该病人的记账单（证）账户，定期汇总按月结算方式，包括公费医疗和劳保医疗合同记账。采用记账收费的单位事先应与医院签订经济合同，并缴纳一定的预交款。门诊收费员根据公费医疗或合同记账及划价的处方笺、治疗单等办理记账手续。记账时应认真核对医疗证或合同记账单，并按公费医疗、劳保医疗的有关管理规定记账，属于病人自费的医药费用，要按规定收费，协助管理好公费、劳保医疗。每日终了，收费处将记账金额汇总填入门诊收入日报表，并将记账汇总表或合同账单与门诊收入日报表交财会部门审批记账。财会部门定期向有关单位办理结算。

（二）住院收入的管理

住院收入：床位收入、诊察收入、检查收入、化验收入、治疗收入、手术收入、护理收入、卫生材料收入、药品收入、药事服务费收入、其他住院收入。住院收入的管理主要是病人入院的结算户和出院病人结算日报表编制。

1. 病人入院的结算户

①病人住院必须持住院通知单和病历办理住院手续，住院结算处凭其开设"住院费用分户账"。对自费病人应按规定收取一定的住院预交金，并开给病人预收款收据。预收款收据一式三联，一联交病人作出院时的结算凭证，一联作为登记住院费用分户账的依据，一联交财会部门作财务处理。对记账病人除了收医疗证和合理记账单外，还应收取转账支票，作为预收款。②每日终了，住院结算处要汇总当日入院病人的预收款，将预收款收据连同现金、支票等一并交财会部门核收。住院费用的记账方式有两种：一是根据处方记账；二是根据医嘱记账。根据处方记账，是当病人住院后，医生视其病情开出有关检查、治疗、处方等单证，经划价后送住院结算处盖章，凭正联进行检查、治疗、取药，凭副联登记"住院费用分户账"，并汇总编制一式二联的"住院病人收入日报表"，一联留库，一联交财会部门记账。根据医嘱记账，是医生将检查、治疗、用药等内容登记在"医嘱本"上经划价后，住院结算处据以记账。住院病人的医药费财会部门应按月结算。病人出院时，应持出院通知，到住院处办理结算。住院结算处根据"住院费用分户账"结算病人住院期间的费用，开具"住院结账单"。对自费病人要收回预收款收据，据以结算，多退少补。"住院结账单"一式三联，一联交出院病人作为报销单据，一联据以编制"出院病人费用结算日报表"，一联交财会部门作为"出院病人费用结算日报表"的附件。

2. 出院病人结算日报表的编制

出院病人医药费用结算日报表，是住院结算处根据"住院结账单"和有关单据填制一式二联，连同现金、支票及有关单据一并送财会部门，经审核无误后，加盖"现金（转账）收讫"章后，一联退住院结算处代收据，一联留财会部门记账。

3. 欠款管理

医院要本着救死扶伤的精神，正确处理好治病和收费的关系。对急需抢救的危重病人，如当时确实缴不齐预交金，要一面进行抢救，一面催病人家属设法筹借医药费用。为了严格控制病人欠费发生，病人在院期间所发生的费用超过预交金时要随时催缴，一时确因经济困难无法筹借或筹借不齐的，应及时办理欠费手续，由病人或病人家属填写欠费单，并由病人单位或所在乡镇、街道组织出具担保。欠费单一式三联，一联交病人据以还款，一联附在欠费分户账作催收依据，一联交财会部门记账。加强病人欠费的管理和催收工作，对防止医院资金占压和造成呆账损失有着重要作用。

（三）其他医疗收入的管理

其他医疗收入主要是家庭病床收入和业余医疗服务收入。医院开设家庭病床、业余医疗服务等收入，应由医院财会部门统一收费，统一管理和核算。财会部门应建立专项收费登记，分科结算，医疗业务科室和个人均不得直接向病人收费。

1. 药品收入管理

药品收入分为门诊药品收入、住院药品收入。门诊、住院药品收入又分为中药收入、中成药收入和西药收入。具体管理办法如下：（1）门诊、住院药房从药库领回药品后，均应按药品类别、品名、规格进行领入和销售登记，及时反映药品的收、发、结、存情况。（2）要提高门诊、住院药房划价、司药人员的业务素质，做到划价、发药准确，不出差错。（3）及时报账。每日终了，门诊、住院药房根据处方笺分别按中药、中成药、西药分类计算出本日销售药品的收入。为了保证每日药品收入和药房发出药品的金额一致，药房应与门诊收费处和住院结算处核对，如有差错要在药品销售日报表中填列金额和原因。药品销售日报表一式两联。一联报财会部门审核无误后，盖上财会收款章作为回单，据以登记药房药品明细账。另一联由财会部门留存，作为记账依据。门诊、住院药房应将当日的处方笺装订成册，加上封面，并在封面上写明处方日期、张数、金额并经有关人员签章后，妥善保存。

2. 制剂收入的管理

制剂收入分为中成药制剂收入和西药制剂收入。制剂类似工业生产单位。制剂生产过程也是活劳动和物化劳动耗费的过程。制剂收入在扣除成本费用后，即为制剂纯收入，其具体管理办法可参照工业企业执行。医院自制的药品价格应按批发价入库。

3. 其他收入的管理

其他收入包括救护车收入、进修培训实习收入和废品变价收入等。这部分收入数额小，零星分散，但必须由财会部门统一核算和管理。各科室均不得将这些收入作为"小金库"。其他收入项目中有收费标准的要按标准收费。如进修实习费收入、救护车收入等。收到款项应开具统一收据，并将款项及时报财会部门记账。

二、医疗收入的核算

（一）医疗收入的入账时间

收入的入账时间取决于收入实现的时间，而收入实现的标志是判定收入实现的依据。

1. 收入实现的标志

（1）药品已发出或有关的医疗服务已提供完毕。药品发出，表明作为药品交易的物权已经转移，或与药品所有权相关的风险与报酬已经转移。表明物权转移或服务已经提供。

（2）取得医疗收入或取得索取医疗收入的权利。尽管有时医疗收入未收到，但是取得了获取收入的权利，基于权责发生制原则，也视同获取收入。

上述两个条件同时满足，即认为收入实现。

2. 入账时间的确定

根据上述标准在处理收入的入账时间时，由于医院医疗收入的业务类型繁多，实际上存在两种计量标准的运用。

（1）收付实现制下的实施。

根据收付实现制原则，在收取门诊医疗款，开具门诊收款收据完成时确认收入。该种方式对收入的确认比较直观，注重医疗收入的实际获取。但是，如果门诊病人缴款、索取门诊收款收据后，没有及时去取药品或接受检查、治疗等医疗服务（如先预交医疗费后治疗的针灸推拿、康复治疗、牙齿矫正、肾透析等），若此时就确认收入，显然是虚增了收入。

（2）权责发生制下的实施。

根据权责发生制原则，在收取门诊医疗款，开具门诊收款收据或办理有关医保记账手续，并且发出药品或为病人做完检查、治疗等相关医疗服务后确认收入。对于没有发出药品或没有提供检查、治疗医疗服务而收取门诊医疗款和开具门诊收款收据的，作预收医疗款处理；对于已发出药品或提供检查、治疗医疗服务而取得了索取医疗款权利的，作应收医疗款处理，属于病人的欠费，在住院病人医疗款收取的过程中时常会发生。

现行制度规定，在提供医疗服务（包括发出药品）并收讫价款或取得收款权利时，按照国家规定的医疗服务项目收费标准计算确定的金额确认入账。这实际上是遵循了权责发生制原则。

（二）医疗收入的入账金额

（1）按照国家规定的医疗服务项目收费标准计算确定的金额确认入账。

（2）医院给予病人或其他付费方的折扣不计入医疗收入，即按照扣除折扣后的金额记录收入。

（3）医院同医疗保险机构结算时，医疗保险机构实际支付金额与医院确认的应收医疗款金额之间存在差额的，应当调整医疗收入。发生此类情况时，应以医疗保险机构实际支付的金额为依据，记录医疗收入。

（4）对于医院因违规治疗等管理不善原因被医疗保险机构拒付而不能收回的应收医疗款，应按规定确认为坏账损失。这样的处理结果，表现为由医院承担了此部分医疗成本与费用。虽然没有调整收入，但是在业务收支结余中以坏账损失的方式冲抵了原已确认的收入。

（三）"医疗收入"账户设置

"医疗收入"账户核算医院开展医疗服务活动取得的收入，包括门诊收入和住院收入。贷方记录取得的医疗收入，借方反映转出的医疗收入，期末结转后，本账户应无余额。

1. 一级明细账户的设置

根据医疗收入的组成，本账户应设置"门诊收入""住院收入"两个一级明细账户。"门诊收入"一级明细账户核算医院为门诊病人提供医疗服务所取得的收入。"住院收入"一级明细账户核算医院为住院病人提供医疗服务所取得的收入。

2. "门诊收入"一级明细账户的二级明细账户设置

"门诊收入"一级明细账户下应当设置"挂号收入""诊察收入""检查收入""化验收入""治疗收入""手术收入""卫生材料收入""药品收入""药事服务费收入""其他门诊收入""结算差额"等二级明细科目，进行明细核算。其中，"药品收入"二级明细科目下，应设置"西药""中成药""中草药"等三级明细科目。

"结算差额"二级明细科目核算医院同医疗保险机构结算时，因医院按照医疗服务项目收费标准计算确认的应收医疗款金额与医疗保险机构实际支付金额不同，而产生的需要调整医院医疗收入的差额（不包括医院因违规治疗等管理不善原因被医疗保险机构拒付所产生的差额）。医院因违规治疗等管理不善原因被医疗保险机构拒付而不能收回的应收医疗款，应按规定确认为坏账损失，不通过本明细科目核算。

3. "住院收入"一级明细账户的二级明细账户的设置

"住院收入"一级明细账户下应当设置"床位收入""诊察收入""检查收入""化验收入""治疗收入""手术收入""护理收入""卫生材料收入""药品收入""药事服务费收入""其他住院收入""结算差额"等二级明细科目，进行明细核算。其中，

"药品收入"二级明细科目下，应设置"西药""中成药""中草药"等三级明细科目。"结算差额"二级明细科目的核算内容同"门诊收入"一级明细科目所属的"结算差额"二级明细科目。

（四）账务处理

1. 确认医疗收入

实现医疗收入时，按照规定的医疗服务项目收费标准计算确定的金额（不包括医院给予病人或其他付费方的折扣），借记"库存现金""银行存款""应收在院病人医疗款""应收医疗款"等科目，贷记"医疗收入"科目。

2. 结算应收医疗收入

同医疗保险机构结算应收医疗款时，按照实际收到的金额，借记"银行存款"科目，按照医院因违规治疗等管理不善原因被医疗保险机构拒付的金额，借记"坏账准备"科目，按照应收医疗保险机构的金额，贷记"应收医疗款"科目，按照借贷方之间的差额，借记或贷记"医疗收入"科目（门诊收入、住院收入——结算差额）。

3. 结转医疗收入余额

期末，将本科目余额转入本期结余，借记"医疗收入"科目，贷记"本期结余"科目。

【例 16-1】2020 年 11 月病人王伟自 10 日至 18 日住院，发生医疗费 8400 元，18 日办理出院手续，医疗费中自付部分为 1400 元，病人一次交付，其余部分与医疗保险机构结算。

借：应收在院病人医疗款——王伟　　　　　　　　　　　　　　　　　　8400
　　贷：医疗收入——住院收入　　　　　　　　　　　　　　　　　　　　8400
借：库存现金　　　　　　　　　　　　　　　　　　　　　　　　　　　1400
　　　应收医疗款——医疗保险机构　　　　　　　　　　　　　　　　　　7000
　　贷：应收在院病人医疗款——王伟　　　　　　　　　　　　　　　　　8400

【例 16-2】2020 年 11 月 30 日，医院与医疗机构结算本月医疗款时，医院账面表达应收医疗保险机构医疗款 180000 元，结算结果为：因医院违规治疗等管理不善原因被拒付的住院收入部分金额为 23000 元，实际支付的为 152000 元，已收存银行。

借：银行存款　　　　　　　　　　　　　　　　　　　　　　　　　　152000
　　医疗收入——住院收入——结算差额　　　　　　　　　　　　　　　　5000
　　坏账准备　　　　　　　　　　　　　　　　　　　　　　　　　　 23000
　　贷：应收医疗款——医疗保险机构　　　　　　　　　　　　　　　　 180000

【例 16-3】2020 年 12 月 31 日，医院医疗收入的贷方余额为 8920000 元，其中住院收入为 4500000 元，门诊收入为 4420000 元，结转的会计分录如下：

借：医疗收入——住院收入　　　　　　　　　　　　　　4500000

　　　医疗收入——门诊收入　　　　　　　　　　　　　　4420000

　　贷：本期结余　　　　　　　　　　　　　　　　　　8920000

三、财政补助收入的核算

（一）财政补助收入的组成

财政补助收入是医院按部门预算隶属关系从同级财政部门取得的各类财政补助收入，包括基本支出补助收入和项目支出补助收入。

（1）基本支出补助收入。这是指由财政部门拨入的符合国家规定的离退休人员经费、政策性亏损补贴等经常性补助收入。

（2）项目支出补助收入。这是指由财政部门拨入的主要用于基本建设和设备购置、重点学科发展、承担政府指定公共卫生任务等的专项补助收入。

（二）财政补助收入的确认

财政补助采用国库集中支付方式下，由于取得的路径不同，确认的时间与依据也有所不同。

（1）在财政直接支付方式下，应在收到代理银行转来的《财政直接支付入账通知书》时，按照通知书中的直接支付入账金额确认财政补助收入。

（2）在财政授权支付方式下，应在收到代理银行转来的《授权支付到账通知书》时，按照通知书中的授权支付额度确认财政补助收入。

（3）其他方式下拨的财政补助，应在实际取得补助时确认财政补助收入。

（三）账户设置

"财政补助收入"账户核算医院按部门预算隶属关系从同级财政部门取得的各类财政补助的增减变动情况。该账户的贷方记录收入的取得；借方记录期末的结转数；期末结转后，本科目应无余额。本科目应设置"基本支出"和"项目支出"两个一级明细科目。

"基本支出"明细科目核算医院由财政部门拨入的符合国家规定的离退休人员经费、政策性亏损补贴等经常性补助；"基本支出"一级明细科目下应按照《政府收支分类科目》中"支出功能分类科目"的相关科目进行明细核算。

"项目支出"明细科目核算医院由财政部门拨入的主要用于基本建设和设备购置、重点学科发展、承担政府指定公共卫生任务等的专项补助。"项目支出"一级明细科目下应按照《政府收支分类科目》中"支出功能分类科目"的"医疗卫生""科学技术""教育"等相关科目以及具体项目进行明细核算。

（四）账务处理

1. 财政收入取得的账务处理

（1）财政直接支付方式下，按照财政直接支付金额，借记"医疗业务成本""财政项目补助支出"等科目，贷记"财政补助收入"科目；对于为购建固定资产、无形资产或购买药品等库存物资而由财政直接支付的支出，还应借记"在建工程""固定资产""无形资产""库存物资"等科目，贷记"待冲基金——待冲财政基金"科目。年度终了，医院根据本年度财政直接支付预算指标数与当年财政直接支付实际支出数的差额，借记"财政应返还额度——财政直接支付"科目，贷记"财政补助收入"科目。

（2）财政授权支付方式下，按照财政授权支付到账额度金额，借记"零余额账户用款额度"科目，贷记"财政补助收入"科目。年度终了，医院本年度财政授权支付预算指标数大于零余额账户用款额度下达数的，借记"财政应返还额度——财政授权支付"科目，贷记"财政补助收入"科目。

（3）其他方式下，实际收到财政补助收入时，按照实际收到的金额，借记"银行存款"等科目，贷记"财政补助收入"科目。

2. 期末结转财政补助收入的账务处理

期末将"财政补助收入"科目的贷方余额分别转入本期结余和财政补助结转（余）。按"财政补助收入"科目（基本支出）的贷方余额，借记"财政补助收入"科目（基本支出），贷记"本期结余"科目；按"财政补助收入"科目（项目支出）的贷方余额，借记"财政补助收入"科目（项目支出），贷记"财政补助结转（余）——财政补助结转（项目支出结转）"科目。

【例 16-4】财政直接支付方式下，2010 年 3 月医院以获得的财政补助收入购置医疗消毒设备 1 台，取得成本为 16 万元，该设备当月已投入使用。取得时的会计分录如下：

借：财政补助支出		160000
贷：财政补助收入		160000
借：固定资产		160000
贷：待冲基金——待冲财政基金		160000

【例 16-5】年度终了，医院经汇总计算，本年度财政直接支付预算指标数大于当年财政直接支付实际支出数的差额为 30 万元。

借：财政应返还额度——财政直接支付 300000

　　贷：财政补助收入 300000

四、科教项目收入的核算

（一）科教项目收入的组成

科教项目收入是医院取得的除财政补助收入外专门用于科研、教学项目的补助收入。包括"科研项目收入""教学项目收入"。

（二）"科教项目收入"账户

"科教项目收入"账户核算医院取得的除财政补助收入外专门用于科研、教学项目的补助收入。贷方记录所取得的科教项目收入，借方反映期末的结转数，期末结转后，本科目应无余额。本科目应设置"科研项目收入""教学项目收入"两个明细科目，并按具体项目进行明细核算。

相关的会计账户为"科教项目支出""科教项目结转（余）"。

（三）账务处理

取得除财政补助收入以外的科研、教学项目资金时，按收到的金额，借记"银行存款"等科目，贷记"科教项目收入"科目。期末，将本科目余额转入科教项目结转（余），借记"科教项目收入"科目，贷记"科教项目结转（余）"科目。

【例 16-6】2020 年 4 月，医院收到医科大学通过银行转拨的临床科研项目——甲状腺穿刺与细胞病理检查研究资金 50 万元；转入本科生教学经费 256 万元。年末甲状腺穿刺与细胞病理检查研究项目尚未使用资金 6 万元；教学经费尚未使用资金 25 万元。会计分录如下：

取得拨款：

借：银行存款 3060000

　　贷：科教项目收入——科研项目收入——甲状腺穿刺与细胞病理检查 500000

　　　　科教项目收入——教学项目收入——本科生教学经费 2560000

年末结余资金结转：

借：科教项目收入——科研项目收入——甲状腺穿刺与细胞病理检查 60000

　　科教项目收入——教学项目收入——本科生教学经费 250000

　　贷：科教项目结转（余）——科研项目结转——甲状腺穿刺与细胞病理检查

60000

　　　　科教项目结转（余）——教学项目结转——本科生教学经费 250000

五、其他收入的核算

（一）其他收入的组成

其他收入是医院开展医疗业务、科教项目之外的活动所取得的收入，包括培训收入、租金收入、食堂收入、投资收益、财产物资盘盈收入、捐赠收入、确实无法支付的应付款项等。

（二）"其他收入"账户设置

"其他收入"账户核算医院除医疗收入、财政补助收入、科教项目收入以外的其他收入，包括培训收入、食堂收入、银行存款利息收入、租金收入、投资收益、财产物资盘盈收入、捐赠收入、确实无法支付的应付款项等。贷方记录取得的其他收入，借方反映收入的结转。期末，将本科目余额转入本期结余后，本科目应无余额。

本科目应当按照其他收入的种类设置明细账，进行明细核算。其中，医院对外投资实现的投资净损益，应单设"投资收益"明细科目进行核算。

（三）账务处理

1. 取得培训收入、食堂收入、银行存款利息收入等

按照实际收到的金额，借记"库存现金""银行存款"等科目，贷记"其他收入"科目。

2. 取得租金收入

固定资产出租收入，在租赁期内各个期间按直线法确认收入。采用预付租金方式的，收到预付的租金时，借记"银行存款"等科目，贷记"其他应收款"科目；分期确认租金收入时，借记"其他应收款"科目，贷记"其他收入"科目。采用后付租金方式的，每期确认租金收入时，借记"其他应收款"科目，贷记"其他收入"科目。收到租金时，借记"银行存款"等科目，贷记"其他应收款"科目。采用分期收取租金方式的，每期收取租金时，借记"银行存款"等科目，贷记"其他收入"科目。

3. 获得投资收益

区别短期投资、长期股权投资、长期债券投资实施不同的账务处理。

（1）短期投资收益。持有期间收到利息等投资收益时，按实际收到的金额，借记"银行存款"等科目，贷记"其他收入"科目（投资收益）。出售或到期收回短期债券本息，按实际收到的金额，借记"银行存款"科目，按出售或收回短期投资的成本，贷记"短期投资"科目，按其差额，借记或贷记"其他收入"科目（投资收益）。

（2）长期股权投资收益。长期股权投资持有期间，被投资单位宣告分派利润时，按

照宣告分派的利润中属于医院应享有的份额，借记"其他应收款"科目，贷记"其他收入"科目（投资收益）。处置长期股权投资时，按照实际取得的价款，借记"银行存款"等科目，按照所处置长期股权投资的账面余额，贷记"长期投资——股权投资"科目，按照尚未领取的已宣告分派的利润，贷记"其他应收款"科目，按照其差额，借记或贷记"其他收入"科目（投资收益）。

（3）长期债券投资收益。持有的长期债券投资，应在债券持有期间按照票面价值与票面利率按期计算确认利息收入，如为到期一次还本付息的债券投资，借记"长期投资——债权投资（应收利息）"科目，贷记"其他收入"科目（投资收益）；如为分期付息、到期还本的债券投资，借记"其他应收款"科目，贷记本科目（投资收益）。出售长期债权投资或到期收回长期债权投资本息，按照实际收到的金额，借记"银行存款"等科目，按照债券初始投资成本和已计未收利息金额，贷记"长期投资——债权投资（成本、应收利息）"科目（到期一次还本付息债券），或"长期投资——债权投资""其他应收款"科目（分期付息债券），按照其差额，贷记或借记"其他收入"科目（投资收益）。

4. 财产物资盘盈收入

盘盈的库存物资、固定资产等，在经批准处理时，借记"待处理财产损溢"科目，贷记"其他收入"科目。

5. 捐赠收入

接受的捐赠资金，按照实际收到的金额，借记"银行存款"等科目，贷记"其他收入"科目；接受的实物资产捐赠，按照同类或类似资产的市场价格或有关凭据注明的金额加上相关税费，借记"固定资产"等科目，按发生的相关税费金额，贷记"银行存款"等科目，按其差额，贷记"其他收入"科目。

6. 确实无法支付的应付款项

按照经批准核销的金额，借记"应付账款""其他应付款"科目，贷记"其他收入"科目。

7. 期末结转收入

期末，将"其他收入"科目余额转入本期结余，借记"其他收入"科目，贷记"本期结余"科目。

第三节 医院收入管理问题与对策

一、医院收入管理中存在的问题

当前，在医院收入管理方面存在许多问题：由于相关人员不懂相关的法律法规，专业素质差，财务审核监督力量薄弱，行为存在着主观故意；为了增加科室收入或补齐科室一次性材料损耗，随意性甚至故意多记、漏记、错录会计数据；虚增、减少病人费用，造成会计数据的失真。具体来说，体现在以下几点：

（1）收入管理过于粗放、简单，忽视了财务管理的流程。大部分医院将录入费用下放到临床科室，由护士在执行医嘱的同时录入"日记账"，由科室申报出院，收费部门统一结算开票，数据的产生缺乏财务部门事前有效监督审核。

（2）在病人治疗过程中，加大贵重药品使用率，同时分解药品来降低药品比率，有资料表明医院药品平均零售价比药店高出 39.50%。医院本身为分解药品比率，让患者去药店购药，并增加大型检查项目来降低药品费用占总费用的比例，以此完成上级部门对医疗收入指标的控制。

（3）医疗收入是反映科室收入的"温度计"。对病人费用的输入，利用操行技能，精心操作掩盖事实使患者不易查觉，传输不真实的收入数据，来达到虚增、减少费用的目的，同时为达到医疗保险项目的支付标准比照收费，套改项目，使统筹基金支付比例增大。

（4）病人的费别代表着日后费用账务处理的归属（借方或贷方），在录入信息中非常重要，一旦输入错误，就会造成收入报表中银行存款额的增加。

二、在医院收入管理上要强化科学的审核方法

（1）医院医护人员的职责是治病救人，不能替代财务人员的角色。微机项目的录入也只是执行医嘱而已，不能作为最终的结算结果，病历是医护人员诊治病人的原始记录，同时也是费用发生的输入凭证。对于"长期医嘱""临时医嘱"的生成，应在病人出院后将病历交住院部财务部门进行事前审核，对医嘱记录中执行医疗服务收费出现的问题及时给予纠正。事前财务人员审核病人费用既维护了广大患者合法利益，又确保了财务信息的真实、合法、完整性，同时也是对医疗保险基金正确计算的一个保证。解决病人看病贵问题除了一些扶贫帮困外，应对大型检查（如 CT、MR 等）费用进行降价。

（2）要核对病历。翻开病历看首页，对病人的费别（普通、医保）、入院天数、有

无手术等要全面了解，做到心中有数，按医疗、医保、新农合收费目录逐条逐项进行核对。

（3）要核对住院费。住院费按天计算，原则上是算进不算出，核对时要看科室微机申报出院时间和病历书写时间有无不一致。注意在抢救室（ICU）病人只收监护费而不再收床位费，以防止重复收费。

（4）要核对各项检查、手术报告单。在病历"临时医嘱"中有医护人员执行医嘱检查、手术项目的记录，核对是否与报告单名称一致，有无因故不作但费用照收的可能或检查、打包后重复收费。

（5）要核对各种治疗。治疗内容很多，大致分为按"天""次""小时""组"。如：静点（gtt）、肌注（im）、静推（iv）；长期医嘱是 gd（一天一次），按停止时间加一次；bid，一天 2 次；g6h，一天 4 次；qod，隔一天一次。核对时要注意一次性材料的配套使用，对不符合要求的费用，财务人员有权调整更正。同时，财务人员要填写更正理由凭证，作为调整依据保存。

（6）主要计算公式应用。特护、吸氧、心电监护、呼吸机、多功能生命体征监测等按小时计算的项目，公式为：某项目收费＝项目收费标准×（24 小时×天数－开始时间＋停止时间）。如：特级护理收费＝1.5×（24×2－6＋17）＝88.5 元。

（7）要核对抢救费。抢救费分大、中、小抢救收费，财务人员核对时，首先要查看"长期医嘱"中有无特护、病重、病危字样，了解病程记录，填写抢救记录单是否符合收费标准。对不符合要求的给予纠正，并将调整记录附在结算单中。

三、在收费管理上构建灵活的机制

收入管理不是单纯的"收钱"管理，应把它看成和病人经济承受能力息息相关的大事，医院在收入管理上重在构建灵活的管理机制。首先，理念要有创新，好的理念可以着重解决病人看病难、看病贵等突出问题和矛盾。其次，以人为本，以病人为中心开展扶贫帮困工作，保证贫困人群得到最基本的医疗服务。由于政策不断更新，新政策不断出台，医院的财务管理系统已不能完全同步变化，也就是政策与财务收费管理系统不配套。比如：①扶贫减免政策要求住院费、治疗费、检查费、诊疗费、手术费按 50%减免，药品"零利润"。②新型农村合作医疗病人是住院费 100%减免，治疗、检查费按 30%收取，药品费用按进价收取。③异地医保病人按当地医保比例结算。上述结算方法在现有的 HIS 系统中完成，显然在短时间内难以做到。为了满足病人需要，保证账务处理科学有效同时又完成任务，可采取手工计算，微机汇总统计。主要计算方法为：

（1）扶贫计算标准：（住院费、治疗费、检查费、诊疗费、手术费）×50%。

（2）参合病人计算标准：（住院费×0%）＋（治疗、检查费）×30%；药品按进价上=参合药品目录合计。

（3）异地医保将当地医保计算比例提供过来后，手工按比例计算出统筹支付和个人支付比率。将手工计算结果导入 HIS 系统中结算开票。

四、加强医院收入管理的内部控制

（一）有效加强票据和收费管理

这是保障医院资金安全、强化财务内控制度的一个重要手段。由于医院内部收费网点和收费人员较多，票据收发频繁、使用量特别大，管理起来很有难度。近年来，有些医院疏忽了票据管理工作，导致某些收费人员心存邪念，有机可乘，利用内部管理的疏漏，从中牟取私利，给医院造成重大损失和不良影响。因此，有效加强票据和收费管理颇为必要。

（1）专人管理，严格把控。首先要专门设立票据管理岗位，并选择认真负责的会计专门从事票据管理工作，进行票据的购买、入库、登记、领用、存根收回等制度。对于不再使用或过期的票据，应剪角作废，并做作废标记，以免被继续使用，造成收不入账等经济损失。

（2）加强审核，有效监督。收费人员所使用的收费票据，应由专门的票据稽核人员及时审核，实施监督。具体内容应包括：每日审核收费员使用的票据是否连号（包括电脑流水号和票据号），交款日期与收款日期是否一致，作废的收费票据是否收据联、存根联、核算联等单据齐全，是否按规定作废（如相关科室、门诊部或药房签字确认，患者签字以及退费说明等）。

（3）强化内部审计。财务部门应定期或不定期检查收费工作。医院收入基本上通过收费部门收款实现，任务重，资金量大。财务部门须高度重视收费管理，应经常组织检查收费员的日常工作情况，如核实周转金的金额，账实是否相符，检查票据领用、登记、核销以及存根联的保管等情况，使医院的财务内控制度真正落到实处，全面提高医院的财务管理水平。

（二）完善内部监督，加强欠费管理

医院的资金来源基本靠自筹，而医疗欠费的存在，直接影响医院的收入能否真正实现，是一直困扰医院的难题，加强医疗欠费的管理刻不容缓。医疗欠费形成的原因主要有医保欠费、医疗纠纷欠费、突发事件引起的欠费、管理不善引起的欠费，以及病人经济困难欠费或恶意逃费。针对这些情况，可采取以下措施：

（1）加强医院内部管理。医疗欠费的管理不应只是财务部门关心的问题，应当成为全医院职工密切关注的重要问题。目前，医院实行科室成本核算，科室的业务收入与支出直接影响着科室的经济效益。一些科室片面追求收入，随意开大处方及各种不必要的检查单，导致部分病人无力支付费用或者造成医保违规扣款等情况；或者由于系统技术问题等原因导致医疗费用结算业务流程不畅通，使得病人住院押金不能及时催交，往往到结账时才发现医疗费用缺口，或者由于记账人员记账错误，发现时该病人已出院而无法收回，造成了欠费、漏费。针对以上现象，医院首先应加强医护人员及收费人员的责任意识和风险意识，明确责任，建立相应的考核制度和奖惩措施；其次，要加强医护人员对医疗保险政策和物价收费政策的了解和把握，制止患者的不合理要求，对医保扣款制定相应的奖惩措施，减少医保扣款的发生；最后，完善医院信息网络建设，使每一位病人都能随时了解医疗费用的使用以及住院预交金的积欠情况，从而保证治疗的正常进行。

（2）正确处理好医患关系，减少医疗纠纷欠费。当前，医患之间缺乏沟通和理解，缺乏信任，医疗纠纷时有发生。构建和谐的医患关系，作为医院，首先应在医护人员中积极树立"病人至上"的服务理念，改善服务质量，提高服务水平。医疗质量是医院的生存之本，也是患者评价医院的重要标准。医院既要严格执行各项医疗规章制度，加强风险防范，又要积极与患者沟通，使患者了解更多的医疗信息，并能配合理解。如：定期组织健康知识讲座、医疗咨询活动，组织患者与医护人员的联谊会等。

（三）明确岗位职责、健全管理制度

医院应根据国家有关政策及法律法规，结合医疗机构的实际情况，健全医院收入管理制度，建立收入岗位责任制，明确各收入岗位稽核责任制，从制度上保证医院各项收入的完整性。有了相应的规章制度，在管理中才能有据可依、有章可循。

（四）加强职业道德教育，营造内部控制环境

持续对收费人员开展现金和票据管理相关规定的学习宣传工作以及会计职业道德教育工作，营造良好的内部会计控制环境，增强他们的自我约束能力和高度的责任感，提高各个岗位人员职业道德的综合素质，使资金安全隐患降到最低程度。在当前激烈的医疗市场竞争中，医院越来越重视成本费用的核算与控制，而忽视了收入的管理。医院的收入虽然是由不同科室密切配合产生的，但应由财务部门统一核算、统一管理。医院收入是补偿医疗活动中各项支出和费用的来源，是医疗卫生事业持续发展的重要基础。加强医院的收入管理，合法组织医疗收入，防范收入流失，确保收入的真正实现，有效实施内控制度，具有极其重要的意义。建立健全医院内部控制，积极发挥医院内部控制的作用，对于不断促进医院改革和可持续发展，提高医院现代化管理水平是十分必要的。

第十七章 医院支出管理

第一节 医院支出管理概述

一、医院支出的概念

医院支出是指医院在开展医疗服务及其他活动过程中发生的资金耗费和损失。医院支出项目多，涉及面广，与医院的经营效益直接相关。为了加强对医院支出的管理，有效地使用资金，提高医院资金的利用效果，有必要对医院的支出进行分类。

二、医院支出的分类

在新《医疗会计制度》中，医院的支出包括医疗业务成本、财政项目补助支出、科教项目支出、管理费用和其他支出。

（1）医疗业务成本是指医院开展医疗服务及其辅助活动发生的各项费用，包括人员经费、耗用的药品及卫生材料费、固定资产折旧费、无形资产摊销费、提取医疗风险基金和其他费用，不包括财政补助收入和科教项目收入形成的固定资产折旧和无形资产摊销。

其中，"人员经费"反映医院开支的在职职工和临时聘用人员的各类劳务报酬，以及为上述人员交纳的各类社会保险费等。它包括：基本工资、津贴补贴、奖金、社会保障缴费、住房公积金、其他工资福利支出等。

其他费用包括办公费、印刷费、水电费、邮电费、取暖费、物业管理费、差旅费、会议费、培训费等。

（2）财政项目补助支出是核算医院本期使用财政项目补助（包括当年取得的财政补助和以前年度结转或结余的财政补助）发生的支出。根据支付方式的不同，如财政直接支付方式、财政授权支付方式及其他方式，财政项目补助支出的账务处理也有所不同。

（3）科教项目支出是指核算医院使用除财政补助收入以外的科研、教学项目收入开展科研、教学项目活动所发生的各项支出。"科教项目支出"科目应设置"科研项目支出""教学项目支出"两个一级明细科目。目前，国家级科教项目支出一般包括设备费、材料费、测试化验加工费、燃料动力费、差旅费、会议费、国际合作与交流费、出版/

文献/信息传播/知识产权事务费、劳务费、专家咨询费、管理费、其他费用 12 项。

（4）管理费用是指医院行政后勤管理部门为组织、管理医疗、科研、教学业务活动所发生的各项费用，包括医院行政及后勤管理部门发生的人员经费、公用经费、资产折旧（摊销）费等费用，以及医院统一负担的离退休人员经费、坏账损失、银行手续费支出、汇兑损益、聘请中介机构费、印花税、房产税、车船使用税等。

（5）其他支出是指医院本期发生的，无法归属到医院业务成本、财政项目补助支出、科教项目支出、管理费用中的支出，包括培训支出，食堂提供服务发生的支出，出租固定资产的折旧及维修费，营业税、城市维护建设税、教育附加等税费，财产物资盘亏或毁损损失，捐赠支出，罚没支出等。

三、医院支出管理的要求

（1）医院支出要严格执行国家法律法规和财经制度。如财务制度中规定的成本开支范围和开支标准，医院必须严格遵守，不得随意扩大成本开支范围和开支标准。在国家有关财务制度中，没有统一规定的支出范围和标准，可由医院自行确定，但要报医院主管部门和财政部门备案。若医院的规定违反法律法规和国家政策，主管部门和财政部门应责令其改正。

（2）要按预算和计划控制各项支出。医院支出要做到事先有计划、有预算，杜绝支出的随意性和盲目性，以保证医院的资金得到合理运用。财务部门在支出管理中应发挥重要作用，首先要会同各部门做好支出的预算编制工作，并根据支出预算安排好所需资金；在支出实际发生时，要认真审查支出的合法性和合理性，不符合法律法规和财务制度的支出坚决不能报销。支出发生后，还要与支出预算进行比较，找出实际支出与预算的差异。如果实际支出比预算支出小，应总结经验；如实际支出大于预算，应找出问题所在，予以纠正，还要确认超支责任，以此作为奖罚的依据。

（3）支出应按来源渠道分别列支，分类管理。医院的资金来源渠道比较多，资金构成比较复杂，在对医院各项支出进行管理时，应注意根据资金的来源渠道，按照专款专用、分户核算的原则，按规定用途、开支标准和开支范围分别列支，监督使用。

第二节　医院支出管理与核算

一、医院支出管理

（一）财政支出

1. 分析方法

分析财政项目补助支出，除了同财政项目补助收入一样进行趋势分析和结构分析外，更多的是关注财政项目补助支出的预决算数据对比，特别是分析各明细项目的支出进度及预计完成情况。近年来，随着政府部门对财政资金的要求越来越严格，对财政资金的支出进度、支出合理率、资金使用效果等内容加强绩效考核。因此，医院在日常工作中，必须定期对财政项目补助支出进行进度分析，提高预算编制时绩效管理意识，加强预算申报的计划性，提高财政资金的使用效果。

以财政项目补助支出中设备购置类项目为例，根据政府采购相关制度要求，一般的设备购置需要经过网上立项、招标准备、招标公告、开标、中标公示、合同签订、付款、安装验收、设备上账、财务入账等流程。为了对项目资金使用情况进行实时监控，医院可以借助信息系统进行管理，按照设备购置项目预计采购的设备明细，设置各项采购流程的时间节点，对实际执行中超出预计时间节点的步骤进行监控预警，以确保财政资金的执行进度。

同时，还要对财政项目资金的使用合理性和使用效果进行分析评价。严格按照各项目预算批复文件中核定要求，专款专用、款尽其用，如需调整应履行审批手续。对财政资金购置的大型设备，开展单台设备成本核算工作，掌握设备利用效率，提高资金使用效果。

2. 常用指标

（1）财政拨款支出进度=财政项目支出/财政项目收入×100%。

（2）财政拨款使用合理率，按项目拨款预算用途执行。

（二）医疗支出

1. 分析方法

医疗支出的分析，通常进行趋势分析、结构分析、因素分析和关联分析等。

医疗支出的趋势分析是指根据连续几年或几个会计期间的支出数据，运用指数或完成率的计算，反映医疗支出的趋势变化及费用控制效果。例如，根据近五年医院医疗支出总数和各明细项目数据，计算每年医疗支出增长率，了解医院医疗支出的增长幅度，并根据明细数据的增长幅度，分析判断医疗支出增长的主要影响因素。

医疗支出的结构分析是指通过计算医疗支出中各明细项目占总支出的比重，反映医疗支出的构成情况。例如，计算七大类费用（人员支出、卫生材料费、药品费、固定资产折旧费、无形资产摊销费、提取医疗风险基金、其他费用）占医疗支出的比重，反映医疗支出的构成情况。

医疗支出的因素分析是指分析单价、用量对支出的影响程度。例如，通过计算本年和上年自来水单价的增减变动、自来水用量的增减变动，得出单价和用量对水费支出增幅的影响程度。

医疗支出的关联分析是指将某类医疗项目收入及其对应的医疗支出进行对比，通过计算成本收入比率的方式，反映收入与支出的配比情况。

2. 分析维度

（1）从全院和科室的角度。

医疗支出分析，通常根据医疗支出总量及其明细项目，逐级分解，逐一进行趋势分析和结构分析。首先分析医疗支出总量近几个期间的变动趋势，计算医疗支出的增长幅度。再按医疗支出的七大类明细项目逐一分解，分别计算人员支出、卫生材料费、药品费、固定资产折旧费、无形资产摊销费、提取医疗风险基金、其他费用占医疗支出的比重及近几个会计期间的增长幅度，并计算各明细项目的增长幅度占医疗支出增长幅度的比重，根据增长幅度的占比判断医疗支出增长的主要原因。

人员支出的分析，主要结合工资总额、社保缴费、离退休费等进行趋势分析。首先将人员支出按照工资总额项目、五险一金、离退休费、其他人员支出等进行归类汇总。其中，工资总额项目可以根据实际发放情况进行简单归类，如基本工资、绩效奖励、先进科室奖励等，通过近几个会计期间各项目的增减变动情况，了解人员支出的主要增长原因。

卫生材料费和药品费的分析，主要结合科室领用情况及物品单价进行趋势分析。根据库存系统中各科室领用明细的统计，了解领用物品明显增加的科室分布及物品明细。另外，对各项物品单价进行统计，对单价增长过高的物品特别关注，避免卫生材料费和药品费的不合理增长。

固定资产折旧费及无形资产摊销费的分析，主要进行趋势分析。由于折旧摊销政策的固定性，以及医院一般采用直线折旧法计提折旧，因此每期的固定资产折旧费和无形资产摊销费变动幅度不大。

提取医疗风险基金，由于医疗风险基金是按照医疗收入的一定比例计提的，因此当期提取医疗风险基金的增减幅度应该同医疗收入的增减幅度保持一致。

其他费用的分析，由于其明细科目较多，在分析时往往根据明细科目逐个分析。水费、电费、取暖费等能源消耗费用，一般根据用量和单价进行因素分析，了解费用增长的主要因素是由于用量的增长还是单价的增长，从而有针对性地提出费用控制措施。福利费、工会经费等人员相关费用，由于是按照工资总额的比例计提的，因此一般根据工资总额的增加变动幅度进行分析。因公出国（境）费用、公务接待费、公务用车运行维护费这三项，属于需要严格控制的项目，一般根据上年度数和预算数逐笔分析。

（2）从经济分类和功能分类的角度。

医疗支出的另一种分析角度是根据政府支出分类中关于经济分类和功能分类的概念进行的。功能分类主要是按照行业性质划分，经济分类主要按支出用途划分。按功能分类进行支出分析，反映支出发生在哪些行业，如医疗卫生、高等教育等；按经济分类进行支出分析，反映各项支出的具体用途，如工资福利支出、商品和服务支出、基本建设支出等。对医疗支出按经济分类和功能分类的分析，有利于政府部门的预决算数据公开，可以清晰地反映出政府投入的资金用在哪些行业中的哪些用途，便于公众对预算资金的监督。

3. 主要分析指标

医疗支出的分析指标，常用的有人员经费支出比率、公用经费支出比率、管理费用率及药品、卫生材料支出率等。这些指标反映医院重要的支出项目的结构比，从而认识局部与整体的关系和影响，发现存在问题的支出项目，揭示进一步分析的方向。

（1）人员经费支出比率＝人员经费÷（医疗支出＋管理费用＋其他支出）×100%。

（2）公用经费支出比率＝公用经费÷（医疗支出＋管理费用＋其他支出）×100%。

（3）管理费用率＝管理费用÷（医疗支出＋管理费用＋其他支出）×100%。

（4）药品、卫生材料支出率＝（药品支出＋卫生材料支出）÷（医疗支出＋管理费用＋其他支出）×100%。

人员经费支出比率反映医院人力资源配置的合理性及薪酬水平高低，也可以反映医院的支出结构是否合理。通过与以前年度比较可以判断医院支出结构变化趋势是否合理；与同类型的医院横向对比，可以了解本单位与先进单位的差距。对医院人员经费支出比率的分析，应结合医院特点、技术状况、人力资源配置及薪酬政策来分析比较。

公用经费支出比率反映医院的商品与服务支出的投入情况。公用经费支出在医院的支出中占有很大的比重，加强对公用经费支出的管理对于提高医院的经济效益具有重要意义。

管理费用率反映医院的管理水平和效率。与以前年度比较，可以了解医院管理费用的变化情况；与其他医院比较，可以找出差距，有利于控制医院的管理费用开支，提高医院的经济效益。

药品、卫生材料支出率反映医院在开展医疗服务过程中的药品、卫生材料的耗费程度。与以前年度相比，可以了解医院对于药品、卫生材料使用的趋势变化；与同规模的医院比较，可以找出本单位在药品、卫生材料使用方面存在的问题，以便加强管理，科学合理地使用药品及卫生材料，以免给病人带来不合理的经济负担。在分析中，也可以分别计算药品、卫生材料的支出率，这样便于正确地发现问题，便于管理。

（三）其他支出

其他支出的分析，首先进行结构分析，根据其他支出科目的核算内容，分别计算各个明细科目金额占其他支出金额的比重，判断其他支出的主要途径和用途。

另外，根据"收支两条线"的要求，为加强医院其他收入支出的合理合法性，将取得的其他收入和发生的其他支出分别记账。在对其他支出进行分析时，可以采用收入支出关联分析的方式。例如，通过某一个会计期间，培训收入与培训支出的比例计算，了解培训班收入与支出的配比性。

二、医院支出的核算

（一）医疗业务成本的核算

1. "医疗业务成本"账户设置

（1）用途与结构。

"医疗业务成本"核算医院开展医疗服务及其辅助活动发生的各项费用。该账户的借方反映该项支出的发生数，贷方反映支出的结转数，期末结转后，本科目应无余额。

（2）核算范围。

"医疗业务成本"账户的核算范围包括：①使用财政基本补助发生的归属于医疗业务成本的支出，在本科目核算；②医院开展科研、教学项目使用自筹配套资金发生的支出，以及医院开展的不与规定的特定"项目"相关的医疗辅助科研、教学活动发生的相关人员经费、专用材料费、资产折旧（摊销）费等费用。不包括：①医院统一负担的离退休人员经费在"管理费用"科目核算；②使用财政项目补助发生的支出。

（3）明细账户。

"医疗业务成本"账户应设置"人员经费""卫生材料费""药品费""固定资产折旧费""无形资产摊销费""提取医疗风险基金""其他费用"等一级明细科目，并按照各具体科室进行明细核算，归集临床服务、医疗技术、医疗辅助类各科室发生的，能够直接计入各科室或采用一定方法计算后计入各科室的直接成本。

对于"人员经费""其他费用"明细科目还应参照《政府收支分类科目》中"支出经济分类科目"的相关科目进行明细核算。

（4）备查簿。

医院应当在"医疗业务成本"科目下设置"财政基本补助支出"备查簿，按《政府收支分类科目》中"支出功能分类科目"以及"支出经济分类科目"的相关科目，对各项归属于医疗业务成本的财政基本补助支出进行登记。

2. 账务处理

（1）医疗业务支出汇集的账务处理。

①人员经费的汇集。为从事医疗活动及其辅助活动人员计提的薪酬、福利费等，借记"医疗业务成本"科目（人员经费），贷记"应付职工薪酬""应付福利费""应付社会保障费"等科目。

②药品材料费用的汇集。开展医疗活动及其辅助活动中，内部领用或出售发出的药品、卫生材料等，按其实际成本，借记"医疗业务成本"科目（卫生材料费、药品费），贷记"库存物资"科目。

③固定资产与无形资产损耗价值的汇集。开展医疗活动及其辅助活动所使用固定资产、无形资产计提的折旧、摊销，按照财政补助、科教项目资金形成的金额部分，借记"待冲基金"科目，按照应提折旧、摊销额中的其余金额部分，借记"医疗业务成本"科目（固定资产折旧费、无形资产摊销费），按照应计提的折旧、摊销额，贷记"累计折旧""累计摊销"科目。

④医疗风险基金的计提。计提的医疗风险基金，按照计提金额，借记"医疗业务成本"科目（提取医疗风险基金），贷记"专用基金——医疗风险基金"科目。

⑤其他费用的汇集。开展医疗活动及其辅助活动中发生的其他各项费用，借记"医疗业务成本"科目（其他费用），贷记"银行存款""待摊费用"等科目。

上述业务发生时的会计处理在前面的相关章节中基本已经涉及了，故此处不再示例。

（2）医疗业务支出结转的账务处理。

期末，应将"医疗业务成本"科目余额转入本期结余，借记"本期结余"科目，贷记"医疗业务成本"科目。

（二）财政项目补助支出的核算

1. "财政项目补助支出"账户的设置

"财政项目补助支出"账户核算医院本期使用财政项目补助（包括当年取得的财政补助和以前年度结转或结余的财政补助）发生的支出。借方记录支出数，贷方反映结转数，期末结转后，本科目应无余额。本科目应当按照《政府收支分类科目》中"支出功能分类科目"的"医疗卫生""科学技术""教育"等相关科目以及具体项目进行明细核算。

2. 账务处理

区别获得财政补助的方式，作不同的账务处理。

（1）财政直接支付方式下。

财政直接支付方式下，发生财政直接支付的项目补助支出时，按照支付金额，借记"财政项目补助支出"科目，贷记"财政补助收入"科目；对于为购建固定资产、无形资产或购买药品等物资而由财政直接支付的支出，还应借记"在建工程""固定资产""无形资产""库存物资"等科目，贷记"待冲基金——待冲财政基金"科目。

（2）财政授权支付方式下。

财政授权支付方式下，使用零余额账户用款额度发生项目补助支付时，按照支付金额，借记"财政项目补助支出"科目，贷记"零余额账户用款额度"科目；对于为购建固定资产、无形资产或购买药品等物资而由财政授权支付的支出，还应借记"在建工程""固定资产""无形资产""库存物资"等科目，贷记"待冲基金——待冲财政基金"科目。

（3）其他方式下。

其他方式下，发生财政项目补助支出时，按照实际支付的金额，借记"财政项目补助支出"科目，贷记"银行存款"等科目；对于为购建固定资产、无形资产或购买药品等物资发生的支出，还应借记"在建工程""固定资产""无形资产""库存物资"等科目，贷记"待冲基金——待冲财政基金"科目。

期末，将本科目余额转入财政补助结转（余），借记"财政补助结转（余）——财政补助结转（项目支出结转）"科目，贷记"财政项目补助支出"科目。

3. 科教项目支出的核算

（1）"科教项目支出"账户的设置。

"科教项目支出"账户核算医院使用除财政补助收入以外的科研、教学项目收入开展科研、教学项目活动所发生的各项支出。借方记录支出数，贷方反映结转数，期末结转后该账户应无余额。本科目应设置"科研项目支出""教学项目支出"两个明细科目，并按具体项目进行明细核算。医院还应设置相应的辅助账，登记开展各科研、教学项目所使用自筹配套资金的情况。

（2）账务处理。

使用科教项目收入发生的各项支出，按实际支出金额，借记"科教项目支出"科目，贷记"银行存款"等科目；形成固定资产、无形资产、库存物资的，还应同时借记"固定资产""无形资产""库存物资"等科目，贷记"待冲基金——待冲科教项目基金"科目。

期末，将"科教项目支出"科目余额转入科教项目结转（余），借记"科教项目结转（余）"科目，贷记"科教项目支出"科目。

（三）管理费用的核算

1. "管理费用"账户的设置

"管理费用"账户核算医院行政及后勤管理部门为组织、管理医疗、科研、教学业务活动所发生的各项费用。包括医院行政及后勤管理部门发生的人员经费、公用经费、资产折旧（摊销）费等费用，以及医院统一负担的离退休人员经费、坏账损失、银行借款利息支出、银行手续费支出、汇兑损益、聘请中介机构费、印花税、房产税、车船税等。"管理费用"账户的借方记录费用的发生数，贷方反映结转数，期末结转后，本科目无余额。

医院发生的某些管理费用并不属于"管理费用"账户的核算内容，为购建固定资产取得的专门借款，在工程项目建设期间的借款利息应予资本化，不在"管理费用"科目核算；在工程完工交付使用后发生的专门借款利息，方在"管理费用"科目核算。使用财政项目补助发生的支出，在"财政项目补助支出"科目核算，不在"管理费用"科目核算；使用财政基本补助发生的归属于管理费用的支出，在"管理费用"科目核算。

"管理费用"科目应设置"人员经费""固定资产折旧费""无形资产摊销费""其他费用"等一级明细科目。其中，"人员经费""其他费用"明细科目下应参照《政府收支分类科目》中"支出经济分类科目"的相关科目进行明细核算。

医院应当在"管理费用"科目下设置"财政基本补助支出"备查簿，按《政府收支分类科目》中"支出功能分类科目"以及"支出经济分类科目"的相关科目，对各项归属于管理费用的财政基本补助支出进行登记。

2. 账务处理

（1）为行政及后勤管理部门人员以及离退休人员计提的薪酬、福利费等，借记"管理费用"科目（人员经费），贷记"应付职工薪酬""应付福利费""应付社会保障费"等科目。

（2）行政及后勤管理部门所使用固定资产、无形资产计提的折旧、摊销，按照财政补助、科教项目资金形成的金额部分，借记"待冲基金"科目，按照应提折旧、摊销额中的其余金额部分，借记"管理费用"科目（固定资产折旧费、无形资产摊销费），按照应计提的折旧、摊销额，贷记"累计折旧""累计摊销"科目。

（3）提取坏账准备时，借记"管理费用"科目（其他费用），贷记"坏账准备"科目；冲减坏账准备时，借记"坏账准备"科目，贷记本科目（其他费用）。

（4）发生应计入管理费用的银行借款利息支出时，借记"管理费用"科目（其他费用），贷记"预提费用""银行存款""长期借款"等科目。发生汇兑净收益时，借记"银行存款""应付账款"等科目，贷记本科目（其他费用）；发生汇兑净损失时，借记本科目（其他费用），贷记"银行存款""应付账款"等科目。

（5）发生其他各项管理费用时，借记"管理费用"科目（其他费用），贷记"库存现金""银行存款""库存物资""待摊费用"等科目。

期末，将本科目余额转入本期结余，借记"本期结余"科目，贷记"管理费用"科目。

（四）其他支出的核算

1. "其他支出"账户的设置

"其他支出"账户核算医院本期发生的，无法归属到医疗业务成本、财政项目补助支出、科教项目支出、管理费用中的支出，包括培训支出，食堂提供服务发生的支出，出租固定资产的折旧费，营业税、城市维护建设税、教育费附加等税费，财产物资盘亏或毁损损失，捐赠支出，罚没支出等。借方记录支出数，贷方反映结转数，期末结转后，本账户应无余额。

本科目应当按照其他支出的种类和项目设置明细账，进行明细核算。

2. 账务处理

（1）为出租固定资产计提的折旧额，按照财政补助、科教项目资金形成的金额部分，借记"待冲基金"科目，按照应提折旧额中的其余金额部分，借记"其他支出"科目，按照应计提的折旧额，贷记"累计折旧"科目。

（2）盘亏、变质、毁损的财产物资，按照相关待处理财产损溢金额扣除可以收回的保险赔偿和过失人的赔偿等后的金额，借记"其他支出"科目，按照已收回或应收回的保险赔偿和过失人赔偿等，借记"库存现金""银行存款""其他应收款"等科目，按照相关待处理财产损溢余额，贷记"待处理财产损溢"科目。

（3）发生营业税、城市维护建设税、教育费附加等纳税义务的，按照税法规定计算的应交税费金额，借记"其他支出"科目，贷记"应交税费"科目。

（4）发生培训支出、食堂支出、捐赠支出、罚没支出等其他支出，借记"其他支出"科目，贷记"银行存款"等科目。

期末，将本科目余额转入本期结余，借记"本期结余"科目，贷记"其他支出"科目。

第十八章　医院流动资产管理

第一节　医院流动资产管理概述

一、医院流动资产的概念

医院流动资产是指医院可以在一年内或者超过一年的一个经营周期内变现或者耗用的资产。它包括货币资金、短期投资、应收及预付款项、药品、低值易耗品、卫生材料、在加工材料和其他材料等。流动资产是医院进行医疗劳务生产经营活动的必备条件，其数额大小及构成情况在一定程度上制约着医院的财务状况，反映着医院的支付能力与短期偿债能力。流动资产内容具体包括货币资金、应收款项、预付款项、存货等。

（1）货币资金是指医院经济活动中停留于货币形态的那一部分资金。具体包括现金、银行存款、其他存款。它是每个医院所必须具备的不可缺少的支付手段，其流动性最强，也是其他流动资产的最终转换对象，在医疗服务和医院资金循环中具有重要的地位和作用。

（2）应收款项是指医院在提供或开展有偿服务等业务活动中所形成的应收而尚未收取的各种款项。具体包括应收在院病人医药费、应收医疗款、其他应收款等。

（3）预付款项是指医院付给商品供应单位或者服务提供单位的款项。预付账款与应收账款都属于医院的债权，但两者产生的原因不同：应收款项是医院提供医疗服务而应收的医疗款，通常是用货币清偿的；而预付账款是预付给供货单位的购货款或预付给施工单位的工程价款和材料款，通常是用商品、劳务或完工工程来清偿的。

（4）存货。包括低值易耗品、卫生材料、药品和其他材料。它是医院为了开展业务及其他活动而储存的物资。其中，药品包括西药、中成药、中草药。药品是医院为开展正常医疗业务工作，用于诊断治疗疾病的特殊商品，是医疗业务工作中不可缺少的物资保证和重要手段。

二、医院流动资产的特点

医院流动资产与固定资产及其他资产相比较，具有以下几个特点：

（1）流动资产占用形态具有变动性。医院流动资产在使用过程中经常由一种形态变为另一种形态。如购买药品，货币资金形态的流动资产就转变为实物形态的流动资产；患者经诊治开方取药，医院按规定收取费用，实物形态的流动资产就转变为货币资金形态的流动资产。这种流动资产的相继转化并周而复始的过程，就形成了流动资产的循环及周转。

掌握医院流动资产的变动性特征，研究流动资产循环和周转的条件，有助于合理地配置各种流动资产，使医院流动资产周转高效而顺利地运行。

（2）流动资产循环周期与医院医疗劳务生产经营周期具有一致性。医院实物流动资产单位价值较低，使用期限较短，其价值是一次性消耗或转移。如医用卫生材料，一经使用便消耗掉，不能重复使用。实物流动资产的耗费与补偿一般是同时进行。医院流动资产的循环周期与医院医疗劳务生产经营具有一致性。

（3）流动资产的占用数量具有波动性。医院流动资产的变现能力较强。当医院流动资产在医疗业务活动中不断被使用或者耗用，保持原有形态的时间是短暂的，一般不会超过一年。在这一过程中，流动资产的占用数量是不断变化的，显示出波动性特征。

三、医院流动资产的分类管理

（一）库存物资的管理

医院的库存物资主要是药品、卫生材料、一般物资等。药品和卫生材料是医院流动资产的主要组成部分，也是医疗活动中必不可少的物资基础。因此，必须有一定数量的库存，以保证临床的需要。面对日益完善的市场经济体制，医院要善于利用现代物流配送方式，在保证医疗业务需要的前提下，最大限度地降低药品、卫生材料的储备定额，以减少资金占用，并定期清仓查库，积极处理沉淀资金，降低运营费用。另外，对药品物资应最大限度地进行公开招标采购，以降低采购价格和费用。

（二）货币资金的管理

医院的货币资金包括现金、银行存款以及其他货币资金。货币资金管理的重点是安全和使用效益。首先，为了资金的安全，应严格执行《货币资金管理办法》。根据部门和岗位的职责权限，确保办理货币资金业务的不相容岗位相互分离、制约和监督。由医院财务部门统一管理货币资金，严禁未经授权的部门或人员办理货币资金业务或直接接触货币资金；现金管理应做到日清月结，并进行不定期抽查核对工作，发现库存现金与账面不符时，应及时查清更正，以确保现金账面和实际库存相符；银行预留印鉴分开管理，以达到相互制约、监督的目的；银行存款日记账每月与银行对账单核对，并及时编制银行存款余额调节表。特别应当注意的是，在规定时限内的未达事项，要立即和有关部门或人员联系催办，限期结清，不可久拖不结。

其次，为了资金的有效使用，医院应建立财务收支审批和稽核制度。医院应明确各类资金支出的审批权限，凡属重要事项，审批人应根据其职责、权限和相应程序，对支出款项实行"联签"审批。各级财务人员对收付款项凭证，依照批准的预算和有关制度规定审核。会计稽核工作可根据具体情况，采取专职复核和相互复核相结合的方式进行，绝不可流于形式。

再次，把好货币资金支付审批关。任何部门和个人用款时，必须交书面用款凭证，并注明款项用途、金额、支付方式等内容。财务人员应审查货币资金支付是否按规定程序进行审批。除小额个人因公预借款等事项外，金额较大的款项支付需同时附上有效的经济合同或与此相关的证明文件，方可办理资金的支付手续。

最后，加强现金流量分析预测。严格控制现金流入和流出，对经营活动、投资活动和筹资活动产生的现金流量进行严格管理，保证支付能力和偿还能力。树立"钱流到哪里，管理就跟到哪里"的理念，将现金流量管理贯穿于医院管理的各个环节，高度重视支付风险和资产流动性风险。在条件具备并经科学论证可行的前提下，要善于将货币资金投入到成本效益较好的项目上，增加医院资金的积累。

（三）往来款项的管理

当前，不少医院存在应收医疗款（已出院病人的欠费）逐年增加以及部分预付账款久拖不结等问题，使流动资金失去应有的流动性，影响资金周转；另一方面，超过一定期限不能及时清理的债权，将不可避免地演变为医院经济效益的损失。因此，及时清理往来款项，特别是对应收医疗款的清理，是加强医院财务管理的一个重要方面。应采取控制其发生和积极清欠相结合的办法，对已经形成坏账确实无法收回的，应及时按有关规定进行账务处理；对超过期限未结的应收款项应及时通报催收，压缩在途结算资金，使应收账款恢复其流动性。

第二节　医院现金流的会计控制

一、医院现金流量的特点

医院的现金流量具有以下几个特点：

（1）社会效益与经济效益相结合，往往造成医院的现金流入与收益不匹配。对于企业来说，应收账款是企业主观赊销行为的结果；而对于医院来说，应收医疗款主要是其执行社会保障这一功能引起的，是不可避免的。因此，医院每期的收益往往与现金流入有着较大差距。

（2）现金流入的缺口与政策性补偿不同步。医院由于执行社会保障功能而受到免税优惠，这种优惠其实是减少医院的现金流出。另外，上级部门和残联等福利性基金会也会对医院的收入缺口给予补偿，但这种补偿是有限的，而且是在几个会计期间后以补贴的形式流入医院。

（3）投资活动和经营活动现金流量大，筹资活动现金流量较少。医疗设备价值昂贵，医用房屋也要求有特定的配置，因此，医院的投资活动产生的现金流出量很大。另外，由于药品、卫生材料等医疗物资价值高，而且不允许缺货，占用了大量的流动资金。相比之下，由于医院主要是依靠自身积累资金（留存收益）来发展壮大规模的，加上规避财务风险的原因，筹资活动产生的现金流相对较少。

（4）投资活动支付的现金，主要是在经营活动中形成回流。医院以实业性投资为主，投资回收期长，其创造的现金流入主要是在"医疗经营活动现金流入"中反映。例如，购置大型固定资产所支付的现金，是通过检查收入、手术收入等形成现金回流。

二、医院现金流量会计控制的意义

（1）分析现金流量的原因，保证资金的合理走向。医院的各种现金流入主要是其各项业务活动所产生的。合理的现金流量结构，是医院正常运作的重要标志。如果某个会计期间的现金净流入主要是银行借款所致，就要深入跟踪分析其原因。如果银行借款资金主要是为了满足医院日常运营的需要，就应分析医院的医疗运营活动是否正常，因为靠借款来维持医院日常的运营活动可能意味着医院出现了暂时性或永久性的财务困难。

（2）分析现金流量状况，衡量医院业务收支结余的准确性与真实性。由于医院是依据权责发生制原则和收入费用配比原则为列账基础来确认其业务收支结余的，故业务收支结余的质量可能受到一定的影响。若应收医疗款金额较大，将影响到业务收入的准确性，而随意地提取修购基金也将影响业务支出的准确性。因此，现金收益比率（经营活动现金净流量与收支结余的比值）可以反映医院当期实现收支结余的可靠程度。

（3）通过现金流量会计控制，确保医院具有必要的偿债能力。利用医院的资产负债表和收入支出总表信息，可计算其流动比率和速动比率等，在此基础上进行相关现金流量分析。从现金流量的角度分析医院偿付债务的能力，可及时了解医院当期取得的现金收入，在满足医疗经营活动所需现金支出后，是否有足够的现金偿付到期的债务。如果医院当期医疗经营活动取得的现金收入在满足维持医疗经营活动正常运转所发生的支出后，其结余不能偿付债务，说明其已陷入财务困境。

（4）分析医院各项投资的潜在风险，预测其未来发展状况。现金流量的动态信息为预测医院未来的财务状况提供了可靠的数据。如果医院投资活动是建立在科学的投资项目可行性研究的基础上，并且其现金流出量与融资现金流入量相对平衡，表明医院医疗运营活动正常，未来发展前景乐观。但是，如果盲目扩大投资活动现金流出量，就可能带来较大的投资风险。

三、医院现金流量会计控制存在的问题

1. 以药补医机制所产生的问题

以药补医政策主要是通过药品加成收入弥补医疗收支亏损，因此，从确保医院医疗支出得到完全弥补并实现收支平衡的角度考虑，需要对目前医院以药补医程度的合理性进行科学性论证和分析。随着医疗市场体制改革的深化，药品价格过高的问题成了摆在我们面前的一项重大课题。目前，各地卫生主管部门均采取一系列措施，以防止以药补医现象的泛滥，如：规定医院处方药量限制在一周之内，以防大处方；定期公布各医院药费情况，比较同一病种每人次门诊费用和每床日出院费用；实行药品集中招标采购，防止药商不正当的竞争行为；把医院门诊药房转变为药品零售企业；等等。

2. 药品收支两条线政策对现金流量的影响

根据国家卫生部和财政部联合印发的《医院药品收支两条线管理暂行办法》，医院药品收支结余上缴卫生部门，统一缴存财政社会基金专户，经考核后统筹安排，合理返还。这一政策造成医院大量现金流被冻结。其主要表现为：

（1）由于医疗收费价格绝大部分执行国家统一定价，没有施行成本价格，在财政补助水平不断下降，药品结余上缴的情况下，医疗亏损无法弥补，医院的生存与发展空间越来越小。

（2）药品利润全部上缴，返还要看亏损率，造成资金运动长期"体外循环"，严重

影响了医院流动资金的正常周转。

正因如此，事实上政府药品收支两条线政策并没有在全国得到认真的贯彻执行。该政策出台后，全国实施情况大致可分为三种类型：一是绝大部分地区没有开展；二是极少数地区推行半年或一年后就偃旗息鼓；三是个别地区只收缴几家医院的药品收支结余资金，又悄悄如数返还，就连制定政策的国家卫生部也只执行了一年。

3. 货币资金管理问题

医院货币资金管理的目标是在满足医院日常货币资金需要的基础上，充分利用和有效使用闲置的货币资金，提高资金的周转率和收益率。目前，医院现金管理普遍存在的问题是忽视了资金的时间价值。一是多头开户，影响了资金运用的工作效率，并增加了资金调度困难，从而人为增加了在途资金的占用时间和数额，造成货币资金时间价值的损失。二是存在大量的闲置资金。由于没有作好现金预算，把大量货币资金放在活期存款户，降低了资金的利用率和收益率。

4. 盲目引进大型医疗设备问题

目前，一些医院竞相引进大型医疗设备。其主要原因，一方面是为了提高医院的综合实力和市场竞争力，通过增加医疗项目（尤其是收费标准较高的新医疗项目）提高医院的收益水平；另一方面是为了弥补药品收入的减少所造成的资金缺口。大型医疗设备的使用，可以增加医院的医疗项目，提高医院的治疗档次。例如，普通 B 超检查升级为彩色 B 超检查，CT 检查上升为核磁共振检查，甚至 PE—TCT 检查（正电子发射断层显像—X 线计算机断层成像），可以使检查结果更精确，进而提高医生对疾病诊断的准确率；腹腔镜和宫腔镜的引入，使传统的手术转变为微创手术。大型设备的升级和使用会提高医院的检查收入和手术收入等，但在病人不足的情况下往往造成设备利用率低下的浪费现象。

四、医院现金流量会计控制对策

1. 医院现金流量规划

医院现金流量规划是指按照医院工作计划及历史数据对现金流入、流出做出预测，进行综合平衡，合理安排，科学调控。在进行医院现金流量规划时应遵循下列原则：

（1）现金流量规划应根据医院业务收支计划、上级核定的财政拨款数、设备购置计划、基建维修计划、往年药品、物资等库存占用资金情况、往来款项预计变动情况、投融资计划等制定。

（2）现金流量规划应以培植现金流入为重点，以科学控制现金流出为原则，以增加医院现金净流量为最终目的。

（3）现金流量规划应落实到现金预算中，建立完善的月度、季度滚动现金流量预算，从医疗、药品、行政后勤等方面建立全面、完善的现金流量预算体系。

（4）现金流量预算要刚性与弹性相结合，既要强化刚性，强调计划管理的权威性和控制性，尽量保持流入、流出的平衡，同时又要留有余地，以适应各种可能的变化。

2. 医院现金流量会计控制体系

医院通过运用现金预算和现金流量会计控制指标，在对现金流量进行分析和预测的基础上，对自身的现金循环进行监测和控制：从支付药品、材料等资源开始，到将它们转化为可供医疗服务，直至从患者等手中取得收入等一系列过程。在这一过程中，通过对预算的执行、差异的分析、预算的修正与再执行，对医院的整个运营进行控制。同时，通过对现金流量指标的动态、实时的计算，与标准值、行业平均水平及医院前期数值的对比，以及对差异和原因的分析，找出可能存在的问题或风险，从而有针对性地进行现金流量的控制。

具体来说，在经营活动中对采购、服务环节的现金流量实施控制策略：在采购环节，加强对药品等采购成本的控制；采用经济订货量等技术方法或手段缩减库存；延长支付票据及赊购款的兑现周期等。对成本费用管理，医院要认真制定成本费用预算，严格控制成本费用的发生，特别要对现金性费用支出从紧掌握，限制无效性成本开支，从而减少更多的现金流出。在医院服务方面，加强学科建设，开展市场调研，开发新项目，开拓市场，以适应居民对医疗服务的需求。同时，要缩短应收票据及医疗应收款的回收周期。

3. 完善医院流动资产管理模式

经营服务活动是医院运营的基础环节，其产生现金净流量的能力最终影响到医院的生存和发展。从静态来看，医院现金流量会计控制的重点应放在对经营活动的各资金占用项目的管理上。

（1）医院现金的管理。医院现金管理的目标是正确、合理地测算现金的需要量，确保现金流动性与收益性的平衡。现金的控制过程要求具有时效性。

（2）医院存货的管理。存货管理效率的高低，直接决定着医院的收益、流动性及风险的综合水平。存货管理的重点是控制存货成本，协调好各种存货的数量及其资金占有比例的情况，确定经济订购量及合理的存货储备，以最低的存货成本维持正常的医疗运营活动。主要措施有：加强采购控制，正确制定和执行采购计划，保持合理储备，减少资金占用；严格控制领料，执行消耗定额，杜绝现金浪费。

4. 投资活动中投资风险监测与现金流量会计控制

投资活动的财务风险体现在实业性投资和资本性投资两类活动中。医疗机构的投资活动是有限制的。实施投资活动现金流量会计控制，首先要通过计算投资活动现金流量各个项目引起的现金增加或减少额在投资活动现金净流量中所占百分比来分析医院投资于固定资产等的增长情况，评价医院规模扩大是否适度，医院是否有足够能力来承受。投资决策作为医院最重要的一项财务活动，对医院的长期盈利能力与投资回报有着极其重要的影响。实施现金流量会计控制，反映到投资决策上，就是医院要以追求最大投资回报的经营理念，理性地看待投资决策，建立严格科学的投资机制。

第十九章　医院固定资产管理

第一节　医院固定资产管理概述

一、医院固定资产的概念

所谓医院固定资产，是指一般设备单位价值在 500 元以上，专业设备单位价值在 800 元以上，使用期限在 1 年以上，并在使用过程中基本保持原有物质形态的资产。单位价值虽未达到规定标准，但耐用时间在 1 年以上的大批同类物资，也应作为固定资产进行管理，如医院办公用的桌凳等。

在实务操作中，价值标准不是绝对的。有些设备，虽然单位价值高于规定的标准，但容易损坏或者更换频繁，也不应作为固定资产管理，如有些专用工具和玻璃器皿等。有些设备，虽然低于规定的单位价值，但使用期限较长，应作为固定资产进行核算。

二、医院固定资产的特点

医院的固定资产与其他资产相比较，有如下特征：

（1）固定资产是医院所拥有的资产。根据资产的概念，这是作为资产的首要条件，表明资产的所有权的归属。医院以经营租赁的方式租入的大型设备，尽管用于医院的医疗活动，但是从所有权归属的判断，它不是医院的固定资产。

（2）固定资产是医院的非流动资产。与流动资产相比，固定资产的持有目的是作为医院医疗活动中的手段、工具，而不是劳动对象。固定资产可以多次使用，且使用年限较长，使用过程中基本保持原有实物形态。根据医院固定资产的实际，现行制度对固定资产的预计使用期限、单位价值作出了明确规定，以便于实践中统一固定资产的确认标准。

（3）固定资产是医院的有形资产。固定资产是医院非流动资产的一种，与无形资产相比，固定资产是有实物形态的有形资产，是在使用过程中基本保持原有物质形态的有形资产。

（4）固定资产是医院的非货币性资产。前述，存货也是医院的非货币性资产，在这一点上，固定资产与存货是相同的。在物价波动情况下，医院持有货币性资产与非货币性资产，可能承受的风险与收益是不同的。

三、医院固定资产的组成与分类

（一）按照自然属性不同的分类

固定资产可分为：房屋及建筑物、专业设备、一般设备、其他固定资产。

（1）房屋及建筑物。房屋及建筑物是指医院自有的房屋、建筑物及附属设施。其中，房屋包括门诊、病房、影像室、制剂室等医疗服务用房，库房，锅炉房，职工食堂、职工宿舍等；建筑物包括道路、围墙、水塔等；附属设施包括房屋建筑物内的电梯、通信线路、输电线路、水气管道等。

（2）专用设备。专用设备是指医院根据医疗业务的实际需要购置的具有专门性能与用途的设备，包括各种医疗设备、仪器、交通工具等，见表 19-1。

表 19-1　专用设备的构成与分类

	分　类	明　细
1	医用电子仪器	心、脑、肌电图、监护仪器、除颤器、起搏器等
2	光学仪器及窥镜	验光仪、裂隙灯、手术显微镜、内窥镜等
3	医用超声仪器	超声诊断仪、超声手术刀、超声治疗机等
4	激光仪器设备	激光诊断仪、激光治疗仪、激光手术设备等
5	医用高频仪器设备	高频手术、微波、射频治疗设备等
6	物理治疗及体疗设备	电疗、光疗、理疗、生物反馈仪等
7	高压氧舱	
8	中医仪器设备	脉相仪、舌色相仪、经络仪、穴位治疗机、电针治疗仪器
9	医用磁共振设备	永磁型、常导型、超导型等
10	医用 X 线设备	X 射线诊断、治疗设备、CT、造影机、数字减影机、X 光刀
11	高能射线设备	医用加速器、放射治疗模拟机等
12	医用核素设备	核素扫描仪、SPECT、钴 60 机、PET 等
13	临床检验分析仪器	电泳仪、色谱仪、生化分析仪、血氧分析仪、蛋白测定仪、肌肝测定仪、酶标仪等
14	体外循环设备	人工心肺机、透析机等
15	手术急救设备	手术床、麻醉机、呼吸机、吸引器等
16	口腔设备	牙钻、综合治疗台等
17	病房护理设备	病床、推车、婴儿暖箱、通信设备、供氧设备等
18	消毒设备	各类消毒器、灭菌器等
19	其他	

（3）一般设备。一般设备是指医院根据医疗业务的实际需要购置的通用设备，包括

办公与事务用家具设备、交通工具等，见表 19-2。

表 19-2　一般设备的构成与分类

	分　类	明　细
1	家具用具及其他类	
2	交通运输设备	
3	电子产品及通信设备	彩电、摄像机、服务器、计算机、电话、传真等
4	电气设备	发电机、冰箱、空调、洗衣机等
5	通用设备	锅炉、电梯、空调机组、冷藏柜等

（4）其他固定资产。不包括在以上各类符合固定资产条件的各项资产，如电表、万能表、显微镜、图书等。

固定资产按照用途及自然属性不同的分类，便于掌握固定资产的分布与结构对于医疗活动的适应情况，考核固定资产的利用情况，促使医院合理配置固定资产，充分发挥固定资产的使用效能。对于医院拥有的图书参照固定资产管理办法，加强实物管理。

（二）按照使用情况不同的分类

（1）使用中的固定资产。这是指正在使用的各种固定资产。企业以临时租赁方式出租的固定资产，以及出借的固定资产均属于使用中的固定资产，只是使用单位有所不同。医院由于大修理、内部替换使用等原因暂时停止使用的固定资产也属于使用中的固定资产。

（2）未使用的固定资产。这是指已经完工或已购建的尚未正式交付使用的新增固定资产，以及因进行改建、扩建等原因暂时停用的固定资产。

（3）不需用的固定资产。这是指医院多余的或不适用、需要处理的固定资产。

固定资产按使用情况的分类，便于掌握固定资产的利用效率，挖掘固定资产的使用潜力，也便于医院合理地计提折旧。

（三）按照所有权不同的分类

（1）自有的固定产。医院拥有或控制的固定资产。医院拥有的固定资产绝大部分属于所有权归医院的自有资产。

（2）担保的固定资产。医院用于担保的固定资产，使得医院对其的支配权发生一定的变化，医院对其的所有权会随着担保行为的发生而变动。

（3）租入的固定资产。医院以融资租赁或临时租赁方式租入的固定资产，其所有权不归属于医院。

（4）借入的固定资产。医院借入拥有其使用权的固定资产。

固定资产按照所有权不同的分类，便于分析医院固定资产的产权情况，加强对担保、租入、借入固定资产的管理。

（四）按照经济用途不同的分类

（1）临床服务用固定资产。这是指医院直接用于临床服务科室的各种固定资产，如住院病房等医疗用房等。

（2）医疗技术用固定资产。这是指医院直接用于医疗技术科室的各种固定资产，如核磁共振等医疗设备等。

（3）医疗辅助用固定资产。这是指直接用于医疗辅助科室的各种固定资产。

（4）行政后勤用固定资产。这是指直接用于行政后勤的各种固定资产，如办公用车、办公家具、办公设备等。

医院应当根据固定资产定义，结合本单位的具体情况，制定适合于本单位的固定资产目录、分类方法等，作为进行固定资产核算的依据。

四、医院固定资产的计价

固定资产的计价是指用货币的量度来表示固定资产的价值。正确地对固定资产进行计价，可以反映医院拥有的固定资产规模和固定资金占用情况，也可以为医院计提固定资产修购基金提供依据。

（一）医院固定资产的计价标准

（1）原始价值计价也称历史成本、原始成本等，是指医院购建或以其他方式取得某项固定资产达到可使用状态前所发生的一切合理、必要的支出。

原始价值是固定资产的计价基础，可以反映医院拥有固定资产的规模和诊疗服务能力，可以同医院的财务成果、治疗服务成果对比，分析固定资产使用效果，考核固定资产利用程度。原始价值计价，优点是具有客观性和可验证性，缺点是在物价水平发生变化时有其局限性。

（2）重置完全价值计价也称重置成本，是指固定资产在现时的生产技术条件下，重新购买同样的或类似的固定资产所需的全部支出。

重置完全价值计价一般用于对某些固定资产无法确认其原始价值时采用，如医院固定资产发生盘盈、接受捐赠或固定资产重估时。重置完全价值计价是对原始价值计价的补充和完善，其特点是可以比较真实地反映固定资产的现时价值。

（二）固定资产的计价方法

（1）购入固定资产，按购入价格、包装费用、运输装卸费用、安装调试费用和进口设备的进口税金等计价。

（2）新建的房屋建筑物，按固定资产交付使用前发生的实际支出计价。

（3）在原有基础上进行改建、扩建的房屋、建筑物，按其原值加上改建、扩建发生的实际支出，减去改建、扩建过程中发生的拆除的固定资产原值和固定资产变价收入后的余额计价。

（4）自制的固定资产，按制造过程中发生的实际成本计价。

（5）借款购建的固定资产，安装完毕交付使用前发生的借款利息也应计入固定资产价值。

（6）接受捐赠的固定资产，按市场同类固定资产的价格计价。接受捐赠固定资产时发生的各项费用，应计入固定资产价值。

（7）无偿调拨或由于医院撤并转入的固定资产，按原单位账面原值计价。

（8）盘盈的固定资产，按重置完全价值计价。

（三）固定资产计价的管理

医院已入账的固定资产，除发生下列情况外，不得任意变动其入账价值：

（1）根据国家规定对固定资产重新估价。

（2）增加补充设备或改良装置。

（3）将固定资产一部分拆除。

（4）根据实际价值调整原来的暂估价值。

（5）发现原固定资产价值有错误。

五、医院固定资产的确认条件

根据固定资产的概念，在一项资产符合固定资产的上述条件的情况下，会计上是否可以将其计入固定资产，这便是固定资产的确认条件所要解决的问题。固定资产在符合其概念的前提下，还必须同时符合两个条件才能确认为固定资产。

（一）与该固定资产有关的经济利益很可能流入医院

资产的基本特征是可以为医院带来经济利益。固定资产也必须是可以为医院带来经济利益的经济资源。对此的判断主要取决于与该项资产所有权相关的风险与报酬是否转移到医院。如医院以融资租入的方式租入的资产，从法律意义上，该项资产的所有权不归属于医院，但从经济实质上看，与该项固定资产所有权相关的风险与报酬已转移给了租入资产的医院，该项资产应确认为医院的固定资产。同样，一项报废的固定资产，尽管所属权归医院，但是已不能为医院带来经济利益了，不能作为医院的固定资产。

（二）该项固定资产的成本可以可靠计量

成本或价值能够可靠计量是资产确认的一项基本条件，可靠计量要求要有可验证的依据。如购置固定资产的发票账单是记录固定资产取得成本的可靠依据。但是，有些固定资产事项，使得对固定资产的成本或价值需要进行估计。如医院通过基建工程完工获得的固定资产，在完工交付使用时，其竣工决算尚未完成。此时，固定资产投入使用时需要先暂估入账，待后期竣工决算资料提供了资产的实际造价时，再调整记录其实际成本。

第二节　医院固定资产的核算与清查

一、医院固定资产初始计量

（一）固定资产的取得成本

1. 医院固定资产的计价基础

（1）按历史成本计价

根据历史成本计量原则，固定资产应按取得的实际成本计价，即固定资产的原始价值。固定资产的取得成本是使固定资产达到可供使用状态前所发生的全部支出。

固定资产的历史成本具有客观性、可验证性的特点，是固定资产初始计量的入账价值，也是使用中的固定资产计提折旧的依据。

（2）按净值计价

固定资产的净值是固定资产的原始价值减去累计折旧后的余额，也成为折余价值。固定资产的净值反映固定资产的新旧程度。

2. 固定资产取得成本的组成

按现行制度，固定资产的取得按历史成本计量。由于固定资产的取得方式不同，其取得成本的构成也不同。

①外购固定资产的取得成本。按照实际支付的购买价款、相关税费、使固定资产达到预定可使用状态前所发生的可归属于该项资产的运输费、装卸费、安装费和专业人员服务费等相关支出作为成本。

以一笔款项购入多项没有单独标价的固定资产，按照同类或类似资产价格的比例对购置成本进行分配，分别确定各项固定资产的成本。

②自行建造完工的固定资产。其成本包括该项资产达到预定可使用状态前所发生的全部必要支出。主要包括：建造消耗工程物资成本、人工成本、缴纳相关税费、应予资本化的借款费用以及应分摊的间接费用等。已经完工交付使用但尚未办理竣工决算手续的固定资产，应先按估计价值入账，待确定实际成本后再进行调整。

③改建、扩建完工的固定资产。在原有固定资产基础上进行改建、扩建后的固定资产，其成本按照原固定资产账面价值（原价减去累计折旧后的价值）加上改建、扩建发生的支出，减去改建、扩建过程中的变价收入，再扣除固定资产拆除部分的原价后的净额确定。

④融资租入的固定资产，按照租赁协议或者合同确定的价款、运输费、运输保险费、安装调试费等作为成本。

⑤无偿取得（如无偿调入或接受捐赠）的固定资产，其成本比照同类资产的市场价格或有关凭据注明的金额加上相关税费确定。

除此之外，医院还可能发生投资者投入、盘盈、非货币性资产交换等方式获得固定资产。

（二）固定资产取得的核算

1. 账户设置

（1）"固定资产"账户。

此账户为资产类账户，核算医院固定资产的原价情况。借方反映固定资产的增加；贷方反映固定资产的减少；期末借方余额反映医院期末固定资产的账面原价。

医院应当设置"固定资产登记簿"和"固定资产卡片"，按固定资产类别、使用部门和每项固定资产设置明细账，进行明细核算。出租、出借或作为担保的固定资产，应设置辅助簿进行登记。经营租入的固定资产，应当另设辅助簿进行登记，不在本科目核算。

医院应设置专门管理机构或专人，使用单位应指定人员对固定资产实施管理，建立健全三账一卡制度，即：财务部门负责总账和一级明细分类账，固定资产管理部门负责二级明细分类账，使用部门负责建卡（台账），加强固定资产的管理。

（2）"累计折旧"账户。

此账户为资产类账户，核算医院固定资产计提的累计折旧。贷方反映折旧的计提数；借方反映因固定资产减少而转销的折旧数；期末贷方余额反映固定资产累计计提的折旧数。累计折旧科目是固定资产的备抵账户，期末，固定资产科目的借方余额减去累计折旧科目账户的贷方余额，反映固定资产尚存的价值，即折余价值或净值。本科目应当按照所对应固定资产的类别及项目设置明细账，进行明细核算。

（3）"在建工程"账户。

该账户为资产类账户，核算医院以非基建项目资金进行建筑工程、设备安装等发生的实际支出。借方记录各项在建工程项目发生的实际支出；贷方反映完工交付使用工程实际成本的结转；期末借方余额，反映医院尚未完工的以非基建资金进行的在建工程发生的实际支出。医院取得的不需安装固定资产，通过"固定资产"科目核算，不在本科目核算。

本科目应当设置"建筑工程""设备安装"等一级明细科目，并按照具体工程项目和安装设备设置二级明细科目，进行明细核算。"建筑工程"明细科目核算医院为建造、改建、扩建固定资产而进行的建筑工程所发生的实际支出。"设备安装"明细科目核算医院购置的待安装设备的成本以及进行设备安装所发生的实际支出。

2. 外购固定资产

医院购入的固定资产分为不需要安装与需要安装两类，不需要安装的固定资产购入成本包括实际支付的购买价款、相关税费、使固定资产达到预定可使用状态前所发生的可归属于该项资产的运输费、装卸费和专业人员服务费等相关支出作为成本。需要安装的固定资产还包括安装费。

（1）外购不需要安装固定资产。

购入不需要安装的固定资产，借记"固定资产"科目，贷记"财政补助收入""零余额账户用款额度""银行存款""应付账款"等科目。

【例 19-1】医院本月购入不需要安装的病房护理设备，价值 30000 元，支付运杂费 800 元，包装费 300 元，款项通过银行已支付，设备已运达。

固定资产的取得成本=30000+800+300=31100（元）

编制会计分录：

借：固定资产　　　　　　　　　　　　　　　　　　　　　　　　　　31100

　　贷：银行存款　　　　　　　　　　　　　　　　　　　　　　　　31100

（2）外购需要安装固定资产。

购入需要安装的固定资产，借记"在建工程——设备安装"科目，贷记"财政补助收入""零余额账户用款额度""银行存款""应付账款"等科目。发生安装费用，借记"在建工程——设备安装"科目，贷记"银行存款"等科目。安装完毕达到预定可使用状态时，借记"固定资产"科目，贷记"在建工程——设备安装"科目。

【例 19-2】2020 年 3 月 31 日医院购入需要安装医用 X 线设备 1 台，支付价款 1200000

元，包装及运输费 2000 元。设备运达后委托设备提供方安装，5 月 10 日安装完毕交付使用，安装费 30000 元尚未支付。

3 月 31 日收到设备，支付款项时，编制会计分录：

借：在建工程——设备安装　　　　　　　　　　　　　　　　　　　1202000

　　贷：银行存款　　　　　　　　　　　　　　　　　　　　　　　　1202000

5 月 10 日安装完毕结算安装成本时，编制会计分录：

借：在建工程——设备安装　　　　　　　　　　　　　　　　　　　　30000

　　贷：应付账款——应付工程款　　　　　　　　　　　　　　　　　　30000

5 月 10 日固定资产交付使用时，编制会计分录：

借：固定资产　　　　　　　　　　　　　　　　　　　　　　　　　1232000

　　贷：在建工程——设备安装　　　　　　　　　　　　　　　　　　1232000

之后，支付工程款时，借记"应付账款"科目，贷记"银行存款"科目。

（3）以一笔款项购入多项没有单独标价的固定资产。

医院以一笔款项购入多项没有单独标价的固定资产，按照同类或类似资产价格的比例对购置成本进行分配，分别确定各项固定资产的成本。

【例 19-3】2021 年 7 月，医院自某医疗设备公司支付总价为 200 万元，一揽子购入三项设备：A、B、C。发生运输费、包装费 2000 元。设备已运达医院，准备安装。

根据市场资料提供，A、B、C 三种设备的市场价值分别为：80 万、20 万、60 万元，对三种设备的购置成本进行分配。

购置总成本=2000000+2000=2002000（元）

设备 A 分配率=800000÷（800000+200000+600000）=50%

设备 B 分配率=200000÷（800000+200000+600000）=12.5%

设备 C 分配率=600000÷（800000+200000+600000）=37.5%

设备 A 分配额=2002000×50%=1001000（元）

设备 B 分配额=2002000×12.5%=250250（元）

设备 C 分配额=2002000×37.5%=750750（元）

编制会计分录：

借：在建工程——设备安装（A）　　　　　　　　　　　　　　　　1001000

　　在建工程——设备安装（B）　　　　　　　　　　　　　　　　　250250

　　在建工程——设备安装（C）　　　　　　　　　　　　　　　　　750750

　　贷：银行存款　　　　　　　　　　　　　　　　　　　　　　　2002000

3. 自行建造固定资产

医院自行建造固定资产包括自营与出包两种方式。自营方式下，医院自行组织工程物资的采购、自行组织施工人员从事工程施工。出包方式指医院通过招标方式将工程项目发包给建造承包商，有承包商（施工方）组织工程项目施工。医院大多采用出包方式，以下也主要介绍出包方式下的核算。

（1）建造工程实际成本的构成。

前述，自行建造固定资产实际成本包括该项资产达到预定可使用状态前所发生的全部必要支出。主要包括：建造消耗工程物资成本、人工成本、缴纳相关税费、应予资本化的借款费用以及应分摊的间接费用等。具体实践时应注意以下问题：

①实际成本形成的两类渠道。在出包方式下由两部分组成：与施工单位结算的工程价款，包括工程材料费、人工费、机械使用费、应分摊的间接费等；医院直接支付结算的部分，如建设期间的借款利息，应负担的管理费、税费等。施工单位的工程价款是工程成本的主要部分，医院应按进度或合同规定与施工单位结算工程款。

②计入工程的直接成本与间接成本。若一个建设项目由若干单项工程构成，在建设期间发生的，不能直接计入某项固定资产价值、而应由所建造固定资产共同负担的相关费用，需要在各项工程中分摊。待摊的支出主要包括：建造工程发生的管理费、可行性研究费、临时设施费、公证费、监理费、应负担的税金、符合资本化条件的借款费用、建设期间发生的工程物资盘亏、报废及毁损净损失，以及负荷联合试车费等。

③在建工程建设期的借款利息计入工程成本。医院专门为在建工程取得的借款所发生的利息支出要区分筹建期、建设期、完工期，只有属于建设期间发生的，计入在建工程成本。筹建期与完工后的借款利息应当费用化，计入各期的财务费用。

④土地使用权确认为无形资产。医院为建造固定资产以交纳土地出让金方式获得的土地使用权，不计入建造固定资产的成本，而确认为无形资产（土地使用权）。

（2）工程完工交付使用的成本结转。

对于交付使用并办理竣工决算手续的固定资产，按工程的实际成本结转；对于已达到预定可使用状态（已交付使用）但尚未办理竣工决算手续的固定资产，应先按估计价值计入固定资产，待确定实际成本后再进行调整。

（3）核算程序与方法。

医院自行建造的固定资产，建造过程中所发生的实际支出，均通过"在建工程"科目汇集。根据工程价款结算账单与施工企业结算工程价款时，按医院应承付的工程价款，借记"在建工程——建筑工程"科目，按预付工程款余额，贷记"预付账款——预付工程款"科目，按其差额，贷记"应付账款——应付工程款""银行存款"等科目。属于建设期间发生的在建工程借款的利息，借记"在建工程——建筑工程"科目，贷记"长期借款"科目。

工程达到预定可使用状态并交付使用时，将"在建工程"科目反映的自行建造过程中发生的全部实际支出，借记"固定资产"科目，贷记"在建工程——建筑工程"科目。

【例19-4】医院经批准，以出包的方式，委托A企业承建药库一座。2020年1月1日，医院与A公司签订合同。根据双方签订的合同，建造药库的价款为5000000元，建造期间发生的有关事项如下（假定不考虑相关税费）：

①2020年1月2日，医院按合同约定向A公司预付10%备料款500000元。

②2020年8月2日，工程进度达到50%，医院与A公司结算50%的工程价款2500000元。医院抵扣了预付备料款后，将余款用银行存款付讫。

③2020年12月31日，医院支付工程建设期的借款利息200000元。

④2021年3月31日，工程主体已完工，医院与A公司结算50%的工程价款2500000元，医院向A公司开具了一张期限3个月的商业票据。

⑤2021年6月30日，经验收，各项指标达到设计要求，交付使用，医院获取了竣工决算的相关资料，同时，医院结算应付借款利息100000元。

医院的账务处理如下：

①2020年1月2日预付备料款时：

借：预付账款——预付工程款 500000
  贷：银行存款 500000

②2020年8月2日结算工程款时：

借：在建工程——建筑工程 2500000
  贷：银行存款 2000000
    预付账款——预付工程款 500000

③2020年12月31日，医院支付借款利息时：

借：在建工程——建筑工程 200000
  贷：银行存款 200000

④2021年3月31日，医院开出票据结算工程款时：

借：在建工程——建筑工程 2500000
  贷：应付票据 2500000

⑤2021 年 6 月 30 日，结算应付利息时：

借：在建工程——建筑工程   100000

   贷：应付账款——应付利息   100000

药库交付使用时：

药库实际成本=500000+2000000+2500000+200000+100000=5300000（元）

借：固定资产   5300000

   贷：在建工程——建筑工程   5300000

4. 改扩建固定资产

医院原来拥有的固定资产不能满足现时的需要，往往会采取改建或扩建的方式，以获取具有新的功能的固定资产。

（1）核算的主要内容与要求。

①被改建的固定资产的账面价值转出。

被改建固定资产在改建期间是停止使用的，为正确反映其状态，应自"固定资产"账户转入"在建工程"账户。同时，改建中的固定资产因停止使用而不提折旧，转出的结果，为以固定资产账面价值计提折旧提供了基础。

②改扩建过程实际成本的汇集。

前述，在原有固定资产基础上进行改建、扩建后的固定资产，其成本按照原固定资产账面价值（原价减去累计折旧后的价值）加上改建、扩建发生的支出，减去改建、扩建过程中的变价收入，再扣除固定资产拆除部分的原价后的净额确定。变价收入指在改建中残料的回收或出售所得等。对拆除部分在有条件提供已提折旧时，应考虑对拆除部分已提折旧的扣除。上述内容均应反映在"在建工程"账户，见表 19-3。

表 19-3   "在建工程"账户的记录内容

借方记录	贷方记录
1. 被改建固定资产的账面价值 2. 改扩建中的实际支出 3. 拆除部分的账面价值	1. 改扩建中的变价收入 2. 改扩建完工后成本的结转

③改扩建完工的实际成本结转。

与自行建造完工结转相同，改扩建完工交付使用时也需按实际成本自"在建工程"科目转入"固定资产"科目。

（2）账务处理程序。

将固定资产转入改、扩建时，应按固定资产的账面价值，借记"在建工程——建筑工程"科目，按已计提的折旧，借记"累计折旧"科目，按固定资产的原价，贷记本科目。在改、扩建过程中发生的支出，按其实际支付的金额，借记"在建工程——建筑工程"科目，贷记"银行存款"等科目。在改、扩建过程中收到的变价收入，按收到的金额，借记"银行存款"等科目，贷记"在建工程——建筑工程"科目。改、扩建完成达到预定可使用状态时，借记本科目，贷记"在建工程——建筑工程"科目。

【例 19-5】医院对药库进行改扩建，原有药库（不含拆除部分）账面原价 200000 元，已提折旧 120000 元。自行组织拆除部分的账面价值 50000 元，已提折旧 40000 元，拆除中的人工费 1000 元，部分材料的出售收入为 800 元。

改建工程通过招标由 B 公司承建。改建合同规定改建工期 6 个月，改建工程款为 100000 元，于竣工时一次支付。工程 2020 年 2 月 2 日开工，8 月 2 日按计划顺利完成，交付使用。医院的账务处理如下：

①药库交改建时：

借：在建工程——建筑工程	80000
累计折旧	120000
贷：固定资产	200000

②自行拆除出售残料获得收入时：

借：库存现金	800
贷：在建工程——建筑工程	800

③自行拆除支付人工费，结转拆除部分价值时：

借：在建工程——建筑工程	11000
累计折旧	40000
贷：固定资产	50000
库存现金	1000

④工程竣工支付工程款时：

借：在建工程——建筑工程	100000
贷：银行存款	100000

⑤交付使用结转成本时：

改扩建后固定资产成本=80000−800+11000+100000=190200（元）

借：固定资产	190200

贷：在建工程——建筑工程	190200

5. 融资租入固定资产

医院根据医疗业务的需要，可以采用租赁的方式租入所需的设备等固定资产。租赁包括融资租赁与临时租赁（经营租赁）两种。融资租赁是指实质上转移了与资产所有权有关的全部风险和报酬的租赁。这里的"风险"包括由于生产能力闲置或技术水平低而可能造成的损失，以及由于经济状况的改变可能造成的回报变动；这里的"报酬"包括资产经济寿命期间对营利活动的期望，以及因资产增值或残值变现可能产生的利得。经营租赁是指除融资租赁以外的其他租赁。通常情况下，在经营租赁中，租赁资产的所有权不转移，租赁期届满后，承租人有退租或续租的选择权，而不存在优惠购买选择权。

（1）核算的内容与要求。

①遵循实质重于形式原则，融资租入固定资产在租赁期内，确认为租入方的固定资产。

从法律意义上看，租入固定资产的所有权不归属于租入方。但从经济意义上分析，与资产所有权有关的全部风险和报酬均转移给了租入方。因此，确认为租入方的固定资产，单独分类反映。

②融资租入固定资产按成本入账。

医院融资租入固定资产的实际成本包括：按照租赁协议或者合同确定的价款、运输费、途中保险费、安装调试费等确定。这里的价款实际上是以租金的形式分期支付的。

（2）账务处理程序与方法。

按照确定的成本，借记"固定资产——融资租入"科目，按租赁协议或合同确定的租赁价款，贷记"长期应付款"科目，按照实际支付的运输费、保险费、安装调试费等相关费用，贷记"银行存款"等科目。

【例 19-6】医院以融资租赁方式租入激光仪器设备一台。租赁协议表明：租赁期为 2006 年 1 月 1 日至 2021 年 1 月 1 日，共 5 年。租金按年等额于年初支付，租金总额为 1200000 元。租赁设备发生运费 2000 元已通过银行支付，调试费 1000 元尚未支付。

2006 年 1 月 1 日相关的会计分录如下：

收到设备，确认租赁租金、运费、调试费时：

借：固定资产——融资租入	1203000
贷：长期应付款	1200000
银行存款	2000
应付账款	1000

支付首期租金时：

借：长期应付款　　　　　　　　　　　　　　　　　　　　　240000

　　贷：银行存款　　　　　　　　　　　　　　　　　　　　240000

6. 无偿调入与接受捐赠固定资产

无偿调入、接受捐赠的固定资产，其成本比照同类资产的市场价格或有关凭据注明的金额加上相关税费确定。若是不需安装的固定资产，按确定的成本，借记"固定资产"科目，若是需安装的固定资产，按确定的成本，借记"在建工程——设备安装"科目，按发生的相关税费，贷记"银行存款"科目，按其差额，贷记"其他收入"科目。

二、固定资产的后续计量

固定资产的后续计量主要包括固定资产折旧的计提，以及后续支出的计量。现行的医院会计制度对固定资产不要求计提减值损失。因此，本部分仅介绍折旧及后续支出的核算。

（一）固定资产折旧

固定资产可以长期参与医院的医疗活动而保持其原有的实物形态，但其价值随着使用而逐渐转移到成本费用中。折旧是指在固定资产的使用寿命内，按照确定方法对应计折旧额进行的系统分摊。

1. 固定资产影响折旧的因素

（1）固定资产原价。这是指固定资产的取得成本。

（2）预计净残值。固定资产预计使用期限已满并处于使用寿命终了时的预期状态，从该项固定资产处置中获得的扣除预计处置费用后的金额。医院目前折旧的计提不考虑预计净残值。

（3）使用寿命。医院使用固定资产的预期期间。确定固定资产的使用寿命主要考虑固定资产的有形损耗、无形损耗，以及法律或类似法规的限制。

2. 固定资产折旧的范围

（1）医院一般应当按月提取折旧，当月增加的固定资产，当月不提折旧，从下月起计提折旧；当月减少的固定资产，当月照提折旧，从下月起不提折旧。

（2）固定资产提足折旧后，无论能否继续使用，均不再提取折旧；提前报废的固定资产，也不再补提折旧。所谓提足折旧，是指已经提足该项固定资产应当提取的折旧总额，其中应当提取的折旧总额为固定资产原价。

（3）已达到预定可使用状态但尚未办理竣工决算的固定资产，应当按照估计价值确定其成本，并计提折旧；待办理竣工决算后再按实际成本调整原来的暂估价值，但不需要调整原已计提的折旧额。

（4）计提融资租入固定资产折旧时，应当采用与自有应提折旧固定资产相一致的折旧政策。能够合理确定租赁期届满时将会取得租入固定资产所有权的，应当在租入固定资产尚可使用年限内计提折旧；无法合理确定租赁期届满时能够取得租入固定资产所有权的，应当在租赁期与租入固定资产尚可使用年限两者中较短的期间内计提折旧。

3. 固定资产折旧方法

医院应当按照固定资产所包含的经济利益或服务潜力的预期实现方式选择折旧方法，可选用的折旧方法包括年限平均法、工作量法、双倍余额递减法和年数总和法。计提折旧的具体办法由各省（自治区、直辖市）主管部门会同财政部门规定或审批。折旧方法一经确定，不得随意变更。

（1）年限平均法。

年限平均法又称直线法，是指将固定资产的应计折旧额均衡地分摊到固定资产预计使用寿命内的一种方法。采用这种方法计算的每期折旧额均相等。计算公式如下：

年折旧率=1÷预计使用寿命（年）×100% （公式 19-1）

月折旧率=年折旧率÷12 （公式 19-2）

月折旧额=固定资产原价×月折旧率 （公式 19-3）

【例 19-7】医院一项光学仪器及窥镜原价为 1200000 元，预计使用年限 6 年，折旧率与折旧额的计算如下：

年折旧率=1÷6×100%=16.67%

月折旧率=16.67%÷12=1.39%

月折旧额=1200000×1.39%=16680（元）

（2）工作量法。

工作量法是根据实际工作量计算每期应提折旧额的一种方法。计算公式如下：

单位工作量折旧额=固定资产原价÷预计总工作量 （公式 19-4）

某项固定资产月折旧额=该项固定资产当月工作量×单位工作量折旧额

（公式 19-5）

【例 19-8】医院拥有的救护车原价 300000 元，预计使用年限 10 年，可行驶里程 30 万公里，本月行驶里程 4000 公里，折旧的计算如下：

单位里程折旧额=300000÷300000=1（元/公里）

本月折旧额=4000×1=4000（元）

（3）双倍余额递减法。

双倍余额递减法是指根据每期期初固定资产原价减去累计折旧后的金额和双倍的直线法折旧率计算固定资产折旧的一种方法。计算公式如下：

年折旧率=2÷预计使用寿命（年）×100%　　　　　　　　　　　　（公式 19-6）

月折旧率=年折旧率÷12　　　　　　　　　　　　　　　　　　　（公式 19-7）

月折旧额=（固定资产原价－累计折旧）×月折旧率　　　　　　　（公式 19-8）

【例 19-9】医院的一项中医仪器设备，原价 1000000 元，预计使用期限 5 年，采用双倍余额递减法计提折旧，各年的折旧额计算见表 19-4。

表 19-4　折旧计算表

年 次	计提折旧的基数	折旧率	折旧额
1	1000000	2/5	400000
2	600000	2/5	240000
3	360000	2/5	144000
4	216000		108000
5	108000		108000
合 计			1000000

（4）年数总和法。

年数总和法又称年限合计法，是指以固定资产的原价为基数，乘以一个以固定资产尚可使用寿命为分子、以预计使用寿命逐年数字之和为分母的逐年递减的分数计算每年的折旧额。计算公式如下：

年折旧率=尚可使用年限÷预计使用寿命的年数总和×100%　　　　（公式 19-9）

月折旧率=年折旧率÷12　　　　　　　　　　　　　　　　　　（公式 19-10）

月折旧额=固定资产原价×月折旧率　　　　　　　　　　　　　（公式 19-11）

【例 19-10】医院的一项人工心肺机原价 300000 元，预计使用年限 5 年，年数总和法下各年折旧额计算见表 19-5。

表 19-5　折旧计算表

年 次	折旧计提基数	折旧率	折旧额
1	300000	5/15	100000
2	300000	4/15	80000
3	300000	3/15	60000

4	300000	2/15	40000
5	300000	1/15	20000
合　计			300000

年限平均法与工作量法均属于平速折旧的方法，具体表现为：年限平均法下单位使用期间的折旧额相等，工作量法下单位工作量的折旧额相等。

双倍余额递减法与年数总和法属于快速折旧方法，在固定资产的使用期限内，前期多提折旧、后期少提折旧，即各期折旧额呈递减的状态。双倍余额递减法下计提基数递减，折旧率固定，折旧额递减；年数总和法下计提基数不变，折旧率递减，折旧额递减。

4. 固定资产折旧的账务处理

按月提取固定资产折旧时，按照应提取的折旧金额，一方面反映累计折旧的形成，一方面根据固定资产的使用部门与具体用途，将当月的折旧额加入相应的资产成本或当期费用。

（1）固定资产折旧的分配去向。

①为加工药品及卫生材料所使用固定资产，计提的折旧应计入药品及卫生材料的成本。

②为提供医疗服务所使用固定资产，计提的折旧应计入医疗成本。

③专门用于科研、教学活动的固定资产，计提的折旧应计入科教支出。

④经营租出的固定资产，计提的折旧应计入其他业务支出。

⑤行政管理部门和后勤部门使用的固定资产，计提的折旧应计入管理费用。

（2）固定资产折旧计提的账务处理。

前述应设置"累计折旧"账户核算医院固定资产计提的累计折旧。贷方反映折旧的计提数；借方反映因固定资产减少而转销的折旧数；期末贷方余额反映固定资产累计计提的折旧数。

医院按月计提固定资产折旧时，为加工药品及卫生材料所使用固定资产，按应计提的金额，借记"生产成本"科目，贷记"累计折旧"科目；为提供医疗服务所使用固定资产，按应计提的金额，借记"医疗成本"科目，贷记"累计折旧"科目；专门用于科研、教学活动的固定资产，按应计提的金额，借记"科教支出"科目，贷记"累计折旧"科目；经营租出的固定资产，按应计提的折旧额，借记"其他业务支出"科目，贷记"累计折旧"科目；行政管理部门和后勤部门使用的固定资产，按应计提的金额，借记"管理费用"科目，贷记"累计折旧"科目。对于具有多种用途、混合使用的房屋等固定资产，其应提的折旧额应采用合理的方法分摊计入有关成本费用科目。

【例 19-11】月末固定资产折旧计算表反映各部门应分配的固定资产折旧额为：药品生产 13000 元，各医疗科室医疗服务 112000 元，教学用 20000 元，行政管理部门 8000元。折旧计提的会计分录如下：

借：库存物资——药品　　　　　　　　　　　　　　　　　　　　　13000

　　医疗业务成本　　　　　　　　　　　　　　　　　　　　　　　112000

　　科教项目支出　　　　　　　　　　　　　　　　　　　　　　　20000

　　管理费用　　　　　　　　　　　　　　　　　　　　　　　　　8000

　贷：累计折旧　　　　　　　　　　　　　　　　　　　　　　　　153000

（二）固定资产的后续支出

固定资产的后续支出是指固定资产使用过程中发生的更新改造支出、修理费用等。后续支出根据其与资产成本的关系分为：资本化与费用化两种。

1. 资本化后续支出

资本化后续支出指能够增加固定资产的使用效能或延长其使用寿命的，应当计入固定资产账面价值的后续支出，如固定资产的改建、扩建或大型修缮（符合大型修缮标准的固定资产维修支出增加固定资产原值，计提折旧）等。

医院原来拥有的固定资产不能满足现时的需要，往往会采取改建或扩建的方式，以获取具有新的功能的固定资产。其核算方法见本章第二节的相关内容。

2. 费用化后续支出

费用化后续支出指为了维护固定资产的正常使用而发生，不能增加固定资产的使用效能或延长其使用寿命的，不应当计入固定资产账面价值的后续支出。

在固定资产的使用中，为了保持其正常的工作状态，需要定期与不定期地对其进行修理。为了维护固定资产的正常使用而发生的修理费等，属于费用化的后续支出，应当计入当期费用。在发生时，根据固定资产的使用部门与用途，分别借记"医疗业务成本""科教项目支出""其他支出""管理费用""生产成本"等科目，贷记"银行存款"等科目。

【例 19-12】2021 年 8 月，某医院发生设备修理费 30000 元，其中医疗部分设备修理费为 20000 元，行政管理部分设备修理费为 10000 元。修理费已全部通过银行支付。

借：医疗业务支出　　　　　　　　　　　　　　　　　　　　　　　20000

　　管理费用　　　　　　　　　　　　　　　　　　　　　　　　　10000

　贷：银行存款　　　　　　　　　　　　　　　　　　　　　　　　30000

三、固定资产的处置与清查

（一）固定资产的处置

1. 处置的主要内容

医院拥有固定资产发生的处置事项包括：出售转让、对外投资、无偿调出、对外捐赠、报废或毁损等。处于处置状态的固定资产需要进行终止确认。

2. 对处置的终止确认

符合下列条件之一的，应予以终止确认：

（1）该固定资产处于处置状态。

处于处置状态的固定资产不再用于生产药品材料、医疗服务、科教服务、出租或经营管理，因此不再符合固定资产的定义，应予终止确认。

（2）该固定资产预期通过使用或处置不能产生经济利益。

固定资产的确认条件之一是"与该固定资产有关的经济利益很可能流入医院"，如果一项固定资产预期通过使用或处置不能产生经济利益，就不再符合固定资产的定义和确认条件，应予终止确认。

3. 出售转让、报废毁损的账务处理

（1）"固定资产清理"账户。

"固定资产清理"账户，属于资产类账户，核算医院因出售、报废、毁损等原因转入清理的固定资产价值及其清理过程中所发生的清理费用和清理收入等。借方记录被清理固定资产账面价值（净值）、清理过程中应支付的相关税费及其他费用；贷方记录出售、转让固定资产的价款，报废、毁损固定资产的残料价值和变价收入，清理损失的处理等。期末借方余额，反映尚未清理完毕的固定资产的价值以及清理净收入（清理收入减去清理费用）。清理结转后，该科目无余额。

基于固定资产清理发生的处置资产价值与处置净收入的处理方法不同，因此，"固定资产清理"科目应当按照"处置资产价值""处置净收入"以及被清理的固定资产项目设置明细科目，进行明细核算。

（2）核算的内容与方法。

①固定资产转入清理。出售、报废、毁损固定资产转入清理时，按照固定资产的账面价值，借记"固定资产清理"科目（处置资产价值），按照已提取的折旧，借记"累计折旧"科目，按照固定资产账面余额，贷记"固定资产"科目。

②发生清理费用处理。清理过程中发生的费用和相关税金，按照实际发生额，借记

"固定资产清理"科目（处置净收入），贷记"应交税费""银行存款"等科目。

③出售收入和残料等的处理。固定资产出售、报废、毁损所收回的价款、残料价值和变价收入等，借记"银行存款"等科目，贷记"固定资产清理"科目（处置净收入）。

④保险赔偿的处理。应当由保险公司或过失人赔偿的损失，借记"库存现金""银行存款""其他应收款"等科目，贷记"固定资产清理"科目（处置净收入）。

⑤处置结果的处理。分别固定资产处置资产价值、处置净收入予以不同的处理。其中的处置净收入应上交国库或上级财政部门；处置资产价值确认为其他费用。因此，出售、报废、毁损固定资产清理后，借记"固定资产清理"科目（处置净收入），贷记"应缴款项"等科目；同时，借记"其他费用"科目，贷记"固定资产清理"科目（处置资产价值）。

（3）账务处理。

【例 19-13】医院出售一项不需用的医用高频仪器设备，账面原价 250000 元，已提折旧 180000 元，发生清理费用 2000 元以现金支付，出售价款 80000 元已收存银行，与该项资产出售有关的账务处理如下：

固定资产转入清理时：

借：固定资产清理——处置资产价值　　　　　　　　　　　　　70000
　　　累计折旧　　　　　　　　　　　　　　　　　　　　　180000
　　贷：固定资产　　　　　　　　　　　　　　　　　　　　250000

发生清理费用时：

借：固定资产清理——处置净收入　　　　　　　　　　　　　　2000
　　贷：库存现金　　　　　　　　　　　　　　　　　　　　　2000

收到出售价款时：

借：银行存款　　　　　　　　　　　　　　　　　　　　　　80000
　　贷：固定资产清理——处置净收入　　　　　　　　　　　80000

处理清理结果时：

借：固定资产清理——处置净收入（80000－2000）　　　　　78000
　　贷：应缴款项　　　　　　　　　　　　　　　　　　　　78000
借：其他费用　　　　　　　　　　　　　　　　　　　　　　70000
　　贷：固定资产清理——处置资产价值　　　　　　　　　　70000

4. 其他处置的账务处理

（1）对外投资。

以固定资产对外投资，应按协议或评估价加上应支付的相关税费，借记"长期股权投资"科目，按应支付的相关税费，贷记"银行存款""应交税费"等科目，按照投出固定资产已提的折旧，借记"累计折旧"科目，按投出固定资产的账面原价，贷记"固定资产"科目，按其差额，贷记"其他收入"科目或借记"其他费用"科目。

（2）无偿调出、对外捐赠。

无偿调出、对外捐赠固定资产的净值，确认为其他费用。按照发出固定资产已提的折旧，借记"累计折旧"科目，按发出固定资产的账面原价，贷记"固定资产"科目，按其差额，借记"其他费用"科目。

（二）固定资产的清查

医院应当对固定资产定期进行实地盘点，每年至少盘点一次。对盘盈、盘亏的固定资产，应当及时查明原因，并根据规定的管理权限，报经批准后及时进行处理。盘盈的固定资产，应当按照同类或类似资产市场价格确定的价值入账，并确认为当期收入；盘亏的固定资产，应先扣除可以收回的保险赔偿和过失人的赔偿等，将净损失确认为当期费用。

设置"待处理财产损溢"科目反映固定资产清理的过程与结果。

盘盈的固定资产，按照同类或类似资产市场价格确定的价值，借记"固定资产"科目，贷记"待处理财产损溢——待处理非流动资产损溢"科目。报经批准处理时，借记"待处理财产损溢——待处理非流动资产损溢"科目，贷记"其他收入"科目。

盘亏的固定资产，按照固定资产账面价值，借记"待处理财产损溢——待处理非流动资产损溢"，按已计提的折旧，借记"累计折旧"科目，按固定资产原价，贷记"固定资产"科目。报经批准处理时，按照固定资产账面价值扣除可以收回的保险赔偿和过失人的赔偿等后的金额，借记"其他费用"科目，按照可以收回的保险赔偿和过失人赔偿等，借记"库存现金""银行存款""其他应收款"等科目，按照固定资产的账面价值，贷记"待处理财产损溢——待处理非流动资产损溢"科目。

【例 19-14】医院年终对固定资产实施清查发现盘亏一台显微镜，账面价值为 8000 元，已提折旧 3000 元，原因待查。次年查明经批准由过失人赔偿 1000 元，剩余部分记入其他费用。

根据清查结果的会计分录：

借：待处理财产损溢——待处理非流动资产损溢   5000

　　累计折旧　　　　　　　　　　　　　　　　　　　　　　　　3000

　　　贷：固定资产　　　　　　　　　　　　　　　　　　　　　8000

根据批准意见的会计分录：

借：其他应收款　　　　　　　　　　　　　　　　　　　　　　1000

　　其他费用　　　　　　　　　　　　　　　　　　　　　　　4000

　　贷：待处理财产损溢——待处理非流动资产损溢　　　　　　5000

第三节　医院固定资产管理问题与对策

一、目前医院固定资产管理存在的问题

（一）固定资产管理制度不健全、管理方式落后、相关人员责任不明

医院固定资产管理较混乱，没有统一部门，绝大多数医院实行多头管理，财务部门管总账、管总金额，总务后勤部门管房屋和家具等，医学工程部（设备科）管医疗设备，各部门无明细账或者明细账不健全。各领用科室无专人管理固定资产，对设备领用、使用情况、科室之间转移、维修等无详细记录。设备使用部门虽然建立固定资产卡片，但由于科室无专人负责，卡片丢失现象时有发生，给科室固定资产清理和核查带来极大的麻烦。固定资产盘点制度不健全或执行力度不够，经常几年不盘点，即使盘点也只是对数量进行清点，而对设备、仪器等的使用效率、闲置情况等无明确报告及分析，已报废的固定资产也没有及时核销，造成固定资产账实不符；各管理部门有时不能及时对账，造成固定资产账账不符。

（二）医疗设备盲目投资、重复投资，缺乏可行性论证及效益分析

由于财政拨款不足，医院的药品加成率又重新加以控制，西药和中成药控制在15%，草药控制在25%。这样，医院药品的盈利减少，医院的收支不平衡导致医院行为扭曲，以仪器检查收入来弥补支出的缺口成为医院生存的主要渠道。各医院竞相购买新设备、进口设备、高精尖设备，有些单位对重大项目的投资缺乏可行性论证及效益分析，凭着主观臆想和应急要求盲目决策，结果导致购进的设备使用效率低下，甚至购买来以后闲置不用，造成资金的极大浪费，给医院带来了投资风险。

（三）固定资产入账价值及核算方法不完善，账面价值失真

1. 医院固定资产的入账价值不完整

一是利用货币资金外购固定资产的入账价值，往往只是按照发票金额入账。为购置固定资产而发生的运输费、装卸费、安装调试费等，包括购买汽车而支付的车辆购置附加费常常都未计入固定资产价值。大多数医院固定资产改扩建、大修理费经常是报支核算，除非达到基本建设规模，才增加固定资产，一般情况下发生的支出数额尽管比较大，往往也只是在修缮费中列支，不计入固定资产，没有增加固定资产的价值，因此，很难真实反映固定资产的价值和现状。二是利用贷款购置或建造的固定资产入账时的价值却不包括支付的贷款利息。近几年，医院规模扩张很快，有些医院向银行贷款购置大型仪器设备，建设新院区等。这些利用贷款购置或建造的固定资产入账时账面价值往往不包括支付的贷款利息，利息支出不进行项目具体化，在支付时直接列作当期支出，从而影响固定资产的入账价值，导致这些设备、基建项目的入账价值不够准确、完整，固定资产的账面价值与实际价值背离。

2. 固定资产核算方法陈旧

按医院原有会计制度规定，固定资产按历史成本原则计价，不计提折旧，而是按固定资产账面价值的一定比例计提"专用基金——修购基金"。医院的"固定资产"和"固定基金"科目反映的是现有固定资产的原始价值，计提"专用基金——修购基金"则反映在净资产中，它不是固定资产的备抵科目，不反映固定资产的净值（即折余价值），以致医院的资产负债表不能真实反映医院的财务状况，形成医院固定资产账面原值越来越大，固定资产老化程度也越来越高，但账面上却得不到及时、客观反映。医院的医疗设备科技含量较高，更新淘汰快，但旧有医院的会计核算制度没有考虑资产的减值准备情况，这也是造成固定资产账面价值失真的一个方面。

另外，用于固定资产的更新和大型修购计提的修购基金，使得医院的净资产增加，这样必然造成重复计算，虚增净资产总量，使医院提供的资产信息失真，难以给医院管理者提供客观的固定资产评价依据。

（四）固定资产报废制度不够完善，固定资产处置存在诸多问题

固定资产处置是指对单位占有、使用的固定资产进行产权转让及注销产权的一种行为，表现形式有报损报废、无偿调拨、对外捐赠、出售、转让、置换等。

固定资产处置是各类固定资产完成其使命的最后阶段，也是固定资产最容易流失的关键环节。关于固定资产处置管理，国家财政部及各地财政及资产主管部门都相应颁布各种规章制度及管理办法。但在固定资产处理环节，仍有一些部门或个人不遵守国家法

律法规，擅自做主，随意进行调拨、变卖、转让、报废，处置收入不交或只部分交财务部门，截流为个人或部门"小金库"，造成国有资产流失。特殊固定资产维修更换设备、零部件，房屋建筑物改造所拆除旧设备、旧材料等，由于这些残值在固定资产账簿中没有实物记录，形成账外资产；一些临时机构撤并及突发性医疗事件完成后设备归属等诸多方面，形成固定资产管理薄弱环节，容易引发固定资产变卖转让，低价处置。另外，报废设备不及时处置，占用大量房屋空间，造成资源浪费，同时，报废设备经长期腐蚀，其残值也相应降低等。"医院会计制度"规定，医院的一般性固定资产，单位负责人批准后即可报废或予以转让核销。由于医院固定资产没有明确的使用年限，使得医院固定资产报废的随意性较大。如果单位负责人不负责，随意批准报废固定资产，就会造成财产的损失。而大型、精密贵重的设备、仪器的报废要经过有关部门的鉴定，报废手续过于繁杂。一些医院的许多固定资产早已不能使用，有的甚至丢失，但会计账面上仍保留其固定资产原值，其原因就是没有规定报废年限，请人鉴定工作繁杂，有的设备不知请哪个部门鉴定，所以干脆不报废，虚增了固定资产。由于这类设备没有了使用价值，时间一久造成了无人管理而丢失，造成了医院财产的浪费。

这些现象表明固定资产处置管理尚不够完善，固定资产处置工作脱离于管理机构约束之外，形成大量资产流失。

二、加强固定资产管理的对策

（一）增强管理意识、建立健全医院固定资产管理制度

制定和完善医院固定资产管理制度，是医院资产管理工作的当务之急。通过完善制度，使医院的固定资产管理有章可循、有法可依，杜绝管理中的漏洞，防止国有资产流失。同时，也可建立相应的奖惩机制，以加强设备管理部门和使用部门的监管意识。

1. 建立固定资产三级管理模式，明确责任，制度到人

第一级是固定资产的管理中心，是固定资产管理的最高层，人员可由院长、分管后勤副院长、财务负责人等组成。管理中心负责全院的固定资产管理，定期（每年至少一次）进行固定资产清查；第二级是职能管理部门，如国资科、设备科、总务科、基建科等部门，这一层负责承上启下，是固定资产管理的关键环节，任务重、责任大，应指派责任心强的负责人，要分科室、分部门设立数量金额式明细账，详细记录固定资产的购进、领用、报废毁损情况，并建立卡片，详细记录固定资产的领用、维修、报废等情况，职能科室定期与领用科室核对，达到账卡、账实相符；第三级是固定资产领用部门，应设专人保存固定资产卡片，资产的领用、维修等事项由专人签字负责，定期盘点和对账，

人员调动时及时移交。

2. 建立健全固定资产管理及内部控制制度，实现规范化管理

一要设立固定资产管理中心，负责起草、制定一系列固定资产管理规章制度，特别是要加强对制度执行情况的定期检查，使之真正落到实处。对固定资产管理要制定合理的购进、维修计划，做到购置有计划、维修有依据。要避免盲目投资和不必要的设施维修；加强对设备维修人员的培训和考核，做好设备的维修、保养工作。二要加强审计监督，完善内部控制制度。医院定期对本单位的财务收支、固定资产使用情况及经济效益进行审计，提高固定资产的营运收益；及时堵塞账外固定资产以及固定资产流失现象，切实解决固定资产账实不符、闲置浪费以及被非法侵占的问题。三是要对固定资产的购置实行公开招标、集中采购原则。任何部门不得私自购入大型设备及医疗仪器，购入的大型仪器设备必须严格执行请购、询价、公开招标这一程序。严把设备购入质量关，采购部门要和使用部门及管理部门从使用的实际出发做好市场分析及收益测算，及时了解市场行情及国内外先进技术，购入设备时严把质量关、价格关，保证设备的先进性、安全性、可靠性，杜绝盲目采购。四要加强固定资产指标考核，强化增值意识。将固定资产管理列入医院对使用科室和领导干部考核的内容，科室必须按制度将各项固定资产管理落实到人；由设备科负责考核设备使用情况及设备定期保养维修，对于闲置的仪器设备要加强在院内科室间的调配，提高固定资产利用率，减少重置和闲置。财务科将科室资产占用、维修、损毁等情况量化成数据，进行有效奖惩，并将结果进行定期公布。

（二）完善固定资产入账价值及核算方法

1. 完善固定资产的入账价值

一要完整确定外购固定资产的成本。外购固定资产的成本即入账价值，应包括购买价款、相关税费、使固定资产达到预定可使用状态前所发生的可归属于该项资产的场地整理费、运输费、装卸费、安装费和专业人员服务费等。二要将贷款利息计入利用贷款购置或建造的固定资产的成本。对于贷款建造的固定资产项目，能分清具体项目的，直接将项目的贷款利息计入该项目的成本；不能分清项目的，对贷款利息要合理分摊，计入成本。取得贷款时，借记"银行存款"科目，贷记"长期借款"科目；支付利息时，借记"在建工程"，贷记"银行存款"；对工程进行支出时，借记"在建工程"，贷记"银行存款"；资产竣工交付使用时，借记"固定资产"，贷记"在建工程"。这样一来，固定资产的入账价值就比较准确、完整。

2. 根据新医院会计制度，建立固定资产折旧制度

固定资产使用过程中的损耗价值得不到应有的补偿，固定资产的账面价值与实际价

值相背离，计提修购基金使医院虚增净资产，这几方面问题产生的根本原因就在于医院过去未实行固定资产折旧制度。因此，根据新医院会计制度的要求，对固定资产实施计提折旧，在累计折旧的科目下，得出固定资产净值，反映出固定资产的折余价值。对高新医疗仪器、设备可采用加速折旧法，以更好地适应现实中高新医疗仪器设备价值高、更新淘汰快的特点。在季末、年末对固定资产计提减值准备。

（三）完善固定资产报废制度，做好固定资产的处置工作

1. 设立单独的固定资产处置机构

固定资产处置工作涉及面广，包括处置设备的申请报告、处置方式、技术鉴定、单位审批、履行处置（拍卖、调拨、转让等）、设备销户、处置价值入账上缴、财务账务处理等一系列环节，需要有一个专门的机构负责组织实施。长期以来，不少单位固定资产处置交由财务部门负责，而财务部门基本职责是会计核算、会计监督与资金管理，不能承担起固定资产处置工作的角色。固定资产处置工作需要投入大量人力、物力，必须设立专门机构，负责协调设备使用部门、设备管理部门、财务部门及相关监察、审计等部门，按照上级财政部门关于处置固定资产的管理制度和程序逐项落实完成。

2. 正确区分，把握处置固定资产形式

使用期满正常报废固定资产，应由固定资产使用部门提出报废申请。固定资产管理部门审核上报批准后，实施报废；使用期未满，非正常报废固定资产，应由使用部门提出报废申请，估算清理费用和可回收残值，预计出售价值，经固定资产管理部门技术鉴定，按规定程序上报批准后处置；对拟出售或投资转出的固定资产，应由使用部门提出申请，注明固定资产原价、已提折旧、预计使用年限、预计出售价格或转让价格，按规定程序上报批准后进行处置；对无偿调出、无偿转让固定资产，应经过单位领导同意后，取得对方单位接收凭证后按规定程序上报批准后处置；对重大固定资产处置，应考虑聘请具有资质的中介机构进行资产评估，采取集体审议审批制度，并建立集体审批记录。

3. 设立固定资产处置考评奖罚制度

固定资产处置工作涉及方方面面的工作，为提高医院职工加强固定资产管理的意识，调动职工管好用好固定资产的积极性，必须建立固定资产处置奖惩制度，对管理设备负责，维护设备完整，努力开发引进新技术，提高设备使用率，缩短投资回收期，积极献计献策。提高报废设备处置残值率，大公无私，勇于维护国家财产安全，检举揭发私自处置医院资产的行为；对通过技术革新，使报废设备重新利用，为医院节省大量资金，做出突出贡献的单位或个人给予奖励。经检查，发现设备使用部门违反设备操作程序，管理制度混乱，随意处置、调拨、变卖医院资产或给医院造成经济损失的部门或个人给

予相应处罚。

4. 正确处理固定资产处置收入

固定资产处置收入是医院收入组成部分。国家政策规定，处置收入必须上缴财政专户，同时规定这部分资金医院通过申请，仍可以用来购置单位设备。因此，最大限度地提高处置收入是医院资产管理机构重要工作内容，资产处置的前提是符合国家资产处置的相应制度规定。资产处置可采取灵活多样的处置方法，重大、贵重设备处置要通过网络招投标，公开拍卖或委托拍卖公司拍卖，专用稀少设备可通过联系厂家（公司）对口处置，电脑、空调、打印机等可进行批量处置以提高处置收入。处置设备前要与买方签订合同，合同内容尽可能详细一些，避免发生安全隐患，造成不必要纠纷或损失。固定资产处置工作无一固定模式，但只要做到按国家制度规定办，有专门的处置管理机构，单位领导支持重视，就能做好固定资产处置工作。

（四）建立合理有效的计算机网络系统

开发应用计算机网络管理系统，实现资源共享，互相监督。充分利用计算机网络管理优势，实行全院固定资产网络化管理。医院资产信息全院共享，定期公示医院固定资产信息，将各科室（部门）闲置不用设备、技术进步淘汰设备（可降级使用）或不需用设备等信息，定期汇总后发布到各设备使用科室（部门）。如需用这些设备，可通过资产管理机构办理调拨手续。调拨设备的折旧提取可采取优惠政策，以调动相关科室领用闲置、陈旧设备的积极性，节约医院重复购置设备的资金。总之，利用计算机网络系统能大大地提高固定资产管理的效率和管理的质量，通过建立计算机网络管理系统，为医院的固定资产管理、长期发展规划、领导决策提供有效的依据。

第二十章　医院无形资产的管理

第一节　医院无形资产概述

一、无形资产的概念与特点

根据《国际资产评估指南》，无形资产是不具备物理形态而赋予其拥有者权益和特权，通常能为其拥有者带来收益的资产。我国《经济大辞典》解释为：无形资产，亦称无形固定资产，指不具有实物形态而能为组织较长期提供某种特殊权利或有助于组织取得较高收益的资产。陈云震的《西方财务会计》表述为：无形资产是看不见、摸不着，没有实体且不具有流动性，能在将来获得额外经济效益的一种权利。著名会计学家于玉林教授定义为：无形资产是指由一定主体拥有、没有实物形态、长期使用、预期会带来经营效益，并获得一定权利的资源。

上述对无形资产的概念表达虽有不同，但基本上反映了无形资产的主要特征：

（1）无形资产的无形性和长期性是其首要特征。

无形资产不具有实物形态，但与固定资产相似，可以在较长时间内使用。无形资产必须是单位有偿取得的，而且一经取得就为单位长期拥有，并可在较长时间内发挥作用。医院在医疗服务过程中形成的商誉和非专利技术因为没有专门或确定的支出，因而不能作为无形资产入账。

（2）由医院拥有或控制并能为其带来未来经济利益的资源。

这是作为资产应当具备的共同的特点。一方面是所有权的归属，另一方面是资产可能带来的经济利益。无形资产很大程度上是通过自身所具有的技术等优势为医院带来未来经济利益。一般情况下，医院所拥有的无形资产会为其带来经济利益。有些情况下，当医院并不具有该资产的所有权，却拥有获得该资产带来的经济利益，且限制其他人获得这些经济利益，则表明医院控制了该资产，控制了该资产带来的经济利益。如医院通过支付土地转让金获得的土地使用权等。

（3）无形资产的效益具有不确定性。

有形资产的使用，能直接给单位带来效益，而且容易计算，既可以用实物计量，也可以用货币加以计量；而无形资产对单位效益的影响，则是潜在的、间接的。其效益的多少具有不确定性，可能很大，也可能很小，或者是零。

（4）无形资产的价值具有不稳定性。

不论是法律或契约所规定的各种权利，还是在医疗服务过程中和经营管理上所产生的优越获益能力，以及其他无形资产，它们的价值往往受到社会经济、替代产品、医疗科技、医疗竞争等多方面因素的影响，从而发生价值波动，致使很难准确计量无形资产的有效期限。同时，由于获得利益与无形资产的投资不成比例关系，故很难确定哪些投资已经收回，哪些投资没有收回，回收期有多长等。

（5）无形资产用途的唯一性和共享性。

有形资产除具有特殊用途的以外，绝大部分都具有多种用途，如一种药材原料，既可以用于生产甲产品，也可以用于生产乙产品，其价值和使用价值依然存在；而无形资产的用途大多具有唯一性，只能在某一产品或服务上起作用，如果这种产品或服务不再生产或存在，其使用价值和价值也就不存在了。

（6）无形资产不具有实物形态。

无形资产通常表现为某种权利、某项技术或是某种获取超额利润的综合能力，它们不具有实物形态，比如，土地使用权、非专利技术等。某些无形资产的存在有赖于实物载体。比如，计算机软件需要存储在磁盘中。但这并不改变无形资产本身不具实物形态的特性。如果计算机软件不是相关硬件不可缺少的组成部分，则该软件应作为无形资产核算。

（7）无形资产具有可辨认性。

可辨认性也称可分离性，符合以下条件之一的，则认为其具有可辨认性：

①能够从医院中分离或者划分出来，并能单独用于出售或转让等，而不需要同时处置在同一获利活动中的其他资产，表明无形资产可以辨认。某些情况下无形资产可能需要与有关的合同一起用于出售转让等，这种情况下也视为可辨认无形资产。

②产生于合同性权利或其他法定权利，无论这些权利是否可以从医院或其他权利和义务中转移或者分离，如通过法律程序申请获得的商标权、专利权等。客户关系、人力资源等，由于医院无法控制其带来的未来经济利益，不符合无形资产的定义，不应将其确认为无形资产。

无形资产的可辨认性是区别一般无形资产与商誉的依据。商誉是与医院的整体价值联系在一起的，不具备可分离性。

（8）无形资产属于非货币性资产。

非货币性资产是指医院持有的货币资金和将以固定或可确定的金额收取的资产以外的其他资产。无形资产由于没有发达的交易市场，一般不容易转化成现金，在持有过程中为医院带来未来经济利益的情况不确定，属于非货币性资产。

二、无形资产的种类

医院是一个特殊的企业化经营的经济组织，也是一个科技密集型行业，蕴藏着巨大的无形资产。我国新的《医院会计制度》明确规定，医院无形资产科目"核算医院的专利权、非专利技术、著作权、商标权、土地使用权、商誉等各种无形资产的价值"。具体可作如下分类：

（一）无形资产的基本分类

无形资产按其内容和性质分类，可以分为专利权、著作权、版权、土地使用权、非专利技术、商誉及其他财产权利。

（1）商誉。商誉通常是指医院由于医疗服务质量高，或者由于信誉较好而获得了病人的信任，或者由于经营管理有方，经济效益显著；或者由于历史悠久，积累了丰富的从事本行业的经验；或者由于技术先进，掌握了医疗技术诀窍等原因，而形成的一种无形价值。拥有良好商誉的医院能够在运营上获得高于同行业的正常收益。

医院在正常情况下，一般不把商誉列入无形资产，只有发生归并或合并改组，由于产权权益发生变动，才对商誉进行评估作价。

（2）专利权。专利权是经国家专利机关审定、依法授予发明者在一定年限内，对其发明创造使用和转让的权利。国家为了保护和鼓励发明创造，促进科学的进步与发展，通过立法程序颁布了专利法。专利权包括发明专利、实用新型和外观设计专利三种。我国专利权的保护期限规定：发明专利权的有效期限为 15 年，实用新型和外观设计专利权的有效期限为 5 年，期满前专利发明人还可申请延长 3 年。

专利权具有效益性，专利权给医院带来收益主要表现在医疗的质量提高，竞争能力提高，病人增加，效益增加，通过出售专利权，获得转让费收入，或通过特许使用合同，获取使用费收入。专利权的收益是潜在的、间接的。

需要指出的是，专利权虽允许专利人独家使用或者控制，但专利权并不能保证一定能够给专利人带来经济效益，有的专利可能没有经济价值或者只有很小的经济价值，有的专利可能会被其他更有经济价值的专利所淘汰。

（3）商标权。商标权是指经政府核准注册的、专门在某商品或者劳务上使用特写标记的专门权利。医院的商标权主要指医院制剂或附属药厂等企业拥有的由自己经销的商品，为了区别于其他企业的商品，而施加特殊标记或图案，经工商行政管理部门注册的专有权利。医院拥有自己经销商品的商标权的目的是，便于病人或顾客辨认以及预防他人假冒。

商标权可以进行转让或者通过签发使用合同的形式许可他人使用，但注册商标的受让人或者被许可人应当保证使用该注册商标的商品质量。需要指出的是，许可他人使用该注册商标，不是转让商标的所有权，只是转让商标的使用权，但这种使用权也是一种无形资产，可称为特许权。类似情况也适用于专利权和非专利技术的使用权的转让。

（4）著作权又称版权。它是指各种著作或艺术作品的作者对作品所拥有的知识产权。著作权可以转让、出售或者赠与。著作权受出版法保护。著作权和专利权很相近，可以买卖，著作权是权利性资产，其摊销一般按期计入管理费用。

根据《中华人民共和国著作权法》的规定，中国公民、法人和非法人单位的作品，不论是否发表，均有著作权，受到国家法律保护。著作权一般包括人身权、财产权、发表权、署名权、修改权、保护作品完整权、使用权和获得报酬权。

（5）非专利技术又称专有技术。非专利技术是指发明者未申请专利或不够申请专利条件，因而不被外界所知的技术知识与医治某种疾病的特殊方法。它和专利权一样，也具有垄断性质。但它不需要到有关管理机关登记注册，也不受法律保护，只靠持有者的自我保护。由于保密性决定了非专利权的独占性、实用性、新颖性和有价值，因此也就决定了它能给单位带来较高的收益。

医院的专有技术一般是指在组织医疗活动或其他活动过程中取得的有关医疗、经营和管理等方面的知识、经验和技巧。医院的专有技术范围较为广泛，涵盖了医疗、药剂、医技等部门，形成了每个医院的特色医疗服务，是广大医务人员技术智慧的结晶。

（6）冠名权。某医院的名称，具有相当的价值，是一种特定的标记，只为该医院所享有，未经医院许可，任何医疗机构或其他机构无权使用该医院名称以及与该医院名称有关的冠名，否则就会发生侵权行为。

（7）病案。病案是医院的宝贵财富，蕴藏着巨大的医疗技术科研价值和潜在的医疗服务信息，是医院开发医疗服务市场的宝库，是不容忽视的无形资产。

（8）组合劳动力。每个医院都有自己的技术强项科室，即重点学科或领先专科。这些科室的人员组成结构是最佳的劳动力组合。因为技术的竞争是医疗行业竞争的主要内容，相对稳定的医疗技术人员队伍，对医院来说就是一项无形资产，而掌握技术的人员构成就显得尤为重要。

（二）无形资产的其他分类

（1）按有无期限分为有限期无形资产和无限期无形资产。有一定期限的无形资产，如专利权、商标权、土地使用权等，都有法律或合同规定的有效期限，过了期限就不受法律的保护或不存在任何价值。而商誉这样的无形资产，就没有规定的有效期限。

（2）按照是否可以确切辨认划分为可辨认无形资产和不可辨认无形资产。可辨认的无形资产是指具有专门名称、能够单独分辨出来，可以个别地取得转让或作为资产的一部分取得，或连同其他资产一块取得的无形资产，如专利权、商标权、土地使用权。不可辨认无形资产是指不能单独分辨出来也不能单独取得或转让的无形资产，如商誉必须连同单位的全部净资产一并购入或转让。

三、无形资产的确认条件

与一般的资产相同，无形资产的确认条件也包括下述两点，只是具体的表现有所不同：

（一）与该资产有关的经济利益很可能流入医院

与其他资产相比，无形资产可能带来的经济利益需要职业判断。如某种专有医疗技术的使用，提了医疗服务的质量，降低了医疗成本。而不是直接表现为创造了多少收入。

（二）该无形资产的成本能够可靠计量

在历史成本原则下，对资产的计量也是采用实际成本的计量属性，当一项无形资产的成本可以计量时，才可以确认为无形资产。而无形资产本身的特性决定了其价值的不确定性，使得这一条件是否具备显得更为重要。如医院长期营运形成的声誉，由于其成本无法可靠计量，所以不能确认为无形资产。

四、无形资产对医院的特殊意义

医院无形资产是医院综合实力的体现，是医院的宝贵财富。在对医院价值创造方面，无形资产具有十分重要的作用。

首先，各类无形资产能从各个方面为医院发展出力。在医疗市场竞争日益加剧的今天，医院要想取得成本领先的地位，以更低的成本提供与别人一样的产品和服务，只能依赖于管理创新、组织架构的创新，依赖于诊断、治疗和手术中的各种小窍门，以及相关的知识储备、业务培训等。这些东西最终往往将以专利权、著作权和专有技术（技术秘密）或经营秘密等无形资产的形式作为医院的资产而存在。它们与有形资产结合在一起，为医院创造超额的经济收益。另外，由于医疗服务是一种典型的"经验品"和"信任品"，消费者不是医学专家，其时间和专业判断能力非常有限，他们最容易记住并口耳相传的只是一所医院的声誉，因此，医院的声誉类无形资产在吸引顾客方面无疑具有极大优势。随着生活水平的提高，人们越来越关注自身的健康，愿意为声誉和品牌付高价，医疗品牌为医院带来的价值将越来越大。而医院公共关系类无形资产则在塑造医院社会形象，提高知名度、美誉度，获取政府支持，改善医患关系等方面具有十分积极的意义。

其次，无形资产是医院对外投资合作的重要方式。以无形资产对外投资合作是国际上的一种惯例，世界上许多国家对此都有明确规定。医院作为企业化经营的经济组织，通过资本经营，使医院的无形资产向外发展，能为医院带来更多的收益。如可以依法对医院拥有的无形资产进行转让，包括所有权转让和使用权转让，以取得转让收入。通过无形资产的对外投资可以获取投资收益，形成收益叠加；也可以发展联合、组建集团、延伸服务半径。随着市场经济的不断深入，医疗领域出现的租赁、转让、兼并等一系列的经济行为，将使无形资产的运用和交易显得日趋活跃，无形资产的价值也将越来越得到充分的体现。

最后，无形资产是医院筹集资金的重要手段。为满足医院资产更新、竞争、发展、业务扩展等需要，筹资成为医院必须进行的一种经济行为。在银行信贷方面，根据《中华人民共和国担保法》的规定，土地使用权和商标专用权、专利权、著作权中的财产权等无形资产可以作为抵押财产，医院可以之作为抵押物，获取银行贷款。医院亦可利用良好的声誉，拓展融资渠道，吸引民间投资和外资注入。总之，无形资产作为医院的筹资手段，应是大有作为。

第二节　医院无形资产的评估、转让与管理

一、医院无形资产的评估

1. 专利的评估

专利是专利权的简称，即国家授予发明人、设计人对某项发明创造在一定期限内享有的专有权。它是技术型无形资产中最重要的一种。

专利制度的重点和归宿是专利实施。专利技术如得不到实施就无法体现其价值。专利的价格由成本、流通费用和利润等构成。研制成本分为直接成本和间接成本。直接成本是开发研究中必须投入的，诸如工资、材料、能源、信息资料、专用设备、协作培训

费等间接成本是指管理费、非专用设备折旧、应分摊的公共费用等。利润确定一般要考虑社会平均盈利水平和超额盈利两部分。前者是基础，是最低利润的要求；后者是目标，无形资产投资以追求超额盈利为目标。专利的价格可受多种因素的影响，主要有垄断程度、技术性能的状况、风险性和市场供求关系等。

专利的评估有两大类方法，一类从成本角度出发评估，基本属于重置成本法；另一类从收益角度出发评估，基本属于收益现值法。

从成本角度进行评估，对于未投入应用的专利技术，应用重置成本法确定专利技术的最低保本点，作为转让所有权或使用权的底价；对已应用的专利技术，当未来收益不显著时，用成本收益法评估专利价格。计算公式是：

$$评估价 = C + V + \alpha \times nt = \sum_{t=1}^{n} Mt(1+i)^t$$

式中，n 为预测年度，M_t 为第 t 年的预期收益，C 为物耗，V 为工资，α 为收益分成率，i 为折现率。

当未来收益值较难评估时，用成本加成法。

即：评估价格=重置成本×（1+成本利润率）。

从收益的角度进行评估是通过计算被评估资产的未来预期收益，折出资产现值。对尚未投入应用的专利技术，由于不能切实估计收益和有效期，用相对值估价法确定专利现值。即通过交易双方协商，确定实现利润的提成率和提成年限，再进行价格计算；然后，按价逐年偿付价款。其中，一般提成年限不超过 20 年，提成率按国际惯例在 0.5%～3.0%之间，折现率按近年国库券的安全利率加资金风险报酬率确定。对已投入应用的专利技术，并且已大量应用，有充足的推广价值和合适的技术提成比例的，应用收益现值法确定专利现值。

2. 非专利技术的评估

非专利技术亦称专有技术、技术秘密或技术诀窍。它是一种由拥有者采取了保密措施的知识和经验。专有技术范围广泛，常表现为技术管理、经验知识、数据方法等。医院属科技密集型行业，反映医疗特色、专长的技术多属于此类。如医务人员采用的方法、方式、技能、配方、实验报告、操作指南、手术或检查记录、科研或信息文档、基因序列分析、药物最佳设计等。专有技术具有实用性、保密性、价值性和可传授性的特点，可以通过专有技术合同向受让方派出技术人员进行指导或接受受让方人员实习的手段来实现转移。专有技术的价值评估方法类同于专利技术，但在交易中应特别注意保密性，即对交易双方外的第三方的保密。

3. 著作权的评估

著作权指作者对自己创作的文学、艺术及科学技术作品所享有的专有权利。著作权属智力型无形资产。著作权既有人身权，又有财产权利。其具体涵义包括：①发表权，即决定作品是否公之于众的权利。②署名权，即表明作者身份，在作品上署名的权利。③修改权，即修改或授权他人修改作品的权利。④保持作品完整权，即保护作品不受歪曲篡改的权利。⑤使用权和获得报酬权，即以复制、表演、播放、展览、发行和摄制电影、电视、录像或者改编、翻译、注释、编辑等方式使用作品的权利，以及许可他人以上述方式使用作品，并由此获得报酬的权利。

著作权与商标权、专利权同属知识产权，其中的人身权不属无形资产，但财产权属于无形资产。在医院，著作权主要涉及科学技术著作、论著等。著作权有不同于商标权和专利权的特点。著作权采取自动保护原则，不需办理任何法律手续，即可受到法律保护。著作权保护的是科学技术著作的客观表达方式，它的保护期限较长。专利权根据不同内容，保护期分别为 10 年或者 20 年，商标权为 10 年，但可无限制地续延。著作权的保护期则为作者的终身，以及其死后 50 年。

著作权中的无形资产，享有如下三项权利：

①再制权：著作权人有复制自己作品，或许可他人复制该作品的权利。

②再现权：著作权人有通过人的动作、语言、声音等不同方式向公众再现其作品的权利。

③演绎权：著作权人有在不改变原作品基本内容情况下，对作品表现形式进行重新创作的权利，包括：改编权、翻译权、整理注释权、编辑权。由于著作权中活劳动所占比例很大，要准确地确定活劳动成本比较困难。著作权作为无形资产损耗一般为无形损耗，确定时困难很大。因此，一般用重置成本法、现行市价法评估其现时价值，用收益现值法来评估未来的收益，综合评估著作权的价值。在医院股份化资产评估的具体操作中，著作权的评估可以并入无形资产中评估，也可在人力资源中综合考虑。

4. 商标的评估

商标是商品的标记。在市场经济高速发展的今天，它不仅是区分彼此的记号，而且是技术、文化、经营管理和信誉的综合体现，是一种重要的无形资产。商标只有在注册批准后，才可以签订商标使用许可合同。注册商标使用可分为独占使用和一般使用许可。所谓独占使用许可，指在某一个地区内，某种商标只能由一家企业使用；所谓一般使用许可，指注册商标所有人在自己继续使用该商标的情况下，许可多家企业使用该注册商标。因此，商标的评估主要包括商标权转让评估和商标许可评估。在医院的集团化或股份制改造中，可以将商标理解成医院的"牌子"，即医院的牌子能给医院带来额外收益，具有特殊的获利能力。因此，医院牌子转让评估可包含在医院的商誉评估之中，而对于医院牌子的许可评估可通过收益现值法、利润分成率法或定额收费评估法来实现。

5. 商誉的评估

商誉是医院在长期运行中逐步形成、创造的一种十分重要的无形资产。它的形成是一个历史过程。从广义上理解，商誉是医院收益高于同行业平均收益（不考虑行政和自然原因）的能力。因此，从这个意义上理解，医院的商誉几乎包括医院全部的无形资产。从狭义讲，商誉只是一部分未确指的无形资产。因此，扣除可确指的无形资产之后的所有无形资产都是商誉。商誉的价值具有不可确指性。商誉还是医院所有资产共同作用的结果，离开了医院的各项资产，包括可确指的无形资产，也就无商誉可言。因此，商誉不宜单独计价，是一个动态的概念。

商誉可以自创，也可以外购。国内外会计界对于自创商誉一般不予确认。国际会计准则委员会所发布的国际会计准则和我国会计准则都规定，只有外购商誉才可作为资本入账。商誉的价值按买者付给卖者价款总额与买进医院所有净资产总额之间的差额计算。购入商誉在会计上予以确认后，在未来一般受益期内应继续反映，即进行入账后的摊销。外购商誉的摊销可采用与固定资产折旧相似的直线摊销、递减折旧曲线摊销，或在银行存款等科目中直接冲销等方法。商誉的摊销年限一般不超过 10 年。在会计处理时，减少商誉价值，增加管理费用。

商誉重估价值低于账面价值的差额的负商誉，其实质是商誉价值减少。我国承认负商誉。当重估而产生无形资产账面价值增加时，作为资本公积金的增加；因重估而产生无形资产账面价值减少时，计入当期损益。商誉的评估方法主要有两种，一是残值法，二是直接法。残值评估法是通过用综合评估所确定的医院资产重置价值与单项资产评估加总方式所确定的医院资产重置价值的比较来取得商誉价值的方法。其公式为：

$$P=W-Z \qquad\qquad W=M\div m$$

式中，P 为被评估医院商誉的价格，W 为该医院整体资产总值，Z 为医院单项资产价格之和，M 为该医院的年收益额，m 为医疗行业的平均利润率。

直接评估法是指将医院未来各期超额收益的现值作为商誉的估计。医院的超额收益是高于同类医院的收益。因此，直接评估法的公式为：

$$P=D-r\times c\times j$$

式中，D 为预期的未来年收益，r 为医疗行业典型的不变年所得率，c 为医院的资本额，j 为商誉的本金化率。

    6. 土地使用权

    土地使用权属非智力型无形资产。在我国，土地属国家所有。土地使用权可以出让和转让。

    土地使用权的出让是指国家以土地所有者的身份将土地使用权在一定年期内让给土地使用者，并由土地使用者向国家支付土地使用权出让金的行为。国家土地使用权有偿出让的产权代表是各级土地管理部门。土地使用权的出让可以通过协议、招标和公开拍卖来实现。协议出让指出让方与受让方通过协商的方式，有偿出让土地使用权的方法；招标出让指在规定的期限内，由符合规定的单位或个人，以书面投标形式，竞投某片土地使用权，土地出让方择优选取的方法；拍卖出让指在指定的时间、地点，利用公开场合，由政府的代表者主持的土地使用权拍卖。

    土地使用权的转让是指土地使用者将土地使用权再转移的行为，包括：出售、交换和赠与。一般土地使用权转让是把土地使用权连同地上的附着物一起转移给新的受让者。新的受让者则承袭原受让者与当地政府建立的土地使用权受让双方的经济关系及相应的权利和义务的行为。所谓出售，通常是指出售方按照一定的方式，将自己对特定土地的支配权转移给购买方；而购买方则在取得土地使用权的同时，向出售方支付土地使用权转让金的行为。所谓交换，也叫土地使用权互易，指当事人双方约定互相转移土地使用权或一方转移土地使用权，另一方转移金钱以外标的物而进行的一种行为。所谓赠与，则是赠与人将自己对土地的直接支配权无偿交给受赠人的行为。

    医院在实际运营中，涉及土地使用权的出让和转让时，应依法办事。土地使用权的价值评估可采用市场比较法或收益现值法。市场比较法以市场转让类似的土地使用的价格为参照物，根据参照土地与被评估土地的差异进行调整而得到评估的价格。具体操作时，把决定土地使用权转让价格的因素分解成几项指标，并分别确定每项指标的权重，再对被评估土地与参照土地之间的各项指标的差异进行定量比较，综合测算出被评估土地使用权的转让价格。而收益现值法以土地使用费的现值、使用年限并加上近期投资额、利息与利润得到评估价格。

二、医院无形资产的计价

    医院的无形资产计价，只有坚持按实际成本入账原则，才能正确计算医院某一或某些无形资产的价值。在实际操作中，主要采取了以下方法：

    （1）购入的无形资产，按照实际支付价款和取得成本计价。对于购入的无形资产如商标、专利等，医院可视其情况，按实际支付费用和取得的经济效益来计价。譬如，医院购买他人的商标，一次性或多次性发生的购入费用过高，财务人员就必须将其转化本金而列为无形资产账目进行计价核算。

（2）自行研制开发并依法申请获得的无形资产，按研制开发过程中的实际支出费用计账。医院自行研制开发并依法申请获得的无形资产的实际支出费用种类繁多，做账时，财务人员应将其列入管理费用计价，不得将其作为无形资产计价入账。只有当医院开发的新药或新的医疗技术获得成功时，才能按研制开发过程中的实际成本作为无形资产的价值入账。

（3）凡涉及土地使用权的出让或转让的财务问题，医院可采用市场比较法或收益现值法对土地使用权的价值进行评估。土地使用权属非智力型无形资产。在我国，土地属国家所有。在实际运营过程中，凡涉及土地使用权的出让和转让的财务问题，医院应依法办事，采用市场比较法或收益现值法对土地使用权价值进行评估。

（4）商标的评估可通过收益现值法、利润分成率法或定额收费评估法来实现。商标是商品的标记，是技术、文化、经营管理和信誉的综合体现，是一种重要的无形资产。商标只有在注册批准后，才可以签订商标使用许可合同。在医院的集团化或股份化改造中，可以将商标理解为医院的"牌子"，即医院的牌子能给医院带来额外收益，具有特殊的获利能力。因此，医院牌子转让评估可包含在医院的商誉评估之中，而对于医院牌子的许可评估可通过收益现值法、利润分成率法或定额收费评估法来实现。

（5）商誉的评估可采用残值法与直接法来进行。商誉是医院最重要的无形资产。从广义上讲，商誉就是一种能力，医院的商誉几乎包括医院全部的无形资产。从狭义讲，商誉只是一部分未确指的无形资产。因此，扣除可确指的无形资产之后的所有无形资产都是商誉。商誉还是医院所有资产共同作用的结果，离开了医院的各项资产，也就无商誉可言。因此，商誉不宜单独计价。

国际会计准则委员会发布的国际会计准则和我国会计准则都规定，只有外购商誉才可作为一项资本入账。商誉的价值按买者付给卖者价款总额与买进医院所有净资产总额之间的差额计算。购入商誉在会计上予以确认后，在未来受益期内应继续反映，即进行入账后的摊销。外购商誉的摊销可采用与固定资产折旧相似的直线摊销、递减折旧曲线摊销，或在银行存款等科目中直接冲销等方法。商誉的摊销年限一般不超过10年。在会计处理时，减少商誉价值，增加管理费用。

另外，还有医院接受捐赠的无形资产，应按捐赠方提供的资料或同类无形资产计价；商誉除合作外，不得作价入账。还有，医院转让无形资产应按有关规定进行资产评估，取得的收入，除国家另有规定的外，计入其他收入。医院转让无形资产的成本（摊余价值），应计入其他支出。

三、医院无形资产的投资、转让与管理

（一）医院无形资产的投资

医院所拥有的无形资产，有的已作价入账，有的并没有作价入账。因此，医院用无形资产对外投资时，要区别情况加以处理。医院如用无形资产的所有权投资，医院应评估确认其价值，或以合同及协议确定的价值作为长期投资。若投资与被投资双方确认的价值与无形资产账面价值有差额，其差额作为资本公积金处理。

若医院不是用无形资产的所有权投资，而是以出让无形资产的使用权与其他医院联合经营，双方如无投资协议，应按出让无形资产使用权的方法处理，不能作为无形资产投资。因为在出让无形资产使用权后，医院仍然拥有该项无形资产的所有权，医院仍有继续使用、转让该项无形资产的权利，医院在出让无形资产使用权取得出让收入时，应按转让无形资产方法处理，即直接作为经营收益处理。

（二）医院无形资产的转让

医院无形资产的转让方式有两种：一是转让其所有权；二是转让其使用权。医院无形资产所有权是指医院在法律规定的范围内，对其无形资产的占有、使用、收益和处理的权利。

医院无形资产的使用权是指医院按照无形资产的性能和用途加以利用，以满足医院在医疗服务经营活动中的需要。使用权是所有者所享有的一项独立权能。非所有者行使使用权时，必须根据法律和合同的规定，按指定的用途使用。

医院的无形资产不论采取何种形式转让，转让所得的收入均应作为医院经营收入处理，国家另有规定的除外。转让无形资产的成本计入其他支出。转让无形资产所有权与使用权的成本确定方法是不一样的。转让所有权时，其转让成本按转让无形资产的摊余价值计算；转让使用权时，则按履行出让合同所规定义务时发生的费用作为转让无形资产使用权的转让成本。

（三）医院无形资产的管理

无形资产作为医院资产的组成部分，在医疗服务经营过程中发挥着重要的作用。由于无形资产没有实物形态，往往容易被人们所忽视，忽略它的安全保护和有效利用。保护医院无形资产的安全与完整，充分发挥其潜能，不断提高它们的利用效益，就要做好以下几方面的工作：

1. 加强理论宣传，增强无形资产意识，确立医院无形资产管理的概念

人类社会进入了知识经济时代，科学技术就是第一生产力。在知识经济时代，知识的价值和作用超过资本的价值和作用，知识生产力已成为经济发展的首要和关键因素。决定医疗单位价值的首要因素不再是资本，而是知识和技术，以知识为基础的无形资产正日益成为决定医院未来命运与市场价值的主要动力。医院各级管理人员要从思想上加强对无形资产重要性的认识，应从资本的高度来认识医院无形资产潜在的价值优势，在医院内部普及无形资产的理论知识和相关法律知识，为医院全面、系统、有效地实施无形资产管理打下坚实的群众基础。医院无形资产管理是对无形资产资源进行计划、组织、控制，使之发挥最佳效益。它涉及经济、技术、法律、人力资源诸方面，是现代化医院管理的重要内容，是以知识形态存在的无形资产为中心，通过无形资产管理带动医院其他生产力要素的管理。

2. 尊重人才，重视医院人力资源管理，强化法制化管理理念

以知识为基础的无形资产与人力资源的关系是非常紧密的，无形资产数量的多少和质量的高低以及经营管理的好坏，人力资源的水平和素质起决定作用。医院是知识分子汇聚的地方，人才资源丰富，如果能充分发挥医院各类人才的主观能动性，将不仅能够实现其自身价值，而且能促进医院无形资产的开发和增值。因此，医院要不断营造创新的学术环境和政策环境，逐步形成尊重知识、尊重技术、尊重人才的良好氛围，并建立起激励和约束相配套的人力资源管理制度，鼓励知识分子充分发挥其潜能，不断开发新技术新成果，使无形资产资源步入良性循环的轨道。长期以来，我国医院管理讲的是方针政策，法制观念淡薄。不仅对卫生事业管理涉及的种种法律知之甚少，对于诸如专利法、商标法、反不正当竞争法等法律更是事不关己、置之度外。如《中华人民共和国商标法》和《中华人民共和国商标法实施细则》早已规定服务商标受到保护。医院冠名权、商标权是医院质量、形象和信誉的象征，它们理应受到保护，但过去极少被医院重视。因此，学法懂法、强化法制观念对医院无形资产经营管理十分迫切。

3. 建立医院无形资产管理制度，切实加强医院无形资产日常管理工作

医院无形资产涉及范围广，且属于知识与精神性产品，易于在人员流动、科技协作、对外交流和一些"权利异化/变公为私"中流失。建立相应的管理制度是无形资产管理的基础，是防止无形资产流失的门锁。无形资产管理制度一般涉及新理论新技术的研发管理、市场营销、工商管理、财务管理、对外技术合作、情报信息管理、质量管理等若干领域。无形资产管理制度应包括：无形资产开发方面的管理制度，无形资产权益（权益取得、维护、保护）方面的管理制度，无形资产对外许可、转让、合作管理制度，无形

资产档案管理制度，无形资产奖惩管理制度，无形资产投入产出考核制度，无形资产融资管理制度，无形资产评估管理制度，无形资产监控制度，无形资产审计管理制度，无形资产国际权益管理制度，无形资产投资管理制度，无形资产信息管理制度等。在日常管理上：

（1）设立专门机构，完善相关配套制度。医院应根据自身情况设立专门的无形资产管理机构，对无形资产进行全面、综合、系统的专职管理，明确无形资产管理人员的工作权力和职责，并应接受医院内部财务部门和审计部门的监督。同时，完善相关的配套制度。主要可以从产权确立、专利申请、价值评估、技术转让管理等方面进行，制定相应的具有操作性的制度，在实际管理中做到有章可循、有据可依。

（2）严格按照财务与会计制度进行科学评估核算。由于无形资产的成本不易被准确地识别和计量，评估难度很大。可以从投入角度估计，也可以根据其增值量做出评估，如创建医院文化及建立特色服务前后经济效益和社会效益评估比较。总之，只有建立一套操作性强科学客观的适合我国国情的医院无形资产评估核算体系，才能正确反映无形资产的价值，使其在产业化经营的各个环节（如研制、计价、转让、投资等）保证医院无形资产的保值增值。医院对无形资产管理应视同有形资产，建立一整套无形资产会计核算体系。要根据其取得的渠道，分别医院自行研制、外购以及其他单位投入、接受捐赠等来源确定实际成本，并进行分期摊销，评估和确认无形资产的未来收益、经济寿命，真实记录和反映无形资产的变化情况，确保无形资产的管理科学性。

（3）要重视医院对无形资产的投资，积极创立、积累和运营无形资产。医院的无形资产不能凭空生成和保值增值，而是要在一定的投入基础上逐渐发展，通过科学的经营实现保值增值。医院应从长远发展战略考虑，应当在无形资产取得、积累、保持、发展及使用各个环节中根据需要不断增加资金投入，使医院无形资产能够保值增值。

（4）加强对医院无形资产的保护。由于医院无形资产以非实物形态存在，具有明显的依附性，并以医院为载体发挥作用，使无形资产在激烈复杂的医疗市场竞争中比有形资产更容易受到冲击，必须特别注意对其进行相应的保护。医院应长期开展无形资产法律制度教育，提高全体员工对无形资产的保护意识与保护能力，倡导人人关注无形资产、人人保护无形资产的氛围。只有无形资产得到最大限度的保护，医院才能确保其竞争优势。

参考文献

[1]许晶晶.浅析政府会计制度改革对公立医院财务管理的影响[J].中国集体经济,2018(15):147-148.

[2]张敏,叶慧芬,童丽静.财政分权、企业税负与税收政策有效性[J].经济学动态,2015(01):42-54.

[3]陈勇.新制度下医院财务管理思路的探讨[J].中国卫生经济,2015,34(12):105-107.

[4]李建军,张书瑶.税收负担、财政补贴与企业杠杆率[J].财政研究,2018(05):86-98.

[5]郑鸿.新《医院财务制度》对公立医院财务管理的影响研究[J].卫生经济研究,2018(01):66-68.

[6]程燕玲,黄鑫.政府会计制度对医院财务管理的影响及对策[J].会计之友,2018(20):140-142.

[7]许涛,吴曼.管理会计视角下公立医院财务管理组织探讨[J].中国卫生经济,2016,35(11):87-90.

[8]徐伟.新医改背景下公立医院财务管理探析[J].卫生经济研究,2019,36(02):68-71.

[9]伍洁,李智.新"医改"政策下的公立医院财务管理水平评价体系研究——以三甲医院为例[J].上海经济,2017(06):80-90.

[10]杜书伟,田志伟,史金秀,戴小喆,郑大喜.建立以财务为核心的现代医院管理制度——同济医院财务管理实践[J].现代医院管理,2017,15(03):48-51.

[11]林翠珑,于润吉.大数据环境下医院财务管理的探析[J].中国卫生经济,2018,37(12):100-101.

[12]何炜,雷根强.财政压力、税收转移与增值税分成机制探索[J].财贸经济,2018,39(08):5-20.

[13]曹璐璐.政府会计制度改革对高校财务会计带来的问题及解决方法[J].财会学习,2019(15):121+123.

[14]杨菲.医保支付方式改革背景下的医院财务管理[J].财经界,2020(06):132-133.

[15]王朋飞.医院财务会计全面预算管理的考核和监督方法探析[J].经贸实践,2018(21):158.

[16]李玉萍.新时代企业财务会计的精细化管理方法浅谈[J].财会学习,2018(20):105+107.

[17]高琪.企业财务会计和管理会计融合的可行性分析及方法[J].中国商论,2018(22):127-128.

[18]郭建平.医院财务会计内部控制管理问题及解决方法浅析[J].纳税,2020,14(19):87-88.

[19]李霞,赵珍.公允价值理念下财务会计理论与方法探微[J].合作经济与科技,2015(24):158-159.

[20]刘永忠.信息时代下创新财务会计工作的方法途径研究[J].全国商情,2016(13):92-93.

[21]田海阳,卢泓桥.浅谈发挥财务会计在经济管理中作用的方法[J].山西农经,2019(21):158-159.

[22]马得明.浅谈医院财务会计内部控制方法[J].山西农经,2020(04):166+168.

[23]刘文韬.财务会计工作中审计方法的实践运用探析[J].现代商贸工业,2020,41(29):130-131.

[24]冯芙蓉.浅谈财务会计向管理会计转换及提升的路径与方法[J].现代经济信息，2018（13）：250.

[25]段晓飞.网络经济时代的财务会计管理方法探析[J].商场现代化，2017（22）：159-160.

[26]王莉.管理会计与财务会计方法比较[J].中国乡镇企业会计，2019（09）：123-124.

[27]彭琛.企业财务会计与管理会计的融合价值与实现方法[J].当代会计，2019（06）：63-64.

[28]刘文，余程.新经济环境下企业财务会计创新方法分析[J].商业观察，2020（01）：110-111.

[29]裴锐康，郝天明.对财务会计理论、方法、准则的分析[J].今日财富（中国知识产权），2019（11）：92-93.

[30]雷晓光.管理会计与企业财务会计的融合方法与路径研究[J].财会学习，2021（26）：85-87.